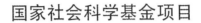

国家社会科学基金项目

龚德全 ◎ 著

中国西南地区
端公文化研究

▽

▽

▽

中国社会科学出版社

图书在版编目（CIP）数据

中国西南地区端公文化研究/龚德全著 . —北京：中国
社会科学出版社，2018.1
ISBN 978 - 7 - 5203 - 1638 - 5

Ⅰ.①中… Ⅱ.①龚… Ⅲ.①神—信仰—文化研究—
西南地区 Ⅳ.①B933

中国版本图书馆 CIP 数据核字（2017）第 294770 号

出 版 人　赵剑英
责任编辑　郭晓鸿
特约编辑　席建海
责任校对　赵雪姣
责任印制　戴　宽

出　　　版　中国社会科学出版社
社　　　址　北京鼓楼西大街甲 158 号
邮　　　编　100720
网　　　址　http://www.csspw.cn
发 行 部　010 - 84083685
门 市 部　010 - 84029450
经　　　销　新华书店及其他书店

印　　　刷　北京明恒达印务有限公司
装　　　订　廊坊市广阳区广增装订厂
版　　　次　2018 年 1 月第 1 版
印　　　次　2018 年 1 月第 1 次印刷

开　　　本　710×1000　1/16
印　　　张　25.25
插　　　页　2
字　　　数　341 千字
定　　　价　108.00 元

序

　　自 20 世纪 80 年代中期中国大陆掀起傩戏研究热，一转眼 30 多年过去了。记得 1988 年夏，"中国戏剧起源研讨会"在乌鲁木齐举行。在会上，曲六乙先生强调傩戏在戏剧起源中的作用，我提交的论文却说，马林诺夫斯基关于戏剧起源于宗教仪式的"断言"，在中国迎面碰上一个"例外"。回想起来，真是无知者无畏。后来我的学术观念发生了很大的转变，或许正从某个侧面反映了 30 年来中国戏剧研究的进步。

　　30 多年来傩戏研究成果斐然，有目共睹，毋庸置疑。然而，傩戏研究遇上了难以解决的瓶颈也是大家的共识。拙著《傩戏艺术源流》曾经举出过的"傩戏研究热"带出来的某些弊端，迄今并未得到很好的解决。记得几年前参加一个研讨会，某位年长的当地学者质问我："我们这里的阳戏明明都是人装扮的，你为什么说阳戏最早是傀儡戏？"我苦笑以对。贵州的阳戏由人扮演是事实，但文献记载，阳戏在明代的江西是傀儡戏也是事实，今川北还保留了人偶同台的阳戏。很有可能，阳戏在西迁的过程中，其形态也发生了变化。当然，这是需要深入研究，拿出证据才能说明的。我想说的是，单纯个案研究产生的"只见树木不见森林"的偏狭认识，很可能会遮蔽事物的本来面目。

　　此外，随着"傩戏研究热"产生的"泛傩论""傩文化"的提法，以及傩戏为戏剧"活化石"的说法，也都在推进傩戏研究的同时，产生了某些负面作用。"傩"的本质是什么？如何突破"泛傩"的视阈和局限？傩和傩戏是不是中国戏剧的"活化石"？如何在材料的基础上进行高屋建瓴的理论归纳？这些，都是亟待解决的问题。所以，当看到德全的《中国西南地区端公文化研究》的书稿时，我的欣喜之情是难以言表的。可以说，本书在观念、视野、研究方法诸方面都有新的突破，其最大的特征就是在大量可靠材料的基础上建筑了一个理论高地。

德全在中山大学、贵州民族大学等单位的图书馆，以及"中国方志库"（电子资源）中查阅了近百种方志和风俗志资料。此外，他还广泛搜集了一些端公个人（主要是掌坛师）所收藏的家谱、族谱，记载坛班师承关系的《历代师名录》，未曾公开出版的科仪本、演出剧本资料，以及一些与端公行为密切相关的文书、经忏、咒诰、符箓、访谈资料、田野图片等资料。更重要的是，德全声明："本研究并不准备采用所谓'材料性观点'支撑'理论假设'的研究范式，而是以'问题意识'来统领纷繁的材料。"我认为，德全的立脚点是正确的。本书至少解决了以下几个问题。

首先，突破以往傩戏研究的地域桎梏，以通观、综合性的学术视野，探讨了我国西南地区端公文化的存在方式及其社会文化意义。以往多把端公戏当作"傩戏"的一种，德全则认为端公文化的本质是巫文化，其范围要远远大于所谓的"傩文化"："傩其实是被统合进端公文化系统之内，其结构、形式、精神、意蕴都统一于端公（巫）的意志之下，因而所谓的'傩文化'其实是涵融于端公文化之中的。"这就从理论上颠覆了"泛傩论"，以往形形色色的所谓"傩"的表现形式，其实有许多并不是傩，而应属于端公文化；所谓"傩戏"，基本上属于端公戏、巫戏。

也许傩属于巫这一点并不是德全首先意识到的，也不是他第一次提出的。但由于他是带着强烈的"问题意识"，有针对性地将所谓"傩文化"

与端公文化在意蕴与形态诸方面进行了细致的比较,才得出了令人信服的结论。这就足以使"泛傩论"者警醒:今后不要再使用旧的提法,以免混淆视听。当然,概念、术语、范畴的背后,都是有某种理论、理念在支撑的。德全的研究,正是如此。

不过,我隐约觉得,德全似乎认为巫与傩是后来才结合的。其实,傩从一开始就是巫的一部分。在这一点上,我大体服从王国维的意见。《宋元戏曲史》第一章开篇即说:"歌舞之兴,其始于古之巫乎?"在接下来举出的例子中,就有"方相氏驱疫"。显然,"方相氏"就是巫师充任的。这一看法请德全参考。

其次,德全指出:端公文化在地域上有一个由东向西的迁徙路线;端公的法事和技术行为,在西南地区有一个"在地化"的"调适"甚至妥协的过程。这就突破了以往把本地的"傩戏"原始化、凝固化的思维,也突破了个案研究中"只见树木不见森林"的弊端。德全先以云南昭通为例指出:"昭通地区的端公法事活动本非土著民俗,系随汉族移民由江西、四川、湖广等省流入,约肇端于明代,兴盛于清代中后期和民国年间。这一流入时间、地点,基本与西南移民历史的大背景相吻合。"众所周知,民间素有"湖广填四川"一说。德全指出,这不仅是一种口头传说,而且西南地区大量的汉族族谱等文献支持这一说法。这样,某些家乡本位的研究者,认为本地的"傩"最古老、可以上接《周礼》时代的说法,也就不攻自破了。同时,作为一种文化形态,端公文化在西迁的过程中绝不会是原封不动。也就是说,端公文化是动态的而非静态的。德全指出:端公作为"强势文化"的持有者,在逐步"在地化"的过程中,借助其观念、信仰,改变并重新编辑西南土著民族有关神灵祭祀的原声音频,并最终完成"因土成俗"的象征意义转换。顺着这一线索,德全进而分析了"道巫"这一文化结构,指出"端公既通过供奉道教神灵、采用道教仪式和法术而保持着与道教文化的认同,同时又以开放的神系和神坛与民间信仰结成联盟,并借此体现出'民众道教'之本色"。这一结论亦带有普遍性,以往所谓道与"傩"之间纠缠不清的关系得以澄清。

再次,特别值得称道的是,德全指出:"从远古时代一个单纯驱鬼仪式,到宋代以降带有戏剧表演因素的驱鬼仪式,再到今天西南地区由端公主持的驱鬼与还愿融为一体的'傩愿戏'(驱鬼+许愿还愿+傩戏)的全过程。而'傩'的这一历史演进过程本身,也对'活化石'观点提出了根本性质疑。"

的确,戏剧(中国戏剧也不例外)是源于宗教祭祀仪式的。但以戏曲为代表的成熟的戏剧样式,又不是直接从宗教仪式脱胎而出的。所以,认为傩或傩戏是戏剧的"活化石"缺乏依据。"活化石"之说极易遭致非议,前些年有位年轻学者撰文说:"我们无法假想,从巫师傩神的狂魔乱舞中可以产生一个高雅端庄的梅兰芳。"这一观点,如果仅仅是针对"活化石"之论而发的话,也不是没有道理的。中国文化的特殊性在于,儒家文化过早地成了官方的意识形态,从而排斥各种"怪力乱神"的存在。于是,当巫不再被充分信任的时候,从巫和巫术演变而来的优和优戏,也一直难登大雅之堂。于是,一种外来的宗教——佛教乘虚而入,为宣讲教义而产生了俗讲。俗讲就是用通俗的说唱方式讲经,留存至今的变文就是俗讲的底本。这种形式极大地影响了诸宫调,而诸宫调讲唱才是元杂剧的母体。所以我认为,中国的戏剧是分成"明河"与"潜流"这两种虽有交往却各自相对独立的形态,分途发展的。

德全将"端公戏"作为一个独立、自在的演剧系统去观照,这说明,他是认同我的上述观点的。令人高兴的是,我的另一个学生刘怀堂博士也持同样的看法,前不久他给我看过一本书稿,特别强调祭祀性戏剧与观赏性戏剧的分途发展。然而,还有一些人,要么否认戏剧源于宗教仪式,要么将元杂剧直接和宗教仪式挂钩。这两种看法，都未免失于片面。

德全指出，"端公祭祀活动中衍生出来的诸种演剧形态，均是由端公表演、创造的，在演剧结构方面亦具有共通性，因此，均可被纳入'端公戏'系统之中，而其间的细部差异，正好表征的是'端公戏'（系统性概念）在不同区域、不同族群中的形态'变格'"。这样，以往被称作"傩戏"的祭祀戏剧，就梳理成章地纳入了"端公戏"的系统之中。

本书虽然着眼于理论建构，但由于材料掌握的全面，在微观上也有不少新的发现。相信读者一定感兴趣，此处就不饶舌了。

最后想说的是，此书的写法也很有特点——脚注篇幅很长。由于文章的理论色彩浓厚，有时候为了中心论点的阐述，为了避免枝蔓，把一些材料和介绍性、知识性的文字放入脚注中。例如对于"梯玛"的不同解释，对"和梅山"法事、"降宝山"的祭仪、"上元和会"之完整内容的介绍，都放入脚注中叙述，有时一条注释达千字以上。这种写法，有些老一辈学者用过，港台学者的论文也较常见，但大陆学者，尤其是青年学者的论文中较为罕见。我觉得这是一种很好的做法，值得推荐。

回想起德全在中山大学从我读博时，一次担任"元杂剧"专题的主要发言人。我担心这位来自贵州的小伙子对"傩"熟悉，对元杂剧或比较陌生。但听过他富有激情的讲述，才知道他其实对戏剧史是下过功夫的。对"明河"抑或"潜流"，都有相当好的基础。不过德全来自贵州，学位论文选题时我依然怂恿他选"傩"的课题。在我的"误导"下，他当时的选题过于庞大，很难驾驭，开题时被无情地"毙"了。但他没有气馁，而是综合了老师们的意见，以较为具体的"西南端公文化"为题，另起炉灶，论文答辩时获得了老师们的一致首肯和赞扬。本书就是在他博士论文的基础上加工修改而成的。

后来，当我知道德全要到上海交通大学单世联教授处从事文化产业方向的博士后研究的时候，由衷地感到一种失落和遗憾。现在德全出站后继续在贵州民大从事文化产业研究，但我还是希望他能多多关注戏剧和戏剧史。

德全在其大著出版之际问序于我，草草写了上面这些话，是为序。

康保成

2017 年 9 月 28 日于珠海寓所

目　　录

端公：一个徘徊不去的乡土文化幽灵*

　　"端公"，一个承载太多历史人文印迹的文化符号，自唐代被人称呼以来，一直辗转于宫廷、衙门、民间等不同场域，被用以指称不同文化身份的人。①而在现代民俗应用中，"端公"则只保留了一种语义指代——"巫师"。今川、陕、黔、湘、桂、滇等地，民众均约定俗成地将"巫师"称为"端公"，而且专指男性巫师。②由于巫师在民间的主要社会功能在于跳

---

　　* 费孝通提出了"乡土社会"这一概念，认为"从基层上看去，中国社会是乡土性的……乡土社会的生活是富于地方性的。地方性是指他们活动范围有地域上的限制，在区域间接触少，生活隔离，各自保持着孤立的社会圈子……乡土社会在地方性的限制下成了生于斯、死于斯的社会"。（费孝通：《乡土中国》，凤凰出版传媒集团江苏文艺出版社2011年版，第5—9页）作为一个理论分析工具，"乡土社会"这一概念不仅是理解中国社会基层的一把密钥，更在把握中国现代社会发展变化的规律时显现出强大的阐释力。从文化生态的视野来看，作为一种前现代知识、观念体系，端公文化的被边缘、被诬名化实属必然，但中国社会的基层——乡土"礼俗社会"恰恰成为其存续不绝的文化土壤。这其实也是我们把握端公文化内质及其发生、发展、变化的一个关键。

　　① 关于"端公"这一文化符号的多种历史语义，本书在第一章第一节会作详细论述，此处不作展开。

　　② 古代巫师有男女之别。《国语·楚语下》云："古者民神不杂。民之精爽不携贰者，而又能齐肃衷正，其智能上下比义，其圣能光远宣朗，其明能光照之，其聪能听彻之，如是则明神降之，在男曰觋，在女曰巫。"汉代韦昭注："巫觋，见鬼者。"（《国语》，中州古籍出版社2010年版，第325—326页）民间的端公专指男性巫师，即古代所指的觋。另外，根据文献的记载，民间用"端公"这一称谓来指代巫师，自宋代就已出现。例如，宋赵彦卫《云麓漫钞》卷十二云："自后多说神怪，以桀黠者四出，号端公，诳取施利，每及万缗，死则塑作将军，立于殿寺。"只是除"巫师"之语义外，"端公"这一称呼还兼具其他意涵。至清末民初以后，"端公"作为巫师的唯一指代，才在各地的官府修志中逐渐确定下来。

神驱鬼、为人祈福禳灾，因此旧时俗语中早有"跟着好人学好人，跟着端公要跳神""又做端公又做鬼——两头讨好"①"端公打坐——装神弄鬼"②等说法。

从主持社会性宗教巫术事务的部落首领到专职巫师的出现，巫的历史可谓久远矣，其在中国文化发展史上的地位亦可谓至关重要。③ 中国古代社会初期的史官、卜官和礼官，其实皆由巫来充任，亦即史书上所称的"卜""占""祝""巫"一类人物。④ 从文化史角度来看，巫可被视为知识分子的原型，他们是上古精神文化的主要创造者。由于古巫文化领域，几乎涵盖了宗教神话、天文地理、医学术数、生产军事、文学艺术以及其他人类先民生活的各个方面，因此在某种意义上，讲上古文化即为巫文化亦无不可。然而，纵观巫的历史轨迹，我们发现巫的得意并没有持续太久的时间，相反，随着生产力的发展和社会的进步，巫风的失势早已成为其历史命运的主题。至迟至汉以后，巫觋的名声便已每况愈下，其地位、影响力、地盘皆逐渐萎缩，最后只能偏隅民间，在山乡田野中施行巫术，为人

---

① 中国民间文艺出版社资料室、北京大学中文系资料室：《歇后语大全》（第4册），中国民间文艺出版社1987年版，第444页。

② 《开心词语一本通》编写小组编写《歇后语一本通》，湖南少年儿童出版社2011年版，第39页。

③ 陈梦家在《商代的神话与巫术》中曾云："由巫而史，而为王者的行政官吏；王者自己虽为政治领袖，同时仍为群巫之长。"（《燕京学报》1936年第20期，第535页）李宗侗在《中国古代社会史》中亦指出："君及官吏皆出自巫。"（台北华冈出版有限公司1954年版，第118—125页）至隋唐以后朝廷设置的六部，还多依托于《周礼》的六官分职，以大宗伯为礼部尚书的别称，以少宗伯称呼礼部侍郎。而"宗伯"实为《周礼》分设六官之"春官"，且为"巫官之长"。由此可见巫在中国历史发展进程中的重要地位。

④ 据考证，此种巫史不分的状态，一直延续到西周。详见尹达编《中国史学发展史》，中州古籍出版社1985年版，第14—18页。

驱邪治病。①

作为巫师的指代性称谓，"端公"这一文化身份凝聚了古巫在后世的诸多变化及其存续发展的地域性特征。② 虽然端公文化体系与古巫系统并不能完全等同，但与古巫的历史轨迹相似，自宋代民间始称巫师为"端公"以来，官方对待端公的态度多持激烈的批判态度，认为其是蛊惑民众、扰乱社会秩序的祸端，严重者亦须严禁之。③《大明律》卷十一《礼》就有明文规定：

---

① 《史记·日者列传》云："世皆言曰：夫卜者多言夸严以得人情，虚高人禄命以说人志，擅言祸灾以伤人心，矫言鬼神以尽人财，厚求拜谢以私于己。"可见，早在汉代，社会对巫术已有厌恶感，人们对巫师的丑行已有共识。另外，史书中亦多有朝中巫觋干政、民间巫觋作祟，以及巫以社团形式参与一些反抗朝廷起义活动之记载。例如，战国时"河伯娶妇"的记载（《史记·西门豹传》中有载录）、汉武帝末年宠臣江充与胡巫密谋加害戾太子的"巫蛊案"等，都是巫觋所为对国家和百姓造成危害的事例。

② 从历史与现时端公活动的地理空间来看，其主要集中于中国西南广大地区。而从历史文献记载和人们的传统习惯来看，"西南"作为一个方位概念，首先代表着相对于观察主体的方向和方位。一旦观察主体的方位改变，"西南"的内涵也将随之发生变化。因此，无论在理论上还是在历史中，"西南"始终是一个动态的概念（这里其实暗含了历史上的"中国"所建构的一种"华据中央，蛮夷居四方""万邦来朝"的文化景观）。当中原汉文化的"中央"定都于长安时，"西南"所指是当时秦岭以南、巫山以西的一片区域；三国时，"蜀汉"中央在成都，"西南"成为巴蜀之南、之西，即《华阳国志·南中志》中所记载的那一片区域；而在南宋，"中央"在临安（今杭州），长安也变为"西安"，"西南"又变得十分遥远而广阔。不过，在长期的历史记忆中，"西南"这一概念又始终被视为"边州""徼外""蛮邦""属国""羁縻"之地，宋人范成大《桂海虞志·志蛮》篇中称"南方曰蛮""有西南蕃"，或曰"西南诸蛮"。宋人周去非《岭外代答》中的"西南夷"条、明人朱孟震撰《西南夷风土记》、清人魏源著《西南夷改流记》，近代章太炎写《西南夷属小记》……都是立足于中原、汉文化而泛称之。时至当代，一般所谈及的中国西南地区，就其地域而言，大致可分为狭义与广义：狭义的"西南"相当于今川、滇、黔三省和1997年3月设为直辖市的重庆（渝）的行政区域；广义的"西南"则包括今四川、重庆、贵州、云南、西藏的西南五省市区的行政区域，以及广西中西部、湘鄂西等地区，面积约250万平方千米，约占我国总面积的四分之一（何光渝、何昕《原初智慧的年轮——西南少数民族原始宗教信仰与神话的文化阐释》，贵州人民出版社2010年版，第30页）。根据端公实际分布的地域特征，我们这里所说的"西南"地区，主要取其狭义地理概念（亦称大西南），即指传统的西南三省：川（含重庆市）、滇、黔，并兼涉与此相邻的陕南、湘鄂西一带。端公聚居于西南广大地区，与移民文化有很大关系。此一问题，后文详述。

③ 巫师及其巫术活动，在中世纪的西方也曾被视为洪水猛兽。法国历史学家米什莱的著作《女巫》，就向人们介绍了西方人对待巫师的憎恨态度，把他们当作魔鬼的代名词。详见［法］雅克·洛维希编著《巫术奇观》，谢军瑞等译，上海文艺出版社1991年版，第130—140页。

凡师巫假降邪神，书符咒水，扶鸾祷圣，自号端公、太保、师婆及妄称弥勒佛、白莲社、明尊教、白云宗等会，一应左道乱正之术，或隐藏图像，烧香集众，夜聚晓散，佯修善事，煽惑人民，为首者绞；为从者各杖一百，流三千里。①

可见，大明王朝从国家律法层面，对端公巫术以及其他民间宗教活动予以严格制止，并以重刑惩罚之。此后，其他地方府志中对待端公之态度皆有相似记载。乾隆《鹤峰州志》中亦载有禁端公之条令：

为严禁端公邪术事，照得：容美改土归流，旧日恶习，俱经悛改，而端公马脚蛊惑愚民，为在最深合行严禁。为此示……切不可妄信罗神怪诞之术，上干法纪，除信习罗神邪教之家，业已著令各地保甲，查追妖魔鬼怪与装扮刀剑等物焚毁……查律裁：凡巫师假降邪神，佯修善事，煽惑人民为首者绞；为从者各杖一百，流三千里；里长知而不首者，各笞四十，如此律禁严明。②

清光绪《黎平府志》称："惟跳端公则荒诞之甚也。"③ 民国年间《贵州通志》引《兴义府志》云："方今天下多难。端公之术诱惑愚夫愚妇，守土官能防患未然，严行禁革，亦曲突徙薪之意也。"④ 除了官方的严厉批判与惩罚，亦有地方文化精英的大力谴责。明代赵南星撰《笑赞》，即用

---

① 怀效锋点校：《大明律》卷十一，法律出版社1999年版，第89页。
② 引自鄂西土家族苗族自治州事务委员会《鄂西少数民族史料辑录》，内部编印，1986年，第373页。
③ 黄家服、段志洪主编：《中国地方志集成·贵州府县志辑·光绪黎平府志》，巴蜀书社2006年版。
④ 贵州省文史研究馆点校：《贵州通志·土司土民志》，贵州人民出版社2008年版，第164页。

一则笑话将端公骗人的把戏予以无情揭露。[①] 清乾隆年间的胡端曾著有《禁端公论》，亦论曰，"黔蜀之间风教之至恶者，莫如端公。不悉禁必为大害""决祸福假于神以诳煽妇女"[②]。进入现代社会以来，科技文明的发展何其迅猛，端公文化这种反理性的文化（现代启蒙主义者的观点）自然更是成为文化批判的靶子，大有欲除之而后快之势。

然而，颇耐人寻味的是，尽管在官方和文化精英的表述中，端公总是与愚昧、迷信、欺骗联系在一起，但是一个显而易见的事实是：无论从活动空间、存续时间而言[③]，还是从文化价值着眼，端公在中国巫坛上的地位，绝非一般的巫者可以比拟。至今——现代文明已经高度发达的今天，端公们依然顽强地生存于乡土社会之中，继续行使着为人驱邪赶鬼、祈福禳灾的职责。在唏嘘之余，我们不禁会问：端公，这个中国文化中的幽灵，而非亡魂，为何总是徘徊不去？是我们批判的力度不够，还是其自身本有更为深沉的文化逻辑？[④] 也许，抛却简单的价值判断（进步或落后，科学或迷信），尊重其存在的现实，并用理性的态度去探颐索隐，才是摆脱端公幽灵般纠缠的最佳法门。毕竟，半信半疑也罢，无情驳斥也好，

---

　① 原文所记笑话："北方男子跳神，叫作端公。有一端公教着个徒弟。一日端公外出，有人来请跳神。这徒弟刚会打鼓唱歌，未传真诀，就去跳神。到了中间不见神来附体，没奈何信口扯了个神灵，乱说一篇，得了钱米回家。见他师傅，说道：'好苦！'把他跳神之事说与师傅。师傅大惊：'徒弟你怎么知道，我元（同"原"——笔者注）来就是如此。'"载王水照主编《中国历代古文精选》，东方出版中心1996年版，第505页。

　② 贵州省文史研究馆点校：《贵州通志·土司土民志》，贵州人民出版社2008年版，第164页。

　③ 端公的活动，在时间上，上可追溯至两宋，下则存续至当代。在空间上，覆盖了湖广、江西、陕南、云南、贵州、四川及重庆的广大区域。在这片区域之中的汉、壮、瑶、苗、侗、仡佬、土家、毛南、彝、羌等十来个民族均受其影响。

　④ 人们常把中国文化称为"巫文化"或"巫史文化"，主要是基于远古至今，中国人的思维形式并无质的蜕变，中国文化的方方面面，依然深刻地烙有早期社会的巫术印记。按张光直的观点，中国文明的转进或演变属于非常典型的未曾断裂或嬗变过的"连续性"形态［张光直：《连续与破裂：一个文明起源新说的草稿》，载《九州学刊选编》（一），中国友谊出版公司1988年版，第1—16页］。

生存于中国乡土社会中的端公，其实一直"就在那里，不悲不喜，不来不去"①。

一 学术史回顾与反思

作为山乡田野中一种被笼罩着神秘面纱的边缘文化形式，端公及其法事活动真正进入学术界的视野，大概要延至 20 世纪 80 年代。这一时期，学者们已逐渐改变以往意识形态化的思维范式，而代之以包容的胸襟、开阔的视野进行人文的反思。正是在此开放的学术语境下，学术界掀起了一股宗教仪式剧②的研究热潮。特别是伴随着"傩戏"的广泛讨论③，更全面带动了整个中国仪式剧和祭祀仪式研究，出版的论文连篇累牍，尤以中国台湾《民俗曲艺》和大陆《中华戏曲》《戏曲研究》《戏剧》为主要学术期刊；出版的专著也多到难以统计，尤以康保成《傩戏艺术源流》、萧兵《傩蜡之风——长江流域宗教戏剧文化》为其代表作。除了大陆学者的广泛研究外，中国台湾、中国香港、日本、新加坡和英美等地区的戏曲研究者，都不约而同地投入中国仪式剧的研究，更取得了重要的成果。例如，田仲一成《中国巫系演剧研究》（东京，1993）、龙彼德关于闽粤戏曲宗教的研究（1991）④、姜士彬关于晋南迎神赛社的研究（Johnson

---

① 引自扎西拉姆·多多的诗歌《班扎古鲁白玛的沉默》，载扎西拉姆·多多《当你途经我的盛放》，中信出版社 2011 年版，第 223—224 页。

② 目前学界对于"宗教戏剧""仪式戏剧""祭祀戏剧"等几个相近概念的界定存在着分歧，因而不同学者的研究成果中，所使用的名称并不一致。就"仪式戏剧"这一概念而言，一般取其较广义的用法，即举凡与宗教仪式有关的戏剧，无论仪式动作本身表现出来的戏剧性，还是仪式进行中插演的戏剧，甚或仪式活动场合进行的戏剧演出，几乎都可称为仪式戏剧。而仪式戏剧广泛、通用的概念，也就成为目前研究宗教与戏剧关系时被运用得最为广泛的称谓。

③ 据周华斌的统计，仅 20 世纪 80 年代至 90 年代初，学界发表的傩戏研究专著已有上百种，论文 2500 多篇。详见周华斌《中国当代傩文化研究》，载《民族艺术》1997 年第 3 期，第 82 页。

④ 关于龙彼德的中国民间仪式戏剧研究，详见李光真《守护中国民俗的汉学家——龙彼德》，王家凤、李光真《当西文遇见东方——国际汉学与汉学家》，光华画报杂志社 1991 年版，第 102—111 页。

1994）、贺大卫的陕西合洋县跳戏的论文（Holm 2003）等。此外，中国台湾的邱坤良、中国香港的陈守仁、新加坡的容世诚等，都曾对中国各地的仪式剧个案进行过深入研究。来自中国台湾的清华大学教授王秋桂主持了一项名为"中国地方戏与仪式之研究"① 的大型计划，对系统采用人类学田野调查方法来研究中国仪式演剧，起到了极为重要的推动作用。

毫无疑问，在研究中国祭祀仪式与戏剧史领域内，各地"傩戏热"的广泛兴起，对推动人们观念与研究方法的变革，的确起到了举足轻重之作用。事实上，对于被人斥之为"装神弄鬼"式的端公及其法事活动，学界也是将其纳入仪式戏剧的范畴，并且作为傩戏的一种表现形态来予以观照的。于是乎，"端公戏"② 这一傩戏品类应运而生，而且在其主要的流布区域——西南地区，成了与傩堂戏、傩愿戏、阳戏、师公戏、地戏、梓潼戏等五花八门的傩戏品种相并列的类别。

---

① "中国地方戏与仪式之研究"计划，于1993年开始实施，历时三年，是一个以文化人类学为侧重点的众多学科研究计划，也是一项国际性的研究计划。参加这个科研项目的学者有美、英、法及中国大陆和港台学者三十余人，分别在大陆十几个省区从事与仪式有关的傩戏、目连戏、法事戏、赛戏等地方剧种的调查与研究，探讨这些仪式剧的历史沿革、地域差异、信仰背景、经济组织、社会价值、文化功能、政治影响、剧场观念、象征意义、在中国戏剧史上的地位及所反映的宇宙观，希望为中国民间文化的研究建构更坚实的基础。"计划"指出："中国文化精深博大，而根植于广大群众的民间文化，则为其厚实的基础。民间文化的研究，固然涉及许多面相，但传统信仰以其与社会生活的密切联系，经常成为民间文化中最具有阐释力的社会表征。在另一方面，中国各地区的地方戏，以其特有的地域性历史社会背景，经常呈现民间文化独具特色的传统。本研究尝试从中国民间中撷取地方戏及其相关的信仰仪式作为探讨对象，以仪式剧为中心主题，期望揭开探讨中国文化的广大论题。""计划"成果主要编入《民俗曲艺丛书》，由施合郑民俗文化基金会编辑出版。现已出书80种，总字数在300万字以上，内容可分为五大类：调查报告集、资料汇编、剧本或科仪本集、专书、研究论文集［参见庹修明《巫傩文化与仪式戏剧》，（台北）国家出版社2010年版，第643—649页］。

② 事实上，学界对于"端公戏"这一称谓本身存在着较深的"误读""误用"，可归纳为两个方面：其一，仅用一般的戏剧概念去观照，并"望文生义"地认为端公戏本身就是一种戏剧表演活动，从而遮蔽了其巫术、仪式之本质；其二，混淆了端公戏与傩堂戏、阳戏、梓潼戏等其他傩戏形式的种属关系。见本书第五章第一节，详述。

按目前学界对傩戏品类的界定，我们发现：以往着力于端公戏的成果其实非常有限，且多停留于记录、描述层次，而较少有富于深度的探寻。对于端公戏的一般性介绍，主要散见于各地方编撰的方志、戏曲志及文史资料中。例如，《中国戏曲志》《中国戏曲音乐集成》中的四川、安徽、山东、云南、陕西等分卷①，均或多或少地介绍了该省端公戏剧目、唱腔、表演、班社、板式、伴奏及其乐队编制等基本情况，且有的书中还列举了较多的唱腔选段。《四川傩戏志》中涉及成都端公戏表演的法事程序、表演剧目的基本内容。②《云南省志·文化艺术志》（卷73）对云南省昭通市端公戏的源流、音乐、剧目、表演等情况进行了概要式梳理，同时，还对永胜县端公戏《贺八蛮》的人物角色、表演内容予以简单介绍。③《云南戏曲资料》（5）中记录了云南省昭通市镇雄县、大关县端公戏的基本情况。④《重庆文化艺术志》对重庆市端公戏的流布范围、主要类型、表演剧目及声腔音乐等情况做了蜻蜓点水式的说明。⑤ 此外，各地方文史资料中也有少量一般性介绍端公戏的文章。⑥

---

① 《中国戏曲志》：四川卷（1995），安徽卷（1993），山东卷（2000），云南卷（2000），陕西卷（2000），中国 ISBN 中心出版社；《中国戏曲音乐集成》：四川卷（1997），安徽卷（2000），山东卷（2000），云南卷（2004），陕西卷（2005），中国 ISBN 中心出版社。

② 严福昌主编：《四川傩戏志》，四川出版集团四川文艺出版社 2004 年版，第 60—62 页。

③ 高登智主编，云南省地方志编纂委员会总纂，云南省文化厅编纂：《云南省志·文化艺术志》（卷七十三），云南人民出版社 2002 年版，第 339—343 页。

④ 刘家寿：《端公戏在镇雄》、张凤岗：《端公戏浅介》、欧阳书荣：《大关端公戏什记》，中国戏曲志云南卷编辑部编《云南戏曲资料》（5），内部刊印，1989 年，第 157—169 页。

⑤ 王洪华、郭汝魁主编，重庆市文化局编：《重庆文化艺术志》，西南师范大学出版社 2001 年版，第 203—204 页。

⑥ 地方文史资料中介绍端公戏的文章主要有：马章禄《紫阳端公戏》，中国人民政治协商会议紫阳县委员会文史资料编纂委员会编《紫阳文史资料》（第 4 辑），1999 年 9 月，第 99—101 页；杨荣生《旺苍傩戏——端公戏》《旺苍端公戏探源》，载中国人民政治协商会议旺苍委员会《旺苍文史资料》（第 12 辑）（旺苍县内部书刊登记 074 号），1994 年 10 月，第 80—95 页；翟天运、赵珠华《凤县的曲子戏和端公戏》，载中国人民政治协商会议陕西省凤县委员会文史资料工作委员会《凤县文史资料》（第 12 辑），1994 年 3 月，第 118—120 页；孟学范编著《巴山民俗》，西北大学出版社 1990 年版，第 129—131 页；四川省万县市文化局编纂《万县地区文化艺术志》，四川人民出版社 1996 年版，第 250 页。

在极为有限的研究性论著中，学者们的关注视点几乎都是以某一地域为基点加以探究。王继胜等编著的《陕南端公》① 一书，除对陕南汉中市端公戏的音乐特征、表演特征、道具、现代剧目等内容给予较为全面的介绍外，还就陕南端公戏的流布环境、社会功能及其与民俗宗教文化、神秘文化、民间信仰的关系进行了初步探讨。应该说，该书是我们了解陕南端公文化的一本重要参考资料，唯惜内容仍以介绍性为主，而较少相关问题的探讨。王晓平对陕西省汉中市镇巴县"跳端公"仪式的文化内涵有较为深刻的阐释，特别是文中关于"跳端公"仪式与地缘文明关系的论述给人以启发。② 此外，一些艺术学硕士论文也涉及陕南端公戏的问题。③

在区域性的端公文化研究中，除对陕南端公文化给予注目外，学者们还对云南昭通端公戏表现出很大的兴趣，出现了多篇学术论文。王勇的《云南昭通地区的端公及其艺术》④ 是一篇值得关注的论文，文章不仅全面描述了昭通端公法事仪式的六种类型，而且对端公戏的艺术特点进行了较为深刻的论述。杨荣生对昭通端公戏的源流进行了初步探讨，指出该市的端公戏是由外地流入的一个古老剧种，其流入渠道主要有江西、四川、湖广三条，按流入先后的时间顺序，江西系统于明初流入，为时最早；清

---

① 王继胜、王明新、王李云编著：《陕南端公》，陕西科学技术出版社 2009 年版。
② 王晓平：《"跳端公"仪式及其文化表征》，《交响》（西安音乐学院学报）2010 年第 4 期，第 19—24 页。另外，有关端公仪式行为的文化阐释选题，还可看看王婧《巫觋仪式中的艺术——对旺苍傩戏的描述与分析》，《民族艺术研究》2000 年第 4 期，第 49—53 页。
③ 郭丹：《陕西汉中地区端公戏研究》，硕士学位论文，西安音乐学院，2006 年；周里：《端公文化——之陕南汉中端公舞蹈剖析》，硕士学位论文，陕西师范大学，2010 年（查该论文电子稿，题目中"之"字疑为误写）。目前，以端公戏、端公文化为选题的博士论文还未有所见。
④ 王勇：《云南昭通地区的端公及其艺术》，《民族艺术研究》1994 年第 4 期，第 11—20 页。

初、清末，四川、湖广系统开始大量涌入。① 对于端公戏源流问题的探讨，可以部分地说明端公文化外来传入的特征，这对我们加深理解端公文化的性质具有重要意义。此一问题需做进一步探讨。② 此外，鹤川、陈复声、李福军、何奎等人的论文亦可作为了解云南昭通端公戏的参考。③

值得特别提出的是，围绕西南地区端公的各种法事活动，出现了一批田野个案调查。主要有：郭思九、王勇《云南省昭通地区镇雄县泼机乡邹氏端公庆菩萨调查》（1995）；王秋桂、庹修明《贵州省岑巩县注溪乡岑王村老屋基喜傩神调查报告》（1995）、《贵州省德江县稳坪乡黄土村土家族冲寿傩调查报告》（1994）；杨兰、刘锋《贵州省晴隆县中营镇新光村硝洞苗族庆坛调查报告》（1996）；胡天成《四川省重庆市巴县接龙区汉族的接龙阳戏——接龙端公戏之一》（1994）、《四川省接龙阳戏接龙端公戏之二——接龙庆坛》（1995）、《四川省接龙阳戏接龙端公戏之三——接龙延生》（1995）；王跃《江北县复盛乡协睦村四社谌宅的"庆坛"祭仪调查》

---

① 杨荣生：《昭通端公戏源流初识》，《中国戏曲志·云南卷》编辑部、《中国戏曲志·贵州卷》编辑部、《中国戏曲志·四川卷》编辑部编：《云南、贵州、四川三省戏曲源流沿革研讨会文集》，《中国戏曲志·四川卷》编辑部出版，1987年，第25—35页。关于昭通端公戏源流的问题，《云南省志·文化艺术志》也从江西、四川、湖广三条传入渠道说［高登智主编，云南省地方志编纂委员会总纂，云南省文化厅编纂：《云南省志·文化艺术志》（卷七十三），云南人民出版社2002年版，第339—343页］；顾朴光在介绍昭通端公戏及其面具时，亦指出昭通端公戏是外地传入的剧种，传入渠道主要是江西、四川、湖广三条（顾朴光：《中国面具史》，贵州民族出版社1996年版，第381—385页）。

② 本书将在第一章第二节"客师与土师：汉民的南迁与端公信仰的扎根"中，对西南端公文化"外生土长"的性质进行详细说明。另外，关于端公戏源流的研究，还可参看欧兰香对鲁西南端公戏源流的探考。作者从释名入手，对鲁西南微山湖一带几种并存的名称——端鼓腔、端公腔、端供腔作了溯源式清理，指出"端鼓腔""端供腔"都是"端公腔"的一声之转，是与"端公腔"音近之讹误。同时认为，鲁南端公戏渊源于淮扬一带的香火戏，唱词句格的七字句、十字句相同，流传至今的基本剧目亦相通。运河与淮河的交汇造成了香火戏支脉的流传。端公腔传人说祖辈从扬州兴化迁来是可信的［欧兰香：《鲁西南端公戏源流考》，《中国音乐学》（季刊）2010年第1期，第75—79页］。

③ 鹤川：《端公戏与儒家伦理》，《民族艺术研究》1994年第3期，第41—44页；陈复声：《昭通端公戏面具》，《民族艺术研究》1997年第4期，第35—37页；李福军：《略论云南端公戏》，《云南师范大学学报》2003年第4期，第67—70页；何奎：《云南昭通端公戏面具的艺术价值及传承》，《四川戏剧》2012年第2期，第75—77页。

（1993）、《四川省江北舒家乡上新村陶宅的汉族"祭财神"仪式》（1993）等。① 这些调查报告的撰写体例相似，均对田野点的文化生态环境、坛班情况以及端公法事的科仪程序进行了十分翔实的记录。这些宝贵的调查资料，为我们深入了解区域端公祭仪活动的结构、形态打下了坚实的基础。

不可否认，上述立基于某一区域的介绍或探究，为我们了解各地区端公戏的基本面貌提供了丰富的资料，同时也为进一步的研究奠定了基础。但研究区域的过于局限以及研究视点的过于狭隘，也使目前研究的薄弱之处彰显无遗，主要体现为以下两个方面：

其一，现有成果均囿于地域的藩篱，属于局部、个案式研究，没有从学理上整合端公戏流变与形态递嬗的基本理论问题，整体的、连贯的、内在逻辑严密的研究体系还没有建立起来。

其二，现有的局部、个案式的端公戏研究，基本侧重于共时性平面描述，缺乏对端公文化本身性质的通观理解，以及由历史、民俗累积而成的端公文化图层的细密揭示。由此造成了无法深入透析端公行为背后的知识、观念体系，及其如何在乡土社会中内敛为一种社会记忆形式和民俗信仰。

更进一步地，由于目前学界是将端公戏作为傩戏的一种表现形态予以观照的，因此，上述端公戏研究中显现的"弱点"或"盲点"，也为我们省思当下傩学研究中存在的一些误区提供了某种契机。联系端公文化自身的性质，以及当下傩学研究的现状，我们认为，此种省思应主要涵括以下几个方面：

其一，在傩仪现实称谓的表象束缚下，我们往往倾向于将不同地域、不同称谓的傩戏类别进行几近完全"割裂"式的研究，并主观地认为这些

---

① 以上这些田野个案调查报告，均刊于王秋桂主编《民俗曲艺丛书》，（台北）财团法人施合郑民俗文化基金会 1995 年版。

类别本属不同的傩戏类型，而不太注重其间的密切联系。于是，诸如德江傩堂戏、福泉阳戏、昭通端公戏、芦山庆坛、金沙端公戏、道真冲傩、文山梓潼戏等五花八门的傩戏类别充斥于研究者的视域中，难免让人眼花缭乱。无可否认，傩仪①类型的区域性特色是一个重要问题，但是缺失了通观、整合性的考量，我们会否陷入"只见树木，不见森林"的研究尴尬呢？西南地区不同地域、不同称谓的傩仪类型是否存在一个共通性的文化表现，从而可以统合起各种纷繁复杂的傩仪类别呢？

其二，立足西南地区，端公戏与其他傩戏类型，是否属于相并列的类别？若是能够形成并列，必定要有差别性特征，而当我们深入比较不同傩仪的基本结构，就会发现：西南地区纷繁复杂、不同称谓的诸多傩戏类型在形态结构上其实具有同一性，因此，将端公戏与其他傩戏类别相并列的研究范式理应做出修正。

其三，傩戏研究中的名实之辨，本是一个重要的问题，但是当我们面对具体的傩仪称谓时，往往不加辨析地加以应用，由此造成了名称使用上的极度混乱。例如，何谓"傩堂戏"、何谓"端公戏"、何谓"梓潼戏"等。名称的相异，是否代表着实质的不同？这些问题不能不加以考量。

其四，受"泛傩论"的影响，目前学界亦将以端公戏为重要载体的端公文化纳入傩文化的研究范畴，如此，端公文化的独立性特征隐而不见。事实上，端公的仪式行为和观念系统非傩文化所能涵括，端公文化本身是一个自在的文化系统。而端公文化与傩文化的关系，需要我们进一步探究，这无论对端公文化的研究，还是傩文化的研究，都将大

---

① 本书之所以交叉使用"傩仪"与"傩戏"概念，是因为端公法事活动中的祭仪与戏剧表演其实难以截然分开，所谓"祭中有戏，戏中有仪"，区别只在于不同法事活动中，祭祀与表演的比重有所不同。事实上，相较于更多强调戏剧表演因素的"傩戏"这一称谓，"傩仪"则具有更大的涵容性，因为在端公的行为活动中，所谓的戏剧表演归根结底也属于祭仪的一部分。

有助益。

正是基于以上对端公戏研究中显现出来的种种误区的剖析，以及对当下傩学研究的深度省思，我们提出着力于范畴更宽、系统性更强的"端公文化"这一概念。其研究目的，就是希望通过对端公及其仪式行为、观念系统的深入把握，多维呈现端公文化的本质特征，同时动态地把握端公行为背后的知识、观念体系如何在乡土社会中内敛为一种社会记忆形式和民俗信仰。

二 观照界域

长期以来，"区域"一直是民俗学、人类学探讨社会文化问题时一个极为重要的观照界域。然而"如何划分区域、为何划分、谁来划分"的问题，近年来引起了一些学者的深度反思。施坚雅就曾深刻地质疑中国学者以政区为研究单位的方法，认为"中国历史上县级区域的稳定性，只是一种幻觉而已"①。而对于"区域研究"（areal study）理论范式中的种种误区，程美宝更是不无严厉地指出，"研究者往往会因自己研究的需要，进行临时性和分析性的地域划分"，"然而，在处理文化现象方面，则不能单从研究者的眼光出发，漠视研究对象的主观意识，这又联系到近年人文社会科学十分关注的'认同'（identity）问题。研究者按照自己认识的语言和风俗分别划分出来的文化区域界线，往往只是一厢情愿，是不能强加于研究对象身上的"②。姑勿论学者们的质疑甚至批评是否无懈可击，但就其促进社会文化领域的"区域研究"走向纵深而言，此种反思无疑具有重要

---

① ［美］施坚雅主编：《中华帝国晚期的城市》，叶光庭等译，中华书局 2000 年版，第 19 页。
② 程美宝：《区域研究取向的探索——评杨念群著〈儒学地域化的近代形态〉》，《历史研究》2001 年第 1 期，第 133 页。

的建设性意义。①

诚如前述，目前学界关于端公及其法事活动的探讨，显然属于非常典型的区域文化研究，且学者们划定的研究区域，基本上沿袭了人类学的传统，即将调查范围缩小到某个村落②或小市镇，于是就出现了所谓"昭通端公戏""福泉阳戏""临武傩戏""德江傩堂戏"③"接龙庆坛""道真冲傩"等诸如此类的分析单位。而此种功能主义（functionalism）式的小社区内研究端公文化事象的学术理路，事实上在傩学研究之始就已大行其道，并已渐具方法论意义，成为建构傩学理论架构的重要知识背景。也正因此故，无论研究者还是一般读者，罕有质疑这种习以为常的所谓区域端公文化研究的学理基础。若深入实证研究中，我们便不难觉察这些划分，其实是相当主观和随意的。④ 而研究者"因自己研究的需要，进行临时性和分析性的地域划分"之做法，往往会使此类区域端公文化研究天然地缺

① 目前学界提出的"流域文化研究"之概念，可看作区域文化研究走向纵深的一个重要表征。按陈先初的说法，对区域文化的研究，到目前为止经历了三个阶段：各地区独立研究、区域间比较研究及现在提出的流域文化研究。如果把独立的区域研究看成一个个"点"，那么流域研究就是一个"线"。从"点"到"线"进行相近区域间的比较研究，可以对区域文化系统研究起到承上启下的作用，使区域文化研究更加立体（郭潇雅、吴运亮：《从"点"到"线"：区域文化研究走向深入》，《中国社会科学报》2013 年 10 月 21 日第 A01 版）。目前学界已产生了一批"流域文化"（多围绕长江流域）方面的研究成果，与本书相关且较有代表性的著作主要有：萧兵《傩蜡之风——长江流域宗教戏剧文化》，江苏人民出版社 1992 年版；王玉德《长江流域的巫文化》，湖北教育出版社 2005 年版；胡绍华《长江三峡宗教文化概论》，中国社会科学出版社 2010 年版。

② 民俗学将村落视为一个独立的分析单位，以此作为民俗传承的生活空间。详见刘铁梁《村落是民俗传承的生活空间》，《北京师范大学学报》1996 年第 6 期，第 42—48 页。

③ 民间对于"戏"之概念的理解与学界所认定的诸如"歌舞演故事"之类的戏曲概念并非完全一致。面对端公在法事活动中头戴面具、手舞足蹈、连唱带念，民众便认为这就是"戏"了，因此，所谓"傩堂戏""端公戏""阳戏"等名称的本质其实仍是一种端公祭祀行为，而非指一般意义上的戏剧表演活动。以往的研究往往用一般戏剧概念去诠解这些概念，这其实是一种认知上的"误区"。详细分析见本书第五章第一节内容。

④ 钟敬文早就指出："现在学界对民俗材料进行分类，是我们学者为了方便叙述而人为地分类，其实事物本身并不一定是这样的。假如我们能够超出这种人为的界限，更加接近事物原来的状态，作为科学研究来说，当然价值就更高。"（钟敬文：《民俗学：眼睛向下看的学问——在田传江同志与北师大研究生座谈会上的致词》，《民俗研究》2001 年第 4 期，第 143—146 页）毫无疑问，钟敬文此段十多年前的论述，对于当下端公文化乃至整个民俗文化研究现状而言，仍然具有极强的现实性指导意义。

失一种学理依据，而且也很容易忽视文化的整体意义。这正如刘晓春先生批评的："当我们执着于多样的民俗个案研究，是否意味着我们对于民俗事象的整体解释能力正在弱化？"①

本来，在社会文化研究中，有效地域分析单位的界分其实并无定数，一般要视研究者的研究目的、研究问题，以及研究问题牵涉的点与面而定。而对端公文化研究而言，小社区式的研究理路当然对深入把握端公法事活动的地域性差异具有不可替代之作用，且也着实有利于某个研究主题的深化。但我们时常忽略的一个关键问题是，"端公"作为文化行为之主体，其活动的地理空间其实早已远远超出小社区的范围。若从文献记载来看，自宋以后，今川、陕、黔、湘、桂、滇等地就已有大量端公活动的记述；而从现实的端公法事操作来看，各地不同称谓的端公祭仪活动在结构上亦具有同一性。②而此种地理分布空间的广泛性与操作祭仪结构的统一性，已经内在地要求我们须以一种通观、综合性的学术视野去观照端公及其法事活动，借此才能透析端公文化的内核，把握端公文化的本质特征。

因此，在充分尊重小社区研究和文化志描述的有效价值之际，我们主张应适当走出社区范围，在较大的空间跨度中，探讨端公文化习俗的存在方式及其社会文化意义，分析不同时空序列中的人群看待和实践端公信仰的问题，这不仅符合当下区域文化研究的主流趋势，更是"端公文化地域性展开"的属性要求。有鉴于此，本书的地域界分将不再拘囿于以往社区式的行政界限，而是充分考虑端公文化在观念层面上的广泛涵盖性。为

---

①　刘晓春：《从"民俗"到"语境中的民俗"——中国民俗学研究的范式转换》，《民俗研究》2009 年第 2 期，第 5—35 页。

②　各地不同称谓端公祭仪结构具有同一性，是基于不同区域、不同称谓端公祭仪活动的深入比较分析而得出的基本结论。此种比较分析大致包括三个层面：不同区域同一称谓祭祀仪式之比较；同一区域不同名称祭祀仪式之比较；同一坛门不同祭祀仪式之比较。本书第四章第二节将对此问题进行详细阐述，这里只是提出问题。

此，拟以"西南地区"作为端公文化研究的独立分析单位①，其理论指向不仅是为了突破以往小社区式端公文化研究的地域桎梏，更在于整合不同地域、不同称谓、不同类型的端公法事活动，从而使其具有一种整体性结构意义。而此一学理关注恰恰是当下端公文化研究中最为薄弱的部分。

从自然和人文地理角度分析，"西南"在中国文化版图中应该算是一个较为特殊的疆域，它不仅代表着一种远离中原的地理区位，也暗示着一种相异的文化形态。② 而从人类学的"文化区域"（cultural area）、"文化圈"（cultural cycle）等理论视野来看，"西南"这片奇诡而富饶的疆域也确实存在着一种共通的文化范型。这种共通文化范型的确立，既与大西南群山环抱的自然生态、各民族相同的生活和生产方式有关，亦与西南众多非原始土著民族相似的迁徙历史，民族间的不断交流、融合、涵化（acculturation）有关。就广泛栖息于西南地区的众多端公而言，他们基本上都不是原始的土著民族，若追溯其家庭历史，多数可追溯至江南、江西、淮南、湖广一带③，而绝少有本地"土生土长"的情况，而这又与中国移民

① 由于西南端公文化的生成与汉移民南迁西南的历史有着极为密切之关系，因此，若从历时态西南各地端公坛门的传入情况来考量，端公的势力范围还要关涉湖南、湖北、江西一带，甚至还要远达西北，如陕西南部的巫戏坛歌就以"端公戏"而闻名。但就现时态端公文化分布的集中性、系统性而言，西南地区无疑更具典型性。这也是本书以"西南地区"作为观照界域的重要理由之一。当然，在探讨相关问题时，我们还会关涉西南端公文化移出地的相关区域。

② 张诗亚主编的"西南研究书系"（云南教育出版社，1992—1997）《西南研究论（总序）》中指出：自远古以来就存在着的中国文化的"东、西、南、北、中"这一特殊结构。此结构的特征可概述为"一点四方"4个字，即以中原某地为中心之点，向四周延伸出四个方向；中心点既是出发的起点也是回归的终点。而在中国以往的文化地理结构中，"西南"不过是"一点四方"的某种扩展。

③ "江南、江西、湖广、淮南"，都是某种相对的方向和方位，无论在理论上还是历史实际中，它们均是一个动态的概念。以"江南"这一方位为例，唐代的"江南"包括今苏南、皖南和浙江地区，唐天宝时期属江南东道。当时泛称江南、江东、江外，或与淮南地区合称"江淮"。而宋元时期则指今浙江全省和江苏、安徽二省的长江以南部分。本书在运用这些方位时，以宋元以后所指的空间范围为标准，其原因在于大规模的西南移民潮主要发生在明清时期。

史上汉人南下的三次浪潮①以及涵括其中的西南移民潮有着很大关系。我们知道，自秦汉时期就有人口南迁于蜀汉地区（今四川盆地和汉中盆地）的记载②；宋代以来，中国经济和文化重心已逐步移向长江以南地区；至明清以后，汉族人口从黄河流域、长江流域等汉族核心分布区向西南等边疆地区的迁移和拓展，已成为中国移民史的重要内容之一。其对西南区域文化的影响之深广，无法估量。由此，从黄河流域、长江流域等汉族核心分布区涌向西南地区的多次大规模移民活动，就成了观照端公文化的一个大的且重要的历史背景。一个不证自明的判断是：移入西南的中原及江南汉民在由"移民社会"（immigrant society）走向"土著化"（indigenization）并最终变成"土著社会"（native society）的过程中，必然会与西南地区诸多少数民族③发生冲突、交流乃至融合。端公作为西南移民潮中的一个特殊群体，其所带来的属于汉文化系统的巫文化形式，与当地少数民族原始巫文化的冲突与交融主要体现为两个方面：一方面，端公文化虽然是一种移民文化，但是其作为一种强势文化，必然会深刻影响着周边少数民族原始巫文化的形态，使其发生变异，甚至被同化；另一方面，端公文化本身为了自身的生存与发展，也必然会做出调适与妥协，由此形成了端公文化本身的多重融变。而此种融入土著特色（在地化、草根化）的端公文化事象就像泼墨一样，经过俗信化及仪式化的多重洗礼，转化为一种普遍性的民间信仰或民俗知识，进而成为颇有特色的西南端

---

① 按葛剑雄《中国移民史》中的历史分期，汉人南迁的第一次高潮发生于永嘉南迁之后，第二次发生于安史之乱后，第三次发生于靖康之乱以后北方人口的南迁。详见葛剑雄、曹树基、吴松弟《简明中国移民史》，福建人民出版社1993年版。

② 《华阳国志·蜀志》载："临邛县本西南二丰里，本有邛氏，秦始皇徙上实之。"上郡本是魏地，惠文王十年（公元前328年）纳土于秦，这一迁移应在此后。

③ 西南多民族聚居区，自古就有所谓"百蛮""百濮""百越""百夷"的记载，"百"言其多，"蛮""濮""越""夷"则是指不同的族系，这正概括了古代西南民族集团十分复杂的情况。现在我国55个少数民族中，居住在西南的就多达30余个，并形成民族大杂居、小聚居的格局。

公文化共同体，并最终历史地内敛为西南地区群体意识认同的文化象征符号。

当然，由于深植的土地和族群不同，作为一种相对稳定的民俗信仰，西南端公实践的历史与现实表现形态必然带有一定的区域差异，这也部分地成为以往研究"执着"于小区域端公文化的原因所在。然而，了解区域间的差异固然重要，但我们时常忽略的是：不同区域中的种种差别，其实是基于一个自然生态里共同表演着文化共同体中的若干"变格"。若脱离西南端公文化这样一个大的文化生态背景，小区域内的端公文化事象恐怕也难以得到完满的解读。例如，贵州德江傩堂戏与重庆接龙阳戏，因所出地域与称谓的不同，往往被研究者视为两个截然独立的分析单位加以对待，由此形成的研究成果自然也是"自说自话，互无干涉"。但是如果我们能以通观的学术视野深入比较二者的差别，就不难发现：这两种源自不同地域、不同称谓的文化事象其实在观念、行为、仪式、演剧结构等方面均具有共通性，而且更为重要的是：两种祭仪活动本身其实都是由"端公"这一历史文化主体来完成的，因此，它们均可被视为西南端公文化的具体表现形态，而二者间的细部差异，正好表征的是端公文化在不同区域、不同族群中的形态"变格"①。

---

① 胡天成曾就贵州德江冲寿傩与重庆接寿延生这两种不同地域、不同称谓的端公祭仪活动进行过比较研究，最后得出结论：二者在祭仪主旨、法事结构和一些具体运作上基本一致，在驱凶纳吉祭仪的总体构架下突出了益寿延年的内容，反映了西南民间的一些习俗特色，是西南民众过去社会生活中经常举行的祭祀仪式。而由于流传的地区不同、民众的风俗相异，以及主持和运作这种仪式的坛班的师承各别等因素，二者又呈现出一些差异，其中突出的是祭祀活动中的戏剧表演差异比较明显（胡天成：《德江冲寿傩与重庆接寿延生》，曲六乙、陈达新主编《傩苑——中国梵净山傩文化研讨会论文集》，中国戏剧出版社2004年版，第252—261页）。显然，胡天成基于个案比较研究而得出的结论再次印证了本书的观点，即德江冲寿傩与重庆接寿延生均可被视为西南端公文化的具体表现形态，而二者间的细部差异，正好表征的是端公文化在不同区域、不同族群中的形态"变格"。唯惜此类关于不同区域、不同称谓端公祭仪的比较研究成果实在太少，且没有得到学界的足够重视，这无疑阻碍了我们以更为宏观的视野来观照西南端公文化。

　　由此可见，以"西南地区"作为观照端公文化的分析单位，既有历史的依据，也有现实的基础，同时亦与当下社会文化研究的主流理路（mainstream logic）相契合①，它将打通行政区域的壁垒，规避以往研究者立足该区域"自说自话""只见树木，不见森林"的尴尬，从而为探寻不同区域端公文化间的共通性建构了一种崭新的研究径路与研究方向。当然，以"西南"这种宏观性的地理界域（相较于社区式的观照）作为分析单位，并不意味着我们可以随意割裂时空关系，事实上，端公文化的丰富样态依然要依托具体的甚至是微小的时空背景来阐述，因此，着力于小区域"地方性知识"（local knowledge）的"深描"（thick description）仍然是本书的一个着力点。但与以往的研究视点不同，此种"深描"绝不是孤立地描述区域端公文化形式本身，而是立基于西南端公文化的整体的一种细部解读。其理论指向在于：使"地方性知识"获得一种相对普遍的文化意义，进而在区域地理界域中获得一种"鸟瞰性"的超越视野（bird's or God eye）。

三　逻辑进路

　　与学界以往关于端公及其法事活动的研究有着很大不同，我们的着力点并不在于记述某一区域某一类端公行为或祭仪活动本身，而在于立足西南端公文化的整体予以结构性阐释。显然，研究视点的位移（相对于以往着力于某一类端公行为或祭仪活动的视点），必然引起切入维度的转向。

---

　　①　当下的社会文化研究在充分尊重观照小区域的有效价值之际，更加强调了大区域研究的重要性，此亦表征了"区域文化"研究走向深入的学术态势。李亦园就曾指出："即使是人类学家所常用的所谓'参与观察'与'深度'访谈等方法，也有它的困境，特别是在中国这样大的国家里，如何从参与小村落的田野工作，扩展到了解全国的问题，也是一项在研究方法与研究策略上需要我们自己发展出一套适合于国情的方式，在这里也许我们可以说费孝通的研究从村庄到市镇，然后从市镇到大区域的策略，确是一个在研究方法上做到本土化、中国化的好例子。"（李亦园：《李亦园自选集》，上海教育出版社 2002 年版，第 448—449 页）

对于端公文化整体的结构性阐释，我们拟分三个层面切入：一是关于端公与端公文化的释读；二是端公文化内部结构图层的细密揭示；三是表达主观意义上的端公信仰及其世俗化的内在逻辑。对于"端公"这一历史文化符号的深入解读，必然要将其置入较广的时间跨度中，不仅要细致梳理自宋以来这一称谓的多种历史语义，而且应对端公在近现代以来的执事外延及其变迁予以关注，借此全面把握端公在历史与现代两重维度下的存在形态。而端公的移民背景及其迁徙历史，是我们深入把握端公文化本质特征的一个关键。就其本质而言，端公信仰的文化内核可概括为两个方面：巫之变种与道教俗化。但是作为汉族移民文化的一部分，端公文化本身在西南地区"在地化"（localization）过程中，必然会发生多重融变。此种融变既有自宋以来社会文化领域里儒释道三教合一的深刻影响，亦有端公文化对原传统社会文化形态的连续或延伸，还有其与西南诸多少数民族原始巫文化系统的交流、冲突之表现，由此形成的端公文化共同体，是透视各区域丰富多彩端公法事活动的"底色板"。此外，在全面诠解"端公文化"时，有一个视点常被我们忽略，那就是端公文化与傩文化的关系。事实上，这一问题的提出本身就具有多重学理意义：它不仅为深入反思"泛傩论"提供了一个适切的反拨点，同时对凸显端公文化的独立性特征也将有所助益。

正如埃文斯－普理查德指出的那样："宗教事实必须被看作一个融贯的系统之内各个部分彼此之间的关系，每个部分都只有在与其他部分的关系中才有意义。"① 同理，端公文化本身显然也是一个相当复杂的系统性结构，其内部结构因子的关联互动方式会因地域的不同而有所差异，但其最基本的结构形态可析解为：主导者是端公，轴心是巫术、仪式

---

① ［英］E. E. 埃文斯－普理查德：《原始宗教理论》，孙尚扬译，商务印书馆2001年版，第132—134页。

（含仪式演剧），黏合剂是鬼神观念，社会基础是笃信鬼神的民众。为此，本书关于端公文化内部结构图层的细密揭示，也将主要围绕鬼神观念、仪式行为、巫术表现、演剧形态等结构因子展开。当然，这些结构因子间其实并无截然的分野，如仪式、巫术，本身就是鬼神观念的一种体现，反过来又作用于鬼神观念；而演剧形态又是诸多结构因子的一个综合表现。因此，从这个意义上讲，此种关于结构因子的分类只是一种分析的善巧而已。

因受研究指向——立足西南端公文化整体予以结构性阐释的导引，笔者并不准备用纯粹静态的方式去描述那些传承和浸润着古代实用文化传统的端公执事行为的知识或技术本身①——事实上，以往的研究绝大多数属于此种研究范式，即脱离文化史和思想史的记述理路——而是欲结合文化史、思想史②和端公文化研究（主要是端公戏研究）的学术史，通过分析端公执事行为及相应形成的信仰、习俗（仪式），来透析端公执事行为背后的历史、文化蕴含及被边缘化的"诗性智慧"③，建构端公文化本身的系统性、整体性结构，并顺势纠偏以往端公文化乃至傩文化

① 着力于端公执事行为的知识或技术本身的研究，可被归入"端公文化志"之范畴。事实上，以往学界关于端公文化的一大批研究成果，均属此类。像一大批立足于村镇关于端公祭仪的调查报告便属此类。

② 埃文斯－普理查德在探讨原始宗教的研究思路时曾指出："我们必须依据宗教事实在其中被发现的文化和社会整体来解释它们，必须依据格式塔心理学家们所说的文化整体，或者毛斯所说的全部事实（fait total）力求理解宗教事实。"（［英］E. E. 埃文斯－普理查德：《原始宗教理论》，孙尚扬译，商务印书馆 2001 年版，第 133 页）此处的论述与笔者的研究思路基本吻合，都强调了研究对象与社会、文化事实的深沉关联与互为嵌入之重要意义。

③ "诗性智慧"这一表达，最早见于意大利哲学家维柯的名著《新科学》。维柯将人类的原始思维称作"诗性智慧"，以此证明人类世界是由人自己创造的，并且人也创造出自身。"诗性智慧"在恩斯特－卡西尔那里被称为"神话思维"，列维－施特劳斯称之为"原始思维"。我们这里所讲的"诗性智慧"，则强调了端公文化本身的逻辑性与理性化特征。当我们深入端公文化的细部表现时，就会惊奇地发现：作为天地人神间的中介，端公在通神之道、驱鬼方式、科仪设置等方面，处处表现出逻辑性与理性化特征；而且，几乎所有的祭仪活动都内蕴着"礼"（秩序）的规约（端公祭仪中的某些"反仪式"因素其实是裹挟在"礼"的规约中来呈现的），这也是端公文化习俗被称之为"礼俗"的重要原因。此一问题，学界以往鲜有关注，本书后面章节有详述。

研究中的种种误区，从而把西南民间巫文化研究真正推向纵深。而从方法论的角度来看，若要达成此研究目标，就必须对民间文本以及口头叙事给予充分的重视。我们知道，端公的历史境遇其实一直处于被"打压"的状态，特别是近现代以来，端公信仰、观念、习俗等层面因屡受意识形态等政治因素的"碾压"而发生过多次"断裂"，一些端公习俗的发生学乃至文化学意义其实已模糊不清。在此情况下，广泛搜集承载诸多端公信仰、观念、习俗的民间文本及口头叙事（包括神话、传说、民间故事、俗语、歌谣等多种文本及叙事形态），不失为恢复端公行为背后的知识系谱、建构端公文化整体性结构的有效门径。显然，如此的研究方法，已经天然地规约了田野调查、深度访谈（deep interview）① 在本书中的重要性。

一个显而易见的事实是，复杂端公文化结构的有效运作，除了仪式、巫术、观念等结构因子的互动外，更需要继承、传播、表演和"围观"端公文化事象的"媒介"（mediators）来主导。这里的"媒介"可以说是一个广义的概念，既包括端公，又包括乡民（主要指事主及乡土社会中的端公信仰者），甚至还包括一般意义上的社会公众（这也是深入考察端公信仰民间化、社会化过程的需要）。② 由此，我们的研究视域除了关注构成端公文化事象的基本概念和知识系谱，及其背后的历史、文化蕴含外，还延

---

① 按社会学、民俗学田野工作方法，访谈包括结构性访谈（structured interview/ standardised interview）和非结构性访谈（unstructured interview），个体访谈和小组访谈讨论等形式。据本书的研究对象和性质，本书多采用非结构性访谈和个体访谈的形式。

② 随着文化多样性的重要意义被越来越多人认知，在国家大力提倡保护民族文化遗产的时代语境下，端公及其法事活动也已部分地摘下了"封建迷信"的标签，而被冠以"非物质文化遗产"的名号，并得到了政府以及社会公众的广泛关注。至此，"围观"端公文化事象的群体已走出了单纯的乡民社会，成为一种社会公共的文化资源。不难想见，端公文化生态环境的巨大跃迁，尤其是"国家在场"，必然会引起端公文化形态本身的诸多变化。关于此问题，后文详述。

展至了"行为者""围观者"① 的层面。而关注端公文化的"行为者""围观者"，其实也是在探讨端公信仰的社会化过程，亦即透析一种世俗化、实用化的文化观念为何并如何渗透乡土文化网络之中，进而成为乡民的一种文化生活方式；又为何并如何随着乡土社会结构的变迁而变迁，进而成为一种能够解决现实生活的合理化意义图式。② 如果说笔者当初的"端公与端公文化释读"更多偏向于历史的背景，那么此处对于"端公"的观照，则更多倾向于当代的民俗文化场景，考察"行为者""围观者"的实践心态与价值设定。显然，观照视域的延展，必然引起研究范式的跃迁：由端公文化"事态"的集中关注，走向"事态—心态"的综合考量。此种

---

① 马塞尔·毛斯在设定巫术的定义时指出，巫术涵括了行为者（完成各种巫术行为的"巫师"）、行为（巫术仪式）和表现（与巫术行为相应的各种观念与信仰）三个构成要素（［法］马塞尔·毛斯：《社会学与人类学》，佘碧平译，上海译文出版社 2003 年版，第 8 页）。诚如前述，端公文化的轴心就是巫术，因此，从综合性的角度来考量中国西南乡土社会中的这个"文化幽灵"，借鉴一下毛斯关于巫术构成要素的三分法，或许可以达到通观理解西南端公文化之目的。若此，"行为者"即对应了操作法事活动的"端公"；"行为"这一要素即对应了端公的各种法事活动，既包括各种微小的巫术行为，又包括那些较大型的祭仪活动（含祭仪中的演剧活动），它们是端公文化的架构核心；"表现"这一要素则主要对应鬼神观念，此为整合端公文化中各种结构要素的"黏合剂"，同时也是端公巫术、仪式行为之所以发生的重要原因。本书提及的"围观者"，主要指乡土社会中的端公信仰者，以及一般意义上的社会公众。本书在结构上（除绪论和结论外）基本立本于上述三个要素的分辨，即第一、二章主要围绕"行为者"——端公展开论述，既分析了西南端公的移民来源，又论述了端公"在地化"过程中的各种文化表达；第三章注目于"表现"层面，"全息"地展现端公文化中鬼神观念的多样表现形态；第四、五章主要围绕"行为"——端公的各种法事活动展开论述，通过深入的比较分析，提炼出不同区域、不同称谓祭仪活动的同一性结构，并就以往学界关注最多的演剧行为——"端公戏"之内涵、外延、结构做出深入反思。此外，行文中还将对另类的"行为者"——乡土民众和社会公众的实践心态和价值设定予以足够关注，以求深刻把握端公信仰世俗化、社会化的内在逻辑。我们相信：此种紧紧围绕"行为者""表现""行为"等维度的发散性结构安排，能够有效地将西南端公文化事象置于"文化·社会·人"三维关系视野中，从而达到立足西南端公文化整体予以结构性阐释之目的。

② 高丙中指出："民俗有两种存在形态：文化的和生活的。""作为文化的民俗呈现为事象"，"作为生活的民俗呈现为过程"（高丙中：《民俗文化与民俗生活》，中国社会科学出版社 1994 年版，第 7—11 页）。这一观点提示我们：端公行为（习俗）不仅是一种信仰文化（事象），而且是一种信仰生活（过程），因此，对于端公文化的研究，既要探讨端公知识、行为、观念如何与为何"在俗（lore）之中"，又要观察其如何与为何"在民（folk）之中"。而我们对主导端公文化事象的"媒介"之关注，其实就是在观察端公知识、行为、观念"在民（folk）之中"的过程。

"事态—心态"的研究范式，或许可以"全息"地展现端公文化在历史与现代两个维度下的诸多隐秘特征。

综上所论，本书论述的"西南地区"，与其说是一个动态的地理空间（geographic space），不如说是融合了历史、地理与人文的文化空间（culture place）。而本书希望做的端公文化研究课题，与其说是属于静态的文化志描述范式，不如说是属于动态的文化、思想分析范式。① 关于端公研究的文化志描述范式，显然其主要着力点在于描述某一地域端公观念、仪式行为的多种表现形态本身，且由于以往多数研究成果欠缺历史感（或具有反历史倾向），因而此种研究范式其实主要回答的是当下而非历史上端公文化"是什么"的问题。然而，由于端公习俗的存在形态本身是乡土、多元的，且区域性的端公观念、行为表现往往天然地具有"历史性失忆"（historical amnesia）的倾向，并会不自觉地被当地的民俗文化传统所"型塑"（fashion），因此属于该范式的端公文化研究，必然给人以"雾里看花"之感，而难以触摸端公文化的"真在"。而本书关于端公文化研究的分析范式，一方面，主要侧重于把握由知识、信仰、观念所"型构"（configuration）的西南端公文化的整体图像。而此种关涉端公文化系统性与整体性的把握，并不在于面面俱到、事无巨细地描述端公行为，而是期冀对端公观念、行为背后的历史、文化、思想蕴含以及被边缘化的"诗性智慧"有一个深度观照，并尝试将有关端公文化知识系谱、信仰、观念的叙述置于中国文化史、思想史的大背景之中，以反思神秘的端公文化与中国"连续

---

① 关于文化研究理论范式的探讨，可参阅陆扬《文化研究的三个范式》，《华中师范大学学报》2013 年第 1 期，第 105—110 页。

性"文明①的内在关联，释读作为边缘文化形态之端公信仰如何成为"大传统"的必然成分；另一方面则在于展现当下民俗场景中端公文化世俗化的内在逻辑，而当我们将西南端公信仰及习俗（仪式）置于"社会·文化·人"这样一个三维关系中时，便可以清晰地描绘出端公信仰走向世俗化、社会化的灵巧轨迹。

当然，研究思路与方法以及与研究目标之间，并非完全具有正相关之关系，其间的诸多变量因素也在影响着研究目标之达成。首先，由于端公观念、行为、知识体系本身极其复杂，且其在各区域、族群间的表现形态差异又较大，因此，对西南端公文化结构整体性、系统性的把握必然需要极为宽广的"比较民俗学"视野和极为丰富的材料支撑。尽管前辈学者已经积累了较为丰富的个案性调查资料，② 笔者亦多次深入西南广大地区进行田野调查，且获取了一部分"第一手"田野材料，但与西南广大地区异常丰富的端公文化事象相比，仍然显得相形见绌。而且，囿于时间、资金等外部条件的制约，笔者的实地调查毕竟还不完全是社会—文化人类学意

---

① 张光直曾把中国古代文明的形态叫作"连续型"的形态，而将西方的叫作"破裂型"的形态。他说："中国古代文明的一个可以说是最为引人注目的特征，是从意识形态上说来它是在一个整体性的宇宙形成论的框架里面创造出来的。"并引用牟复礼（F. W. Mote）的话来说，"真正中国的宇宙起源论是一种有机物性的程序的起源论，就是说整个宇宙的所有的组成部分都属于同一个有机的整体，而且它们全都以参与者的身份在一个自发自生的生命程序之中互相作用"。杜维明也进一步指出，这个有机物性的程序"呈现出三个基本的主题：连续性、整体性和动力性。存在的所有形式从一个石子到天，都是一个连续体的组成部分"［张光直：《中国青铜时代》（二集），生活·读书·新知三联书店1990年版，第134页］。立足文化批判的视野，此种"两个文明起源"的假说，对我们省思本民族文化传统和信仰、思想世界，具有极为深刻的指导性意义。它警示着我们，应该努力以大历史的眼光和本土化观念，同时亦应具有"眼光向下"的勇气，来反观中国乡土社会绵绵相续的整体性的观念系谱和文化取向。本书的写作思路，正是尝试将一般性的端公信仰、知识及观念习俗置入中国"连续性文明"的生成机制内，以求透析端公文化的本质、功能及思想文化蕴含。我们的目标之一，并非为端公"正名"，而是尝试将端公信仰习俗视为中国乡土社会的一种圆融自足的文化系统和民众"生活世界"的一部分。

② 以往学者积累的诸多研究成果，均注目于端公大的祭仪活动（如庆坛、延生、冲傩之类），而对一些小型的巫术活动鲜有关注。事实上，这些小的巫术行为在端公全部活动中更为常见，所占比重亦更大，它们恰恰更能体现端公文化的本质特征。因此，这部分材料的欠缺，也部分地阻滞了本书研究目标的实现。

义上的参与观察（participant – observation）①，这就难免会有偏离主位研究立场的风险，从而忽视端公文化的"当下场景性"。同时，宏观把握端公文化结构整体性与系统性的研究指向，也在一定意义上屏蔽了鲜活的"民俗生活表情"，阻滞了笔者对端公文化灵动性的深层领悟。

其次，在当下民俗语境中，端公的执事外延其实在不断扩展。例如，西南许多地区的端公除了做传统意义上的驱鬼逐疫、祈福禳灾的巫教法事外，还承担了属于佛教道场类的丧葬祭祀活动。这无疑属于端公文化表现形态在近现代社会中的一个新变。本来，佛教道场类的祭仪与巫教法事并不相同，但因均由端公来操作，因而二者难免会发生互动性影响，这就使本已相当复杂的端公文化结构变得更加繁复。为避免研究枝蔓太多，本书拟立基处于端公文化核心亦即其本质部分的巫教法事类，而暂不关注处于端公文化的外围亦即其新变的部分——佛教道场类的法事活动，这不仅是依据端公文化本质属性做出的选择，又是为推进研究目标而做出的不得已的自我圈限。

最后，作为一种移民文化，端公文化本身在走向"在地化"的过程中，必然会与西南诸多少数民族文化发生互动，且此种互动本身亦会随着地域、族群的变化而展现出不同的样貌。这本是一个十分复杂却非常有价值的选题，对于透析本书探求的端公文化背后的思想、文化蕴含亦有极为重要之作用。但由于西南地区民族成分众多，且记载有关各少数民族原始巫文化的材料相对较少，从而导致了探讨它们与端公文化的关系变得异常复杂，因此，笔者只能立足"端公文化作为汉族民间文化在西南少数民族地区的特殊流存"这一叙述本位，兼及其对少数民族巫文化影响这一命

---

① 社会—文化人类学意义的参与观察，强调了观察者要在较长时间内置身于被观察者的社区中，通过参加他们的日常活动尽可能地成为其中一员。"参与观察"作为传统人类学田野调查的特征之一，具有很多优点。但在学术研究中，往往是研究的问题决定了方法的选择，而非相反，因此，基于宏观把握端公文化结构整体性与系统性的问题导引，本书没有采用"参与观察"式的研究方法。

题，而正面谈论"端公文化与西南少数民族文化关系"这一议题，恐怕要待来日作专门性的研究。

四 资料来源

民俗学作为一种"眼光向下"[①] 的学问，不仅强调了研究对象的民间指向，同时也规约了研究主体与研究对象间的平等关系。此种"平等关系"的背后含义可解读为：学者与民众共同书写了文化。[②] 本书探讨的端公文化事象，乃是西南乡土社会中广泛播布的一种民俗信仰，且在近现代社会中一直被视为一种边缘文化形态而存在。由此不难想见，有关端公文化事象乃至思想、文化蕴含的记载在正史资料中必定不多，因此，我们更应该重视的是"民间资料"（民间遗存的历史印迹）。[③] 这正如陈

---

① 钟敬文曾指出："民俗学这门学问是一门眼睛向下看的学问，我们研究的东西主要在底层，如果要理解民俗，不仅需要有理论上的知识，更需要有民俗志方面的知识，就是应该把眼睛放到底层。"（钟敬文：《民俗学：眼睛向下看的学问——在田传江同志与北师大研究生座谈会上的致词》，《民俗研究》2001 年第 4 期，第 143—146 页）

② 毋庸讳言，"研究主体与研究对象的平等关系"这一命题，在以往的民俗文化研究中并没有得到很好的贯彻。多数的研究成果更像学者"自言自语"式的"独白"，很少能"听到"民众的"声音"，民众的"缺席"导致了以往绝大多数研究成果均存在"只见文化不见人"的问题。关于此一问题，吉国秀曾做出深入的反思，并自觉地在其研究中将学术话语与民俗话语并置，从而为民俗学研究的方法论提供了新的思考进路。详见吉国秀《婚姻仪礼与社会网络重建——以辽宁省东部山区清原镇为个案》，中国社会科学出版社 2005 年版。

③ 这里所指的"民间资料"当是一个广义的概念，既包括静态的民间文本资料，主要指方志、家谱、风俗志、科仪本、师坛记录以及与端公行为相关的其他文本材料；又包括民间的口述资料，主要指流传于广大乡民社会中的与本书相关的神话、传说、故事，以及端公自身对其行为的文化表述。事实上，"正史"之外"民间资料"的重要意义，已经为越来越多的学者认可（其中有西方人文社会科学思潮的影响）。王国维著名的"二重证据法"，即"纸上之材料"（文献）与"地下之新材料"（文物）；即在重视"正史"等文献资料的同时，强调重视运用地下考古发掘的新资料。近年来，叶舒宪提出了所谓中国文化研究的"四重证据法"：即将传统的传世文献作为"第一重证据"，出土文献及出土文字材料作为"第二重证据"，口碑材料为"第三重证据"，文物和图像材料为"第四重证据"，由此形成了文本叙事（一重、二重证据）、口传与身体叙事（三重证据）、图像叙事和物的叙事（四重证据）良性互动互阐的新方法论范式（叶舒宪《四重证据法：符号学视野重建中国文化观》，《光明日报》2010 年 7 月 19 日）。日本的田仲一成甚至主要运用"民间资料"建构了一部"独特"的"中国戏剧史"（［日］田仲一成：《中国戏剧史》，布和译，吴真校译，北京大学出版社 2011 年版）。

支平所言："国家体制'大传统'给我们留下的'文本'资料，远不能反映社会的全息和文化的全貌，其中最大的空缺就是社会下层民众的动向。"①

获取这些"民间资料"，除充分借鉴以往学界积累的相关资料外，笔者将尽可能地从社会调查中多获取"第一手"资料，以求发现前人所未见，进而得以深入端公文化的内核层面。总之，我们立足民间本位，通过民间静态—动态资料的运用，就是期冀可以立体呈现端公文化的民间表述形式，尤其是今天作为弱势群体的端公们自己的文化表述形式。此种让民众主动"发声"的研究理路，体现了笔者将"研究主体与研究对象平等对待"的学术追求。

当然，对民间资料的格外关注，并不意味着可以完全漠视正史资料的存在。事实上，虽然直接记载端公文化事象的正史资料不多，但端公文化本身毕竟是一个极其丰富的系统存在，其所关涉的宗教、神话、传说、礼俗等信息，却是正史材料中极易找到的部分。由于本书特别注重结合文化史、思想史来透析端公文化事象背后的文化、思想蕴含，因此，对于正史资料的梳理，亦是本书的着力点之一。而此种梳理，一个重要价值就在于：它可以让我们进一步认识端公文化怎样成为"大传统"（great tradition）、主体文化的必然成分。

毫无疑问，学术研究中关于材料的选取与运用，是受研究问题导引的，材料的多寡，也并不直接决定研究层次的高低。基于此学术研究的常理，本书并不准备采用所谓"材料性观点"支撑"理论假设"的研究范式，而是以"问题意识"来统领纷繁的材料，同时更加注重翔实而富于质感的论述过程本身。具体而言，本书凭依的资料来源主要有：

---

① 陈支平：《社会调查与史学研究》，《东南学术》1999 年第 4 期，第 12 页。

1. 方志和风俗志

"端公"作为民间巫师的指代性称谓始于宋代。明清以来各地方官府修志和乡土风俗志中，开始大量出现有关端公活动的记载。笔者在中山大学、贵州民族大学等单位图书馆，以及"中国方志库"（电子资源）中查阅了近百种方志和风俗志资料。这些方志和风俗志，不仅记载了西南地区端公活动的基本情况，更有不少官方的禁文，以及当地文化精英的议论等。这为我们全面了解端公文化在各地区的渗透情况，以及普通民众和地方精英对端公文化的信仰心态，无疑具有极为重要之作用。

2. 家谱、族谱

笔者通过实地田野调查，并充分利用与端公艺人、地方文化工作者的良好人脉关系，获取了一些端公个人（主要是掌坛师）收藏的家谱、族谱（复印件）。此外，还有记载坛班师承关系的《历代师名录》等资料。这些资料不仅详细记载了端公先辈们迁徙西南地区的基本路线，而且还可梳理出坛班内部师承关系的地域发展脉络，这为我们深入把握西南端公的移民来源，理解"端公文化作为汉族民间文化在西南地区的特殊流存"这一性质，提供了历史见证。

3. 科仪本、演剧本及与端公行为相关的文本

前辈学者在记录端公法事科仪程序、演剧项目等方面做了大量工作，并形成了一系列以调查报告为主体的研究成果。这些成果在笔者建构西南端公文化整体性、系统性结构特征时将发挥重要作用。同时，笔者还在多年的研究中积累了部分未曾公开出版的科仪本、演剧本资料，挖掘其中的思想、文化蕴含将成为进一步研究的着力点。此外，为了窥探端公行为背后的理性特征，笔者还搜集了一些与端公行为密切相关，却在以往学界很少被关注的文本资料，包括《祭神通书》（分为《象吉通书》《鳌头通书》两种）《怪书》《天台阁》《职箓牒》等，这些资料将为深度认知端公文化

的神秘性特征大有裨益。

4. 文书、经忏、咒诰、符箓、访谈资料、田野图片等

端公文化的知识系谱，不仅体现在法事行为的操作层面，也体现在文书、经忏、咒诰、符箓等繁复组合的运用方面。以文书为例，就大致包括了疏、牒、票、引、状、牌、幡、申、词、表、书、条册等诸多类别，而每一大类中，又包含了若干小类，在不同的法事中将呈现不同的组合形态。这些资料是本书甚为倚重的文献之一，从中可以充分感知端公文化体系本身的涵容性与复杂性特征，并可循此复原出端公文化走向民俗化、仪式化的历史记忆形式。

第一章

融入当地：西南端公的前世与今生

　　近年来，伴随着民俗学者对"民"（folk）与"俗"（lore）关系的进一步认知①，民俗研究范式亦发生了深刻转向：即从单一的民俗事象研究逐渐转向了民俗整体研究。高丙中认为："民俗整体研究作为一种新的学术取向，不同于传统民俗学的民俗事象研究……整体研究特别关注民俗主

---

　　① 自 1846 年英国学者威廉·汤姆斯（William Thoms）首次提出以"folk - lore"（"folk"意指"民众、民间"；"lore"意指知识、学问）来指称民间风俗现象以来，国际学术界就没有停止过对"谁是'民'，什么是'俗'"（关于此问题的学术史梳理，可参阅邹明华、高丙中《谁是"民"，什么是"俗"》，载《民间文化》2000 年第 2 期，第 43—46 页）以及民与俗关系的探讨与考究。就中国民俗学学科发展而言，也同样伴随着对这些问题的讨论乃至争执。在对待"民"与"俗"关系这一问题上，中国民俗学界经历了一个不断修正、完善之过程。在传统的认知域中，"民"与"俗"是一对拥有主次关系的文化结合体，其中，"俗"是中心义，而"民"只是修饰限定义（这可能因为从语言显性结构的角度来看，"民俗"是一个偏正结构谓称，其中心语素是"俗"、lore，而"民"、folk 则是修饰限定成分），这直接导致了民俗学研究中"重俗轻民"的学术取向；在研究方法上，则多体现为"就俗论俗""就事论事"的学术理路。随着学界对民俗概念、定义、范围的不断探究、深化，直接促发了学者们对民与俗关系的再认知。例如，高丙中就提出了"民俗是具有普遍模式的生活文化"（高丙中：《民俗文化与民俗生活》，中国社会科学出版社 1994 年版，第 144 页）这一突进式的定义；刘魁立在《民俗学的概念和范围》一文中也指出："民俗学是研究人民群众的生活和文化的传承现象，探求这些传承现象的本质及其发生、发展、变化、消亡的规律的一门科学。"（张紫晨：《民俗学讲演集》，书目文献出版社 1986 年版，第 12 页）既然民俗是一种生活文化，那么作为生活主体之"民"就应该受到特别的关注。基于此认知，学界开始把"民"与"俗"看作一对具有并重意义的完整的、不可分割的文化统一体，并且更加强调了民俗主体的重要性。学者们已经认识到：虽然在民俗文化景观中，各种各样的"俗"是凸显的，"民"却是隐性的，但是作为表层文化片段的种种民俗事象，其实都是由"民"来创造、享用和传承的。离开了民俗主体的主导和运作，民俗客体（民俗事象）也将成为无源之水、无本之木。当然，民俗主体与民俗客体本是同一事物的两个方面，二者之间的关系无疑是辩证统一的。民俗学对于"民俗文化"的观照应该兼顾主体与客体两个方面。

体的问题。"① 刘晓春亦指出："长期以来，中国的民间文化研究基本上遵循的是一个路径，就是将民间文化、民众的生活方式等对象从具体的时空坐标中抽取、剥离出来，无视具体时空坐落中的语言与制度体系、人们的行为方式以及人们对制度和行为的看法，更不考虑文化与创造文化的人之间的关系……忽略了作为民间文化传承主体的人群在具体的时空坐标中对民间文化的创造与享用。"② 显然，民俗主体——"民"应是民俗文化事象的主要创造者、享用者和传承者，其对生活文化的孕育、生成与发展，具有不可替代的功能与价值。而传统的民俗研究范式，把民俗事象从民众中相抽离，并以民俗事象替代民俗主体，这必将会导致民俗研究越来越远离主体，最终只剩下一具具事象的空壳；同时，民俗生活原本含有的鲜活与生动，也将彻底消泯殆尽。③ 因此，对民俗主体——"民"之高扬，不仅表征了民俗学者对其研究理路的深度省思；也体现了民俗学学科伦理的内在要求。

与其他民俗文化研究相似，学界以往的端公文化研究也基本注目于端公文化事象本身，尤其是那些由端公主持和操作的较为大型的祭仪活动。不可否认，注目于端公文化事象，强调文化形态本身的描述，当然有助于我们了解端公文化的结构与特质。但是，对于作为民俗主体之端公的疏于

---

① 高丙中：《民俗文化与民俗生活》，中国社会科学出版社 1994 年版，第 110—111 页。

② 刘晓春：《仪式与象征的秩序——一个客家村落的历史、权力与记忆》，商务印书馆 2003 年版，第 32—33 页。

③ 英国结构功能主义代表人物拉德克利夫 - 布朗（Alfred Reginald Radcliffe - Brown）在《社会人类学方法》（*Method in Social Anthropology*）一书中曾提出"文化整体观"（cultural holism）这一重要学术命题。他指出："新人类学将任何存续的文化都看作是一个整合的统一体或系统。在这个统一体或系统中，每一个元素都有与整体相联系的特定功能。"（中译本，夏建中译，华夏出版社 2002 年版，第 67 页）将拉德克利夫 - 布朗的"文化整体观"理论迁移于民俗学研究中"民"与"俗"关系的理解，我们也会发现：是民俗事象（"俗"）与民俗主体（"民"）共同构成了完整的民俗生活——"一个整合的统一体或系统"，因此，民俗学对于"民俗文化"的研究，应该兼顾"俗"与"民"两个方面。而在民俗主体长期被忽视的学术语境下，更应该强调"民"在完整民俗生活中的重要意义。

关注，也常令我们的研究流于平面事象的描述，而难以进入核心层次。在西南端公文化的研究格局中，之所以要将文化事象的主导者——"端公"置于首要观照位置，其深层的历史原因就在于：西南端公本身并非原始的原住民，他们大多是渊源于自宋以来，特别是明清以来中原、江南汉民不断南迁、繁衍之结果。而在向"蛮荒之地"拓展生存空间的过程中，进入西南地区的端公也逐渐学会了与地域、文化生态环境的良性调适，因此，我们看到的西南端公文化景观并不完全是原初地汉族巫师的文化表现，更非西南土著少数民族巫师的文化行为，而是一种综合的文化表现。基于端公信仰、观念、行为与西南地区的生态环境以及进入西南地区的汉移民文化传统具有天然亲缘关系的认知，我们对西南端公文化事象的细密考察，是将其置入移民拓殖进程的大背景之下，顺势以较宏阔的视野来审视端公信仰的社会存在方式及其文化功能。

本章立足于历史与当下两个视野，充分利用族谱、方志、正史文献及田野调查资料（包括前辈学者的田野材料）呈现的零散历史印迹，粘连出端公多重文化身份的转换脉络，释读西南端公不断延展的执业范围及其文化特征。同时，通过关注端公观念、信仰在"在地社会"中的存在生态和发展轨迹的问题，全力再现端公信仰在西南地域社会变迁中创造的文化图像和生活场景（此一学术关注在后面的章节中也会"一以贯之"）。其中，端公观念、信仰与进入西南汉人的拓殖过程如何形成有趣的文化关联，以及端公作为"强势文化"（相较于西南原住民的祭祀文化）的持有者，在逐步走向"本土化"（indigenization）的过程中，如何借助其观念、信仰，改变并重新编辑西南本土有关神灵祭祀的原声音频，并最终完成"因土成俗"的象征意义的转换或信仰形态的改变，将成为主要的研究视点。

第一节　错位与游离：端公称谓的能指与所指①

毫无疑问，无论在文化研究，还是在实践话语中，"端公"一称已经成为一个符号化的概念。作为一个语言符号，"端公"称谓，必然是能指与所指的约定俗成；作为历史生成之概念，其所指界域又是在同一能指下不断流动变化的。由此，在不同的历史、民俗语境中，"端公"一称表征的具体内容亦不尽相同，从而形成了概念与其所指称对象间的错位与游离。"端公"是一个携带着多重历史、文化密码，层累了复杂社会因缘的称谓，对其"循名而责实"②，是我们把握端公文化内涵与外延的关键。

一　"端公"称谓的三种历史语义

历史视野中的"端公"一称，其实具有多种语义指代。从文献记载来

---

① 能指与所指（signifier and signified）本是结构语言学的一对范畴。现代语言学奠基人索绪尔（Ferdinand Saussure）用所指与能指分别代表概念和音响形象，而把此二者的结合叫作符号。他指出："语言符号连结的不是事物和名称，而是概念和音响形象。后者不是物质的声音，纯粹物理的东西，而是这声音的心理印迹，我们的感觉给我们证明的原声音像。它是属于感觉的，我们有时把它叫作'物质'的，那只是在这个意义上说的，而且是跟联想的另一个要素，一般更抽象的概念相对立而言的。"（［瑞士］费尔迪南·德·索绪尔《普通语言学教程》，商务印书馆1980年版，第101—102页）在关于"端公"称谓能指与所指的探讨中，我们发现：不同的历史时期，赋予了"端公"一种不同的所指；而在"巫师"这一相对稳定的能指中，却有着极不稳定的所指界域。另外，一个颇值得关注的学术现象是，席卷整个西方哲学界的"语言学转向"（the linguistic turn），近些年也对社会文化研究领域产生了极为重要的影响。诸如历史学、哲学、文艺心理学、历史哲学、社会学等学科领域，都曾出现过"语言学转向"的研究范式。语言学知识系谱中的诸多概念，诸如主位（emic）、客位（etic）、能指、所指等，均被广泛应用于社会文化研究领域中，成为非常有效的分析工具。此外，20世纪70—80年代出现的"文化转向"也对上述学科领域产生过重要影响。关于"语言学转向"和"文化转向"产生的历史背景、旨趣、价值、影响等问题，可分别参看：Victoria E. Bonnell and Lynn Hunt, eds, "Introduction", *Beyond the Cultural Turn*: *New Directions in the Study of Society and Culture*, Berkeley, CA, 1999; Gabrielle M. Spiegel, ed., *Practicing History*: *New Directions in Historical Writing after the Linguistic Turn*, New York, 2005。

② 王先慎：《诸子集成·韩非子集解》（五），中华书局1954年版，第304页。

看，"端公"这一称谓起源于唐人对作为官职的"侍御史"之俗称。据唐·杜佑《通典》卷二十四"职官·侍御史"条云：

> 侍御史之职有四，谓推（推者，掌推鞫也）、弹（掌弹举）、公廨（知公廨事）、杂事（台事悉总判之）。定殿中、监察以下职事及进名、改转，台内之事悉主之，号为"台端"，他人称之曰"端公"。其知杂事者，谓之"杂端"，最为雄剧。食坐之南设横榻，谓之"南床"。殿中、监察不得坐。①

材料中"台内之事悉主之，号为'台端'，他人称之为'端公'"一句，点明了他人称侍御史为"端公"之缘由。另据唐·李肇《唐国史补》卷下云：宰相相呼为"元老"，或曰"堂老"。两省相呼为"阁老"。尚书丞、郎、郎中相呼为"曹长"。外郎、御史、遗补相呼为"院长"。上可兼下，下不可兼上，唯侍御史相呼为"端公"②。可知，除他人称呼外，侍御史彼此间亦可称之。

关于侍御史的职责范围，据宋李焘案《唐六典》可知："侍御史纠举百僚，推鞫狱讼……今之言事官大率如唐侍御史之职。"③ 其实，唐人称侍御史为"端公"具有普遍性，且多带有敬称之意味。查唐诗如元稹《寄吴士矩端公五十韵》、释皎然《奉陪陆使君长源、裴端公枢春游东西武丘寺》，这两首诗题中提到的吴士矩、裴枢，就均曾任侍御史之职。"端公"作为"侍御史"的指代称谓，在《通志略·职官略第四》《事物纪原·卷五》《文献通考·职官考七》《资治通鉴补·唐纪二》《太平御览·职官部

---

① （唐）杜佑撰：《通典》，中华书局1984年版，第143—144页。
② （唐）李肇撰：《唐国史补》，《中华野史》编委会编《中华野史》卷二《先秦至唐朝卷（中）》，三秦出版社2000年版，第1448页。
③ （宋）李焘撰：《续资治通鉴长编》卷364—374，上海师范大学古籍整理研究所、华东师范大学古籍整理研究所点校，中华书局1990年版，第8065页。

二十五》等文献中均有大致相同记载。

至宋代，将作为官职的侍御史称为"端公"仍较普遍。如宋·魏泰《东轩笔录》卷八载：

> 至中书，沂公曰"陈绛，猾吏也，非王耿不足以擒之"。立命进札。吕许公俯首曰"王耿亦可惜也"。沂公不谕。时耿为侍御史，遂以为转运使。耿拜命之次日，有福建路衙校拜于马首，云"押进奉荔枝到京"。耿偶问其道路山川风候，而其校应对详明，动合意旨。耿遂密访绛所为，校辄泣曰"福州之人以为终世不见天日也，岂料端公赐问，然某尤为绛所苦者也"，遂条陈数十事，皆不法之极。耿大喜，遂留校于行台，俾之干事。①

侍御史是朝廷中负责纠弹官纪的监察部门御史台的副长官，权力很大。王耿密访官吏陈绛所为，即在行使侍御史之职责。宋代的彭乘《墨客挥犀》亦载：

> 御史台仪，凡御史上事，一百日不言，罢为外官。有侍御史王平，拜命垂满百日，而未言事，同僚皆讶云，或曰"王端公有待而发，苟言之，必大事也"。②

上述材料中以"端公"指称侍御史，无疑是延续唐代之用法。但是宋代对"端公"这一称呼又有了两种新的用法，颇值得注意。一是作为官职的"端公"使用范围扩大，已不局限于侍御史，一般的当差"公人"（尤指衙役）亦可被唤作"端公"。《水浒传》第八回叙林冲被判刺配沧州，

---

① （宋）魏泰：《东轩笔录》，《中华野史》编委会编《中华野史》卷四《宋朝卷（上）》，三秦出版社 2000 年版，第 3305 页。
② （宋）彭乘撰：《墨客挥犀》（卷一），金沛霖主编《四库全书子部精要》（下），天津古籍出版社、中国世界语出版社 1998 年版，第 743 页。

着防送公人董超、薛霸监押前去。小说写道："只说董超正在家里拴束包裹，只见巷口酒店里酒保来说道：'董端公，一位官人在小人店中请说话。'董超道：'是谁？'酒保道：'小人不认的，只叫请端公便来。'原来宋时的公人，都称呼端公。"① 这里明确指出宋时的公人皆称为"端公"，应该是有事实根据的。《警世通言》卷 36 亦云："迤逦来到奉符县牢城营，端公交割了。公人说上项事，端公便安排书院，请那赵知县教两个孩儿读书，不教他重难差役。"② 此亦为以"端公"指称"公人"之用法。

二是从宋代开始，端公成了人们对巫师的一种称谓。宋代的赵彦卫《云麓漫钞》卷十二载：

> 自后多说神怪，以桀黠者四出，号端公，诳取施利，每及万缗，死则塑作将军，立于殿寺。③

至明、清，把民间巫师，特别是主持敬神驱鬼仪式的职业巫师称为"端公"之用法已经相当普遍。④ 明代的赵南星撰《笑赞》中便有："北方男子跳神，叫作端公"之语⑤。明代的顾起元《客座赘语》有云"宽然长者，不疾不徐。孝养既终，端公服除"⑥，也点明端公在民间担负着为民众驱邪、"服除"的社会职能。此外，明代的傅汝楫《礼部志稿》四五《奏疏》《明实录·英宗正统实录》二一均有相似记载。清初唐甄的《潜书·

---

① （明）施耐庵：《水浒全传》，上海古籍出版社 1995 年版，第 100 页。

② （明）冯梦龙：《警世通言》，天津古籍出版社 1997 年版，第 332 页。

③ （宋）赵彦卫：《云麓漫钞》，中华书局 1985 年版，第 356 页。

④ 但这并非说在明清时期，巫师已成为"端公"一称的唯一语义指代，事实上，此时"端公"一称作为官职之用法仍在使用，由此形成了作为官职之"端公"与作为巫师之"端公"语义并存的有趣局面。例如，明代朱日藩《清明扬州道中忆王端公》一诗、清代散文大家袁枚所著《于清端公传》一文的"端公"，就均指称官职而非巫师。

⑤ （明）赵南星：《端公》，王水照主编《中国历代古文精选》（上），东方出版中心 1996 年版，第 505 页。

⑥ （明）顾起元撰：《客座赘语》，南京出版社 2009 年版，第 38 页。

抑尊》亦曰："蜀人之事神也必冯（凭）巫，谓巫为端公；禳则为福，诅则为殃。"① 民国《沿河县志》亦载："男巫曰端公，凡人有疾病，多不信医药，属巫诅焉，谓之跳端公。"② 至清末民初，随着作为官职的"侍御史""公人"之称谓随着封建王朝的覆灭而渐趋杳然，巫师之义才成为"端公"一称的唯一语义指代，且一直延续至今，今川、陕、黔、湘、桂、滇等地仍普遍称巫师为"端公"。

二 端公与巫的历史语义关联

"端公"称谓的三种历史语义，表明其语义的丰富性。在这三种历史语义中，如果说将当差的"公人"唤作"端公"，属于"侍御史"之词义范围的扩大③，尚可理解，那么，自宋以后又把与官职无涉的民间巫师称作"端公"，就颇让人难以索解。其间的历史语义转换是否有线索可寻绎？

对于此种与官职毫无关联的称呼，许多学者都认为称巫师为端公是借用唐代官名，如李汉飞编著的《中国戏曲剧种手册》在论及陕南端公戏时就指出："旧时民间崇信巫觋，习以唐代官职之一的'端公'尊称巫师。"④ 王恒富等主编的《贵州戏剧史》在谈到贵州端公戏时亦指出："人们对端公这样的廉洁官吏很尊奉，后对面具戏中的端公巫人也很肃然，称巫师为端公。"⑤ 因民间崇信巫觋而以官职"端公"尊称之，此种解释似乎有些道理，因为巫师在古代民众心目中确有某种神圣的地位，唯惜缺少中

---

① （清）唐甄：《潜书》，中华书局1963年版，第68页。
② （民国）杨化育修，覃梦杜纂：《沿河县志》，据民国三十二年铅印本影印，《中国方志丛书·华南地方》第280号，（台北）成文出版社1974年版，第338页。
③ 词义范围的扩大，在汉语词义的发展变化中是一个十分普遍的现象，许多词的意义在发展过程中由特指变为泛指，由专名变为通名，都属于此类情形。例如，"响"，古专指"回声"。《水经注·江水》："空谷传响，哀转久绝。"今已泛指各种声音。再如，"江"，古代为长江的专名，后来泛指江河。除了词义扩大外，词义范围的变化还有词义缩小、词义转移等类型。
④ 李汉飞：《中国戏曲剧种手册》，中国戏剧出版社1987年版，第207—208页。
⑤ 王恒富、谢振东主编：《贵州戏剧史》，贵州人民出版社2004年版，第63页。

间的过渡性材料，因而也显得证据不足。至于那种猜测"或者因为在跳神场面中巫师是站在最前端的人"①而称之为"端公"的观点，就更显得带有主观臆测性了。我们认为，探讨宋元以来民间何以称"巫师"为"端公"这一问题，不能仅立足于"端公"的字面意义或官职的含义来推演，而应深入辨析巫与端公本身的历史渊源与文化脉络，方可辨识出二者关联的历史根据。

首先，需要通观考虑"侍御史""公人""巫师"这三种社会身份，尤其要敏锐地把握他们在其职司上的某种相通性。虽然从表面上看，"侍御史""公人""巫师"分别代表了不同时代里迥异的文化身份，他们实则均负有纠弹、匡正之职司，只不过三者面对的具体对象有所不同。唐代的"侍御史"是朝廷中负责纠弹官纪的监察部门御史台的副长官，其职责在于"纠举百僚，推鞠狱讼"，权力很大；宋代一般当差"公人"的权力虽不及侍御史大，但也肩负着纠察民事之职责，实际处理管辖地区行政及司法事务；巫师的文化身份最为特殊，作为沟通人神之使者，其重要职责在于跳神驱鬼、为人祈福禳灾，其所纠举的对象亦并非人事，而是恶鬼邪神。

把握了分别代表不同文化身份的"侍御史""公人""巫师"在其职责上的隐秘相通性，我们需进一步考察，何以此三者均冠以"端公"之名？这需从文字训诂的角度加以阐释。"公"字不难理解，乃敬辞，尊称男子。"端"字则暗藏玄机。查《说文》："端，直也"。朱骏声《说文通训定声·乾部》按："立容直也。"《广雅·平桓》："端，正也，直也。"《礼记·玉藻》："端行，颐雷如矢。"郑玄注："端，直也。"引申为端正。② 由此可见，"端"字之本义所涵具的匡直、端正之意涵，恰与侍御史、公人、巫师之职司——纠弹、纠举、纠察、匡正、除邪之执事暗合，

---

① 曲家源：《水浒传新论》，中国和平出版社 1995 年版，第 306 页。
② 沈锡荣编著：《古汉语常用词类释》，学林出版社 1992 年版，第 295—296 页。

这也正是世人将他们一律称作"端公"之缘由。① 换句话说，"端公"此一称谓，实则表征出侍御史、公人、巫师所共具的职司，这成为我们理解"端公"纷繁历史语义的一枚"密钥"。

另外，在探颐"端公"称谓与巫的逻辑线索时，我们还发现了一个颇为有趣的现象：西南各地端公的族谱记载中有较多将远祖追溯至颛顼，言其为颛顼之后。例如，云南省昭通市镇雄县泼机乡邹氏端公之《邹氏族谱·祖籍序》载：

> 吾族姓邹，出自黄帝，传自颛顼，所以称颛顼之后。颛顼传帝喾、子契；契传十四代生天乙，是为成汤，乃商殷之祖；下传数世。殷王对纣，因周武王兴兵伐纣，纣王的庶兄，微子起，见政不顺，离朝去宋，以为宋国之王。相传数世至叔梁纥，身为邹邑大王，执属邹国。在此所生孟（邹）皮，孔子。孟皮后裔，以国为氏，姓邹。②

再如四川省江北县舒家乡端公江广金之《江氏族谱》中亦载：

> 江氏出自颛顼之后，伯益名大费，佐舜为虞官，助禹平治水土，赐姓嬴，其后，避楚迁江右之瑞州高安，因江而姓。继迁黄冈。清代自湖广入川。③

无可否认，民间族谱记载多有"攀龙附凤"之传统，因而端公言其为颛

---

① 笔者于2015年7月24—27日在贵州省福泉市道坪镇谷龙村调研期间，曾采录当地村民关于"端公"的一条解释：端公，实则"端供"。"端"乃庄重、严肃、恭敬之义，"供"即为供奉，"端供"意指恭恭敬敬地供奉、祭祀菩萨。另因这行当都只有男人们才能做，故而称之为"端公"。此则"地方性解释"也指出了"端公"之"端"字所涵具的端正、匡直之意。

② 郭思九、王勇：《云南省昭通地区镇雄县泼机乡邹氏端公庆菩萨调查》，王秋桂主编《民俗曲艺丛书》，（台北）财团法人施合郑民俗文化基金会1995年版，第14页。

③ 王跃：《四川省江北县舒家乡上新村陶宅的汉族"祭财神"仪式》，王秋桂主编《民俗曲艺丛书》，（台北）财团法人施合郑民俗文化基金会1993年版，第120页。

项之后当然不足为信，但这一说法也为我们探颐"端公"称谓与巫的隐秘关系提供了某些认知线索或观照路径。我们知道，颛顼本为一位古帝。据《山海经·海内经》载："黄帝妻雷祖，生昌意，昌意降处若水，生韩流。韩流擢首、谨耳、人面、豕喙、麟身、渠股、豚止，取淖子曰阿女，生帝颛顼。"① 又，《大戴礼记·帝系》："颛顼产鲧，鲧产文命，是为禹。"② 可知，颛顼是黄帝的后裔，又是夏禹的祖父，大鲧的父亲，因此是夏族的祖先。

从文化发展的历史脉络来看，中国历史上确有一个"龟策是从，神巫用国"的时代③，因而古帝（政治领袖）往往即为大巫（宗教领袖）。众所周知，巫在我国产生很早，最早的巫是产生于母系氏族社会的女官。"在仰韶文化时代的鱼纹人面图案，也许就是女巫的造型。"④ 陈梦家指出："故《诅楚文》'丕显大神王咸'之王咸即巫咸。"并认为，古者宗教领袖即政治领袖。⑤ 李宗侗也认为在上古时代，"君及官吏皆出于巫"⑥。

古帝颛顼作为大祭师（大巫）之文化身份⑦，在文献中亦多有记载。

---

① 史礼心、李军注：《山海经》，华夏出版社 2005 年版，第贰叁柒页。

② （清）王聘珍撰：《大戴礼记解诂》，王文锦点校，中华书局 1983 年版，第 126 页。

③ 《逸周书·史记解》载："昔者玄都贤鬼道，废人事天，谋臣不用，龟策是从，神巫用国，哲士在外，玄都以亡。"（《二十五别史·逸周书》卷第八，齐鲁书社 2000 年版，第 91 页）

④ 王胜华：《中国戏剧的早期形态》，云南大学出版社 2006 年版，第 57 页。

⑤ 陈梦家：《商代的神话与巫术》，《燕京学报》1936 年第 20 期，第 485—643 页。

⑥ 李宗侗：《中国古代社会史》，（台北）华冈出版有限公司 1954 年版，第 118 页。

⑦ 对于颛顼之名，学界向来无释，人们只从上古太阳神话的相关线索称其为"高阳"（《楚辞》王逸注："高阳，是为帝颛顼。"并见《帝系》）、"青阳"，并断定其为太阳神。何新在其《诸神的起源》一书中首次对颛顼之名予以训释，他指出："今案，'颛'通'耑'，具有元首的意义。而顼以音求之，通于须、需。须、需古可通用。而需就是儒的本名，在古代乃是主持礼乐的大祭师。"（何新：《诸神的起源》，时事出版社 2002 年版，第 52—53 页）何新的训释虽明显带有猜测成分，但言颛顼为首席大祭师（巫师）之观点，想来似应无误。另外，从文字训诂学角度来看，"耑"与"端"之间确也存在某些语义关联。查《说文解字》释"耑"云："物初生之题也。上象生形，下象根也。凡耑之属，皆从耑。"段注："古发端字作此，今则端行，而耑废，乃用耑为专矣。"［（汉）许慎撰，（清）段玉裁注：《说文解字注》，上海古籍出版社 1988 年版，第 340 页］可知，"耑"之本义为事物的起始，通"端"。《汉书·艺文志》："言感物造耑，材知深美，可与图事，故可以为列大夫也。"（《汉书》，大众文艺出版社 1998 年版，第 253 页）又，《周礼·冬官考工记·磬氏》："已上则摩其旁，已下则摩其耑。"（《周礼·仪礼·礼记》，陈戍国点校，岳麓书社 2006 年版，第 106 页）均可表明"耑"为起始之义，通"端"。

《大戴礼记·五帝德》中有所谓"洪渊以有谋，疏通而知事。养材以任地，履时以象天，依鬼神以制义。治气以教民，絜诚以祭祀"①。《国语·楚语》中关于颛顼曾"绝地天通"，发动上古史上一次意义重大的宗教改革的记载，也为此观点提供了注脚：

> 及少皞之衰也，九黎乱德，民神杂糅，不可方物。夫人作享，家为巫史，无有要质。民匮于祀，而不知其福。烝享无度，民神同位。民渎齐盟，无有严威。神狎民则，不蠲其为。嘉生不降，无物以享。祸灾荐臻，莫尽其气。颛顼受之，乃命南正重司天以属神，命火正黎司地以属民，使复旧常，无相侵渎，是谓绝地天通。②

由端公多言其为颛顼之后，而颛顼亦为古代首席大祭师（大巫），显然，这一连串的线索，并不能确证民间习称巫师为"端公"是借用唐代官名，相反却表征了"巫师"与"端公"在社会历史语义域中的深沉关联。③ 正是这种深沉的历史语义关联，才把巫师称作"端公"，自宋代经元明流行到清，直至今天仍在民间广大地区使用。

综上所述，"端公"称谓之语义有着较为繁复且无法完全明晰的历史发展线索。在现可确知的三种语义——"侍御史""公人""巫师"中，前两种已成为历史的陈迹，存留于文献典籍中；唯有"巫师"之义项，自宋元以降直至当下一直在民众中广为流行。虽然从文献中的变化线索来

---

① （清）王聘珍撰：《大戴礼记解诂》，王文锦点校，中华书局1983年版，第120页。
② 《国语》，中州古籍出版社2010年版，第327页。
③ 湖北省南漳县一带民间流传着一种关于"端公"之名来历的说法，大意为：轩辕黄帝战蚩尤于涿鹿，长期相持不下，有一个姓端的将帅把蚩尤打败了，轩辕为缅怀他的业绩，就在"端"的后面加了一个"公"字，就成了"端公"。虽然此种民间解释不足为凭，但按前面所提及的古帝往往就是大巫的史实来分析，也部分地证明了端公与巫师的历史语义关联。因此，此则民间传说可作为本结论的旁证。按，此则民间传说的出处为《古楚乐舞民间传承三千年》，《北京科技报》2006年4月12日第18版。

看，"端公"作为一种官职性称呼似乎出现于前，而"巫师"之义出现于后，但这并不能完全确证民间习称"巫师"为"端公"就是借用唐代官名，相反，通过对其逻辑线索之探赜，我们发现："巫师"与"端公"这一对名称本身就有着极为深沉的历史语义关联。这种历史语义关联，既是"巫师"成为"端公"主导性语义的历史动因，也是理解端公文化内涵与外延的关键。

三　端公宗派归属的混融性

端公与巫的历史语义关联，确证了端公作为民间巫师的文化身份。学术界通常把以巫师为核心展开宗教活动的信仰称为"巫教"①。从历史形态学的视野来看，巫教的内容是极其复杂的，它跨越了原始宗教与人为宗教两大阶段②，其历史层次亦可大致划分为三种形态：原生巫教、次生巫教、再生巫教。③ 不同时期的巫教拥有不同的性质、特点与作用，我们亦应随

---

　　① 学术界在具体应用"巫教"这一概念时，有狭义与广义两种用法。狭义的巫教单指中原上古巫教，广义的巫教则包括了其他兄弟民族性质相近而称谓不同的各种民族宗教，如北方诸民族的萨满教、纳西族东巴教、藏族的苯教、彝族的毕摩教等（参见潜明兹《潜明兹自选集》，上海人民出版社 2007 年版，第 350 页）。我们这里谈论的端公信仰，其实是中原巫教的一种延续、发展，且凝聚了古巫在后世的诸多变化及其存续发展的地域性特征。

　　② 以往学界多认为巫教是一种原始宗教，其实此种观点过于笼统，不够准确。尽管巫教起源于史前时代，但并没有随着原始社会的解体而消亡，特别到了奴隶社会，巫教达到了顶峰的发展状态，甚至左右王权。巫教到了封建社会直至近现代其实仍是存在的，尤其在民间。因此我们说，巫教是一种跨时代的宗教信仰，其对我们的传统文化与民族心理都有着极为深刻的影响。

　　③ 宋兆麟曾详细分析过巫教的三种历史形态，他指出：原生形态的巫教，是史前时期的巫教，也可称原始宗教。但是巫师的出现较原始宗教的产生为晚。在原始宗教发展到一定阶段的时候，才产生巫师，并形成一套巫教信仰。次生形态的巫教是奴隶社会的巫教，它是在原生形态巫教的基础上演变而来的，渗透了许多奴隶社会的内容，因此已属于人为宗教的范畴，但是还保留不少史前宗教的残余。当时的信仰依然是多神的，但突出了对天或帝和王族祖先的崇拜。再生形态的巫教是封建社会建立以后的巫教，是人为宗教的一部分，其信仰多神，但基本上是人为捏造的动物神。许多巫师都不参加生产劳动，专门以装神弄鬼骗取钱财，过着寄生生活［宋兆麟：《关于巫教研究的几个问题》，中国民族学会编《民族学研究》（第九辑），民族出版社 1990 年版，第 240—253 页］。通观端公的行为表现与文化特征，我们似乎很难将其归入上述某一种巫教形态的类别，事实上，端公信仰融合了原生态、次生态、再生态巫教的某些特点，这体现出端公文化本身的复杂性特征。

之做出不同的评价。端公作为民间巫师的指代性称谓，其宗派归属无疑应划入"巫教"之范畴。① 事实上，端公自己也多在法事唱本的封面上写有"巫门科仪"字样。但这其实只是一个非常笼统的指称。实际上，由于西南各地端公发展历程与传承系谱的不同，端公内部亦形成了诸多派属，而有些派属显然非"巫教"一称所能涵盖。这显示出端公文化身份的复杂性特征。

综合前人的调查资料以及端公们自身的表述，我们发现：西南端公的宗派归属有着极为杂乱的指称，有诸如佛教教派、道教教派、儒教教派②、淮南教教派、仙娘教教派（亦称师娘教、娘娘教）、法教教派、玉皇教教派、玄黄教教派、老君教教派、雷霆教教派、青年教教派、上坛教教派、下坛教教派、合会真玄教教派、清微教教派、河南教教派、麻阳教教派、湖南教教派、正一教教派、茅山教教派、梅山教教派、华山教教派、四川教教派、江西教教派、麻阳教教派、湖北教教派、龙虎山教教派等诸多称谓。由于民间对称谓的使用往往带有一定的随意性，且分类本身也缺乏一定标准，因此，西南端公的宗派归属可能未必有如此之多，各地端公的派属想必亦有名异实同或名同实异之情况（例如，茅山教作为巫教教派如是称，作为佛教教派则称为潮洞教）。基于此，详细考证、钩沉每一称谓教派的源流线索，恐怕并非明智之举。但是，这些不同称谓本身为我们确证西南端公的多重文化身份提供了某些信息。诸如四川教、江西教、麻阳

---

① 笔者曾多次在云、贵、川等地作田野调查，当地端公均颇为一致地指出："端公起源于巫教，现在的端公也属于巫教。"

② 关于儒学是否具备儒教性质这一问题，过去学界的态度是模糊的。其争论的分歧在于：若说中国历史上有儒教存在，那么儒教文化中有许多唯物因素，且对现实采取积极进取之态度，显然与超脱现实、对现实采取逃避、对抗之态度的宗教本质又相违合。若言不是宗教，但它有自己的神灵、祭祀场所、祭士、经典和教主。因此，以往有关儒学及有关中国宗教的著作，有的只提儒学、儒家，而不提儒教。近几年，随着研究的深入，已有四大中国宗教传统之说，即儒、道、佛、民间。并认为儒教实质上凌驾于道、佛之上，是中国封建社会的"国教"。这三大宗教的合流，并非道、佛改造儒教，而是儒教左右道、佛（参见潜明兹《中国神源》，重庆出版社1999年版，第380页）。

教、湖北教、湖南教、河南教等以地点来命名的教派，透露出端公起教、传播的原初地域性特征；而淮南教、法教、玉皇教、老君教、正一教、清微教、梅山教、华山教、龙虎山教等称呼，有些本就属于道教的分支派系名称，这彰显出端公文化与道教的密切关系。① 而像佛教教派、道教教派、儒教教派这样的称呼，更是直接点明了儒释道文化对端公文化的强力渗透。尽管端公内部派属称谓如此繁杂，但民众往往忽略其间的差异，一概称其为"端公"（民间亦有"佛教端公""道教端公"之说法）或"先生""道士""道士先生""法师""师人""师家"等；端公间则视相互关系称之为"先生"或"弟子""师兄""师弟""道友"等，如图1-1所示。

图1-1　端公法事科仪中写有"玉皇门下弟子"字样②

---

① 道教源出于巫，此一观点已越来越为人们所重视。因为在道教出现以前，即秦汉前，在中国大地上出现的土教便是巫教，其势力和影响颇大。但至两周时期包括春秋战国时期，巫的地位就已明显下降，至秦、汉后又进一步衰退。而此时，正是道教兴起，并逐步走向体系化的发展阶段。在此过程中，道教广泛吸收了巫术或巫术活动中的一些作法方式、心理定势，甚至仪式、功能，并进一步走向鼎盛。而巫教也出于自身生存与发展的需要，又反过来依附于道教。但就端公信仰而言，其与道教文化的密切关系，不仅体现在其对道教神祇、科仪内容的借鉴与吸收，还突出地表现在端公信仰本身即可被作为"民众道教"（而非"正规道教"或"正统道教"）的一种存在方式。此一问题，本书第二章第一节"巫之变种与道教俗化：端公信仰的文化内核"中有详述。

② 该科仪本现藏于云南省昭通市盐津县普洱镇端公张法荣处。笔者于2013年7月20日对张法荣进行了访谈，并拍摄了相关科仪本图片，此图即为其中一张。

　　需要指出的是，西南端公一般以坛班为组织形式进行活动。① 所谓"坛班"②，是一个由教派（亦称教门）和师承相同或相近，且多由同一村寨或相邻村寨的人员，按一定方式组织起来，共同参与祭仪实际运作的执业群体。人数七八人，十数人不等。不同的坛班由于教派不同，因而在崇奉神明、遵依字派、祭仪内容和科范程序方面均有所差异。例如，佛教坛班尊奉的是释迦牟尼，道教坛班尊奉的是李老君，儒教坛班尊奉的是孔夫子；他们皈依的三宝也各不相同：佛教坛班皈依的是佛、法、僧，道教坛班皈依的是道、经、师，而儒教坛班皈依的是儒、贤、良。佛教和道教坛班的成员在请职之后要取法名，而儒教坛班无须按字辈取法名，也没有辈分之分，只是取一善名（如"悟妙""回善"等）在坛内使用。例如，重庆市巴南区接龙镇白杨村杨中立佛教坛班遵依的字派是：

智惠清净　道德圆明　真儒性海　寂照普通

心源广宿　本觉昌隆　能仁圣果　常远宽洪

惟传法应　致愿会容　兼池界定　永济祖宗

---

　　① 从端公的活动形态来看，更多是以集体活动，以坛门的组织形式出现，但也并不排除以个体的职业或半职业性民间宗教人士的身份出现。当端公以个体的民间宗教人士面目出现时，主要是为乡民进行择吉断事及其他由个体即可完成的小型法事活动。诸如，奠宅、烧胎、星命、堪舆、打粉火、将军箭、打石敢当、观花、圆光、观海水、画蛋等。事实上，这些小型的法事活动，大多是一种纯粹的巫术行为，更能体现端公作为民间巫师的执业特征。平心而论，以往的研究疏于关注这些由个体即可完成的小型法事活动，大家关注更多的是那些需要由坛班操作才能完成的较为大型的祭仪活动（如庆坛、延生、阳戏等），且在研究范式上，一律将这些祭仪活动归入傩戏范畴。这显然与端公实际的行为活动不相吻合。此一问题后面会有详述，此处不作展开。

　　② 在中国文化史上，"坛"之制度可谓源远流长，一般可溯自黄帝，《黄帝内传》即云："帝筑圆坛以祀天，方坛以祀地。则圆丘，方泽之始也。"［《黄陵文典》编纂委员会编《黄陵文典》（历史文献卷），陕西人民出版社2008年版，第160页］中国古代除帝王祭祀神鬼须筑坛外，后世的道教作醮也常设坛。端公可能就是受到中国古代设坛祭祀和道教设坛打醮之影响，也以"坛"作为组织单位的名称。此外，端公祭仪中对"坛"这一称呼还有另外两种用法：一是用"坛"来指称端公祭神驱鬼做法事的场所；二是用"一坛"来指称法事中的一个仪式环节或一场仪式中的一个单元（相当于一个节目）。

又如重庆市渝北区舒家乡江广金等道教坛班遵依的字派是：

道德通玄静 真常守泰清 一阳来复本 合教永远明

至理忠诚信 从高嗣发兴 世景荣惟懋 希微衍自灵①

在祭仪内容和科范程序方面，不同教门的端公主持和运作的方式也有所差异。以王跃调查的江北县复盛乡协睦村四社谌宅的"庆坛"祭仪为例。该地"庆坛"祭仪因坛班的教门不同而有上坛、下坛之分。上坛属"娘娘教"（或称"仙娘教"），顶敬"三霄娘娘"，传承字辈代代都有一个"法"字，其法事程序共有二十四坛；下坛属"淮南正教"，所用传承字辈为道教全真龙门派的，其法事坛序亦有二十四坛。上、下坛法事相同或基本相同的仅有六坛：进灶、领牲（判子领牲）、祭猖、回熟、捡斋、安位家神，其余坛次从名称到具体做法都不相同。②

当然，以上所谈是基于不同教门坛班的基本性质和主要标志而言，而在实际端公法事活动中，各坛门间的界限其实并不严格。由于受儒、释、道三教合流的影响，民间各教坛班也在保持其基本性质的情况下，广泛吸收其他教门的神明和科仪于本坛班之中，因而绝大多数的坛班都是亦巫、亦道、亦佛、亦儒，绝少有纯粹信奉某一教门的，这其实体现出民间宗教信仰的包容性与杂糅性特征。这一点在端公们主持和运作的

---

① 胡天成主编：《民间祭礼与仪式戏剧》，贵州民族出版社1999年版，第87—88页。

② 上坛的二十四坛法事坛序分别为：（1）请神下马（收禁安位）；（2）发牒申疏；（3）请水；（4）敬灶；（5）燃天；（6）领毛牲；（7）接圣下马；（8）判子领牲；（9）拆坛；（10）立楼扎寨；（11）祭猖；（12）回熟；（13）请土；（14）拱三；（15）接仙；（16）迁坛；（17）上粮米；（18）送娘娘上座；（19）捡斋；（20）开红点献；（21）拆楼送圣；（22）扎将；（23）圆满送圣；（24）安神家。下坛的二十四法事坛序分别为：（1）发牒；（2）小请；（3）敬灶；（4）领牲；（5）拆坛；（6）发案；（7）祭猖；（8）开方；（9）画梁；（10）镇台；（11）回熟；（12）破腹；（13）造坛；（14）造枪；（15）迁坛；（16）砸碛；（17）接圣；（18）上寿；（19）祭兵；（20）捡斋；（21）交枪；（22）圆坛；（23）定枪；（24）安位家神。详参王跃《江北县复盛乡协睦村四社谌宅的"庆坛"祭仪调查》，王秋桂主编《民俗曲艺丛书》，（台北）财团法人施合郑民俗文化基金会1993年版。

请神祭仪中表现得尤为明显。一些坛班往往是将儒、释、道三教神明都请来受祭。如云南省昭通市镇雄县邹氏端公坛班《神门坛九州科仪》中有"我佛之事来化现，三教原来一统天""孔夫圣人解得真，又问三教源流到如今。上三教，释迦佛、李老君、孔子共三人"的唱述。重庆市巴南区接龙镇阳戏坛班在举行第四坛"正请"的祭仪里，亦十分明确地唱道：

> 天请神来地请神，请动天神和地神，
>
> 西方去请弥勒佛，普陀岩前请观音，
>
> 尼丘山前请夫子，茅山洞内请老君，
>
> 玄天关内请真武，子牙庙内请帝君，
>
> 我把儒释道教请来临坛坐，三曹圣真降来临。①

　　一些坛班在操作祭仪活动时，常常要在法坛的正面墙壁上悬挂总真神像。例如，云南省昭通市"庆菩萨"祭仪中，总真神榜上的神祇图像有：

> 太阳，太阴，释迦佛及阿南，迦什，老君，孔圣，玉皇，中天星主及南斗、北斗，二十八宿，十二宫辰，斗姥统二十四诸元，真武祖师统十帅，东南西北中五岳，十王朝地藏，解秽仙官统十二太保，城隍，判官，牛头马面，无常二娘，来令无私，佛会，引丑土地，天、地、水、阳、日值功曹。②

---

① 胡天成：《四川省重庆市巴县接龙区汉族的接龙阳戏——接龙端公戏之一》，王秋桂主编《民俗曲艺丛书》，（台北）财团法人施合郑民俗文化基金会 1994 年版，第 147 页。

② 郭思九、王勇：《云南省昭通地区镇雄县泼机乡邹氏端公庆菩萨调查》，王秋桂主编《民俗曲艺丛书》，（台北）财团法人施合郑民俗文化基金会 1995 年版，第 29 页。

不难看出，此总真神像涵括了儒、释、道、民间诸位神灵，且在总真神像的最高一层，就是释迦牟尼、李老君和孔夫子并列在一起的画像，这表明了三派教主在各教坛班中同处于十分重要的位置，其神圣地位难分伯仲。再如四川省江北县（今重庆市渝北区大部）"祭财神"法事中，总真神像顶层的排列顺序与其相类似。按当地端公杨显奎的说法，总真上的神灵有九层，每层五位，共计九五四十五尊。由上至下，一层至三层为上三教，四层至六是中三教，七层至九为下三教。每层（教）居中的是他们的教主：上三教是释迦佛、李老君、孔夫圣人；中三教是梓潼、真武、观世音；下三教是王如治、苏东坡、伏羲（佛印）禅师。①

另据胡天成关于"四川省重庆巴县双河口乡钟维成家五天佛教请荐祭祀仪式"的调查资料②，主持请荐仪式的端公坛班在内法坛正面靠家龛的墙壁上悬挂了上五轴神像。这上五轴神像的排列是：正中为释迦如来、左一为孔夫子、左二为观音菩萨和势至菩萨、右一为李老君、右二为文殊菩萨和普贤菩萨。③ 其具体排列次序是：

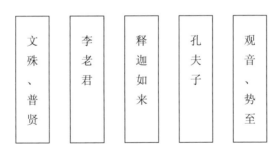

这表明佛教坛班的请荐祭仪中也是要请道教和儒教神祇的。此外，在

①　王跃：《四川省江北县舒家乡上新村陶宅的汉族"祭财神"仪式》，王秋桂主编《民俗曲艺丛书》，（台北）财团法人施合郑民俗文化基金会1993年版，第119页。

②　该调查报告撰写时，重庆还未被设立为直辖市，仍属于四川省的一个市，所以，该报告名称中使用了"四川省重庆"这一地理概念。

③　胡天成：《四川重庆巴县双河口乡钟维成家五天佛教请荐祭祀仪式》，王秋桂主编《民俗曲艺丛书》，（台北）财团法人施合郑民俗文化基金会1996年版，第20—21页。

一些文书里，甚至在标明教门派属的职牒文书中，也明确写上"钦儒、皈佛、奉道"等内容；端公（一般是掌坛师或站坛师）所佩戴头饰"五佛冠"，亦有"月、日、孔圣、释迦、老君"（所谓"五佛"是也）的图像。这些均表明端公坛班亦巫、亦儒、亦佛、亦道的混融性特征。端公的此种兼收并容的混融性特征，在贵州省德江县端公的《新集三元和会科式》唱本中有更为形象的揭示：

> 老君化为什么佛，佛主化为什么神？
>
> 元世化为燃灯佛，燃灯化为弥勒尊。
>
> 尊尊化为阿难佛，尊尊化为舍利尊。
>
> 尊尊化为释迦佛，尊尊化为寿利尊。
>
> 尊尊化为普庵佛，尊尊化为观世音。
>
> 观音化为至世佛，尊尊化为文殊尊。
>
> 尊尊化为普贤佛，尊尊化为万亿尊。
>
> 佛开八万四千门，自古留在我坛门。
>
> ……①

不难看出，该唱本中提及的佛教、道教根本没有严格的界限，不仅道教的教主李老君可以变为佛，而且佛教的教主释迦牟尼亦可化为神。至于佛教中的燃灯、弥勒、观音、文殊、普贤等神佛菩萨，更可以自由变化，以至于化为万亿尊神佛，"自古留在我坛门"。这种道、神、佛互化以至无穷的神界认知模式，极好地说明了端公坛门兼收并容的混融性特征，易言之，巫、道、佛、儒诸教，虽有主次轻重之分，但在端公的宗教思想中均占有各自的位置。

---

① 邓光华：《傩与艺术宗教》，中国文联出版公司 1993 年版，"附录部分"，第 318 页。

正是由于坛班中的成员多兼习不同教派的科仪程序和法事内容，因而使端公多成为"巫佛（道、儒）两教"人士，而不同教门的坛班在所崇奉的神明、科仪内容和形式方面均可以互相吸收、借用，甚至整个祭祀仪式也可以相互主持和运作，这就直接导致了端公文化身份的模糊。正如云南昭通一带端公对自己身份特点的指认："非儒非释又非道，称王称圣又称祖。"①

综上所述，西南端公的宗派归属呈现出异常复杂的样态，我们在认定其"巫教"派属的"文化底色"之基础上，也发现了其与儒释道文化的深度交融与互渗。由此我们说，"端公"作为民间巫师的指代性称谓，更多的时候是一种带有历史限定意味的概述指称。事实上，"端公"这一称谓本身代表了一种异常复杂乃至十分模糊的文化身份存在，即如端公们的自誉："通三教晓九流，讲经作法；知天文识地理，谈古论今。"②"端公"称谓的"巫师"所指与多重能指，是我们理解端公乃至端公文化的关键。

四　端公执业范围的宽广性

理解端公文化身份的复杂性特征，可以从两个维度加以切入，一是上述端公的宗派归属，二是接下来将要讨论的端公执业范围。把握这一问题，我们可分为三个层次去理解：首先，端公自身属于农民，拥有自家的田地，平常就在家务农或操其他业，如做石工、木工、瓦工等活，待有端公活计时才去参与。因此，从这个意义上讲，端公主持和运作的法事活动

----

① 云南省昭通市镇雄县泼机乡文化站马朝开收集提供。转引自郭思九、王勇《云南省昭通地区镇雄县泼机乡邹氏端公庆菩萨调查》，王秋桂主编《民俗曲艺丛书》，（台北）财团法人施合郑民俗文化基金会1995年版，第12页。

② 引自王勇《云南省昭通地区的汉族移民与傩文化》，云南省社会科学院历史研究所编《中国西南文化研究》（2），云南民族出版社1997年版，第159页。

基本属于半职业性的。① 其次，作为巫师的指代性称谓，民间巫文化的持有者、传承者，端公的执业范围当然是以巫的职责为基础，这也是我们理解端公文化本质的一个重要核心。我们知道，历史上巫的职责虽屡有变容②，但基本不离"巫与神通，亦是鬼神之事"③ 的宗旨，其具体执业项目也大体围绕歌舞事神、占卜祈禳、驱鬼避邪、预测丰歉、医疗疾病等诸方面展开。最后，伴随着社会历史语境的变迁，巫教自身面临着巨大的生存压力，加之儒释道文化对于巫教的深刻影响，使端公在巫的职责之基础上，积极兼习其他教门之职，努力拓展生存发展的空间，由此导致了端公执事领域的巨大延展。

综观西南地区端公主持、操作的所有宗教活动，我们可依据服务对象的差别将其分为两大类：一是为公众性祭祀；二是为家宅性祭祀。所谓公

---

① 有些年长的端公，特别是掌坛师（端公坛班按照法事的分工，有掌坛师、引荐师、眷录师、雕法师、传牌师、保举师、接法师等司职。掌坛师可谓坛班的核心人物，他既是坛班的组织者和领导者，也是精通各种巫术的法师，主要由年长、艺精、威信高的端公担任），由于平常法事祭仪活动较为密集，导致其一般较少务农活，在这种情况下，做端公事已成为其主要生计来源。此类端公其实已具有职业性特点，但就大多数端公而言，仍是属于半职业性的。此外，当下年轻一代的端公，还有外出打工偶尔回村参与端公法事的情况。此可谓业余性的端公。从巫教发展的三种历史形态来看，端公的半职业性特征，表明其无法完全归入再生形态巫教（巫师不参加劳动，专门从事宗教活动）之范畴，相反，其更多地具有一种原生形态巫教（不脱产的兼职宗教人员）之特点。

② 关于这一问题，为了避免枝蔓横生，此处不展开讨论。简略地说，中国古代社会初期的史官、卜官和礼官都是由巫来担任，即史书上所称的"卜""占""祝""巫"一类人物（从法术的行为特征来分，巫师既称为"巫"，又称为"祝"，笼统地称之为"巫祝"）。《曲礼》中记有："天子建天官，先六大：曰大宰、大宗、大史、大祝、大士、大卜。"这里的大史、大祝、大卜都是由巫充任的。《左传》称这类官为"祝宗""祝史"。周代以后，国家的各种礼节仪式、道德规范又逐臻完备，其册命职官、名称、职务、级别都有明确而具体的规定。《周礼》分设六官："天官""地官""春官""夏官""秋官""冬官"。"春官""天官""地官"所记的各种官职，其职责多为掌四时之礼。郑立注《春官宗伯》云："大宗伯之职掌建邦之天神人鬼地示（祇）之礼。"由此可知，在中国古代社会，巫在宫廷的职责既参政，又治史，成为"官巫"，亦即"仕"。当然，能够进入宫廷成为"官巫"的毕竟是少数，大多数巫觋只能作为"民巫"在下层活动，以帮助广大乡民"解决"日常生活的困惑和灾难。显然，我们这里讨论的端公的执业范围必是沿循"民巫"职责而来。

③ （汉）郑玄注，（唐）贾公彦疏：《周礼注疏》（二），山东画报出版社2004年版，第476页。

众性祭祀，一般是在全乡民众中，或在村落甚至更大的范围内举行，多以集体"打醮"①的形式出现。这里所指的"打醮"法事，是一种由端公主持、群众参与、规模较大的酬神祭祀活动。"打醮"可依据祈禳对象的差异分为两种类型：一类为"打清醮"②，多是在虫害、风雹、洪水、瘟疫等自然灾害频发之时而为之，一般由全乡民众共同集资，延请端公搭台设醮念经拜忏，以求神灵施恩、驱瘟逐疫，从而达到清吉平安；另一类为"打雨醮"，系夏日天旱，由端公主祭，建醮酬神，祈求甘霖的法事仪式。③

不难想见，端公的"打醮"法事活动其实是继承了古代巫觋的传统职责。《春官·宗伯》载"若国大旱，则帅巫而舞雩"，就明显是一种祈雨的仪式。《江北县文史资料》中记载了民国二十五年大旱时，四川省江北县境延请端公打醮求雨之情况，现列于兹，可见一斑：

> 凡城镇农村均组织了各种形式，不同规模的祈神求雨活动……办

---

① 其实在西南地区的广大乡民社会中，公众性祭祀内容是极其广泛的，且多以集体"做会"（有的地方也称为"打醮""赶会"）的形式出现。诸如清醮会、瘟火二醮会、虫蝗会、风神会等，还有祈求五谷丰登的"祈丰会"（如"春祈会""秧苗会""秋报会"）、敬贺神明诞辰等喜庆日子的"贺神会"（如二月十九、六月十九、九月十九举办的"观音会"、五月十一的"城隍会"）、各行各业祈奉顶敬祖师的"行业神会"（如"财神会""鲁班会""蔡祖会"）、"宗族祭祀活动中的祭祖会"（如"清明会"）、各地会馆举行的"乡神会"（如祭祀桑梓神）等。但这些以"做会"形式出现的公众性祭祀活动，大多是延请职业的僧道或专业戏班来进行操作，很少有由端公主持或操作的。冉文玉主编的《道真古傩》一书，在列举道真县傩仪种类时，记录了包括玉皇会、观音会、太阳会、龙王会、山王会、黑神会、牛王会、秧苗会、虫蝗会、清醮会、扫殿会在内的 11 种"醮会"名称。从其叙述语气来看，似指这些"醮会"祭仪均由端公来操作。另外，将这些"醮会"祭仪都纳入傩仪之范畴，实有商榷之必要（冉文玉主编：《道真古傩》，贵州民族出版社 2012 年版，第 68—70 页）。基于此，本书讨论的"打醮"法事其实并不包括上述这些内容。

② 关于"打清醮"的基本情况，可参见王勇《端公"打清醮"仪式实录》，麻国钧等主编《祭礼·傩俗与民间戏剧》，中国戏剧出版社 1999 年版，第 563—571 页。兹不详述。

③ "打雨醮"法事活动还可细分为"打祈雨醮"和"打谢雨醮"两种情况。一般把祭祀神灵祈祷甘霖的祭祀活动称作"打祈雨醮"。通常都要到有长流水的地方去请水。请水过后如果普降雨露，解除旱情，就还要举行谢雨祭祀活动，此称为"打谢雨醮"。

川主会，以几人或十几人约会一下，邀一"端公"，挂张纸菩萨，用一副小锣、两块竹卦，焚一炷香，烧几张纸，需要个把小时。卜卦，占雨日，说什么一四七不下雨，二五八可下雨，二五八如不下雨，三六九就下雨，三六九再不下雨，逢十必下雨之类的安慰话。此活动一次花钱不多，费事不大。农村搞得较为普遍，一般由甲长或热心善事的人承头，参与者拿点钱，除请"端公"的费用外，与会者同吃餐稀饭，以了祈神求雨之心。①

材料中之所以把"打雨醮"称为"川主会"，一来在于此为公众性祭祀活动，因而以"会"称之；二来雨醮所供主神为金解娘娘、川主、黑煞太子。据说，娘娘是玉皇大帝的亲妹妹，她生下了川主菩萨，黑煞太子又是川主之子。川主即灌口二郎神，秦蜀郡太守李冰之子李二郎，他的圣迹主要是锁拿孽龙。按当地民俗，打雨醮时，要把黑煞太子抬出置于烈日下暴晒，故江北县一带有民谣："龙兴场的人生得犟，出三日火太阳就往槽坝口一趟，把黑煞太子抬来放鱼池边，一连几日把太子晒

---

① 杨廷经：《民国二十五年江北县旱灾情况》，载中国人民政治协商会议江北县委员会文史资料研究委员会编《江北县文史资料》（第三辑），内部编印，1988 年 12 月，第 30—36 页。另外，《民间祭礼与仪式戏剧》一书中简要记录了重庆市巴南区接龙镇的端公孙国昌于 1945 年在南沱寺主持的"打雨醮"法事活动的一些细节，现摘录于此，以增进对"打雨醮"活动的了解。"当进行到请水一坛仪式时，四人抬着竿编纸糊大轿内坐着的木雕川主菩萨圣像在前，紧跟川主的是二十八宿星辰将帅，再后是会首和执事人员，接着是旗、幡、斧、钺、剑、戟等祭器，然后是主持和运作祭祀活动的法师，最后是信士民众，一行一千余人，浩浩荡荡，前去常年都有碗口粗流水的綦江县三渡水的龙洞口。祭祀龙王后，用马锣舀三马锣水于特制的新茶壶中，置放在抬回来的川主菩萨圣像前。不久，天下大雨。秋后，茶壶内生长出一些鱼虾。打雨醮时，抬着一只整猪去至龙洞前，将鱼虾倒入龙泉中，只见一群鱼虾游出，将它们接进龙洞去了。由此可见过去举行祈雨祭祀活动的盛大规模和隆重程度。"（胡天成主编：《民间祭礼与仪式戏剧》，贵州民族出版社 1999 年版，第 34 页）

得黑光光。"①

本来，"打清醮"与"打雨醮"原为端公常为的法事活动，在西南地区较为普遍，但随着社会的不断发展与人们观念意识的变化，如此兴师动众的端公"打醮"祭祀活动现已在广大乡民社会中渐趋衰亡。

相较于公众性"打醮"祭祀活动的渐趋衰亡，家宅性祭祀已日益成为西南地区端公法事活动的主体。所谓"家宅性祭祀"，即由端公主持运作且在家庭范围内举行的祭祀活动。此类祭祀活动根据法事性质的不同可分为两大类别：一类是端公走村串户"应供十方"，替一家一户做的祈禳法

---

① 关于江北县"打雨醮"的其他细节，王跃在江北县舒家乡调查时记录的两位端公的口碑材料中有进一步描述。老端公江广金说，求雨离不得娘娘与川主，只有求他们天才下雨。黑煞太子横竖抬来晒起，娘娘抬去供起，还要设香位。以前只要日久不雨，就打锣通知居士婆婆，明天到清灵庵去接娘娘。居士婆婆们便提着香，带着吹场（吹打乐队）到庵。先要敬香祷告，交代请她去的原因，然后，先婆婆们给娘娘换衣服（她有几套龙袍、鞋、帽），再将其请到木椅上抬下山来，仪仗送行。另一端公余万盛介绍：打雨醮要在三伏天的毒日头下念经拜忏。黑煞太子也晒着，神像前放一只碟，盛少许水。每天念经拜忏不断。会期可长可短，有的几天、十几天，多者达七七四十九天，直至降雨为止。此外，醮会期间要禁屠，当地人一律不许吃肉荤〔王跃《四川省江北县舒家乡上新村陶宅的汉族"祭财神"仪式》，王秋桂主编《民俗曲艺丛书》，（台北）财团法人施合郑民俗文化基金会 1993 年版，第 10 页〕。另外，关于世界各地的各类求雨巫术，英国人类学家弗雷泽在其名著《金枝》中多有载录。文中提到各地多采用模拟巫术的方式来求雨，而当一次干旱延绵过久，人们就放弃所有模拟巫术的常用戏法，极其愤怒地不再白费力气去念咒语，而改为用恫吓、咒骂甚至干脆用气力去向苍天强要雨水，向那个如他们所说的、曾在"总水管"上切断了水源的超自然神物去强索。非常可贵的是，文中还引述了中国的例子，所记之求雨方法，与江北县端公打醮求雨之情况极为类似。他介绍说，中国人擅长袭击天庭的法术。当需要下雨时，他们用纸或木头制作一条巨龙来象征雨神，并列队带它到处转悠。但如果没有雨水降落，这条假龙就被诅咒或被撕碎。在另外的场合，他们恫吓和鞭打这位神灵，如果它还不降下雨来，他们有时就公开废黜它的神位。另外，如果所求的雨水降临则发出诏令将它晋升到更高的地位。1888 年 4 月，广东的清朝官吏们祈求龙王爷停止没完没了的瓢泼大雨，当它竟然对他们的祷告充耳不闻时，他们便将它的塑像锁押起来整整五天。这取得了有益的效果：雨停了，于是龙王爷也恢复了自由。前一些年，旱灾降临，这位龙王爷又被套上锁链牵到它的神庙的院子当中暴晒了好些天，为的是让它自己也去感受一下缺少雨水的苦楚〔［英］詹·乔·弗雷泽：《金枝》，徐育新等译，中国民间文艺出版社 1987 年版，第111—112 页〕。

事，端公们称之为"武坛"（亦称"武事"）。①"武坛"着眼于今世，重在驱鬼逐疫、祈福禳灾，这是端公作为民间巫师的传统职责；另一类是佛教道场中的丧葬祭祀活动②，端公们称之为"文坛"（亦称"文事"），其使

---

① 除"文坛"与"武坛"这一相对性称呼外，不同地区还有"阴的"与"阳的""阴坛"与"阳坛""阴事"与"阳事""文事"与"武事""上坛"与"下坛""文教"与"武教"等多种对应性称呼，均表示端公家宅性祭祀活动的两大类别。关于"文教"与"武教"的区别，据贵州省岑巩县注溪乡的端公介绍："文教露书不露诀，武教露诀不露书。"亦即文教行坛时，哪怕把科仪本倒背如流，也要把科仪本拿出来看着念，而在做手诀时，却要在衣袖子里做，不示于人；武教则相反，手诀可当着别人做，而科仪本记不得也不能翻书，可由别人在场外提醒［王秋桂、庹修明《贵州省岑巩县注溪乡岑王村老屋基喜傩神调查报告》，王秋桂主编《民俗曲艺丛书》，（台北）财团法人施合郑民俗文化基金会1995年版，第41页］。另外，在民间，"文坛"与"武坛"这一对称呼还有另外一个层面的用法，那就是在巫门禳解、庆贺类活动中，单纯地进行法事科仪内容，就称为"文坛"；若是在法事科仪中融入了一些戏剧性表演成分，则称之为"武坛"。这体现出民间应用民俗称谓时的多元性特征。例如，云南昭通一带端公邹永福在谈到祭仪中"文坛"与"武坛"的划分原则时指出："武坛就是巫坛，巫和道都差不多，只不过巫事中有些邪法。我们划分文坛和武坛主要是依据两点：文坛是文做，而武坛中要动刀兵，还有演功。另外，文坛法事与武坛法事用的响器（乐器）有些不同。文坛法事要用铙，武坛不用，武坛法事不用铙，加上钹。铙主阴，钹主阳，各有不同。我们庆菩萨有演功，热闹得很，在哪一家做，哪个村子就热闹起来，神也欢喜人也欢喜。"［郭思九、王勇：《云南省昭通地区镇雄县泼机乡邹氏端公庆菩萨调查》，王秋桂主编《民俗曲艺丛书》，（台北）财团法人施合郑民俗文化基金会1995年版，第44—45页］再有，在民间的表述中，"文"与"武"还经常被用来指称某种祭祀活动的内部分类。例如，云南省昭通市镇雄、彝良等县一带有一种被称作"还钱"的祭祀活动。这是一种由端公主持和运作的带有还愿性质的祭祀活动。一般在某户人家如感家宅不清吉，小孩体弱多病，寄望于神灵并向神灵许愿，若如愿以偿则烧"钱"给神灵并举行"还钱"即还愿之祭祀。此种祭祀活动就分为"文还"与"武还"两种。"文还"较简单，两三位端公祭拜神灵，表明缘由，烧钱后就可了结；而武还则需七八个端公，行为也较复杂，亦包括演功和耍坛［关于端公"还钱"法事活动的基本情况，详见王勇《端公戏与端公戏音乐概述》，载昭通地区行署文化局编《端公戏音乐》（"中国戏曲音乐集成云南卷丛书"），文化艺术出版社1994年版，第9—10页］

② 西南广大地区民间丧葬祭祀活动，因祭祀对象的不同可分为两种：一种是为祭祀新逝亡人而举行的祭祀活动，俗称"祭血灵"，也称"就期灼灵"；另一种是为祭祀仙逝亡人，即已经逝世一段时间的亡人而举行的追荐祭祀活动，俗称"做老道场"或"做请荐"，亦称"择期灼灵"。而由于主持与运作这种祭祀活动的坛班及其教门不同，又可分为三种类型：佛教丧葬祭祀活动、道教丧葬祭祀活动、儒教丧葬活动。不同类型的丧葬祭祀活动从祭仪内容到科范程序都会有所差异。但就西南地区端公主持和运作的"文坛"活动而言，主要以佛教的丧葬祭祀活动为主。另外，需要特别说明的一点是，由于西南广大地区端公执业群体众多，各地不同坛班的情况不尽一致。也有一些坛班仅习巫教，即只为人做祈禳法事，并不为人做丧葬祭祀活动，但此种情况并不常见。就一般的情形而言，西南地区的端公先生多挂有"武坛"和"文坛"的职号（即既有道讳，又有佛号），或佛兼道（巫），或道（巫）兼佛，两类事皆为之。正如云南昭通邹氏端公《神门领牲一宗》所示："弟子顶敬佛巫二门法派宗师传度度诀。"

命在于关注"来生"，资荐亡灵。①

端公所做家庭性祈禳法事，即"武坛"活动的名目可谓五花八门，难以胜数。清末傅崇矩所编《成都通览·成都之执业人及种类》中即载：

> 端公，即巫教也。及所居之宅曰"端公堂子"，省城凡八九十人……所演之法事有解结、度花、打梅山、画蛋、接寿、打保符、收鬼等名目……楚人尚鬼，自昔有之，今成都此风不绝，大率城镇犹少，而独盛于乡间。②

《绥江县县志·巫祝》亦云：

> 男曰觋，俗呼为端公；女曰巫，俗呼为师娘子。各就私人住宅设有巫堂，其教徒全县百余人。以逐疫驱鬼为事。凡乡愚患病，初则书符问卜，继则延到家中，作种种异状，有打锣、庆坛、醮神、送鬼、降骑、走阴、观花、烧胎等节目。③

至现代，端公的执业种类相较以往更加庞杂，其具体名目在西南各地亦不尽相同。例如，王跃调查四川省江北县一带端公法事，共归纳出九种祈禳活动：（1）跳端公（又称"合梅山"）；（2）庆坛；（3）祭财神；

---

① 端公从事丧葬法事的形式与规模，在西南不同地域也存在诸多差异。例如，笔者在贵州道真县调研时了解到的情况是：该地端公所从事丧葬（统称为"资亡"）法事的形式，由于死者的性别、年龄（未成年死者一般不做道场，可请先生念经、开路，需3—4个小时；如果家里经济条件允许，要做道场，就做一个"早起晚散"）、死因、家庭条件等的不同，也有不少的区别。就其规模，便有"早起晚散"（头一天的白天"起斋"，晚上继续进行，到第二天的白天结束。称"上山道场"）、3天（称"地府道场"）、5天、7天、9天（5天以上称"燃天道场"）的不同。并且因为规模的不同，其内容、要求、参与人数也相应地有所不同。如5天以上的道场，一般要请"装颜匠"来装裱坛场或扎制灵屋、冥器等；坛内还必须安排人写《经单簿》，将法事活动的起因、时间、所用经忏、所作冥器、亡人的亲属、所烧赙包等一一记录下来。

② （清）傅崇矩编：《成都通览》（上），巴蜀书社1987年版，第394页。

③ 昭通市志办编：《昭通旧志汇编》（三），云南人民出版社2006年版，第927页。

（4）还阳戏；（5）过关；（6）还泰山；（7）还黑虎；（8）丧葬道场；（9）星命、堪舆。① 冉文玉对贵州道真县一坛班所做过的不完全调查，归纳出的名目更是多达 37 种，包括冲傩、打保福、阳戏、梓潼戏、延生（又称"延生保福""经纤保福"）、醮会、庆祝、度职、度关、取魂、和送、敬神、烧胎、奠宅、推送、安位、开天门、送财神、酬山王（又称"慰山""还欢喜菩萨""还打闹菩萨"）、酬东岳（又称"酬泰山""酬佛"）、荐阴寿、打解结、运星、召山（又称"买山"）、谢土、安葬、提坟、祭坟、和鸾（又称"请鸾"）、收禁、扫荡、划龙船、玩龙灯、玩狮子、收兵、放兵、上钱。若加上其中所含小类或不同的操作方式，共计268 种。② 例如，上钱法事就可细分为上七郎钱（七郎土地）、上七星钱、上九凤钱（九凤将军钱）、上二分子等，共计 131 种。

据笔者对贵州省印江县秦氏坛班的调查，该坛班除了操作名目繁多的"武坛"法事外，还将为人看风水、做丧葬祭祀作为重要的执业内容，并将其明码标价（见表 1－1、表 1－2）。

---

① 王跃：《四川省江北县舒家乡上新村陶宅的汉族"祭财神"仪式》，王秋桂主编《民俗曲艺丛书》，（台北）财团法人施合郑民俗文化基金会 1993 年版，第 15—19 页。

② 关于这 268 种法事活动的具体分类与名称，详见冉文玉主编《道真古傩》，贵州民族出版社 2012 年版，第 69—70 页。按，冉文玉先生在列举这些具体的名目时，都是将其归入傩仪之范畴，而事实上，有些祭祀名目非傩仪所能涵括，将其界定为与巫祭有关的一些文化现象，或纳入本书提出的"端公文化"之范畴似更妥帖。例如，由端公主持、操作的"尝新敬祖"仪式（即于玉米、豆麦等"五谷既熟，新谷既升"而"举家未食"之前，"先敬神灵"的一种民俗活动）、"闹山谢土"仪式（依当地风俗，修房造屋，兴土动工，必定会惊动地脉龙神，易致家宅不安，因此房屋竣工后需杀猪宰羊，举行"谢土闹山"仪式，以此祈望"五龙归位，八将还方。人兴财旺，六畜成群"。该仪式一般需分 3 年共做 3 次。其中第一、二年所做方式相同，称为"谢土"，第三年仪式与前两年有别，名为"闹山"），无论就祭祀目的，还是祭祀仪程角度而言，显然均无法归入傩仪之范畴。关于端公文化与傩文化的关系问题，本书第二章第三节"独立与涵容：端公文化与傩文化的关系"中有详述，兹不作展开。

表1-1　　　　　　　　　秦氏坛班风水服务项目一览①

项目	名称	单位	单价(元)	服务内容
传统风水	阳宅选址及定向	宗	1200	
	阴宅选址及定向	宗	1400	
	查坟山、断祸福	例	480	
	迁坟、选址	宗	1678	
	政府征地迁坟	例	678	限公墓,查找新坟地另计
家居风水	外部风水	例	680	楼盘、单元、楼层
	内部风水	例	680	神龛、厕所、厨房及重要物件摆放
办公风水	公司选址	宗	66800	选址、定向、整体规划及布局
	外部风水	宗	1280	楼盘、单元、楼层
	内部风水	宗	2680	厕所、厨房、接待、内部房间的安排及重要物件的摆放
择吉日	个人择吉日	例	280	
	单位择吉日	例	380	
	八字	例	180	
	个人取名	例	260	
	单位取名	例	360	

① 此处两份"一览表"由贵州省印江县端公掌坛师秦法雷(俗名秦仁军,42岁)提供。笔者于2014年10月30日至11月1日调查秦法雷过职仪式时详细了解了秦氏坛班的执业范围,并搜集了此份材料。

表 1-2　　　　　　　　　　秦氏坛班丧葬服务项目一览

项目	名称	单位	单价(元)	备注
择日		课	180	
开路		次	1260	
灵堂布置		堂(不含材料且不是灵房)	1200	
应更		天	360	
道场	安师、扎坛、请水、净灶、请佛、投疏、地藏、请灵、诵经、打忏、绕棺、辞灵	天/5—6人(必须3天以上)	1800	
发驾		宗	680	
	选地(风水)	宗	1200	
	下葬		460	
	礼仪队(4人)	次	1600	
	买山		480	
一条龙	不含道场和礼仪		5680	
餐饮一条龙		桌	面议	

对比上述两个不同时间段（清末与现代）的文献材料，我们发现：《成都通览》中所载端公执业项目，包括"解结、度花、打梅山、画蛋、接寿、打保符、收鬼等名目"，其实都是端公作为民间巫师的传统职司，其中并无涉及佛教"丧葬道场"内容。这说明，所谓"文坛"丧葬祭祀活动其实是端公执业领域中的新变内容，从时间上看，至早也应在民国以后。清末傅崇矩在《成都通览·成都之执业人及种类》中，也是将"端公"与"阴阳"作为两类执业人群分开条目予以介绍。傅文中指出："阴

阳为葬者相地，为死者开路者也。省城凡四十六人。"① 由此可证，从事丧葬祭祀活动，其实是端公执业范围的一种延展。关于此一论断，我们再引郭思九、王勇调查云南省昭通市镇雄县泼机乡邹氏坛门端公时记录的两条田野口述材料②，以为佐证：

> 听说，我们的老辈人以前专做巫坛法事，不做文事。大概是在我家老天祖那一辈，与青凶的杨家（即现贵州省毕节县青凶镇之杨少明的前辈），用我们的巫教调换他们的佛教。结果，我们邹家的巫教深厚得很，他们没有学到多少东西，我们把他们的佛教都接过来了。

> 我们邹家是道转佛，原先是道兼巫，后来与白鸟的邓家开亲，他们是佛教，我们传他们巫教，他们又换佛教给我们。泼机乡和周围的巫坛也都是我们邹家传的。

此二则邹氏端公口述材料中所言"巫教换佛教""道转佛"等说法，均表明佛教丧葬祭祀活动（亦即"文坛"）实为端公执业领域中的新变与拓展。值得注意的是，虽然"佛事"（丧葬祭祀活动）已经超越了传统巫觋的职责，但是在有的坛班，此类活动甚至已成为端公执业活动的主体行

---

① （清）傅崇矩编：《成都通览》（上），巴蜀书社1987年版，第394页。
② 这两条田野口述材料分别采录于1993年1月10日晚和1993年8月11日晚，讲述人分别为年轻端公邹文武和作为邹氏端公掌坛师之一的邹永寿。材料中提及的"佛教"一称，主要指丧葬祭祀活动，亦即"文坛"；而"巫坛法事"这一说法，即指家庭性祈禳活动，亦称"武坛"。由邹文武所言"老辈人以前专做巫坛法事，不做文事"，可证传统的端公执业范围中并不涵括丧葬祭祀的内容，"巫教换佛教"是后来发生的事情；由邹永寿所言"原来是道兼巫"，可知在民间端公的认知概念中，"巫"与"道"往往是混为一谈的，并没有严格的区别。行"巫道之事"亦即行"巫坛（或称武坛）法事"〔郭思九、王勇：《云南省昭通地区镇雄县泼机乡邹氏端公庆菩萨调查》，王秋桂主编《民俗曲艺丛书》，（台北）财团法人施合郑民俗文化基金会1995版，第18—19页〕。另外，2013年7月20日，笔者前往云南省昭通市盐津县普洱镇进行田野调查时，访谈了当地的端公掌坛师张道云（男，汉族，53岁）。张道云也说："我的师公（老师的师傅——笔者注）是专科（专门从事——笔者注）的武坛，从不做道场。从我的师父开始，才开始做佛教道场。"这也证明，在端公的执业范围中，资荐亡灵应是后来融入的执业内容。

为。例如，此处提及的邹氏端公坛门自第十五代起，其"巫道之业"就已衰微下来，现在的邹氏端公是以做佛事为主。

端公执业领域中之所以会出现"巫换佛""道转佛"这样的新变，我们认为，主要有以下三个方面原因。

其一，在于经济利益的驱动。就端公"巫事"活动的角度而言，其季节性很强，一般只在冬季进行。故清郑珍《田居蚕食录》所记谚云："'三黄九水腊端公。'言三月黄牡、九月水牛喜走，如腊月端公之行时也。"[1]云南昭通一带民谚亦云"端公端公全靠一冬，五荒六月，要倒烟囱""端公全靠腊月旺，脚杆跳成篙枝棒，眼睛熬得红彤彤"[2]。与之相反，端公的"佛事"活动不受季节限制，遇之即为，无形中增加了端公的生意，实际上端公的日常生计多赖于兹。

其二，由于巫教长期处于被打压的历史境遇中，端公们自己也较为避讳"巫师邪教"之嫌[3]，因此，在做武坛（阳事）法事时，往往不用

---

① 拓泽忠修，周恭寿、熊维飞撰：(民国)《麻江县志》卷五之十一"风俗·杂俗"，民国二十七年铅印本。

② 《昭通地区戏曲志》"谚语口诀"，云南省昭通地区文化局，1990 年 11 月。

③ 清末岁贡生王寅亮在其《天律皇经注解》卷八"学习巫教"一款下的注言，颇可代表人们对巫教的态度，现引于此，可见一斑。"听一声，牛角叫，端公打卦。无志人，请引进，投拜于他。包花冠，叹鬼话，都夸道大。好一似，唱山歌，不像正话。把仙佛，扯将来，倒换袈裟。死阴曹，阎王爷，恶火陡下。骂一句，半节黄，撞倒渣渣。右学习巫教一条，人而学巫教，习邪门，哄人、惑人，吹角摇铃，武器便说玉祖、三清、十极、高真。师刀是个什么门？就有八卦也难认。拘起祖师决，乱钻房圈门。菩萨被尔走私径，活活冤枉咒死人。莫说把神敬，世上羞仙受倒藤。天律把罪定，邪师败类坐愁城。"（转引自汪泉恩《贵州道真傩戏》，冉文玉主编《道真古傩》，贵州民族出版社 2012 年版，第 86 页）另外，清末傅崇矩所著《成都通览·成都之执业人及种类》"端公"条亦云："男为觋，女为巫。楚人尚鬼，自昔有之，今成都此风不绝，大率城镇犹少，而独盛于乡间。凡有病人之家，不知求医，唯知祷鬼。倘不用此辈，仅求医药，则亲戚邻里群非之。于是邀以舟舆，迎如上客，装腔作势，满口胡柴，火把薰天，金鼓震地，合家大小，耳目迷炫，不知所为，而榻上病人奄然殆尽矣。病或得生，皆谓非巫觋之力为至此，费以十数千及数十千不等，人即不亡，家亦殆破。按此陋俗，实干左道惑人之禁，地方官本当严办，其有占卜贾卦等人，迎合串诈者，与之同罪。惟愚民信之甚深，宜责成乡约讲生保甲父老，常以聪明正直惠吉逆凶之理，时相晓谕，俾愚民知此事之无益，斯为正本清源之道。"[（清）傅崇矩编：《成都通览》（上），巴蜀书社 1987 年版，第 394 页]

"巫"而冠以"道"，而当他们与人做斋、度亡时，则往往又打起"佛"的旗号。这体现出端公本身对道教的"依附"和对佛教的"利用"。此种多少有点带"狡猾"意味的文化身份转换，既是端公生存发展的现实需要，又体现出端公的一种"文化创造性"。当然，端公若要打起某教旗号来执事，必是先已经过"颁职授艺""抛牌授职"等仪式，并被授予"职箓牒"①，有的甚至还要取得相应"执照"者方可与人禳灾祈福，或为人诵经拜忏、超度亡灵。所有这些都需有严格的规矩和要求。若是违反这一原则而随意掌教作法，则被视为触犯端公门内禁忌，必将受到惩罚。② 下引清末民国初年，贵州省正安县佛教分部为"县属巫坛道士"颁发的佛教《执照》③，可见一斑：

> 佛教总会正安县分部为给发证书事，照得县属各坛道士，本会遵照总会办理。兹据小里九甲（今道真县忠信区水石脚乡）巫坛道士杨仕安、杨思良，自愿入佛教分部会员。所有一切教规，应即遵

---

① 在端公内部，"职箓牒"被视为端公们的职业证书。只有经过抛牌授职仪式，授予"职箓牒"者，方能掌教作法，否则只能跟着师傅作法。

② 此种惩罚多来自精神层面。端公们认为，若未颁职而掌教作法，因天地鬼神不予承认，其死后必成为游司邪鬼，而不能进入坛内的宗师名单。对此，端公们颇为忌讳。关于端公坛门内部禁忌的相关内容，本书后文有详述。

③ 汪泉恩：《贵州道真傩戏》，载冉文玉主编《道真古傩》，贵州民族出版社2012年版，第86页。另外，端公在操作巫教法事时，有时要手拿"牌带"（亦称"职牒盒"）完成相关祭仪。"牌带"即端公在过职仪式上获得的"执照"。西南各地端公使用的牌带从外观上看基本一致，一般由牌盒、仙带两部分组成。牌盒，是用薄木板制成的正方形空心木盒。长27厘米（八寸），意为八大金刚；宽6厘米（一寸八分），意为十八罗汉；厚4厘米（一寸二分），意为十二元爵。木槽内长约为20厘米（六寸），代表六丁六甲，宽2.7厘米（八分），代表八威。槽内装置法讳、敕令、圣旨、职牒和传授师与历代师祖、师爷的名讳及其生辰。仙带，是用彩色布料做成形如箭头的布带。长一尺二寸，名曰十二时辰。尾宽一寸四分，名曰十四员天地将。斜尖面宽一寸八分，名曰十八护法将军，每条带上彩乡花草龙凤，上端绣有云朵装饰，下端绣有山川衬托。制作仙带须由未婚姑娘或六旬以上的妇女净手制作。然后将这些布带用针线缝接于预先以红布缠的牌盒下方，分四排缝接，每排九根，计三十六根，牌盒两端各两根，总共四十根。端公在操作巫教祭仪时，借助牌带，将自己与历代祖师联系起来。有事敲牌带观师（请师），可得到先师的帮助。

守，不得违侵权限。至阴契科式，亦遵章代售，切勿私吞等弊，理合给证书为据。

右给会员杨仕安、杨思良收执

中华民国甲寅年四月初八给（公章）

其三，在于人们观念意识的变化。1949 年以后，政府明令禁止各种巫教法事活动，端公们尽数改行务农，法事因此停辍几十余年，乡民的鬼神崇拜观念因之也逐渐淡薄。尤其年轻一代对那一套请神、送神，驱鬼逐煞的做法很陌生，加之受现代教育之宣传，对鬼神的存在与端公的法力多持怀疑态度。此亦为造成丧葬佛事较兴旺而巫事不昌的原因之一。

综上所述，"端公"此一称谓，的确代表了一种极为复杂的文化存在和多重社会角色。他们既是乡土社会中一名普通的农民，又是被打上深深的历史烙印，笼罩着神秘色彩的特殊人物：既为村社驱瘟逐疫、酬神降雨，也为个体接寿、续嗣、治病、求财、净宅、过关、安神、驱邪、免灾、还愿，同时还关注"来生"，与人度亡、做斋、圆道（道场）。可以说，端公宽广的执业范围、众多的执业项目，几乎关涉乡民生活从生到死的方方面面，满足了人们的多种欲求。这是端公能够跨越千年仍然在广大乡民社会中继续活动的重要原因，同时也表征了端公在乡土社会发展中扮演了重要的文化角色。

第二节　客师与土师：汉民的南迁与端公信仰的扎根

毫无疑问，把握端公信仰在西南地区的传播与扎根轨迹，是无法规避西南移民的长时段历史的。从某种意义上讲，汉移民拓殖西南边疆的历史进程，本身就涵括了端公信仰的文化拓殖（扩张）过程，而明清以来的驻军、军屯以及大量的移民，无疑是端公文化重要的传播媒介。从历史阶段论的视野来看，端公信仰的文化拓殖进程经历了几个不同却依次呈现递进关系的文化层次。

首先，对西南土著而言，端公文化属于输入文化。端公随汉人移民大军初入"在地社会"，与西南原住民巫师保持着各自的"文化领地"，即端公信仰主要在汉族移民社会中传播，而原住民巫师主要为本族人信奉，两者的文化形态、结构几乎可以完全区分开。

其次，随着汉移民与西南原住民交往的日益加深，以及居住格局、通婚模式等外部要素的变迁，端公与原本土巫师的交往亦变得日益频繁。不难想见，端公信仰作为汉文化的一种民俗形式，必然会深刻影响本土巫文化形态，使其广泛借用端公文化元素，并最终导致其文化模式的某些变异。当然，在这一互动过程中，端公自身也要不断地进行自我文化调适，并逐步走向"在地化"或"土著化"。此一过程其实亦是端公文化对原乡文化之知识和观念系谱的一种"在地"深耕化，是针对新领地的社会文化的一种重新编码和格式化。只是就"涵化"双方而论，端公文化无疑会占据着更为主动的地位。

最后，端公文化与本土巫文化经过长时间的互动、交流乃至各自不同程度的变异，最终会形成一种核心势力的文化聚合效应，即以移出地原生端公信仰为核心，同时又逐步统合了地域的、民族的诸多民俗文化元素在内的新的地域文化模式——"西南端公文化"。这里的"端公文化"既是统合的，又是多元化的，是统合与多元的辩证统一。费孝通曾提出"中华民族多元一体格局"理论①，其理论意涵本身就涵括了民族文化的多元一体格局，而"西南端公文化"的生成、发展脉络，其实正是这一文化格局的实证表征。

一　西南汉移民史轮廓勾勒

在当代学术研究中，学者们已经越来越认识到：移民②构成了中国西南地区的一大特征。这不仅因为西南是一个由于移民而人口大量增长的地区③，更在于移民的影响确实渗透西南历史进程的方方面面，深刻影响着西南广大地区的民族构成、社会经济发展、文化样貌、政治生态，甚至为

---

① "中华民族多元一体格局"理论，是由费孝通提出的。作为一个"现实型"概念，该理论的主要贡献在于它提出并确立了"多元一体"这个核心概念在描述和分析中华民族构成格局中的重要地位，从而为我们认识中国多民族历史特点提供了一个可供把握全局的总思路。这一理论的主要思想是："中华民族的主流是由许许多多分散孤立的民族单位经过接触、混杂、联结和融合，同时也有分裂和消亡，形成一个你来我往、我来你去、我中有你、你中有我，而又各具个性的多元统一体。"其中更为主要的是，在多元一体的格局中产生了一个凝聚的核心，即从华夏族到汉族，在不断壮大的同时，"渗入其他民族的聚居区，构成凝聚作用和联系作用的网络，奠定了在中国疆域内许多民族联合成不可分割的统一体的基础，成为一个自在的民族实体，经过民族自觉而称为中华民族"（费孝通主编：《中华民族多元一体格局》，中央民族大学出版社 1999 年版，第 3—39 页）。在"中华民族多元一体格局"的理论视野中，自然也涵括了民族文化的"多元一体格局"，就西南端公文化而言，汉移民移出地的原生端信仰就是这一格局中的凝聚核心，西南"在地社会"的诸多巫文化信仰都被吸收进了这个核心，从而形成了一个"起凝聚和联系作用"的西南端公文化网络。

② 对于移民的定义，国内外的工具书和专门著作中的解释不尽一致，一般都是指从甲地迁至乙地，尤其指从甲国迁至乙国并且定居的人或人群。有时还特别强调移民的法律意义，说明它与难民的区别。葛剑雄根据中国历史上人口迁移的特点，对移民所做的界定为：具有一定数量、一定距离，在迁入地居住了一定时间的迁移人口（葛剑雄、曹树基、吴松弟：《简明中国移民史》，福建人民出版社 1993 年版，第 1 页）。本书所论"移民"，从葛氏说。

③ 1381 年，当明王朝消灭了盘踞云南的以梁王为代表的蒙骜残余势力，征服西南后，开国皇帝朱元璋曾让凯旋之将描述一下西南的情形，他得到的答复是：西南是一个由于移民而人口大量增长的地区［（明）张洪撰《南夷书》，方国瑜主编《云南史料丛刊》（第四卷），云南大学出版社 1998 年版，第 570—578 页］。

西南地区民族渊源的认同提供了统一性的解释。① 虽然我们并不主张把中国西南的历史看成南迁移民的历史②，但"移民问题往往被认为是思考西南边疆社会发展的出发点"③。由此，深入探讨端公信仰在西南广大地区的传播、扎根轨迹，亦应将西南移民的历史文化背景作为我们首要的观照视点。

　　纵观中国西南移民史，其发展脉络可谓久远矣！由于中国自帝制酝酿、形成之始便已产生了政治上的正统观与大一统观，以及传统的经济思想，这使历代中央王朝都将经略与开发西南边疆作为己任，并将稳定西南作为巩固帝国统治的重要组成部分。早在秦汉时期④就有人口南迁于蜀汉地区（今四川盆地和汉中盆地）的文献记载。《华阳国志·蜀志》云："临邛县（今四川省邛崃市——笔者注），（蜀）郡西南二百里，本有邛民。秦始皇徙上郡实之。"⑤ 出土的云梦秦简中有爰书，记录了当时强制迁民于蜀的法律手续，规定被迁者"迁蜀边县，令终身毋得去迁所"⑥。这证明移民于蜀地是一

----

　　① 从某种意义上而言，"移民"已构成西南地区族源认同文化图像的结构性要素。甚至一些本土少数民族也把他们看成移民而来到西南的。如纳西族、彝族、侗族、壮族、景颇族和普米族都主张移民说。

　　② ［英］杰尔斯·菲茨杰拉德（Fitzgerald，Charles P）：《中国人的向南扩张》，Praeger 出版社 1972 年版。

　　③ 李中清：《中国西南边疆的社会经济：1250—1580》，人民出版社 2012 年版，第 95 页。

　　④ 从与中原华夏民族的联系交往来看，秦代以前，西南各地区基本上处于一种闭关自守、各自发展的状态，虽然个别地区与内地也有一些交往，如滇国的僰族与中原地区的交往早在原始社会末期即已开始，但毕竟数量极少。后期民间交往的范围虽有所扩大，但在政治上始终没有被内地的王朝统一。中国封建王朝对西南地区的经略与开发肇始于秦。公元前 310 年，秦惠文王嬴驷灭蜀后，就以蜀为基地，开始经营"巴蜀徼外"的西南夷。公元前 246 年，秦王嬴政即位，继续以蜀为根据地开发西南夷。在灭六国之前，曾命蜀郡太守李冰在川滇交界的僰道（今四川省宜宾市）地区修筑通往西南夷的道路，这是兴修五尺道开始；在灭六国之后，大将常頞又奉命将李冰修筑的道路往前延伸、拓展，经过僰道县南部（今云南省昭通市），一直修到郎州（今云南省曲靖市）附近，这就是历史上著名的"五尺道"。《史记》中记载："秦时常頞略通五尺道，诸此国颇置吏焉。"（《史记·西南夷列传第五十六》，线装书局 2006 年版，第 481 页）"五尺道"虽然未曾深入当时滇国的中心区，但是此路的修通，对于加强西南夷同内地汉族的沟通与交流起到了十分重要的作用。

　　⑤ （东晋）常璩撰：《华阳国志》，中华书局 1985 年版，第 35 页。

　　⑥ 云梦秦墓竹简整理小组：《云梦秦简释文》（三），《文物》1976 年第 8 期，第 27—37 页。

项经常性的行动。至两汉时期，中央王朝在"西南夷"① 地区设置郡县②、推行"羁縻政策"③ 的同时，更是积极展开了移民垦殖活动。即从内地迁移一部分汉族人口至"西南夷"地区进行屯田。《史记·平准书》载：

> （汉武帝）通西南夷道……乃募豪民田南夷，入粟县官，而内受钱于都内。

据有关研究，当时移入的汉族人口主要从僰道（今四川省宜宾市）而入，历经朱提（今云南省昭通市）、味县（今云南省曲靖县）、滇池（今云南省晋宁县）、云南（今云南省祥云县）而抵于不韦（今云南省保山县东部）；又自僰道县往东南，指向牂牁江流域地带（今贵州省西部）而抵

---

① 最早使用"西南夷"这一称谓来记述"西南"这一地区少数民族历史的，是西汉历史学家司马迁。其在《史记·西南夷列传》中有云："西南夷君长以什数，夜郎最大；其西，靡莫之属以什数，滇最大；自滇以北君长以什数，邛都最大：此皆魋结，耕田，有邑聚。其外西自同师以东，北至楪榆，名为嶲、昆明，皆编发，随畜迁徙，毋常处，毋君长，地方可数千里。自嶲以东北，君长以什数，徙、筰都最大；自筰以东北，君长以什数，冉、駹最大。其俗或土著，或移徙，在蜀之西。自冉駹以东北，君长以什数，白马最大，皆氐类也。此皆巴蜀西南外蛮夷也。"（《史记·西南夷列传第五十六》，线装书局 2006 年版，第 481 页）在这里，司马迁以生产生活情况和习俗为标准，把西南夷诸部归为三类，一是位于今黔西、滇东、川西南地区的夜郎、滇与邛都，"皆椎结、耕田、有邑聚"；二是活动在同师（今云南省保山市）以东、北至楪榆（今云南省大理市）一带的嶲、昆明，"皆编发，随畜迁徙，毋常处，毋君长，地方可数千里"；三是分布在川西广大地区乃至甘肃南部的徙、律都、冉駹等部，情形为"其俗或土著，或迁徙"（参见方铁《边疆民族史探究》，中国文史出版社 2005 年版，第 202 页）。值得注意的是，尽管"西南夷"是一个两汉时代的专有名称，但在后世，"西南夷"一词，作为不同时期立足于中原而称"西南及西南少数民族的泛称"，仍不绝于史。

② 郡县政策的实施其实始于秦代。《史记》中载："邛、笮、冉、駹近蜀，道亦易通。秦时尝通为郡县，至汉兴而罢。"（《史记·司马相如列传第五十七》，线装书局 2006 年版，第 487 页）此为封建中央王朝在西南夷地区正式统治的开端，为后世王朝的进一步经略与开发提供了可资借鉴的经验。然而，秦朝只是在靠近内地的"西南夷"边缘地区设立了郡县，并未深入其中心区，加之秦王朝统治时间甚短，故而对西南夷的开发也是极为有限的。而西南夷广大地区真正被大规模经略与开发，则是从汉武帝刘彻开始的。

③ 中国古代羁縻政策萌芽于先秦时期，发展完善于汉唐时期，元、明、清是其走向衰萎的时期。中国古代传统羁縻政策的发展演变，与中国古代民族史乃至中国古代史相始终。它的演变过程，实际上主要是历代中央王朝对处于周边地区少数民族的治理方式的演变过程。传统羁縻政策的核心可以概括为"因俗而治"，就是在少数民族承认中央王朝统治的前提下，中央王朝允许其进行有限度自治，保持本民族原有的社会经济制度、宗教信仰及风俗习惯、文化传统等（彭建英：《中国古代羁縻政策的演变》，中国社会科学出版社 2004 年版，第 1—7 页）。

于且兰（今贵州省福泉县、黄平县一带）。① 从分布区域来看，均是在"西南夷"中生产发展水平较高的部分地方、交通道路沿线的平坝区、郡县驻守的城镇据点上。可以说，移民垦殖与"羁縻"政策成为两汉在"西南夷"地区采取的两套统治措施，它们从不同角度促进了两汉在"西南夷"各族中统治的稳固。

自两晋开始至两宋时期，汉人南迁陆续掀起了三次高潮②，其发生时间分别为：永嘉年间（307—313）（史称"永嘉南渡"）、安史之乱（755—763）后、靖康之难（1126—1127）后。在这三次汉人南迁的浪潮中，移民迁入地的地理区域主要包括长江流域、淮河流域以及汉水流域。就西南地区的移民而言，主要集中在蜀汉，即今重庆市和陕西省秦岭以南地区；而云、贵等地的汉族移民虽亦有所见③，但还不是其主流，且移民屯垦之规模也一直都很小。

西南移民真正进入大发展阶段是在中华帝国的晚期——元明清时期。此段时期，内地向西南的移民可分为两个主要阶段，第一阶段发生在元明两代，第二阶段为清代。④ 西南地区第一阶段的移民带有强烈的强制性色彩，它是政府持续不断地通过军事方式向边疆地区移民垦殖之结果。此一阶段移民始自1253年蒙古人对大理国的征服，一直持续到1662年清王朝征服南明桂王政权。随着中原王朝征服西南并逐渐在西南地区统一管理体制，实施"改土归流"，中央政府不断地将军队士卒、移民和"谪戍之人"安置在新的土地上，开展屯田活动。明代谢肇淛《滇略》卷四有云：

① 尤中：《中国西南民族史》，云南人民出版社1985年版，第75页。

② 关于汉人南迁三次高潮的具体情况，详见葛剑雄、曹树基、吴松弟《简明中国移民史》，福建人民出版社1993年版，第145—329页。

③ 例如，唐代汉族移民迁入云南就是一个很典型的例子。此次移民可分为两个阶段：一是在天宝年间唐朝与南诏发生战争前，主要来自流落不归的姚州都督府戍兵和逃避封建赋役的汉人；二是在唐朝和南诏交战后，主要来自被南诏掳掠来的汉人和唐军俘虏。

④ 李中清：《中国西南边疆的社会经济：1250—1580》，人民出版社2012年版，第94—120页。

高皇帝既定滇中，尽迁江左良家闾右以实之，及有罪窜戍者，咸尽室以行，故其人土著者少，寄籍者多。衣冠礼法，言语习尚，大率类建业；二百年来，熏陶渐染，彬彬文献与中州埒矣。①

李元阳万历《云南通志》卷二亦载："土著者少，宦戍多大江东南人，熏陶渐染，彬彬文献，与中州埒矣。"② 到 16 世纪末，政府的军队已遍布西南的多数地区，所谓"民赋三乡，屯赋六乡"③。从数据上来看，中央政府从中原内地迁往西南的移民远远超过 50 万。另外，由于多数士兵带有家属，总的移民可能大大超过 100 万，甚至更多。④ 可以说，城镇和屯田坝区，明末已经变成汉族为主体的社会，而当地原住民成了名副其实的少数民族。如此规模巨大的移民，把原先相对封闭的西南社会深刻而持久地分隔开来，并把一种迥然不同的生活习俗传播给西南。⑤

与第一阶段带有强烈强制性色彩的移民不同，第二阶段的西南移民主要是自发性移民，且此一阶段的人口流动不但在规模上大大超过了以往，

---

① 方国瑜主编：《云南史料丛刊》（第六卷），云南大学出版社 2000 年版，第 699 页。

② 明万历《云南通志》卷二《地理志》，云南府风俗。

③ （清）任中宜、严慎纂修：（康熙）《新兴州志》，卷三。

④ 林超民认为，到明代后期，各种类型的汉族移民总数已达 300 万左右。详见林超民《林超民文集》，云南人民出版社 2008 年版，第 189 页。

⑤ 以云南为例，在明代近 300 年间，汉族移民与当地各少数民族共同生产生活，汉族社会的经济形态、生产方式、思想文化和风俗习惯，对少数民族产生了巨大影响，出现了少数民族大量融合到汉族中发展的趋势。在明代云南最早的省志景泰《云南图经志书》记载中，府、州、县城及近郊往往是"汉僰杂处""夷汉杂处"，当时澄江府"郡多僰人，而汉人杂处其间"；新兴府"州中夷汉杂处"；曲靖府"郡中亦夷汉杂出，列屋府、卫、州、县之近者，大抵多汉、僰"；北胜州"近城皆汉僰武人杂处"；等等。这里强调的是汉夷之别，说明城镇和坝区还有很多少数民族。但到了万历《云南通志》卷三《地理志》各府风俗的记载发生了很大变化，各府风俗分成两大部分，如楚雄府"土壤肥饶，士人务学。盐井之利，赡乎列郡"，曲靖府"山川夷广，士风渐盛，科第而材，后先相望，殆与中州埒"，姚安府"尽力畎田，家有常给。建学以来，气习渐迁。士人务文，科第日起"。这里关于各府风俗的描述，不以族别而论，而以阶层和职业为别，显然是以汉族风俗为主。由此可见，城居和坝区之民虽有少数民族杂居，但多已汉化，已成为有浓厚汉族特征的社会了（参见陆韧、崔景明《汉族移民与明代云南民族社会变迁》，吕良弼主编《中华文化与海峡两岸汉民族研究——汉民族研究 2000 年国际学术会议论文集》，中国社会科学出版社 2002 年版，第 624—625 页）。

而且进一步扩大和加强了在山区和边远之地的移民。以 19 世纪早期（1814—1836）的统计数据为例，当清政府把保甲的人口统计资料排除在外而清丈土地时，就曾发现了大批新来的移民人口。在四川省南部，他们清查出 87689 个家庭，登记了 45 万以上的移民；在贵州省，清查出 7.15 万户家庭，登记了 34 万多移民；在云南省的东南部，则清查出 4.6 万个额外的移民家庭。①

作为从长江中游向上游迁徙的一个著名的移民分支，西南第二阶段的移民持续了一个半世纪，从 1700 年到农民大规模起义前的 1850 年。此次南迁移民高潮历史性地改变了中国西南民族的构成状况。在 1750 年以前，西南的少数民族总人数一直超过汉族，呈"夷多汉少"之势，此后，汉族人数增多，在西南人口比例中占居多数，并保持至今。例如，据道光《普洱府志》卷七统计，普洱府的宁洱县、思茅厅、威远厅、他郎厅，共有原住民 39929 户，屯民 40934 户，客家 7622 户。由此可见，此一地区的屯民户已成为主要居民，外来的屯民户与客家户已占总人口的 54.87%，超过了原住民的人户。② 从移民来源地来看，第二阶段移民主要来自沿长江中游和上游的少数几个邻近省份——起初是江西省和湖南省，后来是四川省。关于移民来源的定性资料在史籍里随处可见。例如，1777 年一份关于云南省西部移民情况的奏章便称，近来流入该地区的移民多来自湖南、江西、四川。③ 此外，其他绝大多数县份 18 世纪和 19 世纪的资料也进一步

① 嘉庆《四川通志》（1816 年版）卷一，第 1 页上，41 页上。另外，魏源《圣武记》（1842 年版）第十一卷第 17 页下—25 页上，也较详细地描述了四川省南部的移民问题。
② 林超民：《林超民文集》（第二卷），云南人民出版社 2008 年版，第 188 页。
③ 乾隆《永昌府志》（1785 年版）卷二十五；光绪《云南通志》（1898 年版）卷五十五，第 13 页下。

证实了大多数移民来自长江中上游地区。① 这种移民来源构成，在西南地区持续了数个世纪。所以，直到今天，云南省蒙自县的墓地主要有三种：一是专供本地原住民用；二是供湖广移民用；三是供江西移民用。②

以上初步的西南移民历史描述说明：虽然西南移民的历史跨度较长，但真正在移民规模和移民区域达到大发展阶段的是在中华封建王朝的晚期——元明清时期。由于这一时期的汉族移民③数量巨大，所以，他们的流入从根本上改变了西南人口的民族成分，降低了原住民人口的重要性。④与此同时，汉人也将其特有的文化习俗带入西南，并对西南社会产生了重大影响。正如许多历史学家强调的那样，移民使中国的西南边疆极大地汉

① 关于清代西南移民主要来自长江中上游地区这一论断，李中清详细梳理了相关地方史料，现录于兹，以备查阅。康熙《蒙化府志》（1698 年版）卷一，第 44 页上；康熙《楚雄府志》（1716 年版）卷二，第 19 页上；康熙《余庆县志》（1718 年版）卷七，第 1 页下；雍正《阿迷州志》（1735 年版）卷十，第 116 页；乾隆《东川府志》（1761 年版）卷八，第 20 页上；乾隆《永北府志》（1765 年版）卷二十六，第 23 页下；嘉庆《景东府志》（1820 年版）卷二十三，第 6 页上；道光《新平县志》（1826 年版）卷二，第 26 页上；道光《威远厅志》（1837 年版）卷三，第 49 页上；《黔南识略》（1749 年或 1847 年版）卷一，第 1 页上、卷四，第 10 页上；道光《平远州志》（1848 年版）卷四，第 1 页下；咸丰《南宁县志》（1852 年版）卷四，第 1 页上；光绪《顺宁府志》（1905 年版）卷三十四，第 1 页上；民国《镇康府志》（1936 年版），无卷页数；《三合县志略》（1940 年版）卷四十一，第 4 页上。由这些移民迁居西南引起的一系列移民过程最具证明力的例子是 1834 年湖北向贵州的移民。见北京第一历史档案馆《朱批奏折》未分卷《内政·保警》类道光十四年七月一日、道光十四年七月二十九日、道光十四年八月四日、道光十四年八月二十六日、道光十四年十一月二十三日（李中清：《中国西南边疆的社会经济：1250～1580》，人民出版社 2012 年版，第 126 页）。

② 乾隆《蒙自县志》（1791 年版）卷五，第 11 页下，此种墓葬划分始于 18 世纪。

③ 进入西南的移民并不全部是汉人，其中也有一部分是蒙古人、穆斯林，以及瑶族和苗族、维吾尔族、满族，还有许多来自遥远的中亚或北太平洋沿海地区。根据人口统计的资料，今天这些少数民族移民的后裔大概有 50 万人。关于西南蒙古族、回族族别史，可阅读缪鸾和《云南回族简史》，云南人民出版社 1977 年版；杨兆君《云南回族史》，云南民族出版社 1994 年版；马恩惠：《云南回族族源考》，载《民族研究》1980 年第 5 期；西南地区的蒙古族来源可参见杜玉亭、陈吕范《云南蒙古族简史》，云南人民出版社 1979 年版。

④ 据相关史料的记载，1250 年，西南很少有汉人，大多数人分属于约 30 个原住民族群。然而，到 16 世纪，汉族人口已增长到西南人口的 1/3 左右。至 19 世纪，人们普遍认为汉族人口在西南人口中所占比例几乎提高了一倍，占 60%，接近现今的民族比例（李中清：《中国西南边疆的社会经济：1250—1580》，人民出版社 2012 年版，第 99 页）。

化了，尤其在传播汉文化方面，移民起到了相当大的作用。①

二 西南端公的汉移民文化背景

上述西南移民历史的轮廓勾勒，为我们把握端公的迁徙轨迹确立了一个大的文化背景，也为端公信仰在西南广大地区的传播描述出一个大的文化走向。事实上，作为拥入西南地区汉移民大军中一个极为特殊的群体，端公在西南广大地区的信仰传播与其家族的移民路线本是暗合的。关于此论点，我们可通过梳理西南各地端公的族谱材料得以呈现。此外，在端公所使用的科仪本中亦有族人迁徙路线的记录，此亦可成为我们观照端公移民背景及其文化流布的论据。下面，我们试举数例论证之。

云南省昭通市镇雄县泼机乡邹氏端公，是泼机乡乃至镇雄县境内历史最为悠久的汉族端公世家，世代"以农为本，以教为业"②，端公辈出，坛门兴旺，其所居之地被当地人习称"端公院子"。据《邹氏族谱·祖籍序》载：

> 吾族姓邹，出自黄帝，传自颛顼，所以称颛顼之后。颛顼传帝喾、子契；契传十四代生天乙，是为成汤，乃商殷之祖；下传数世。殷王对纣，因周武王兴兵伐纣，纣王的庶兄，微子起，见政不顺，离朝去宋，以为宋国之王。相传数世至叔梁纥，身为邹邑大王，执属邹国。在此所生孟（邹）皮，孔子。孟皮后裔，以国为氏，姓邹。又因邹楚相争，失国于楚，族人四散，吾枝祖先，迁于江西居住。相传数世，自孟祖六十二代，至鲁文祖娶赵氏，二人由江西凌江府清江县第

---

① 关于西南边疆汉化的历史进程，以及汉族移民对西南地区文化风俗的深刻影响等问题，可参阅陆韧《变迁与交融——明代云南汉族移民研究》，云南教育出版社 2001 年版；陆韧《明代云南士绅阶层的兴起与汉文化传播》，《齐鲁文化研究》2005 年第 1 期，第 187—193 页；林超民《林超民文集》（第二卷），云南人民出版社 2008 年版，第 115—200 页等研究成果。

② 引自泼机乡邹兴旺手抄之邹氏《族谱一宗》。

六郡大梨树石板塘起居。于明朝隆庆四年（一五七〇年），由做佛道教来芒布府（即今镇雄）小河住下。①

此则族谱材料所叙及邹氏根由，虽不免牵强附会，但有两点内容值得注意。其一，邹氏端公自称颛顼之后，此一说法进一步确证了"巫师"与"端公"这一对称谓在社会历史语义域中的深沉关联②；其二，邹氏端公之先祖邹鲁文由江西凌江府起居，于明朝隆庆四年来至镇雄居住，说明邹氏一族非镇雄原住民，属来自江西的汉族移民之后裔。而在载录邹氏端公生平行迹的另外一本族谱《族谱一宗》中，还记述了邹鲁文先生的前辈邹应龙之教业情况，亦明确指出其江西籍贯。该谱书载："邹公讳应龙，江西青江人氏……公娶冷氏，有万金之福。好讲道巫之法，精通邪教，关于呼风唤雨，驱神遣将之妙也。"③

关于邹氏端公先祖邹鲁文初来镇雄之情况，《邹氏族谱》中记载了邹鲁文与芒布（今镇雄县）民众建醮消灾以及为彝族女土司陇应祥之女"拔刀杆"一事：

> 鲁文祖娶赵氏，二人由江西凌江府清江县第六郡大梨树石板塘起居，于明朝隆庆四年（一五七〇年），由做佛道教事来芒部府（即今镇雄）小河居住。于一六二二年与民众建醮消灾。奏动鸣角，时遇陇应祥之女孝祖小姐身染重病，立刀杆一树，无人卸下。陇见刀杆自动，必有明师到此，派人四方寻觅，至小河迎住。请公到府，公问曰：请有何事？陇答曰：一个卸放刀杆。就此设坛酬愿。刀杆卸毕，

---

① 郭思九、王勇：《云南省昭通地区镇雄县泼机乡邹氏端公庆菩萨调查》，王秋桂主编《民俗曲艺丛书》，（台北）财团法人施合郑民俗文化基金会1995年版，第14页。

② 关于"端公"称谓与"巫"深沉的历史语义线索，我们在本章第一节中已详述，可参见，此不赘述。

③ 引自云南省昭通市泼机乡端公院子邹兴旺手抄之邹氏《族谱一宗》。

其病自愈。陇备财物谢之，公一文不受。陇将竹鸡山、蚂蟥田两片土地、数石种相赠，文公受之，手指四至分明。陇立约发照给文永远管业。公就此移居陈贝屯下营、小坪壩、泼机、蚂蟥田等处，子孙繁荣，广布黔川。①

可以说，邹氏端公始祖邹鲁文与陇应祥之女"拔刀杆"一事，乃是作为移民之邹氏立足镇雄、坛门兴盛的重要起点，在邹氏端公的发展历程中，具有极为重要之作用。自邹鲁文之下，邹氏族人一直生活于镇雄县，传承至今已是第十七代，且每一代名派取字，皆按族谱排行，充分体现出汉儒家文化之特征。② 按《邹氏族谱》所订排行为：

鲁美立亦凤/琴起　先圣尔思德/贤明言廷连　贤良应/应吉学永/

---

①　兹补充《族谱一宗》中所记邹鲁文之事，以资佐证："邹公讳鲁文先生，于江西起祖，遗于镇雄，遗留教法，传兵演教，邪如风火。佛法教典，永传不可失。道巫神圣，遗留子孙，永传万代。护法真灵，吟哦书璋。风度遗书，急降来监。仰望天师，感格神圣感通，有求皆应，无求弗灵。救灾免灾，急如律行，流传百世，切不可忘矣。洪武十八年，镇雄芒部府陇应祥之女王英小姐得染邪病，自许刀杆一树，修立三年并未主得高手师人来此还愿。系是邹鲁文先生来至小河，奏角三声，陇姓刀杆自动。王曰：急忙去寻。来自小河请邹老师来还原拔刀杆。文曰：可将香案摆起。口念神咒，手挽诀法一道。法师上台奏角三声，应祥抬头观望，只见刀杆闪闪，文樑悬倒，钢刀自散。将刀杆拔起，王英小姐病体痊愈。应祥谢银肆佰两，文却不受。王曰：莫非嫌轻？邹老师在此过一平生，终朝可选阴地送你。夷王将竹篁山阴地送吾葬身，至今十几塚坟在此。"[郭思九、王勇：《云南省昭通地区镇雄县泼机乡邹氏端公庆菩萨调查》，王秋桂主编《民俗曲艺丛书》，（台北）财团法人施合郑民俗文化基金会1995年版，第15—17页]

②　据邹氏第十五代传人，当代掌坛师之一的邹永福所持《命簿》所载，自四世祖起记为：邹亦林→邹凤→邹起胤→邹鸿先→邹纶圣→邹尔昌→邹思钦→邹德邺→邹敬贤、邹文贤→邹良珍→邹应科→邹永福→邹显兴→邹豫玲→……试록邹鲁文以下，第四、第五、第六代祖先之基本情况："邹亦林妻张氏，生四子：邹凤、邹琴、邹现、邹茂。亦林祖之法，盛高昭宣，平生安分守己，不敢瞒昧于人。与万民酬答天地，奏疏表文章细心，神灵感应，诸神检察上奏，玉帝勅封清净真人。邹凤妻汪氏，生五子：起尧、起泰、起佩、起禹、起胤。想吾祖幼童之时读书五行，终身不忘奉父命，习巫道。然而，教法无悔，道德无私。然而，命之所以不通，性之不偏，教之所以无穷也。吾祖之法感通于神，邪法甚多。而今邪法不用，专习巫道，则子孙长发其祥也。吾洪先祖，以农为本，以教为业，忠厚传家，衣食丰足。自洪先祖以来，下至于十余代，有几百户，皆衣食丰足，乃吾先祖所赐，积德也。教法遗留子孙，耕读传家，子孙兴旺也。"

仕与兴文/豫章顺治武……①

另有镇雄胡氏端公藏《胡氏宗谱》② 所记，其先祖亦江西祖籍，并于明代万历年间至滇黔：

> 文浮祖出自江西南昌新建县东隅五都胡家村，自幼勤苦好学，学业长进，明代万历年间，游学至滇黔。

为追溯先祖足迹，胡氏端公族人还特意前往江西寻根，并作诗《江西寻根记》一首，现列于兹，以晓其义：

江西寻根记

胡云章　胡焕超

迢迢江西寻祖根，辗转反侧备艰辛。

踏遍三楚湘豫径，察尽吴天吉安星。

山高月小永落出，根深族源脉理清。

千年陈迹谱犹在，捧与族人是丹心。

另据相关调查资料③，昭通市盐津县普洱镇桐子办事处的端公姚少洲言其祖籍广西。该坛门按"清元广续，吉照普通，道德光明"的法名字辈固定转承，至今已有28代。而普洱镇冷水办事处的端公夏付全，则言其祖

---

① 据《邹氏族谱·排行》云："本谱有九代双排行之注释，因起禹祖字凤祯，娶祖母尹氏，生三子后，一人去四川，洪雅县，禀宁池，住居未回，尹氏祖母无奈，母子四人齐到后家，唐官冲生活，然后三子长大，各自立家，未与泼机家族联系，各订排行，至今九代，才得统一，一致之原也。"

② 该宗谱资料由云南省昭通市文化局王勇提供，谨致谢意。

③ 此处关于云南省昭通市各县端公祖籍及传艺情况之基本陈述，主要参考了中国戏曲音乐集成云南卷丛书《端公戏音乐》，文化艺术出版社1994年版，第4—5页；高登智主编《云南省志·文化艺术志》（卷七十三），云南人民出版社2002年版，第339—340页。行文中提及的端公传承代数及坛门历史，皆以当时年份为基准。

籍广东，法名字辈为"清净得道海行真，袁明普照通大成"，至今已经传袭 31 代。如以 20 年为一代计，则姚氏端公坛门已有 560 年历史，夏氏端公坛门已有 620 年历史，均可追溯至明洪武、宣德年间。

明代以后，昭通市的坛门活动，或由外地端公带入，或是当地人外出学回。巧家县的李金山、李银山、李财山三兄弟于道光三十年（1850）由江西吉安府太和县来到云南巧家县的巧家营。他们在江西时自幼就拜师彭太贤、肖常东学做端公。来巧家时随身带来一批端公科仪书籍，后传 6 代。大关县鱼田乡端公曹相和家谱载，"家有一儒生曹文广，幼时体质较弱，奋发学习，从小就酷爱国文，于康熙四年（1665）赴京城应举不第，转家后劳动不起，就至四川学跳端公两年，师父取法名曹真儒"，现已传承 13 代。彝良县端公陈阳道，于乾隆五十年（1785）专程去四川学艺，回彝良后已传徒 7 代。彝良县荞山乡勒堵村的穆志宏于道光二十年（1840）亦到四川学跳端公，成为穆家在彝良最早的端公。镇雄县塘房乡小擢魁村那家屋基的老端公赵高斗也介绍，赵家原籍江西，他们的端公也是从四川学回来的，已传承 8 代。

综合以上族谱及田野调查资料，我们基本可以确定：昭通地区的端公法事活动本非原住民民俗，系随汉族移民由江西、四川、湖广等省流入，约肇端于明代，兴盛于清代中后期和民国年间。这一流入时间、地点，基本与西南移民历史的大背景相吻合。

胡天成曾对重庆市巴县接龙区几个汉族端公坛班①进行深入调查，大

---

① 这几个端公坛班最为突出特点是以家族为主进行组合，其班首都是该族中年龄较大、本事较高的人担任。同时，接龙阳戏分为内坛（亦称正坛）和外坛。作为阳戏的唱演组织，也就分为内坛班和外坛班。在一般情况下，内坛班主要职责是做法事，外坛班则以唱戏为主要任务。同时还有个别坛班既能做法事，也能唱戏，为内外合一坛班。胡天成所调查的杨家坛班、江家坛班、犹家坛班正好代表了此三种坛班类型。

致厘清了其祖籍、族谱脉络，现择其要者引录如下。① 南沱乡白杨村靳家湾的杨家坛班掌坛师杨中立（1924 年生，书名杨华木，法号杨寂亨），其祖籍为湖北省麻城县孝感乡长蛇大坵。据民国年间修补的杨氏族谱记载：

> 祖籍湖广麻城县孝感乡里甲地名长蛇大坵柿子湾，起籍上四川落业石岗场里九甲地名双河口大塘小地名杨荷屋基。②

清初，迁移到现今的界石区石岗乡的石旺溪，立祠堂，修族谱。该族排定的字辈为：

学立桂成　　登文秀永

仕玉朝华　　学正宣启

仲彩天开　　全发廷宗

他们这一支是在第六代时从石旺溪迁往靳家湾的。他是华字辈，为该族入川后的第十二代孙。杨中立的表侄张陞林，也是一名端公，其祖籍亦是湖北省，清初，从湖北省麻城县孝感乡鹅掌大坵迁徙至现在的双新腊子壩。张陞林也是该族入川后的第十二代孙，这一支入川后的字辈：

振世朝前客　　文元立大清

尚陞光耀德　　信宗纪农坤

小观乡么滩村白杨湾的江家坛班班首江维林（1924 年生），其祖籍也是湖北。清初，江氏三兄弟从湖北省麻城市孝感乡鹅掌大坵西迁。第一人落户在贵州松坎，第二人落户在四川省巴县姜家，第三人落户在巴县接龙

---

① 胡天成：《四川省重庆市巴县接龙区汉族的接龙阳戏——接龙端公戏之一》，王秋桂主编《民俗曲艺丛书》，（台北）财团法人施合郑民俗文化基金会 1994 年版，第 33—40 页。

② 胡天成：《接龙丧戏——重庆市巴县接龙乡刘家山合作社杨贵馨五天佛教丧葬仪式之调查》，王秋桂主编《民俗曲艺丛书》，（台北）财团法人施合郑民俗文化基金会 2000 年版，第 19 页。

区小观乡的白杨湾。他们入川后排的字辈是：

银成在龙云　何玉游道深

维友启朝远　世代永冰清

江维林是第十一代孙。几百年来，他们这一支没有再行迁徙，乃居住于入川时的老地方。

接龙乡新湾村犹家槽坊的犹家坛班班首犹泽民（1924 年生，书名犹学忠，法号犹照玄），其祖籍也是湖北省麻城市，最先迁来在南川县木连乡落户，后才迁移到离木连乡一百余里路远的接龙。到接龙已百年有余。他们到接龙后立族谱排的字辈是：

维文光大贤　才学正明元

子贵身荣显　国昌忠义先

犹泽民是学字辈，是迁来接龙后的第七代。①

四川省江北县舒家乡端公江广金（生于 1916 年），家藏道光戊子年间（1926 年）刊刻的《江氏族谱》更是明确记述了其祖辈由湖广入川的移民路线②：

江氏出自颛顼之后，伯益名大费，佐舜为虞官，助禹平治水土，赐姓嬴，其后，避楚迁江右之瑞州高安，因江而姓。继迁黄冈。清代自湖广入川。

① 另据胡天成对家住巴县双河口乡的端公晏家泉（法名晏本发）的调查，晏家泉的祖籍也是湖北省麻城县孝感乡，是清初"湖广填四川"时移民入川的〔胡天成：《四川省重庆巴县双河口乡钟维成家五天佛教请荐祭祀仪式》，王秋桂主编《民俗曲艺丛书》，（台北）财团法人施合郑民俗文化基金会 1996 年版，第 12 页〕。

② 王跃：《四川省江北县舒家乡上新村陶宅的汉族"祭财神"仪式》，王秋桂主编《民俗曲艺丛书》，（台北）财团法人施合郑民俗文化基金会 1993 年版，第 120 页。

江氏族人自湖广入川时①的基本情形，道光《江氏族谱》中亦有记述：

> （江尚一，江家入川第一代）祖籍湖广襄阳府襄阳县辘子沟，因宪中张逆洗川之后，遵旨由楚入蜀，住渝北卧龙乡石马里寒婆岭下，凉水井楼房（今属龙兴区），插占为业②，地广百十余亩，量地投税。③

另据江广金自述，入川第一代世祖名江尚一。到江北"凉水井""插占为业"建立祠堂。道光年间（1821—1850）江广金的曾祖父江光庭又迁居舒家乡。江氏家族所用字派为"中应一之，自有启由，道远宗光。仁义礼智信，世代永名扬。岷山钟灵秀，勋业绍陶唐"，共三十二字，"肇自明祖弘治己未科进士江玠，铁峰原任陕西参政，致仕九十七岁。还乡如立家谱字派"。此字派"由明至清毫无一人紊乱"④。

此外，据《贵州省岑巩县注溪乡岑王村老屋其喜傩神调查报告》中所记：贵州省岑巩县注溪乡岑王村掌坛师周良忠（男，汉族，法名周法忠）祖籍江西，"七祖太"时迁来贵州。他"七祖太"是生活在雍正乾隆年间的人，其墓至今尚存，葬于张家寨的"老印子"背后，墓碑为嘉庆年间所立。其曾祖父、父亲都是掌坛师，属江西玉皇教派，自称周法兵，是教派的创始人。⑤

---

① 其实，不唯江氏端公族人由湖广入川，据王跃的调查，现今舒家乡的住民绝大多数为清代初叶由湖广等省迁移入川的。此与民国《江北县志》之"明末张献忠之乱，土著殆尽，清初移民又多来自楚地"的记载相吻合［民国《江北县志·风俗》（手稿），现存于江北县档案馆］。

② 移民入川是以"插占为业"定居的。所谓"插占为业"，即用一木板，书己姓名，插在荒地上，耕种多少插多少。官府取赋以"量地投税"。

③ 王跃：《四川省江北县舒家乡上新村陶宅的汉族"祭财神"仪式》，王秋桂主编《民俗曲艺丛书》，（台北）财团法人施合郑民俗文化基金会1993年版，第6页。

④ 王跃：《四川省江北县舒家乡上新村陶宅的汉族"祭财神"仪式》，王秋桂主编《民俗曲艺丛书》，（台北）财团法人施合郑民俗文化基金会1993年版，第120—121页。

⑤ 王秋桂、庹修明：《贵州省岑巩县注溪乡岑王村老屋基喜傩神调查报告》，王秋桂主编《民俗曲艺丛书》，（台北）财团法人施合郑民俗文化基金会1995年版，第40页。

据贵州省晴隆县中营镇端公谢礼坤的家谱记载①，谢氏原籍湖广宝庆府新化县牛栏山，住居小地名鱼池塘，因云贵九种红苗作乱，洪武戊申己酉年朱元璋奉行征剿，他们祖辈因之填实黔省，落业茅口。原系大旗九所阵地九十八军户②，至今已历十七世。颇耐人寻味的是，谢氏祖辈征战迁徙的轨迹，正好在谢氏端公庆坛科仪唱本《路途记》中有较为详细之记载，这无疑为我们深入理解西南端公的移民背景，以及端公法事活动的外来特征提供了更为直接的证据。该唱本从湖南"平溪驿卫高砂田，廖溪巡检要官钱"一直唱到贵州，再至云南，最后又从云南把祖先唱回来，唱至安南卫（贵州省晴隆县）。途中所涉诸多地名，实为明清两代当时的军事重镇，此亦证明了谢氏家族确因明代军屯关系而迁入晴隆（安南卫）之历史。其具体所经路途为：平溪—高沙田—廖溪—西坡—洪江—乾阳—双江口—沅州—镇远——偏桥（施秉）—兴隆（黄平）—青平（麻江）—平溪卫—青浪—平驿（越）卫—新添（贵定）龙里—贵州城（贵阳）—威清（清镇）—平坝—普定（安顺）—安庄（镇宁）—关索岭（关岭）—安龙—顶站（营）—鸡关坡—杨家河—沙城—半坡岭—盘江—沙江—海马庄—安南卫（晴隆）—南峰寺—（江）西坡—软桥—普安—亦资孔—平驿（云南境）—交水街—曲靖—驿隆—马隆—阳林—肖城—云南街—省城—

---

① 杨兰、刘锋：《贵州省晴隆县中营镇新光村硝洞苗族庆坛调查报告》，王秋桂主编《民俗曲艺丛书》，（台北）财团法人施合郑民俗文化基金会1996年版，第37页。

② 明代卫所兵制实行世袭制，所谓"军皆世籍"（《明史·兵志》），一旦从军终身为伍，即或阵亡、自然死亡，必由其子继承，世代为军。方国瑜《云南地方史讲义》引《明会典》云："凡军、民、医、阴阳诸色户，许各以原抄籍为定，不许妄行变乱，违者治罪，仍从原籍。"明代士兵以户为军，卫所士兵必须结婚，以成为一军户。军在民户之外，子弟世代为兵，其社会地位低下，非经放免，不得脱离军籍。军户的建立也导致了明代以来大批汉民进入云贵地区（赫正治编著：《汉族移民入滇史话——南京柳树湾高石坎》，云南大学出版社1998年版，第83—87页）。

阳林—马隆—驿隆—交水—占盖—杨松罐—谷海寨……①

　　此路途与湖南经贵州入云南的明清驿道相吻合。充分说明谢氏族人的移民背景，以及这里的端公庆坛活动是随征云大军进入云贵两省的。②另在科仪中还有"问祖先来路"之辞，所云与《路途记》中唱词大致相同。此外，科仪《师门迎三宵一宗》"迎神歌"中有接"三洞桃源"（主要指坛神"鼎州桃源独脚宝山娘"）唱词，主要唱叙桃源身世，"赞叹桃源宝山娘"，此亦可看作包括谢氏族人在内的中营人调北征南祖先

---

　　① 《路途记》唱词于庆坛科仪《师门迎三宵一宗》中，为清以后写就，详细记述了祖先从湖南经贵州入云南再返回贵州的路途，意为引导阴world祖先沿着离家的路回来。原文较长，现引部分唱词如下：（端公跳入坛内唱路途记）平溪驿卫高砂田，廖溪巡检要官钱。大湾小湾瓦屋堂，西坡滚马上天堂。洪边月水江边现，六十五里到乾阳。乾阳过来双江口，七十五里到沅州。正正过来到沅州，正正巡检好愁人。千里求官镇远府，担板架桥偏桥人。大河涨水兴隆卫，瓜瓢舀水青平人。八人抬轿平溪卫，风吹竹稿青浪人。上坡对岭平越卫，新添龙里贵州城。威清平坝无柴草，普定安庄好陆堑。鸡公背上关索岭，石头磊磊路难行。抬头望见马鲍井，关岭坐在半天云。白口铺对安龙箐，一重山水一重人。顶站下来鸡关坡，转弯抹角杨家河，盘江河内有瘴气，宝殿铺里瘴气多。沙城坐在半天上，半边下雨半边晴。半坡岭上一棵松，盘江河里二艄公。顶站下来是盘江，沙家反蛮在洛阳。坪地走马宝殿铺，乌鸦陡箐海马庄。干南改作安南卫，八井也有四条门。安南出来四条漕，十个新军九个歪。南峰寺内三尊佛，四门紧闭不通风。老鸦关上一尊佛，过往官员里内存。乌云飞过雄鸡铺，西坡路上走死人。西坡便是一座城，过往官员里内存。新堑坐在大湾里，文武官员有二尊。罗汉望见鹦哥嘴，软桥醮里是歇场……普安住在长坡上，过往官员不进城。亦资孔来勒住马，平箐街里好点兵。交水街上好买卖，个个都去卖牛羊。曲靖府里一座城，只见城内闹沉沉。驿隆上去到马隆，马隆上去到阳林，阳林上去到肖城，只见城内闹沉沉，云南街上接婊子，两院风光受煞人……[详见杨兰、刘锋《贵州省晴隆县中营镇新光村硝洞苗族庆坛调查报告》之附录三《师门迎三宵一宗》"唱路途记"部分，王秋桂主编《民俗曲艺丛书》，（台北）财团法人施合郑民俗文化基金会1996年版，第200—207页]

　　② 笔者于2014年10月30日至11月1日对贵州省印江县秦氏坛班进行调查时，发现该坛班的法事科仪中亦有《路程记》，较为详细地记录了秦氏祖辈从湖广入黔的迁徙轨迹，现引于兹，可与上文晴隆县谢氏坛班的《路途记》作一比较：一出桃源三结义，普陀翻山过峨眉（寺平）；石打狮子留古迹，六角桥上下象棋；洞中七日闭七夜，古人留下烂船溪；一家要走安详去，香蜡纸烛走辰溪；辰溪交过麻阳地，高撑雨伞步子稀；岩门原来石头砌，土司衙门三步梯；正乃是湖南地，城内井子是间歇；围子大有三抱儿，粉壁墙上画金鸡；廖家桥头问贤地，两条大路东与西；问明路上好生记，凤凰当年叫公鸡；隆家堡内问贤地，谷坪坝上好休闲；罗就本属湖南地，杨公庙内藏木鱼；晃州原属黔州郡，大龙人家更宽怀；平溪街上歇口气，岑巩山下得太平；豪杰出在清溪场，蒋家坳上远名扬；河南苗人入镇远，甘溪留下万代名；矩州人家多伶俐，飞云崖下好风光；大小风洞凉幽幽，调转山头到兴隆；凤山场上好生记，古驿大道安甲坪；黄丝山下多秀美，人杰地灵贵定城；人在盘江打远望，龙架山下好屋场；弯弯拐拐三道坡，抬脚几步到谷脚；千家坳上摘茶叶，下坝古树发嫩芽；老鼠远离猫洞口，母猪井外有贤人；几座拱桥董家堰，木船摆渡花溪河；布依人家呵呵笑，过来几步上板桥。

历史之写照：

> 暂住锣子弟将歌唱，赞叹桃源宝山娘。家住湖广宝庆府，牛栏山
> 上小地名。为因洪武二十二年到，云贵红苗动刀兵。万岁皇上传圣
> 旨，上司差我领天兵。家有三丁拉一名，又有五丁拉二名。行了七七
> 四十九，七月十五到安南，落驿安南西门外，冰水营是我家门。今后
> 径剿龙场地，又征十二总兵营。又打安古黑羊箐，龙场大营扎千兵。
> 朝夕径打普纳山，山高苗蛮扎大营。上去又遭磊石打，芦竺把结打苗
> 蛮。后来径平苗蛮地，落叶龙场万万年。祖流皇坛有一所，永留侍俸
> 宝山娘。今宵户主来接引，迎神庆贺宝山娘。远年未曾迎接你，神马
> 各散在山门……①

另外，根据贵州省德江县稳坪乡深溪村黎氏端公家族族谱记载，黎氏
祖先黎孔章"系江西临江府新喻县十字街高阶檐状元祖黎淳淳之后"，于
明万历年前后"随军入黔"②。此一记载，正好与端公法事演剧中诸神的自
报家门（亦称"唱根生"）来历完全吻合：

> 家住南昌棋盘县，崔家庄上我家门。（开山猛将神，《开山猛将》）
> 家住南昌棋盘县，地名叫做苦竹坪。（先锋小姐神，《先锋》）
> 家住湖广肖阳府，小阳村寨我家门。（李龙神，《李龙》）
> 家住南开十字县，岳阳桥下姓肖人。（梁山土地神，《梁山土地》）
> 家住湖广西连寨，地名就叫小甘村。（甘生神，《甘生赶考》）
> 家住南昌十字县，崔坪村内我家门。（判官神，《勾簿判官》）

---

① 杨兰、刘锋：《贵州省晴隆县中营镇新光村硝洞苗族庆坛调查报告》之附录三《师门迎三
霄一宗》"迎神歌"部分，王秋桂主编《民俗曲艺丛书》，（台北）财团法人施合郑民俗文化基金
会 1996 年版，第 194—199 页。
② 李岚：《信仰的再创造——人类学视野中的傩》，云南人民出版社 2008 年版，第 250—
251 页。

家住四川梁山县，梁山县内姓梁人。（梁山土地神，《梁山土地》）

家住陕西槐花县，槐花县内姓欧人。（判官神，《勾愿判官》）

家住桃源舒由县，祖籍原是姓秦人。（秦童神，《秦童挑担》）

家住江西南昌府，祖籍原是姓严人。（八郎神，《甘生八郎》）

由此可以看出，今天流行于贵州德江土家族地区的傩戏，是由汉族移民从江西、湖南、湖北、四川等地传入的。①

综合以上西南各地端公祖谱与科仪本中的资料，我们基本可以确认：西南汉族端公的家族普遍具有一种移民背景，绝少属西南原住民。② 从时间上看，各地端公先祖集中于明清两代进入西南地区，或与军屯有关，或是自发性移民；从来源地看，主要来自江西、湖广、四川一带。这其实与前述整个西南移民的历史发展阶段是相吻合的。由于移民过程本身就伴随着文化的传播，因此，整个西南移民历史就为端公信仰在西南地区的传播确立了一个大的文化流向，这是我们在梳理西南端公文化脉络、支系时，应该首先把握的一个文化背景。由此，我们可以对西南端公做出一个基本的文化界定：端公信仰实非西南本土文化形态，却于明清后随端公移

---

① 德江县端公在"开坛"法事中亦唱道："我祖原是湖南、湖北人，来在贵州显威灵。"而在各神祇"唱根生"的科仪中，各神祇的出处也均非西南本土。例如，《秦童》一戏中，甘先生唱道"家住湖广西连县，西湖村，甘家花院"；在《李龙》一戏中，柳三自称"家住湖南金山县柳家坪村"，杨四则自称"家住湖北恩府杨家坪村"；《祭兵》科仪中，五猖唱道："家住湖广武昌府，竹阳城内他家门。"（李华林主编《德江傩堂戏》，贵州民族出版社1993年版，第3页）以上种种，均表明德江县端公法事活动系从湘、鄂、川等省传入，而非本土民俗活动。其实不唯德江县，在西南各地的端公法事演剧中，诸神的"唱根生"均与此相类，其出处亦均非西南本土。

② 端公坛班的传承方式分为家传与外传两种方式。所谓家传即指父子相传或亲族间相传；而外传则指招徒相传或传入赘女婿。无论家传、外传，都要举行相应的仪式，分拜师、跟班、过职三个阶段。本来，传统的端公坛班是以家族传承为主体，但随着现代社会文化的发展，以及端公文化的日渐式微，外传之传承方式也越来越普遍。一般来说，西南地区家传端公一般都具有移民背景，先祖绝少属西南原住民；而外传端公不一定全部是移民，也有可能是当地人外出学做端公带回。如前述云南昭通地区大关县端公曹文广，就是专程去四川学艺后再返回大关从事端公活动的。但即使如此，也充分说明：端公文化并非西南本土文化，而是一种外来的移民文化。

民的流入，或当地人外出学回而"生根发芽"，因此，端公信仰之于西南地区，不是"土生土长"，而是"外生土长"。

三 西南本土巫师对"端公"称谓的假借

无论从历史记述，还是从现实情态来看，明清以来汉族移民浪潮的巨大涌入，对西南少数民族地区文化习俗的影响都是深刻而剧烈的。所谓"三百年来，渐染华风"①"户习诗书，士敦礼让，日蒸月化，骎骎乎具有华风"②"百数年来，风俗人情，居然中土，而其质朴淳良，似犹过之"③，诸如此类西南边疆地方志中的记载皆可证明，汉族移民迁到西南少数民族广大地区，带来了汉文化与民俗信仰，熏染了当地夷人，使"夷人渐染华风"④。

作为汉文化的一种民俗形式，端公信仰在西南广大地区的传播无疑也是伴随着广大端公的大规模移民而发生的。可以说，端公是西南汉移民大潮中一个极为特殊的群体，他们的迁入不仅带来了汉民族的民俗信仰与神灵崇拜形式，更深刻影响了当地少数民族原始信仰的文化形态，从而使其宗教信仰民俗也"渐染华风"。⑤ 这里其实暗含了端公信仰在西南少数民族地区不断渗透乃至扎根的历史轨迹。

端公跟随移民大军进入西南各地，立祠堂、修族谱，是顽强保持汉民

---

① （清）刘崑：《南中杂说》，引自方国瑜主编《云南史料丛刊》（第十一卷），云南大学出版社 2001 年版，第 355 页。

② 道光《元江府志》，卷九。

③ 道光《元江府志》，梁星源《序》。

④ 道光《威远厅志》，卷三。

⑤ "端公"作为巫师的指代性称谓，按文献记载始自宋代，且多见于蜀汉一带的方志、游记文献中。直至明清以来，"端公"作为巫师之称谓，才在西南各地方志中大量出现。从时间上看，作为巫师称谓的"端公"在西南广大地区被广泛运用，与西南移民大发展的历史阶段其实是吻合的。这也部分表征了西南端公的汉移民背景。

族文化习俗，维系文化认同的一种重要手段①；而作为汉移民传统巫文化在西南地区的一种特殊流存，端公文化与西南本土巫文化间必然会发生持续的接触，从而引起一方或双方原有文化模式的某些变异。当然，此种文化模式上的变异，亦即涵化（acculturation），并不是一个孤立的事件，而是一个过程，是一个文化从另一个文化获得文化元素，从而对新的生活条件的适应过程。正如童恩正所言："当一个社会与另一个经济文化上都比较强大的社会接触时，这个较弱小的社会经常要逼迫接受较强大社会的很多文化要素，这种由于两个社会的强弱关系而产生的广泛的文化假借过程即为涵化。"② 无疑，相较于西南本土巫文化，作为汉文化民俗形式的端公信仰自然会居于文化强势地位，因而会引起西南原始本土巫文化广泛假借端公文化要素，并最终使其整个文化模式发生某些变异。

端公文化对西南少数民族巫文化的影响，亦即西南少数民族巫文化对端公文化的假借表现于多个方面，其中，最为明显的文化元素莫过于"端公"这一称谓的假借。我们知道，西南各少数民族几乎都有本民族自己的巫觋，且因地区、族别的差异而有特定不同的称谓。例如：彝族的毕摩、么尼、苏尼（香巴）、西波；布依族的魔公；苗族的鬼师、土老师、白马、胜乃荞；瑶族的楼面、那曼；壮族的布么、鬼婆、师公、鬼公、迷雅、雅禁（俗称禁婆）；土家族的梯玛、土老师；水族的尼薅、鬼师；纳西族的东巴（东巴教巫觋）、达巴（达巴教巫觋）；羌族的释比；普米族的汉规；

---

① 这些凝聚着集体记忆的物质载体，被社会学家称为"记忆之所"（lieu de memoire）。"记忆之所"的概念是由法国社会学家诺拉（Pierre Nora）提出的。王霄冰老师指出："记忆之所"的形成，往往是在传统与日常生活已经脱节之后的历史阶段。人们在危机感的驱使下，为了记住历史和留住传统，才会去寻找一些带有标志性意义的场所，来寄托自己的怀古恋古之情（王霄冰：《礼贤城隍庙：地方历史与区域文化的"记忆之所"》，载王霄冰、邱国珍主编《传统的复兴与发明》，知识产权出版社2011年版，第154—155页）。端公跟随移民大军进入西南少数民族的汪洋大海之中，为保持汉民族文化习俗，维系文化认同，立祠堂、修族谱，此即为"记忆之所"的一种表征。

② 童恩正：《人类与文化》，重庆出版社2004年版，第207页。

布朗族的薄摩、布占、如曼、借相；毛南族的师公、鬼公；仫佬族的巫安、布婆、鬼师；等等。与汉族端公的社会功能一样，这些少数民族巫觋，为本族人所信奉，并为本族人占卜吉凶、禳灾解难、驱邪纳吉。而随着汉族端公文化在西南各地的广泛传播，以及双方的频繁接触，西南许多少数民族巫觋也逐渐借用"端公"这一称谓，如羌族、彝族等少数民族巫师即自称为"端公"，甚至在西南很多地方，民众往往不分民族地一律将这些巫觋人员统称为"端公"。乾隆末贡生胡端的《胡端禁端公论》一文中，即明确地将苗巫与端公两种称谓混同使用：

> 黔蜀之地，风教之至恶者，莫如端公。不悉禁，必为大害。吾尝观其歌舞，跳跃盘旋，苗步也；曼声优亚，苗音也；所称神号，苗族也。是盖苗教耳。而人竞神之，何哉？或以谓此巫教。巫教虽古，圣人亦不禁。且禁巫之盛，自周秦来，非一代矣……而为端公者，亦不自知为苗所惑，遂群起效之，以为衣食技。而又引古之巫以自尊，决祸福，假于神，以诳煽妇女。小民无知，亦信其家人妇女之言，遂烧香许愿，敬其神，畏其鬼，争迎端公至家，歌舞以祷焉……故曰：不悉禁，必为大害 [端乾隆末贡生]。①

从胡端的描述可以看出，其是将"苗教""巫教""端公"这几个称谓作等同使用的，即认为苗巫即为端公也。由此可证，"端公"这一称谓在西南各地已被普遍使用。更耐人寻味的是，川西北一带的羌族巫师，羌语叫"许"，或尊称"阿爸许"，由于受到汉族端公文化的深刻影响，而借用了"端公"这一称谓。当地人为了与汉族端公相区别，又通常称羌族的巫师为"蛮端公"。而在四川西部的羌族、氐族地区，汉族端公还在此地

---

① （清）平翰等修，郑珍、莫友芝纂：《遵义府志》（一），黄家服、段志洪主编《中国地方志集成·贵州府县志辑》第32册，据道光二十一年刻本影印，巴蜀书社2006年版，第418页。

树立了"泰山石""师道碑",受其影响的羌族巫师也因此被人称作"打羊皮小鼓的端公"①。很明显,"蛮端公"也好,"打羊皮小鼓的端公"也罢,无疑均是从汉族端公的视角来命名的,由此更加证明了汉族端公文化在羌族巫师中的渗透之力。

由于与汉族端公的长期接触,羌族"蛮端公"在法事活动、法器使用、唱念经咒、法术运用等方面,其实都受到了汉族端公文化的深刻影响。以语言使用为例,三江口"蛮端公"通禀山神语,里面就夹杂了许多汉语(加点的字):

> 柴孤麦树,亚麦芝米拉基,亚冒贼格,钱纸马牛,阿多之沙;刀头敬酒,路过之蛙,西比留波,留遇罗。

更能说明问题的是,三江口一带"蛮端公"虽能背诵一些羌语经咒,但已不懂其义;理县的"蛮端公"也只能背不能讲。② 这种种情形均说明:"蛮端公"受到了汉族端公的深刻影响,在广泛借用其文化元素的过程中,自己本有的文化模式却发生了一定程度的变异,同时,自己本有的"文化领地"亦在逐渐缩小。

四 客师与土师的文化差异及其顺向影响

在西南各地巫觋称谓上,还有一种称呼值得特别提出,那就是"老

---

① 王家佑:《道教论稿》,巴蜀书社 1987 年版,第 140 页。另据相关调查资料,羌族端公在设上、中、下三坛作法时,要分别使用三种颜色的鼓,这在其法事经典中有十分明确的规定:凡民敬神须用鼓。木比制就三种鼓,颜色各异不同用。白鼓拿来上坛用,黑鼓拿来家庭用;黄色鼓儿是凶鼓,鬼事凶事用黄鼓;法事不同鼓不同,端公须当分别用(四川省编辑组:《羌族社会历史调查》,四川省社会科学院出版社 1986 年版,第 160 页)。应该说,在法事活动中广泛使用三色(白、黑、黄)鼓,体现了羌族端公的民族特色,但在法事活动中设立上、中、下三坛,是受到了汉族端公文化的影响。
② 西南民族大学西南民族研究院编:《川西北藏族羌族社会调查》,民族出版社 2008 年版,第 402—406 页。

师"。在西南很多地方，不管是汉族端公，还是少数民族巫觋，民众皆习称其为"老师"，这也从一个侧面反映出巫在民众心目中的社会地位。如此，"老师"已成为巫师的代名称。由于汉族的移民背景，使西南各地皆称其为客家，所以汉族端公也被冠之以"客家老师"（亦称"客边老师"）之名，简称"客老师"（亦称"客老司"）；而本地巫师则往往被唤作"本地老师"。"本地老师"当然是一个泛指的称谓，联系不同的族别，还会有更为具体的称呼。如土家族巫师即被唤作"土家老师"，简称"土老师"（亦称"土老司"）①；苗族巫师则被称为"苗老师"（亦称"苗老司"）；等等。

由于历史源流、发展脉络的不同，客家老师与本地老师在原始信仰、神灵崇拜、执业范围、宗派归属、科范仪轨乃至供奉牺牲等方面，均存在诸多差异。正如嘉庆《黄平州志》中所记：

> 苗巫曰鬼师，汉巫曰端公。鬼师用鸡狗之属，间有用牛，汉人多效之，但不用牛耳。端公用猪、羊、鸡、鸭，每费八九两不等，名曰冲锣，跳舞叫号，语鲜伦次。信者殊多，习俗移人，贤者不免。②

此则材料虽然短小，但蕴含的信息较为丰富。"苗巫曰鬼师，汉巫曰端公"，即点明了苗汉巫师称谓的不同；"鬼师用鸡狗之属，间有用牛""端公用猪、羊、鸡、鸭，每费八九两不等，名曰冲锣"，则又指出苗汉巫师在供奉牺牲等方面的诸多差异；而"汉人多效之"一句，也说明苗巫文

---

① "土老师"这一称谓，在具体的民俗应用中较为含混。更多的时候指代土家族巫师，但有时在西南某些地方又可指代苗族巫师，甚至是将本地巫师统称为"土老师"，意涵"本土巫师"或"土著巫师"之义。如此，"土师"与"客师"就成了一对可以相互对应的概念："客师"指代汉族端公，而"土师"指西南本地的少数民族巫师。

② （清）李台修，王孚镛纂：《黄平州志》，嘉庆六年刻本，1965年贵州省图书馆据道光三十年增补本复制油印本，黄家服、段志洪主编《中国地方志集成·贵州府县志辑》第20册，巴蜀书社2006年版，第73页。

化对端公文化的某些影响。无疑，不同文化的长期接触，就有可能会使双方彼此假借对方的文化元素，从而使各自都发生某些变异。此处端公受到苗巫的影响，而效仿使用鸡狗之属供奉牺牲，就充分说明：虽然相较于本土巫文化，端公文化是一种强势文化形态，但在长期的文化接触中，也同样会假借本土巫文化的某些文化元素。当然，从影响的深广度而言，端公文化对本土巫文化的影响要更为深刻而剧烈。

湘鄂川黔边境地区是土家族、苗族等杂居区，当地苗族巫师有两种①：一种苗语称为"巴代雄"（bax deib xongh），"巴代"（bax deib）为苗族方言，是对宗教祭祖仪式主持人的称谓，"雄"（xongh）为苗语，即"苗"的意思。"巴代雄"作法时请神念经咒全用苗语，其祭祀的神灵主要有：蚩尤祖先和雷公、高山、水井、大树、山洞、湖泊等自然神灵，其主持的宗教祭祀活动有椎牛、吃猪、祭雷、接龙、招魂、吃血盟誓、洗屋等，主要法器有铜铃（苗语称"肯麦"）、竹枋（乐器）、阴阳竹篙、烧蜡器、大摇铃、包包锣等。仪式中，"巴代雄"需穿着特制的服装：青衣对襟衫，以青丝巾裹头，并要求一定是苗族"正宗"的，不能有一点非苗族文化的服帽衣着因素夹杂其中，体现出了强烈的苗族服饰文化特色。

另一种巫师，苗语称"巴代札"（bax deib zhal），"札"（zhal）为苗族对汉人的称谓，有"客"之义。与"巴代雄"有很大不同，"巴代札"作法时请神念经咒基本上使用汉语，并有用汉文译记手抄经咒流传，其祭祀的神灵主要是以"太上老君"为核心的"三清诸神"，此外还有佛教诸神，以及汉民族的职能神如鲁班神、药王神等，其主持的宗教祭祀活动有

---

① 关于苗族两类巫师"巴代雄"与"巴代札"的详细论述，可参考凌纯声、芮逸夫《湘西苗族调查报告》，民族出版社 2003 年版，第 88—90 页；吴会显《论湘西苗族宗教信仰的历史变迁——以山江苗族地区"巴代"信仰为例》，《船山学刊》2012 年第 2 期，第 46—51 页；陆群《腊尔山苗族"巴岱"原始宗教"中心表现形态"的分径与混融》，《宗教学研究》2011 年第 1 期，第 156—159 页；李绍明主编《川东酉水土家》，成都出版社 1993 年版，第 233 页。

还傩愿，踏香，谢土，架天桥，祭四官神、财神、灶神等，主要法器有牛角、卦、令牌、伏羲女娲神偶，面具、竹筶、小鼓、小锣、中小钹、师刀等。仪式中，"巴代札"身穿红色法衣（名为"蟠龙天师袍"，系道袍），戴"凤冠"（上有七个神祇的画像，从左到右依次为："判官""花林姊妹""通天""玉皇大帝""太上老君"）和绺巾。"巴代雄"与"巴代札"之主要区别见表1－3。

表1－3　　　　　苗族巫师"巴代雄"与"巴代札"之主要区别

苗巫类别	祭祀神灵	祭祀活动	使用语言	服帽衣着	法器
巴代雄	蚩尤、自然神灵等	椎牛、吃猪、祭雷、接龙、招魂、吃血盟誓、洗屋等	苗语、口头传承	青衣对襟衫，以青丝巾裹头	铜铃、竹柝、阴阳竹筶、大摇铃、包包锣、烧蜡器
巴代札	三清等道教神灵、佛教及汉民族职能神	还傩愿，踏香，谢土，架天桥，祭四官神、财神、灶神等	汉语、汉字经书相传	红色法衣，戴凤冠绺巾	牛角、卦、令牌、伏羲女娲神偶，面具、竹筶、小鼓、小锣、中小钹、师刀

从表1－3中关于祭祀神灵、祭祀活动、使用语言、服帽衣着、法器等各个类别的比较，我们可清晰地看到："巴代雄"无疑属苗族原生形态的宗教文化，而"巴代札"明显受到"他文化"——汉族端公文化的深刻影响。事实上，"巴代札"（意为客巫师）此一称谓本身即充分表征了"苗老师"（"苗老司"）大量、广泛假借"客老师"（"客老司"）文化元素的历史信息。由于"巴代雄"与"巴代札"在祭祖对象、祭祀仪轨、使用道具、服帽衣着等方面存在明显差异，且"巴代札"受到了汉族端公文化较为深刻之影响，因此，在广大苗疆地区，民众也常把"巴代札"这一支

"苗老师"归入客巫之列，并在宗派归属上，将"巴代雄"划入苗教，而将"巴代札"归于客教。

下面再以四川酉水地区客家老师与土家老师为例，来说明"客师"与"土师"的诸多差异，以及"客师"对"土师"的深刻影响。① 在四川酉水地区，土家族人信奉并延请的本民族巫师——"土老师"（土家语汉语音译为"梯玛"②），在民间从事法事活动主要有以下几个显著特点：其一，"土老师"主要从事"摇宝宝""摇牛菩萨愿"等民间法事活动。其二，"土老师"没有供念经用的经书，所唱的请神、敬神的神歌，及所念的赶鬼驱邪的咒词，诸如此类，全凭记忆。其三，"土老师"的主要法事活动都须有"打土话"的过程，即用土家语念唱。"打土话"的内容是经口授而代代相传的，以至有的"土老师"对其中某些内容虽倒背如流，却鲜知其意。其四，"土老师"所使用的法器比较简单。其常用的法器主要有："八宝铜铃"、牛角、师刀、木卦、案子（即神像画卷），以及装束用的八

---

① 此部分内容参考了李星星《曲折的回归——四川酉水土家文化考察札记》，上海三联书店1994年版，第72—75、147—150页；李绍明主编《川东酉水土家》，成都出版社1993年版，第231—234页。

② 关于"梯玛"的解释，学界有几种不同的说法。彭荣德等编著《土家族仪式歌漫谈》中认为：土家语"梯"为女性生殖器；"玛"同汉语，指动物马。"梯玛"的土家语本义应为"马氏族之神女"——"梯"既指巫的性别，也表示对巫的尊崇，"马"则是以氏族图腾马来框定这个巫的所属（中国民间文艺出版社1989年版，第36—37页）。而田荆贵主编《中国土家族习俗》中指出：土家语中的"梯"，意为敬神，"玛"与"卡"（如毕兹卡、帕卡）一样，汉语为人或人们的意思。因而"梯玛"并非"马氏族之神女"或别的什么意思，而是土家族人对本民族中专门从事祭神活动者的特有称呼（中国文史出版社1991年版，第234—235页）。另外，覃光广等编著《中国少数民族宗教概览》中指出：土家族的宗教人员，即民间所谓的"土老师"，土家语称为"梯玛"，意为"领头人"，因祭祀和文化娱乐活动的摆手舞，是由他主持领舞折。他们是熟悉本民族历史、神话和传说等的人，宗教祭祀和文化娱乐跳摆手舞时，由他们用古老深奥的土家语言演唱古歌，内容是解释自然奥秘和纪念祖先，实际上是叙事的史诗（中央民族学院出版社1988年版，第410页）。此外，有学者指出土家族的巫师"梯玛"，分为老司、土老司、土老师、土师子四个层次。土司时代曾有女性，称为"茶婆婆"，又称"师娘子"（此为借用汉民族民间女巫之称谓——笔者注），改土归流以后全为男巫所代（梁庭望、柯琳：《中国南方少数民族宗教》，青海人民出版社2009年版，第57页）。

幅罗裙、红裙子、凤冠等。而使用"八宝铜铃"① 是"土老师"最显著的标志。其五，"土老师"须敬"土王"，须时刻牢记土家各姓各自所敬奉的祖先神或土王神。

"客老师"即客家"老师"，亦即汉族端公，是客家人信奉并延请的客家人的巫师。按当地原住民的说法，"客老师"属于"上坛大法教"，人称"上坛大法老师"；"土老师"则属于"下坛小法教"，人称"下坛小法老师"。对于此种区分的理由，尚不明细②，但无疑表征了客家"老师"在此文化博弈中的强势地位。据"客老师"自己的表述，大法教不是本地教，而是外地教。所谓大法，即儒、释、道三教大法。该教敬奉玉皇、三清、四御，其师徒皆称为玉皇三清弟子。掌教师人称大法老师、上坛端公。客老师所奉教理受儒、释、道文化影响甚深，特别明显的是受宋元以来三教合一理论的影响和渗透。"客老师"在民间主要从事"冲傩"和"还傩愿"等法事活动，故有的地方也称"客老师"为"还愿老师"。与"土老师"不同，"客老师"行法事有经书为据，所使用的法器也较"土老师"为多，比较突出的是使用锣、鼓、钹、案子（即神像画卷），以及脸壳子（即面具）。另外，"客老师"做法事必供"傩公、傩母"偶像，或谓"傩公、傩母"为伏羲、女娲两兄妹。

---

① 所谓"八宝铜铃"，是用响铜铸制为鸡蛋大小的马挂铃。相传原为八颗，分了两颗给"客老师"（有说为"苗老师"），只剩下六颗，分别装在长约40厘米、直径近3厘米的一根杂木柄两端（各三颗）。刻着马头，系着五色布条的一端为头，舞时朝上，另一端为尾，舞时朝下，切不可颠倒。梯玛将其撞击大腿或用力抖动，可发出清脆悦耳的响声。传说八宝铜铃象征梯玛的宝马，铜铃两端所系五色丝线为马的鬃毛。梯玛祭祀时，身穿八幅罗裙，手摇八宝铜铃，骑上神马，翩翩起舞，口唱神歌，俗称跳八宝铜铃舞。该舞有喂马、上马、跨马、奔马、下马等动作，舞姿古朴典雅，刚健有力（参见田荆贵主编《中国土家族习俗》，中国文史出版社1991年版，第235—237页；《中国各民族宗教与神话大辞典》编审委员会编《中国各民族宗教与神话大辞典》，学苑出版社1990年版，第585—586页）。

② 地方有一种通俗的说法：上坛大法堂而皇之，一本正经，有源有流，脉系清白；而下坛小法，简而言之，属于下流。显然，此种说法是基于汉族端公的文化立场来表述的，这不无反映出汉族端公在面对土家族巫师时所表现出的"文化自信"。

综上所述，"客老师"与"土老师"的基本区别①，可以归纳为以下几个方面：一是土、客之分。"土老师"主要受土家人延请，"客老师"则主要受客家人延请。二是有无经书，是否"打土话"。民间俗谚云："客老师整本经，苗老师半本经②，土老师卯光经。"三是巫术活动种类、形式不同，使用法器有区别。在法事活动上，"客老师"主要搞"冲傩""还傩愿"；"土老师"则主要搞"还牛菩萨愿"和"摇宝宝"。在法器使用上最显著的区别就是，"客老师"要使用面具；"土老师"专用"八宝铜铃"。四是敬奉的神灵不一样。"客老师"敬奉玉皇、三清及傩公傩母；土老师则敬奉土王。五是在传承方式上，"土老师"有"阴传"和"阳传"两种，"客老师"则一般是"阳传"，"阴传"则极为少见。所谓"阳传"，即有师傅传授；"阴传"③，即所谓无师自通者，如某人一觉醒来，如痴如癫，言梦中"落阴"，即入阴间得某师传授云云，至此便成为"老师"活动于乡间（见表1-4）。

---

① 李星星在四川酉水土家族地区进行田野调查时，记录了当地人田景荣（原秀山县石堤区区委书记、民族歌手）对"土老师"与"客老师"（当地人亦称之为"还愿老师"）区别的认识。此种"当地人"的看法，亦即"本土认知"，对于理解"土师"与"客师"的基本区别，颇有启示意义。兹录于此，以资佐证：（1）"还愿老师"为上坛教，"土老师"为下坛教。"还愿老师"不跳"摇宝宝"，"土老师"不跳"还傩愿"。（2）"还愿老师"不会说"土话"；"还傩愿"无"打土话"过程。（3）"还傩愿"不敬"土王天子"，而敬玉皇。（4）"还傩愿"首先"请水"，"摇宝宝"首先"请祖"，没有"请水"过程。（5）傩愿戏中总离不开桃源洞，土家只有"九溪十八洞"。（6）"还傩愿"需十二张案子，"摇宝宝"只需一张案子。（7）"还愿老师"所需响器齐全，不像"土老师"那样简单只有铜铃。（8）"还愿老师""土老师"都吹牛角，但曲牌音调全然不同（李星星：《曲折的回归——四川酉水土家文化考察札记》，上海三联书店1994年版，第74—75页）。

② 传统的苗老师法事活动，亦无经书，所唱神歌、咒词之类，也是全凭记忆。随着汉族端公大量涌入西南地区，苗老师广泛假借端公文化元素，其中，使用经书即为很重要的一个方面。因此，"苗老师半本经"，也是受到汉族端公文化的深刻影响而形成的。

③ 关于"阳传"与"阴传"，"客老师"还有另外一种说法，掌坛师活着时选定衣钵弟子叫阳传，阴传是掌坛师死后，由众徒弟将尸体扶起，然后焚香化纸，进行卜卦。每个徒弟连卜三卦，若三卦都是胜卦（也有的要求三卦分别为阳卦、阴卦、胜卦），则卜卦者便被确定为衣钵弟子。

表1-4　　　　　　　　"客老师"与"土老师"之基本区别

土/客巫师	经书使用	祭祀活动	法器使用	敬奉神灵	传承方式
端公 （客老师）	整本经	"冲傩" "还傩愿"	面具	玉皇、三清及 傩公傩母	"阳传"
土老师	"卯光经" （"打土话"）	"还牛菩萨愿" "摇宝宝"	"八宝铜铃"	土王	"阴传"与 "阳传"

　　"土老师"与"客老师"的基本区别，表征了汉族与少数民族巫文化各自具有的独特品格与个性特征。但这并不意味着二者"井水不犯河水"，截然分立。实际上，随着汉族与各少数民族间不断地交错杂居、彼此通婚，使他们在各行其职的同时，也往往有较为深入的互动与交流。双方一起联合做法事，或因做法事人手不够而互相帮忙之情况都极为普遍。如今，西南各地有不少端公坛班，就是由多民族端公共同组成的。不难想见，在如此频繁的交流与互动中，"客老师"作为强势文化的持有者，必然会给予"土老师"更为深刻之影响，从而引起"土老师"宗教信仰与祭祀仪轨的某些变异。此种影响可以从以下三个方面去理解。

　　第一，"土老师"为博得名门正派之誉，甘以下坛小法自居，以和端公的"上坛大法教"相并立，此举表征了端公文化对于西南本土巫文化的示范和影响作用。

　　第二，为适应汉语的规范化要求，"土老师"在各种法事活动中，已基本采用汉语地方方言，并且引进了不少属于儒、释、道三教的名称、术语之类。当然，在一些法事的"请神"部分，却始终保持着一段"打土话"的过程，即用土语敬请土家人的祖先和神灵的"请神"仪式。据说是，若不"打土话"，自家的祖先和神灵听不懂，就请不来。这是"打土话"得以残存所凭借的基本理由，也是最适当的理由。

　　第三，"土老师"的法器及衣冠装束，作为一个文化整体样式，也是经过变异的。除了八宝铜铃、八幅罗裙及牛角号等少数法器，是属于"土老师"原有的东西且少有变化外，其他形式大多为引进汉族端公所用之物，或明显地表现出受到佛教、道教及其他汉文化形式的影响。例如，"五凤冠"，显然是学习佛教文化的结果；"案子"当是引入的汉文化形式；用作法衣的"红裙子"，也应是从汉族端公那里学来的。至于"师刀"，则是真兵器的变异或替代物。由于封建王朝曾下令禁止在土家族地区贩卖和收藏民间兵器，因此，"土老师"所用师刀亦应为引进之物。

由此可见，"土老师"受汉族端公文化影响深重，其民族色彩已相当淡薄。其他少数民族巫师受端公文化之影响与此有相似之处。

上述汉族端公文化与西南少数民族巫文化接触的案例，皆表明了端公文化对本土巫文化之深刻影响，这当然是文化涵化的主要方面。而另一方面，端公文化假借西南少数民族巫文化元素的情况其实也确是存在的。例如，在"客老师"与"土老师"的文化接触中，西南很多地方都流传着这样一则传说：出于传授和交流技艺的目的，"土老师"把其专用法器"八宝铜铃"赠送给了"客老师"（有说为"苗老师"），故"土老师"专用的"八宝铜铃"现在只有六个铃子。① 此则传说从一个侧面反映出了"土""客"老师间的互动与交流，以及"客老师"从"土老师"那里学习技艺的历史信息。限于本书讨论的主题，关于少数民族巫文化对端公文化的某些影响，不作展开，但此视点无疑可以作为一个研究专题去探讨。

---

① 关于此则传说，在民间还有另一种表述版本。据说，土家族巫师梯玛的祖师曾去西天取经，西天佛爷送给梯玛一本半经书、八个铜铃。回来的路上，汉族的端公向他要了一本经书，苗族巫师向他要走了剩下的半本经书和两个铜铃，梯玛自己没有了经书。于是，梯玛再去西天取经，佛爷不再送经书给梯玛。临走时，送他一句话："客老师（端公）一本经，苗老师（苗巫）半本经，土老师（梯玛）乱搬经，百说百准，百说百灵。"胡炳章认为，这一传说承认佛为梯玛之祖，且言梯玛所获经书从有到无，而端公经书从无到有的过程，本身就意味着梯玛社会职能与地位的下降及端公职能、地位的上升（胡炳章：《土家族文化精神》，民族出版社1999年版，第14页）。

五　端公信仰在西南地区的传播与扎根

探讨端公信仰在西南地区的扎根轨迹，除了上述梳理"客师"与"土师"的文化涵化关系外，还可透析在汉族端公涌入西南各地后，土著巫师职能的诸多变化。此种变化，一方面可以展现出汉族端公的"文化扩张"版图，另一方面，也表征了端公文化在规范、整合西南诸多少数民族巫文化中所起的重要作用。实际上，这一问题的探讨本身，也为我们通观西南端公文化奠定了一个学理基础。

关于本土巫师职能的变化，我们仍以土家族巫师——土老师为例加以说明。"土老师"作为土家族人延请和信奉的本民族巫师，过去，其社会活动面相当广泛，几乎在社会生活的所有领域中，都承担着较为重要的社会职能。包括祭祖、敬神、赶鬼、驱邪、治病、婚嫁、生育、丧葬、农事、狩猎、建筑、裁判、迁徙、节庆等各个方面，无不需要"土老师"参与主持、率领或指引。例如，在生育过程中，有喜，要请"土老师""安胎"；难产，要请"土老师""打波斯"；婴儿满百日，要请"土老师""算字"；小孩有病，要请"土老师"作法"赶白虎""打通路关"[1]；等等。祭祀土王、八部大神、社神以及猎神等，更是需要"土老师"主持祭仪；跳社巴舞（即跳摆手舞），由"土老师"指挥领舞。[2]

如此种种，皆说明"土老师"是土家族地区巫文化的代表，是土家原生文化模式的一个主要角色，但汉族端公文化的强势涌入，打破了原有的文化格局。在"客师"与"土师"的文化博弈中，土家原生巫文化形式渐居劣势，直至受到排挤，其中一个很重要的表现就是"土老师"从许多传

---

① 关于土老师主持操作的"赶白虎""打通路关"等民俗事象的详细情况，详见杨昌鑫《土家族风俗志》，中央民族学院出版社1989年版，第69—70页。

② 李星星：《曲折的回归——四川酉水土家文化考察札记》，上海三联书店1994年版，第138页。

统领域中被排挤出来，其社会职能范围越来越小，从原来较为宽广的文化舞台，衰退至极为有限的领域。其中当然有中央推行汉文化规范的大势之影响，如在丧葬、婚嫁这两个重要的传统活动领域中，因实行汉文化规范化的要求，而排除了"土老师"的地位。[①] 但端公文化的发育程度本身就比"土老师"要高一些，因此，其对"土老师"的直接冲击作用其实也是非常强烈的，由此呈现出处处排挤和取代"土老师"的文化趋势，甚至在许多土家族地区土老师的土家语称谓"梯玛"也早已消失不见。

虽然在前述中，我们把汉族端公与"土老师"的社会职能区分得比较清楚，但那更多呈现的是一种历史形态。事实上，在清代以来的绝大多数土家族地区，端公的文化地位要占据着明显的优势，甚至有些地方，端公几乎完全取代了"土老师"的地位，清曹钟颖编《鹤峰州志》载，在清道光年间，端公文化在鄂西鹤峰一带已然成为"土户习俗"：

> 巫者谓之端公，病者延之于家，悬神像祝祷。又有祈保平安，或一年或二三年，延巫祀神，并其祖先，曰完锣鼓醮，一曰解褊钱，此为土户习俗，今渐稀矣。[②]

正是由于汉族端公信仰已经成为西南各地的"土户习俗"，才使得本

---

① 在传统的土家族人婚丧活动中，土老师担负着极为重要的甚至是不可或缺的社会职能。以婚姻缔结为例，据文献记载，土司时代，男女谈情说爱比较自由，不论通过"玩摆"（跳摆手舞）自由结合，还是通过男性追求者之间比武择定，都需要报请"土老师"。"土老师"为之祈祷，婚姻即被承认，否则，民间是不予认可的。而正式缔结婚姻，也需要报请"土老师"，由其"合八字"，推阴阳五行，测定发轿时辰。在起轿、落轿过程中，"土老师"还要举行"避煞""断煞"等各种法事。特别是在发轿后，"土老师"需做安敬土司王的法事，引导新郎请土司王行使象征性的"初夜权"（杨昌鑫：《土家族风俗志》，中央民族学院出版社1989年版，第70—83页）。但随着包括端公文化在内的汉文化的强势涌入，"土老师"原有的这些社会职能在不断挤压、衰减。而像"合八字"、推阴阳五行，测算发轿时辰等习俗，本来就是受到汉族端公文化的深刻影响而为土老师所借用，这一方面体现了汉族端公文化的强势力量，另一方面也折射出土家族巫师为了适应新的文化环境需要而做出的变异选择。

② 《鄂西少数民族史料辑录》，内部编印，1986年，第364页。

由汉族端公操作的一些法事活动，诸如"打保符""庆坛""冲傩""还愿"等，也渐为西南少数民族巫师所借用，并改造为"土师"（西南本土巫师）的法事活动。此种文化变异，其实体现出西南"土师"为适应新的文化环境做出的一种文化选择。

翻开西南各地方志资料，包括少数民族聚居区域在内，我们随处可见端公的活动记载，而且在这些记载中，往往没有族别身份的强调，统以"端公"记之，这充分说明：端公信仰已在西南大地广泛传播开来，在深入影响西南本土巫文化的同时，也将这些本土巫文化进行了规范与统合，从而形成了"西南端公文化"这样一种文化存在。现举数例如下，以见"端公文化"之律动。

道光十七年《印江县志》：

> 至若庆坛、冲傩，崇信端公。[1]

光绪十八年《黎平府志》：

> 民间或疾或祟，每招巫祈祷驱逐之。虽未可信，犹无大碍。惟跳端公，则荒诞之甚也。端公所奉之神，制二鬼头，一赤面长须，曰师爷；一女面，曰师娘，谓伏羲女娲。临事，各以一竹承其颈，竹上下两蔑圈，衣以衣，倚于案左右，下承以大碗。其右设一小案，上供神曰五猖，亦有小像。巫党捶锣击鼓于此。巫或男装，或女装，男者衣红裙，载观音七佛冠，以次登坛，右执神带，左执牛角，或吹或歌或舞，抑扬拜跪以娱神，曼声徐引，若恋若慕，电旋风转。至夜深，大巫舞袖挥诀，小巫载鬼面随，扮土地神，受令而入，受令而出，曰放五

---

① （清）郑图范撰：《印江县志》，据清道光十七年修，民国24年石印重印本影印，《中国方志丛书·华南地方》第278号，（台北）成文出版社1974年版，第10页。

猖。事毕，移其神像于案前，令虚立碗中，歌以送之。仆则谓神去矣。黎平近楚，信鬼尚巫，自昔绵然，固不足怪。特相传跳端公，有捉生魂替代者，则与所谓埋魂放蛊同干法纪，信有之，不可以不禁也。①

此处"跳端公"法事活动的详细记载，在其他地方府志，如光绪《铜仁府志》、民国《巴县志》等亦有相似描述。从所奉之神——师爷、师娘（即伏羲、女娲）、五猖；巫者衣红裙、载观音七佛冠，执神带、牛角等信息来看，均为汉族端公文化元素，却已经成为当地较为普遍的民俗活动。府志记录者采取批判的立场，言"不可以不禁也"，正好从一个侧面反映出"跳端公"活动本身在民间的活跃程度。

嘉庆三年《桑梓述闻》：

> 有小疾患，辄以水饭泼之，曰泼水饭。送以香钱，曰铺花盘。疾稍重，则延巫跳神，曰冲锣，又曰背星辰。②

傅玉书提到的"冲锣"，即为"冲傩"，是"跳端公"法事活动的一种表现形态。

民国三十二年《沿河县志》：

> 男巫曰端公。凡人有疾病，多不信医药，属端公诅焉，谓之跳端公。跳一日者，谓之跳神；三日者，谓之打太保；五日至七日者，谓之大傩。城乡均染此习，冬季则无时不有。③

---

① （清）俞渭修，陈瑜纂：《黎平府志》（一），光绪十八年黎平府志局刻本，黄家服、段志洪主编《中国地方志集成·贵州府县志辑》，第17册，巴蜀书社2006年版，第173—174页。

② （清）傅玉书撰：《桑梓述闻》，嘉庆三年成书，1963年贵州省图书馆据程番傅氏家藏刻本复制油印本，黄家服、段志洪主编《中国地方志集成·贵州府县志辑》，第24册，巴蜀书社2006年版，第498页。

③ （民国）杨化育修，覃梦杜纂：《沿河县志》，据民国三十二年铅印本影印，《中国方志丛书·华南地方》第280号，（台北）成文出版社1974年版，第338页。

汉族端公文化的传入，当然会与当地民俗、民风相结合，从而形成了本地域特色。该志区分出了"跳端公"的三种表现形态："跳神""打太保""大傩"，可谓沿河一带的地域表述。并特意指出"城乡均染此习，冬季无时不有"，充分说明"跳端公"活动在当地的普遍性与频繁性。

民国《盐津县志》：

> 俗名端公者，各乡镇皆有，常为人祈神禳解祛疯治魔等。事家供坛神者，每遇家境拂逆，人口疾病，谓为坛神作祟。或家务兴隆，置产生子，谓蒙坛神之麻。俱雇端公于家祈祷，并化装跳演，名曰庆坛。词调鄙俚，举止秽亵，颇碍风化。但本县富家有信之而不怪。[①]

该志中所言"庆坛"，实为端公法事活动之一种，此称谓前述《印江县志》中亦有出现，所谓"至若庆坛、冲傩，崇信端公"。而"俗名端公者，各乡镇皆有"一句，又再一次点明端公信仰的普遍性。

民国《镇宁县志》"民风志"：

> 每年十月起至腊月底止，凡许有愿心或事业如意富有之家，即请端公（巫者）来赛神，又称庆坛。祭品用羊一、豕一，及鸡酒斋饭之属，悬诸神释画轴于堂，燃香烛，端公着各种戏衣，戴面具（所扮之神称将军、元帅、仙娘等，皆不可考），载唱载舞，佐以锣鼓铙钹。[②]

此"民风志"中再次提及"庆坛"之称谓，可见此一法事活动在西南地区具有普遍性。在庆坛法事中，端公着各种戏衣且戴面具，表明端公法

---

① 陈一得主编，云南省盐津县修志局编纂：《盐津县志》（卷十三），内部编印，2002 年，第 313 页。

② 民国《镇宁县志》，黄家服、段志洪主编：《中国地方志集成·贵州府县志辑》（第 44 册），巴蜀书社 2006 年版。

事活动已从单纯的祭祀仪礼衍生出歌舞扮演元素，从而具有某种娱人性。而此一转变过程的实现，端公无疑起到了至关重要的作用。[①]

民国三十七年《岑巩县地方概况调查表》：

> 冬腊月间，有诸巫师酬还乐（傩）愿者，巫师戴上假面具，扮为琴童八郎、开山大将、仙风娘子、梁山土地等，任意诙谐，故称乐（傩）愿为喜神愿，以为不诙谐则神不享祭，最后扮一判官结束其事谓之勾愿。又有还戏愿者，系演傀儡戏，时间有春夏秋冬之分，惟夏间演者称秧苗戏，还乐（傩）愿与戏愿，均间年一次，近年来，有名为祭大菩萨者，请端公为之，须宰杀猪、鸡、牛、羊等。[②]

志中将"巫师"与"端公"作为同义使用，可证"端公"一称已在该地成为巫师的通用称谓。修志者所列举端公操作的三种法事活动类型：还乐愿、还戏愿、祭大菩萨，其中，"还乐愿"之说法可谓有地域特色，西南各地普遍之说法为"还愿"，另"祭菩萨"之类型，在云南昭通端公法事活动中亦有所见。

从以上数条地方志记载可以看出：端公信仰在西南各地具有普遍性，且已超越族别的界限，为西南各族民众信奉；端公主持操作的法事活动可谓类型多样，有诸如"冲傩""冲锣""背星辰""还愿""还乐愿""庆坛""打太保""跳神""大傩""祭大菩萨"等多种形态或称谓。此为端公文化在各地传播过程中，与当地民俗民风相结合，形成富含民族、地域特色之结果。但在端公具体的法事活动中，我们亦发现：不同类型或称谓的端公法事活动亦有某些相似的特征，这些相似特征可谓"端公文化"之内

---

① 关于在祭祀仪礼中衍生出演剧活动的文化节点上，端公所发挥的重要作用这一论题，论文后面章节有详述，兹不作展开。

② 净禅礼编：《岑巩县地方概况调查表》，民国三十七年（1948）油印本一册，《民国年间贵州未刊县志资料十二种》（第四册），贵州省志办藏，年代不详，第11—12页。

核，也是我们能够统合西南各地、各个少数民族巫文化为"端公文化"之学理依据。此一问题，后文会作更为详细之论述，此处点到为止。

六 结语

综上所论，端公随汉移民大军进入西南各地，可谓西南文化史（主要指巫文化史）上的一件大事，它不仅深刻影响、型塑（self‑fashion）了西南本土巫文化表现形态，使其广泛吸收、借用端公文化元素，包括称谓同化、供奉神灵、法器衣着、科范仪轨等方面；更为重要的是，在"客师"与"土师"长时期的文化博弈中，伴随着"土师"社会职能范围的日益衰退，端公信仰却作为一种强势文化形态，对西南本土巫文化起到了一种文化规范与示范之作用，它使西南不同民族、不同地域之巫文化形态都向其"靠拢"，并最终实现了统合西南不同地域、不同民族巫文化形态之作用。这也是为何我们可以将西南不同地域、不同民族的民俗宗教文化统称为"端公文化"的一个重要原因。需要强调的是，在西南端公信仰这一文化结构中，其内核当然是汉族巫文化元素，但这一文化内核一旦与不同地域、不同民族相遇，就会形成不同的端公文化样态，这既是端公信仰在地化的一种文化表述形式，亦是端公文化结构中蕴含西南地域、民族文化元素的重要表征。进而言之，中国西南地区的端公信仰及习俗首先是中原、江南、北方文化的深层积淀并逐步走向"在地化"的结果。在长时段①的汉移民拓殖的大背景之下，构成西南地域社会文化组成部分的端公观念、

---

① "长时段"理论是法国著名历史学家和年鉴学派的领袖费尔南·布罗代尔（Fernand Braudel）提出的，长时段理论主要包括三方面内容：第一，因历史的不同层次，历史的时间也不是一元的，而是划分不同层次的；第二，历史是划分层次的，有长时段、中时段、短时段；第三，只有长时段的历史才是历史的深层次，决定历史的走向（张正明：《年鉴学派史学范式研究》，黑龙江大学出版社、中央编译出版社 2011 年版，第 69—70 页）。汉移民拓殖西南的历史本是一个长时段的过程，但在明清以来进入大发展阶段，端公信仰在西南地区的传播与扎根主要是在这一历史层次中完成的，并最终成为西南地域社会文化的一部分。

知识系谱，很可能是多元文化系统相互作用和相互层累之后而最终形成的一种"文化共相"①。

"端公"，一个在官方话语以及精英表述中常被贬抑的"悲剧人物"，却在历史的进程中无意间改变了西南地区的文化格局，它使西南纷繁复杂的巫文化形态历史性地成了一个统合性的"文化整体"②，从而使我们以一种"文化整体观"的视野观照西南端公文化，并跨越了地域、形态以及称谓的诸多限制。

这是文化的幸事，还是端公的幸事？

**图1-2　2013年7月20日，笔者在云南省昭通市盐津县普洱镇
调研时，与当地端公掌坛师张道云（法名"张法荣"）合影**

---

① 这里的"文化共相"强调了在西南地区若干文化群体中存在着一种相同的文化现象——端公信仰，这是我们研究西南地域文化普遍规律和文化普遍性的基本文化事实。这一"文化共相"的生成，当然与端公信仰在西南各民族区域中的广泛传播密切相关。

② 美国文化人类学家R.本尼迪克物在其名著《文化模式》（1934）一书中表达了"文化整体化"思想。她认为，每种文化都存在着一种基本结构，亦即有一种单一的原理。这一原理通过某种占主导地位的文化模式限定了其他各种文化，并认为此种文化模式必须体现在构成文化的人们的个性之中。就中国西南地区端公文化研究而言，不同地域、不同称谓的端公法事活动其实也存在着一种基本结构，这种基本结构是我们"通观"西南地区纷繁复杂法事活动的一条"生命线"，至此，纷乱的、难以捉摸的端公行为开始变得有规律可循。

第二章

变与不变：端公信仰的内核及其
在地化的文化表述

作为汉移民文化的一种民俗形式，端公信仰①在西南乡土社会的广泛流播，其实是一个"叠置"了相当复杂的"文化层累"过程。而随着所在地域及其周遭文化族群的变化，此种"层累"的变量因子亦会随之而变，这也是西南端公文化在表现形态上纷繁复杂的一个重要原因。但是，任何一种文化的生成、发展、演变，都必有其内在的文化逻辑，深刻把握这种文化逻辑，是我们真正理解进而超越纷繁民俗文化事象的不二法门。沿着此思维理路，本章将充分利用地方文献与田野调查材料，重点探究专业的端公法事行为、技术在乡土社会的地域扩散过程中如何达成自身"在地化"的文化表述，并逐渐走向"信仰化"，构成一般意义上的端公知识和信仰判断。而端公信仰的"在地化"，终究是立基于端公文化内核之上的，由此，"变与不变"，构成了我们理解复杂端公文化体系的两大维度。而通过此两大维度的宏观透视，我们多少能体悟到，宋元以来，中国的精英文

---

① 本书将交叉使用"端公信仰"与"端公习俗"概念，前者描述的是主观意义上的端公文化事象（心态），后者表达的是客观意义上的端公文化事象（事态）。广义的"端公文化"概念涵盖了这两层意义。

化与民间文化①之间其实带有某些"貌离神合",双方在共享着共通的话语系统或平台的同时,"大传统"一直很隐晦地内在于"小传统"之中。

需要指出的是,本章侧重点其实是关于端公文化一般性知识和观念系谱的局部"清整"。至于那些法事知识与观念系谱在行为或仪式层面上的具体呈现,则是后面两章的任务。

第一节　巫之变种与道教俗化：端公信仰的文化内核

本节的目标,并非要专门阐述巫与道教之发展演变史,或是笼统谈论儒、释、道文化因子在西南端公信仰中的诸种征象②,而是要立足端公法事行为及其结构形态的本位,深入透析其文化内核。③ 这一文化内核,亦最能体现端公文化本质特征的部分,我们将其表述为：巫之变种与道教俗化。它们是西南端公文化的核心与焦点,亦与端公文化的深层结构紧密相

---

　　① "民间文化"与"精英文化",抑或"小传统"与"大传统"等相对概念的区分,仅是一种"理想型"的概念分析手段罢了。事实上,传统中国的文化事象相当复杂,绝不能简单化地解释、分析。蒲慕洲的解释颇给人以启发：民间信仰与官方宗教的差别也许不在其根本的宇宙观,而在于它们各自所关心的问题,对于所谓的民间信仰,主要是看人们去遵行或解释这些信仰的方法与态度〔蒲慕洲：《追寻一己之福：中国古代的信仰世界》,（台北）允晨文化实业股份有限公司 1995 年版,第 27 页〕。对于端公信仰而言,其存在的充分必要性就在于端公可以凭借鬼神观念与巫法行为去"解释"和"解决"民众生活中的实际困难。

　　② 关于儒、释、道文化因子在端公信仰中的征象,我们在前文探讨端公文化身份的复杂性特征这一问题时已多有涉及,可参阅。

　　③ "文化内核"这一术语是民族学、人类学常用的术语,意指某种文化中包含的一组基本特征。该术语最早由美国人类学家 J. H. 斯图尔德于 1955 年出版的《文化变迁论：多线进化方法论》一书中使用。其主要观点为：从文化核心的组成成分看,它与生计活动及经济安排之间有比较密切的关系,致使文化内核中的社会、政治以及宗教模式等方面与经济安排发生关系的是经验。在文化内核之外,是文化的第二层次,在这个层次上,各种文化有很大的差异,这些差异是由于文化历史因素造成的（参见韩玉敏等主编《新编社会学辞典》,中国物资出版社 1998 年版,第 339 页）。本书使用"文化内核"这一术语,强调的是端公文化本质特征的部分,其深刻反映着端公文化的渊源。

连，但更为本质，更反映此种文化的渊源。①

一　端公文化对师娘文化的统合

在地方文献与民俗应用中，"端公"作为民间巫师之称谓，常与"师娘"（或称"仙娘"）一称相对使用，所谓"男巫称'端公'，女巫称'仙娘'"②。不难看出，此对称谓是"在男曰觋，在女曰巫"③的进一步民俗分类。正如《绥江县县志·巫祝》云：

> 男曰觋，俗呼为端公；女曰巫，俗呼为师娘子。各就私人住宅设有巫堂，其教徒全县百余人。以逐疫驱鬼为事。凡乡愚患病，初则书符问卜，继则延到家中，作种种异状，有打锣、庆坛、醮神、送鬼、降骑、走阴、观花、烧胎等节目。④

这里列举的多种"节目"，包括打锣、庆坛、醮神、送鬼、降骑、走阴、观花、烧胎等，是将端公与师娘之职司做混同表述。实际上，虽然端公与师娘都是与神灵打交道的神使，掌握着巫术活动的各种事宜，但二者

---

①　事实上，端公自身也明确将其法事技艺称作"巫道"之法。云南省昭通市镇雄县邹氏端公所藏《族谱一宗》中即有"道巫神圣，遗留子孙""邪法不用，专习巫道"的记述［详见郭思九、王勇《云南省昭通地区镇雄县泼机乡邹氏端公庆菩萨调查》，王秋桂主编《民俗曲艺丛书》，（台北）财团法人施合郑民俗文化基金会1995年版，第15—18页。］

②　金文图书公司编辑部编《中国民俗搜奇》（第一集），金文图书有限公司1977年版，第120页。

③　《国语·楚语下》。"在男曰觋，在女曰巫"之说，强调了巫、觋之别，但联系其他文献，我们发现：其实此种性别之分并不绝对。《周礼·春官》就有男巫、女巫之称，故书昭注《国语》时曰："巫觋，见鬼者，《周礼》男亦曰巫。"更有甚者，还有截然相反的说法。唐柳宗元《非国语下·左史倚相》："诚倚相之道若此，则觋之妄者，又何以为宝。"孙良臣注："女巫曰觋。"宋王观国《学林·巫觋》："《国语》《说文》《汉书·郊祀志》、郑康成注《周礼》、注《礼记》《集韵》《类篇》皆云：在男曰觋，在女曰巫；《玉篇》《广韵》皆云：'在男曰巫，在女曰觋。'"这只能说明，巫觋之别本不在性别，而必定又因与性别有关的情况导致了性别的偏重，才出现了既从性别立说，又说法不一的混乱现象。廖群认为，巫觋称谓的不同，最大的可能应在于职掌的分工，即巫主舞，觋主卜（廖群：《"易，觋"说申论》，《山东大学学报》1999年版第1期，第25—30页）。联系本书所谈，端公与师娘子称谓之不同，亦与职掌分工有关。

④　昭通市志办编：《昭通旧志汇编》（三），云南人民出版社2006年版，第927页。

在职司范围上并不能完全等同。结合相关的调查资料，我们大致可区分出：诸如"打锣""庆坛""醮神""送鬼"之类法事应为端公所为；而"降骑""走阴""观花""烧胎"等活动应属师娘子之职司。川东一带师娘子，就被当地人直呼为"观花婆""走阴婆"，其职司包括"照水碗""观花走阴"之类。①《成都通览·成都之执业人及种类》中亦载："类此之女巫如观仙、画蛋、走阴，等等。"②《中国民俗搜奇》中亦云："有病请端公来家送鬼，以公鸡招魂；或请仙娘看米卦、看蛋，看蛋甚为有趣，其法乃以蛋破置于水碗中，看蛋白散布情形，而定病者犯了什么鬼怪，以便禳解。"③ 由此可见，二者执业范围与巫术技艺之不同。

端公与师娘的职司差异，是在历史发展过程中逐步形成的，与二者不同的师承技艺有很大关系。④ 从原始宗教的历史渊源角度来看，女巫源于母系氏族社会，男巫源于父系氏族社会，伴随着社会传承体系由母系向父系的转变，女性垄断神权的时代终结，原始宗教神职人员中的女性，已大部分为男性取代。与此历史进程相对应，在西南广大地区的民俗生活中，师娘子虽仍有存在，但其势力范围已被端公大大挤压，不仅执业人数较少，甚至其巫术技艺本身也被整合进端公文化体系之内。同治《酉阳直隶

---

① 所谓"照水碗"，即盛一碗清水，仙娘行法后，面对水碗，自称已看出何种邪鬼、吉凶。而"观花走阴"是往病家行法，先供神、请神、主家膜拜，观花婆坐神坛旁椅上，拖着长腔唱："烧钱来呀！长生土地领钱文……烧钱来呀！花姐花妹领钱文……"如此遍贿鬼神，送买路钱打通关卡，然后全身发抖、语言含糊，是谓"走阴"。再经上供后，仙娘闭着眼睛唱出在幽冥看见各种花草。突然失惊打怪："这株花萎谢了，是冤魂变成害虫咬花蕊……"随即化为花姐口吻指点：这花就是某人（病者），冤魂又是某某……于是主家叩头哭求，花姐从中斡旋，仙娘推波助澜，达成阴阳两界解冤消仇（欧阳平：《旧时川东的端公与观花婆》，《红岩春秋》1996年第1期，第44页）。

② （清）傅崇矩编：《成都通览》（上），巴蜀书社1987年版，第394页。

③ 金文图书公司编辑部编：《中国民俗搜奇》（第一集），金文图书有限公司1977年版，第120页。

④ 与端公一样，师娘子也是跟随汉移民大军而进入西南广大地区的，其巫术活动本身亦属于汉巫文化系统。因此《中国风俗辞典》"师娘子"辞条即曰："旧时汉族民间女巫。"（叶大兵、乌丙安主编：《中国风俗辞典》，上海辞书出版社1990年版，第714页）

州总志》即载："按州属多男巫，其女巫则谓师娘子，凡咒舞佑，用男巫一二人或三四人，病愈还愿，谓之阳戏。"① 事实上，"师娘子"这一称呼本身，即从端公的角度来命名，有些端公科仪中即把"师娘子"直称为"端师娘子"，由此可见师娘子在原始宗教活动中地位的下降，及其自身文化形态被端公所"型塑"（self - fashion）的历史信息。

西南广大地区端公有所谓"师娘教"一派系，此即为在双方的文化博弈中，师娘子之法事技艺被统合进端公文化之结果。因此，"师娘教"这一称呼，并非强调执事人员均为妇人，而主要指职掌技艺与传承体系的不同。② 但值得注意的是，根据笔者的调查及文献材料中的记载，顶敬"师娘教"派系的端公，一般均言其师祖为妇人，这就充分说明"师娘教"之生成，确系女巫传承之结果。当然，在"师娘教"内部，由于传承派系的不同，各坛班顶敬的师祖也会各有差异。例如，贵州省德江县平原乡洋乐片区的端公坛班顶敬黄师娘、覃师娘；煎蔡镇偏岩片区的端公坛班顶敬田师娘、邓师娘；高山乡中和村端公曾广东顶敬的则是金氏师姐、柳氏师娘，并在"师坛图"上明确记载着"湖北启教"（蒋师娘、冉师娘）和"湖南启教"（柳妙仙、杨师娘）的流传过程。由此可见，与端公文化一样，"师娘教"之体系亦非西南本土文化，亦属于汉移民文化之范畴。下引贵州德江"师娘教"端公掌坛师曾广东的"师坛图"③，可见一斑，如图 2 - 1 所示。

---

① （清）王鳞飞等修，（清）冯世瀛、冉崇文纂：《同治增修酉阳直隶州总志》，巴蜀书社1992 年版。

② 以贵州省德江县端公坛班情况为例。该县到 1990 年为止，共有 103 个坛班，其中信奉"师娘教"的有 8 坛，执业人数共计 32 人，且其中仅有一位掌坛师曾素芬（汉族）为女性，其他7 位信奉"师娘教"的掌坛师均为男性。曾素芬，法名曾法英，女，1914 年 2 月生，家住煎茶区偏岩乡偏岩村，是德江县唯一的师娘教女掌坛师。其 8 岁随父曾纪悟（法名曾法通）学艺，12 岁坐桥受职，正式开始从事法事活动。曾素芬自受职出师后，每年出坛约 50 次，截至 1949 年，共行法事 1000 多次，《彭古仙姐》是其拿手节目。她舞姿优美，唱腔柔婉，是德江县最著名的端公之一（李华林主编：《德江傩堂戏》，贵州民族出版社 1993 年版，第 16—24 页）。

③ 贵州省德江县民族宗教事务局编：《傩韵——贵州德江傩堂戏》，贵州民族出版社 2003 年版，第 10 页。

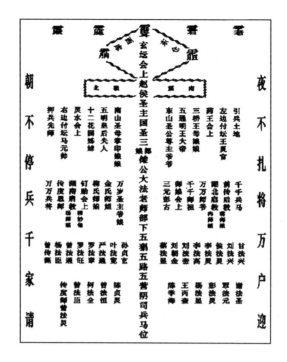

图 2－1 "师娘教"端公"师坛图"

与西南端公的其他教派相比，"师娘教"在表演风格、法事科仪、顶敬神祇方面均有属于自身的特点：一般以祭祀性法事、法术为主①，且小法事居多，大道场较少；从表演风格上看，"师娘教"柔美细腻、唱腔婉转、舞步矫健；所顶敬神祇亦多为女神。如师娘教"开坛"中就有这样一段唱词，所请神祇全都是女神：

> 一炷真香炉内焚，迎请天仙地仙水仙娘。
>
> 天仙不仙齐请到，骑风骑虎骑龙降道场。

---

① 在民间，"师娘教"的法术被认为最灵，且整人最厉害。据贵州省思南县端公掌坛师田应贵讲述的一则传说，茅山教（亦称为玉皇教正法）端公马法纪初来思南传法时，见"师娘教"坛已颇为盛行，自己无立足之地，便想逐渐消灭师娘教。一日，一师娘正做法事，马法纪施法，使其直想解小便，做一会儿法事就得解裙子。不久，师娘路过红花岩，见一汪汪大塘，其间有一栋大瓦房，马法纪正在起海水睡大觉，她就启干海水，朝着瓦房吹上三声牛角，一把雷火烧死了马法纪（卢朝栋主编：《思南傩堂戏》，贵州民族出版社 1993 年版，第 7 页）。

九天圣母九天娘，你在天官拜玉皇。

统兵圣母笑哈哈，身骑白虎打铜锣。

金氏师姐坐得高，左手执牌右执刀。

牌里有口不说话，师刀无口闹沉沉。

度关王母是天仙，救男救女她向前。

六曹案子前引路，十二花园姐妹随后跟。

送子娘娘身穿黄，家家户户送儿郎。

听吾角号来相请，迎请满堂神圣作证明。①

云南文山州端公在"开坛"法事中有拜送开坛仙娘之仪程，由坛师代开坛仙娘礼请十方神鬼。② 该仪式中所唱内容相当繁杂，唱词多达450多句。礼请神鬼，上至三教男女尊神，下至主家老少亡魂。而开坛仙娘对自身形象的描述，却颇似乡间女巫："西弥山前有一家，七人姊妹会剪花……只有我女不会剪，头戴五佛二菩萨，东家玩耍到西家。一根丝帕四角方，宝宁设计在高上。早晨打扮红花女，晚间遮个小师娘。"③ 此外，在西南多地的端公法事活动中，还必出"唐氏太婆"此一神祇。唐氏太婆亦称唐氏仙娘（有的坛班唐氏太婆与唐氏仙娘为两个人），其职司为打开桃源三洞请出24个面具；另有神祇"仙锋小姐"，专司催愿和勾愿之

① 李华林主编：《德江傩堂戏》，贵州民族出版社1993年版，第4页。
② 重庆市巴南区接龙镇汉族端公在"开坛"法事中，亦是由仙娘（仙娘）礼请各方神祇。其中，在礼请上、中、下三教神祇时唱道，"上三教细听名目。释迦佛生老死苦，雷音寺毫光闪出。李老君治下水土，治五行金能克木。孔夫子儒门圣主，教训有三千门徒""中三教细听名目。北方地去请真武，统十帅脚踏龟物。南海岸观音老母，净水瓶绿杨洒出。桂花院文昌圣主，定礼乐五经诗书""下三教细听名目。灌州城迎请川主，锁孽龙威镇西蜀。璧册城迎请土主，麻城县火光救出。苏州城药王戏主，吴道子背药葫"［胡天成：《四川省重庆市巴县接龙区汉族的接龙阳戏——接龙端公戏之一》，王秋桂主编《民俗曲艺丛书》，（台北）财团法人施合郑民俗文化基金会1994年版，第122—124页］。
③ 赵大宏：《云南省文山州西畴县鸡街乡太平村汉族冲傩戏、阳戏调查》，《民族艺术研究》1994年第5期，第34页。

职。此二角色亦可看作"师娘文化"在端公文化中渗透与交融的例证。

师娘子之巫法技艺融入端公文化体系之内，可谓对端公文化结构本身产生了极为深刻之影响。至今，西南各地端公均有一坛重要法事，即为《搬师娘》（或称《请师娘》）。以贵州铜仁端公科仪《请师娘》的一个片段为例，其中即有到思南去"搬师娘""请仙娘"的唱词：

徐海（唱）：

奉了将军一支令，思南塘头走一程，

三步把做两步走，两步把做一步行，

走路不快就骑马，骑马不快就腾云，

一驾祥云齐升起，腾云闪闪到思南，

拨开云头举目看，思南不觉在眼前。

（白）行来行去，行到此地，门上写着"香火通行"。这一定是祖师的家，待我叫喊一声："咄，有人在家吗？"

师娘：何人如此无礼，在外叫喊作甚？

徐海：师娘有礼，我前来非为别事，专为迎请师祖前去铜仁为恩东户主求还五岳良愿……①

除了法事科仪中"搬师娘"外，端公法事表演中亦可见"师娘教"多歌舞表演之特点。民国年间有向楚主编《巴县志》卷五的《礼俗》的《风俗》篇记载：

《蜀语》："男巫曰端公。"《仁怀志》："凡人有疾病，多不信医

---

① 卢朝栋主编：《思南傩堂戏》，贵州民族出版社 1993 年版，第 7 页。关于《搬师娘》科仪之详细内容，还可详参宋运超《祭祀戏剧志述》，贵州民族出版社 1995 年版，第 260—270 页。另外，在此《搬师娘》科仪中，曾提及"牛角不尖不过界，思南师娘湖南来。离开思南走沿河，不觉到了德江来"。由此可见，"师娘教"亦属于外来移民文化，而非属西南本文化系统。

药，属巫诅焉，曰跳端公。"《田居蚕食录》："按端公见元典章，则其称古矣。"今民间或疾或祟，即招巫祈赛驱逐之，曰禳傩。其傩必以夜。其术名师娘教……巫党椎锣击鼓于此。巫或男装或女装。男者衣红裙，戴观音七佛冠，以次登坛歌舞，右执者曰神带，左执牛角，或吹，或歌，或舞，抑扬跪拜以娱神。曼声徐引，若恋若慕，电旋风转，裙口舒圆，散烧纸钱，盘而灰去。听神弦者，盖如堵墙也……事毕。移其神像于案前，令虚立碗中。歌以送之。仆则谓神去。女像每后仆，谓其教率师娘主之故，迎送独难云。①

材料中描绘端公"或吹，或歌，或舞，抑扬跪拜以娱神。曼声徐引，若恋若慕，电旋风转，裙口舒圆"之情景，显示出"师娘教"多歌舞表演之特点。此特点在西南端公法事活动中多有体现。另外，在端公法事活动中，除主要运用"端公调"外，还常用"师娘调"之唱腔，其来源即为师娘子主持祭神驱邪、除病免灾仪式中用的唱腔。"师娘调"为上、下两句结构，且上、下两句起腔略有差异，主要是中间变化求得对比，收腔则完全相同，落在"角"音"3"上，为典型的五声音阶角调式。而"端公调"也以五声音阶为主，但最为常见的是徵调式，约占一半以上，且在实际演唱中表现为多种形态，而以含"5"的徵调式最有特点。含"5"的徵调式大多见于法事类曲调，"5"一般出现在下行的句末。由此，"师娘调"与"端公调"共同构成了端公法事活动的两大唱腔，如图 2-2、图 2-3 所示。②

综上所述，由于历史发展与师承关系之不同，师娘子作为女巫文化之代表，拥有与端公相异的巫法技艺，且在民众生活中占据着自身的文化领

---

① 引自张永安《巴渝戏剧舞乐》，重庆出版社 2004 年版，第 188 页。
② 下引"师娘调"与"端公调"两大唱腔，分别引自顾朴光、潘朝霖、柏果成编《中国傩戏调查报告》，贵州人民出版社 1992 年版，第 96 页；李世斌、李恩魁编著《陕西风俗歌》，陕西旅游出版社 2003 年版，第 272 页。

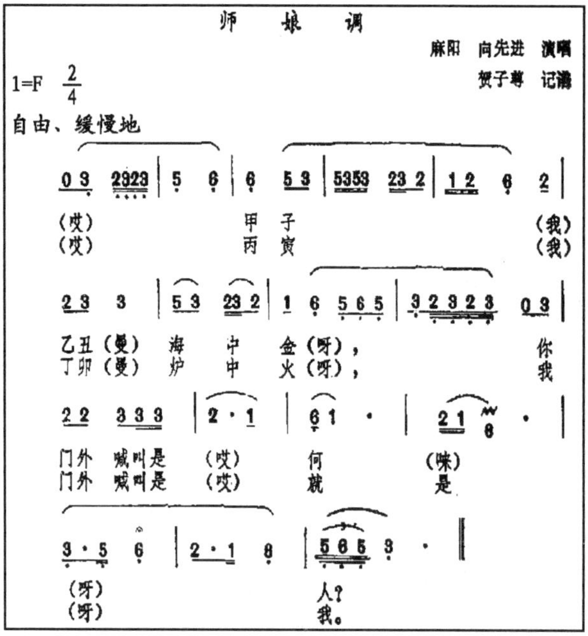

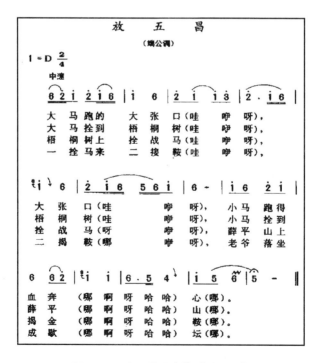

图 2-2 端公唱腔中的"师娘调"

图 2-3 端公唱腔中的"端公调"

地。但是双方在文化接触、交流乃至博弈中，端公文化明显占有更大的优势，以致师娘子的文化领地被端公一再挤压，并最终被统合进端公文化体系之内，而成为"师娘教"此一派系。①　"师娘教"之生成，对于端公文化结构产生了重要影响，它不仅丰富了端公的法事科仪，更使端公的唱腔、法事表演发生了诸多变化，使其更具"柔美细腻、唱腔婉转、舞步矫健"之特点。由此我们说，西南端公文化中其实统合进了"师娘文化"之因子，端公与师娘，盖派异而流同。

二　端公信仰中的茅山教与梅山教

若论西南端公宗派归属中的"师娘教"派系，表征了端公与巫（女巫）文化间的内隐关联，那么诸如玄黄教、通天教、玉皇教、老君教、合会真玄教之属，则明显透露出端公信仰中的道教文化内核。端公与道教确有千丝万缕之联系，但在纷繁的与道教相关的宗派称谓中，我们应特别注意茅山教与梅山教二派系，他们可称作西南端公信仰中的大宗派，且占据着主导之地位，其他诸如老君教、玉皇教、玄黄教等称谓，很有可能就是茅山派与梅山派的别称。

西南各地端公所挂"师坛图"，多明确写有"茅山启教"和"梅山启教"字样，并详细记录着历代师主之姓名，现引贵州省德江县端公张金辽的"师坛图"②　所记：

> 茅山启教：刘元兴、刘元生、刘应乾、刘应榜、刘应第
>
> 梅山启教：张法娘、谭法娘、苏法娘、熊法娘
>
> 前代师祖：冉法胜、田法胜、朱法灵、何法道、蔡法通、熊法胜、罗

---

①　我们这里言及端公文化对师娘文化的统合，并非意指师娘文化已经彻底失去了其独立性，而是强调了端公文化体系内涵容了师娘文化因子。事实上，现在西南乡土社会，师娘子这一人群仍然是存在的，但她们的执事范围多为小型的法事活动，诸如观仙、画蛋、走阴之类，是一种纯巫术行为，其文化影响力较端公相距甚远。

②　贵州省德江县民族宗教事务局编：《傩韵——贵州德江傩堂戏》，贵州民族出版社2003年版，第10页。

法高、李法清、赵法灵、王法真、赵法兴、张兴开

正坛师祖：鲁法清、鲁法高、李法旺、安法兴、刘法旺、罗法开

天祭师祖：杨法道、赵应开、赵应玄、黄法胜、杨法开

端公行法事时，须搬请"师坛图"上的教主：

师！观请何神？观请何主？观请茅山启教刘元兴、刘元生、刘应乾、刘应榜、刘应第；梅山启教张法娘、谭法娘、苏法娘、熊法娘……①

再看贵州省湄潭县端公所挂"师坛谱"（如图2-4所示）中，除"佛门启教""道门启教"等笼统标示外，亦明确载有"茅山启教十八先师""梅山启教六真人"②。

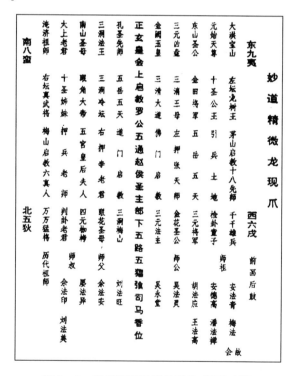

图2-4 贵州湄潭县端公所挂"师坛谱"

---

① 德江县民族事务委员会、贵州民族学院民族研究所编：《德江土家族文艺资料集》，内部编印，1986年，第258页。

② 潘年英：《民族·民俗·民间》，贵州民族出版社1994年版，第61页。

西南各地端公将茅山与梅山视为其启教圣地，绝非偶然之举，此二山在西南端公信仰中确有十分重要之意义。[①] 众所周知，茅山乃著名道教圣地，位于江苏省西南部，系道教第八洞天、第一福地和第三十二小洞天。相传汉元帝初元五年（前44），陕西咸阳茅氏三兄弟（亦称"三茅真君"）来茅山采药炼丹，济世救民，因之被称为茅山道教之祖师。后齐梁隐士陶弘景集儒、佛、道三家创立了道教茅山派。元代成宗大德八年（1304），随着第三十八代张天师被朝廷封为"正一教主"，茅山便被正一道尊为三大圣山（龙虎山、阁皂山、茅山）之一。西南端公法事科仪中多有"茅山启教""茅山学法"之说，如贵州德江端公科仪《报门》中，明确声称"风吹茅草扫地开，吾从茅山学法来"[②]；《祭兵》科仪中则言"茅山有个李老君，天开皇榜传正教"，而在拜请的八位法主中亦有"茅山启教第七主"之唱词。[③] 甚至端公还将其操作、表演的法事活动直接称为"茅山

---

① 其实，茅山与梅山信仰不仅在西南端公中普遍流行，在广西、广东等地的宗教执业者中亦奉其为祖庭。例如，广西仫佬族的"法门弟子"（指道教）即分为"茅山弟子"和"梅山弟子"两类，有时一人可兼两门法术。其中以"梅山派"居多，他们主要做"依饭"、安花、调楚王等法；茅山弟子则做追魂、追花、翻犯等法事（详见宋恩常编《中国少数民族宗教初编》，云南人民出版社1985年版，第320页）。广西汉族和壮族的"师公"亦分"茅山"和"梅山"两派，且以"梅山派"为主，有时两派联合主持法事。壮族有不少梅山起教的口头传说，保留了早期师公传承的重要资料。流传最广的是"三元"至梅山学法的故事。大致的情节为：有三个同母异父的兄弟名称唐道相、葛定应、周护正，拜到梅山教主门下学"师公"。学成后为皇太后治病有奇效，被封为上中下三元真君（或三将军）。梅山教主圆寂后，三元入广西传教，从此广西遍布"师公"（孙亦华、朱碧光：《广西象州县壮族师公舞》，《民族艺术》1986年第3期，第190—197页）。另外，广东和福建的畲族师公也自称师承茅山的衣钵，他们在《高皇歌》中唱道："当初天下精怪多，茅山学法转来做。"［凌纯声：《畲民图腾文化研究》，《国立中央研究院历史语言研究所集刊》（第16辑），1947年版］由此可见，梅山与茅山信仰，应该是中国南方不同地区、不同民族、不同流派的宗教职业者，包括"端公""师公"等，共同敬奉的一种信仰。为避免枝蔓过多，本书对"师公"中的"梅山派"与"茅山派"，以及"端公"与"师公"的关系等问题，不作进一步展开。

② 贵州省德江县民族宗教事务局编：《傩韵——贵州德江傩堂戏》，贵州民族出版社2003年版，第253页。

③ 同上书，第336页。

戏"①。凡此种种，皆可证明端公与茅山道教②之渊源关系。

与茅山相比，梅山虽在《道藏》中不见记载，亦未被列入道教的洞天福地，但其是历史上道教传播于南方的根据地之一，因此亦可被视为道教中一派系。③"梅山峒"之地名，始见于《宋史》：

> 梅山蛮峒，旧不与中国通，其地东接谭、南接邵，其西则辰，其北则鼎、澧。而梅山居其中……熙宁五年……遂檄谕开梅山……乃筑武阳、关硖二城。诏以山地置新化县，并二城隶邵州。自是，鼎、澧可以南至邵。④

"梅山"在今湖南省中部，沅、湘与洞庭、南岭之间的雪峰山区，古为蚩尤九黎、三苗部落聚居地，西南时期先楚族群南渗并逐渐与原住民融汇，秦汉时形成盲地，唐宋时仍"不与中国通"。北宋神宗熙宁五年（1072），梅山被开化置县，是为新化县，南宋时始有小股中原和江西移民迁入，明初开始从江西大规模移民。就在各种文化反复冲撞和交汇的过程中，"梅山派"不断向"溪峒诸蛮"中渗透，最终站稳了脚跟。而从道教名山分布的地理态势来看，梅山一方面与江苏的茅山、江

---

① 在乡民社会，民众对于"戏"这一概念的理解与学界认定的诸如"以歌舞演故事"之类的戏曲概念并非完全一致。面对端公在法事活动中头戴面具、手舞足蹈、连唱带念，民众便认为这就是"戏"了。因此，"茅山戏"这一名称的实质是端公祭祀仪式，而非指一般意义上的戏剧表演活动。此一问题，后文还会有详细论述，此处不作展开。

② 关于茅山教的诸多特点，可参阅张泽洪《中国西南少数民族梅山教研究的意义》，《宗教学研究》2010年第4期，第137页。

③ 有人认为《道藏》等道书中找不到"梅山"之名，因而不同意将"梅山"一派归入道教。此种理解固然有一定的道理，但是，我们不应忘记：历史上很多宗教派别的名称其实都是后世的研究者加上去的，如道教中的"神霄派""洞渊派""天心正法派"，俱是如此［见卿希泰主编《中国道教史》（第二卷），四川人民出版社1992年版］。名称或概念的出现和规定，是为了用以更方便地说明或界分某一事物或现象，我们大可不必拒绝某些新产生的名词。古人且云"得意忘象"，我们又何必执着于言象？

④ （元）脱脱等撰：《宋史》（第四〇册），"西南溪峒诸蛮下·梅山峒条"，中华书局1977年版，第14196—14197页。

西的龙虎山遥相呼应；另一方面它所辐射的湘、黔、川、滇等地区，又恰恰是道教名山分布最少的区域。① 正由于梅山教派在这一地区没有太多的竞争对手，才使其势力可以延伸到偏僻落后的山区和少数民族聚居区。

值得注意的是，"梅山"在西南端公的认知中，不仅作为启教圣地而存在，还被视为神灵的栖息地，因之称为"梅山神祇"。所谓"梅山神祇"，主要指上、中、下三洞法主——上洞梅山胡大王、中洞梅山李大王、下洞梅山赵大王②及其统领的神兵神将。端公在主持、运作法事过程中，常常要"搬请"梅山兵马。贵州思南端公在"差兵祀船"法事中即云："祖师兵马我点过，又来点个梅山兵。家住金子岭梅子凹，蛾铜长大一坵田，那些梅山身出处，火速领兵出坛门。梅山兵马我点过，又来点个小山兵。"③

黔北道真一带端公常行"和梅山"一法事，即"和送梅山神"，包括上、中、下三洞法主及其统领的七路草神、端枪童子、捉火郎君、嘘风打哨、唤狗二郎，放索童子、收杆郎君、巡山土地、把网大神、游傩天子、捕猎神将等梅山会上追生捕禽打鸟一类兵将。依民间俗信，此类神祇一旦为人"撞上"，便会失去魂魄而致精神恍惚甚至癫狂成疾，而必须借助"和梅山"法事以施拯救。具而言之，即需采用"和平"的手

---

① ［日］福井康顺等监修：《道教》（第一卷），朱越利译，上海古籍出版社1990年版，附图。

② 需要指出的是，三洞梅山神祇之名号，各地说法略有出入。贵州思南端公敬奉的是上洞梅山赵大王、中洞梅山李大王、下洞梅山胡大王；而在道真端公那里敬奉的是上洞梅山胡大王、中洞梅山李大王、下洞梅山赵大王。贵州江口一带端公供奉的"三洞梅山王"：上洞赵大王、中洞李大王、下洞付大王。湘西一带端公分立的上、中、下三洞梅王为：上洞梅山李大王、中洞梅山赵大王、下洞梅山胡大王。

③ 卢朝栋主编：《思南傩堂戏》，贵州民族出版社1993年版，第111页。"差兵祀船"法事属小祭小纳，于法坛之闲举行。意为端公押恶鬼经过江河，必须祀船，才能顺利通行。唱词中提及的地名"金子岭""蛾铜"，位于湖南省西南部的新宁县，此即为梅山所在区域。

段，将梅山"三大王"部下兵将送往他方世界，取回病者丢失的魂魄使之回归常态。①

　　四川省的端公亦相信梅山是阴魂的归宿。凡为病人驱邪，必在夜半跳"打梅山"，清末傅崇矩所编《成都通览·成都之迷信》对"打梅山"之情形有较为详细之记述：

　　　　凡病重请巫，三更后，必有《打梅山》一剧，亦不知何鬼神，大约系五倡之类。巫者画脸，现怪相，助以粉火，大声疾呼，在病人室中大肆搜索，开门驱鬼，出外而返。尤可笑者，凡近邻之有小儿已熟

① 其实，"和梅山"此一法事，在湘中、贵州省德江、四川省合江等地都有流传。关于道真"和梅山"法事之具体情况请参阅龚德全、冉文玉《〈和梅山〉傩仪的象征人类学解析》一文（载冉文玉主编《道真古傩》，贵州民族出版社2012年版，第47—52页）。此处仅就该法事的主持者、举行时间、举行地点、所用法器、仪式场景、科仪程序等六项内容做一简要记述，以把握其梗概。其一，仪式的主持者，除须有一名经过拜师学习、"抛牌"授职的巫教先生（亦称"法师""道士""端公"等）掌坛外，尚需三洞法主、扮端枪童子、捉火郎君、梅山土地扮演者6人及奏乐者4人，总需11人。其二，仪式举行时间，须由承接本仪式的法师依据《鳌头通书》或《象吉通书》择定。所择定日子必须是送神吉日与送瘟鬼吉日。其三，仪式举行地点，原则上须在事主（亦称"施主""祀主"或"愿主"）家中肃穆庄严且较为宽敞的堂屋。其四，仪式所用法器（物）"阳总真案"（或代以"华山案"）、桥案、令牌、竹卦（一副）、法印、牛角、师刀、宝剑、牌带、大锣、二锣、马锣、铰子、鼓、钹、梆子、法衣、法帽、花冠、法裙等；道具有雄鸡、鸭、蓑衣、斗笠（或草帽）、鸟枪、弓箭等。其五，仪式场景（亦称"坛场"），正式举行之前须加布置。即于堂屋的神龛（俗称"香火"）之下安设高方桌，并用竹篾彩纸于上扎制"华山宝楼"，于后张挂"阳总真案"（或"华山案"），继而焚燃香烛，陈献米粑、豆腐、净水、酒醴、刀头、蓝蛇肉绺（猪肉或羊肉。自鼻沿背脊至尾长形肉绺）、雄鸡、茅船（配盐、茶、米、豆、辣椒、麻线、五色线、柴棍、木炭、马料等物）及长、散钱等。其六，仪式程序系仪式的纲目与统帅，其中包纳"和送"目标的全部内容。共计有申文、搭桥、差兵祭将、赎魂、关请（上元法主、中元法主、下元法主、四元枷拷、五猖大将、引兵土地、押兵老师、中天星主、北极紫微元卿大帝、历代师公师祖等）、造船、出神（三洞梅山等神祇出场）、领受、保管、推遣、掩押、交钱、和送、取魂、闭门、招呼香火16道。其七，仪式操作手段，除跪礼迎神、请领荤醪、火化银纸、反复劝酒、"保""推"祈祝、跳跃歌舞（舞步有"半边月""三穿花""长蛇阵"等）等"文"性的内容外，也有画符讳、念咒诰、挽手诀等强化法力的手段。如符讳即有解秽符、功曹符、护身符、泓澄讳、藏身讳、枷拷讳、雷神讳、灵官讳、井字讳等；咒诰即有灵官咒、藏身咒、三净咒、解秽咒、闭门咒、统瘟咒、迷魂咒、老君咒、三师咒、书符咒、土地咒、雷坛咒、真武咒、枷拷咒、栾巴咒、十二总咒、治邪咒、总雷咒、玉皇诰等；手诀即有祖师诀、本师诀、金厢诀、玉印诀、护身诀、铜毛盖诀、铁毛盖诀、七朵莲花诀、老君坐殿诀、玉皇大枷诀、五雷五黑诀、拦前断后诀、黄斑恶虎诀等。由此观之，在"和平""温和"的主导精神中也内蕴着"武"力震慑的成分。

眠者，其父母呼之醒，谓不如此，恐小儿之魂被梅山带去。并用米一杯，布包杯口，放置枕上，俟七日后，必将此米煮粥以饲小儿。①

从以上所述西南端公"和梅山""打梅山"等法事行为可以看出，他们的活动有重斋醮法术而轻神仙道的特征，而此一特征颇似天师道的传统。由此看来，梅山教派很有可能就是保留了早期道教巫术色彩的天师道的一个支派。而茅山教派也奉持天师道的传统，以法术著称，这样两派之间就有了互通的基础，因而常常结合在一起。这也是西南端公"师坛谱"中常将"茅山启教"与"梅山启教"并称的一个重要原因。

三　作为"民众道教"的端公信仰

作为端公信仰中的两大宗派，"茅山教"与"梅山教"的诸种法事行为、表现，已经确证了西南端公与道教的深沉关联。②若说道教是端公信仰的文化内核，应该也是可以成立的。但这里需要明确的一点是，西南端公信仰绝非属于"正规道教"，而只能归入"民众道教"之范畴，或者说属于道教的俗化形态。

---

① （清）傅崇矩编：《成都通览》（上），巴蜀书社1987年版，第556页。

② 有学者认为，端公其名的产生，似与道教南宗祖师张伯端的名字有关。张伯端，北宋著名道士，著《悟真篇》，宣扬内丹修炼和道教、禅宗、儒教"三教一理"思想。道教奉之为南宗或紫阳派的祖师，称为"紫阳真人"。张伯端入道之前，曾坐累充军岭南。后自广西桂林转入蜀，至成都，于青城山得异人授以金液还丹诀，乃改名，并号"紫阳"。张伯端本为南方人，其从道期间，又多在后来端公称谓分布的区域范围内活动，极力主张儒、释、道"三教一理"为真理性思想。其布道时期与推测的世俗化形式产生的时间，也较相合（用以指代巫师之端公名称的出现，最早不会超过宋代）。因此，道教南宗教义深入民间巫文化之中，获得世俗化存在形式，或巫师冒"三教一理"派系弟子之名，奉张伯端为祖师，取一"端"字，或自称或他称，渐源起端公一名（李星星：《曲折的回归——四川酉水土家文化考察札记》，上海三联书店1994年版，第151页）。虽然此一说法明显带有一定的猜测性，但西南端公所奉教理明显地受到自宋元以来道教"三教合一"理论的影响和渗透是事实，因此，此亦可作为端公与道教深沉关联的一个旁证。

关于"民众道教"一说，学界向来多有讨论。日本学者最早提出中国道教可依其形式与内容，分为两大类别：一类是拥有道观和道士的教团组织的"成立道教"，亦被称为"教团道教"或"教会道教"；另一类是总称民间一切道教信仰的"民众道教"①。虽然把中国道教分为两种类型之观点，从某种意义上说已成为今日学界之定论，但对于"民众道教"内涵之理解，学界却有诸多分歧②，各方争论之焦点主要集中于那些既区别于以宫观为基地的"正规道教"，又区别于民间巫术信仰的"民众道教"，究竟有无有形的宗教实体，易言之，是否属于有组织、有派系的宗教行动团体？显然，对于此问题的理解，完全凭借理论的推演似难廓清，必依凭大量的实态研究，才有可能对民众道教的组织、信仰和活动以及它们同"正规道教"和民间巫术信仰的差别进行具体的阐述。而西南端公操作法事的行为、方式以及活动特点，似可作为观照"民众道教"特征的一个很好的

---

① ［日］酒井忠夫、福井文雅：《什么是道教》，［日］福井康顺等监修《道教》（第一卷），朱越利译，上海古籍出版社1990年版，第4页。另外，"教会道教"与"民众道教"这一对应性称谓，还有多种变异性说法。其中，"教会道教"又被称为"道士道教""正规道教""理论道教""哲学道教"等；而"民众道教"又被称作"民俗道教""通俗道教""民间道教"等。目前，将中国道教分为"正规道教"与"民众道教"两大范畴，已成为国内外学界之共识（［日］窪德忠：《道教诸神》，萧坤华译，四川人民出版社1989年版，第29—30页）。

② 作为一种"理想型"的概念分类，"民众道教"与"正规道教"两大范畴，其实并不能做出截然的分野，而关于"民众道教"之内涵、特点与范围，及其与"正规道教"明确的界限等诸多问题，也并不是一个完全可以凭借理论推演就可以搞清楚的问题，相反，唯有通过大量的实态研究，才有可能对此有较为深刻的理解。而正是由于目前缺乏足够的实态研究，才使目前学界对于该问题产生了诸多分歧。括众家之言，学界关于"民众道教"内涵的理解，主要有下三种代表性的观点：第一种观点认为，同儒教相比，"道教本身更具民众性"，是由信仰结成的农民或民众的集团结社，及王朝认可的教团。当把农民或民众的社会集团作为主体来考虑的时候，即称之为"民众道教"。该观点将宋以后打着三教合一旗帜的全真教、真大道教、太一教、净明忠孝以及赞同善书和宝卷的三教合一集团都归入民众道教的范畴。第二种观点认为，"道教作为宗教具有阴阳两种颜色，即有两面性。阳面的道教是服从国家型，以道士们的道教为代表。与之相对，阴面的道教具有农民性或民众性，可包括民众中间的各种道教信仰和宗教性集团。将之与道士们的道教相对，可称为民众道教"。第三种观点则把民众道教解释成"道教系统的民间信仰"。易言之，即否认民众道教是有组织、有派系的宗教行动团体，而只是弥漫在民间的道教式信仰和非系统化的祭祀行为（参见郭净《中国面具文化》，上海人民出版社1992年版，第482页）。

切入点。下面我们拟从坛班组织、神灵谱系、科仪结构等三个维度，来探讨端公信仰作为"民众道教"的基本特征，并借此把握"民众道教"与"正规道教"间的差别。

（一）坛班组织

端公的组织一般以"坛"（亦称"坛班"）为单元，每个坛班七八人至十数人不等。依端公法事本领的高低、入坛时间的先后以及在坛影响的大小，分别被封以"都督""都司""都察"等职，封职仪式在老君台前举行。受封后，每人要取一个法名，法名一般都带有一个"法"字，如前述贵州省德江县端公张金辽"师坛图"上所记正坛师祖：鲁法清、鲁法高、李法旺、安法兴、刘法旺、罗法开。但也有一些不带"法"字，如云南省文山州西畴县一带陈家端公坛班按法谱（共40代）取法名分别为：清净智慧、道德贤明、真儒信海、吉照普通、兴园广述、本觉昌隆、能人圣果、斋尺戒定、韦传法令、永结祖宗。[①] 云南省昭通一带"龙门派"端公的法名字辈为：道德通玄静，真常守太清，一元来复本，合教永扬名，知礼忠诚信，崇高嗣发兴，世景荣维茂，须微衍智灵。[②] 这主要缘于不同教派传承谱系的差异。

按照法事分工的不同，坛内端公分别有掌坛师、接法师、封神师、抛牌师、引见师、唱度师、誊录师、证盟师、雕法师、保举师等诸多职掌名目。[③] 掌坛师是坛班的核心人物，他既是坛班的组织者和领导者，也是精

---

① 赵大宏：《云南省文山州西畴县鸡街乡太平村汉族冲傩戏、阳戏调查》，《民族艺术研究》1994年第5期，第26—27页。

② 王勇：《云南省昭通地区的汉族移民与傩文化》，云南省社会科学院历史研究所编《中国西南文化研究》（2），云南民族出版社1997年版，第162页。

③ 需要说明的是由于地域及坛班承的不同，各地端公坛班职掌名目并不完全相同。上文所举多见于贵州端公坛班之情况，而在湘西一带，端公坛班还有"传度师""接度师""引度师""唱度师"等名目；在云南一带，则主要有掌坛师，其下的"帮师"为引荐师、证明师、抛牌师等职司名目。

通各种巫术技艺的法师，多由年长、艺精、威信高的法师担任。掌坛师家中都设有师坛，师坛上贴有师祖牌，因传承渊源、谱系之不同，各地端公师祖牌上所记内容亦不尽一致。贵州道真一带端公师祖牌上，中间一行大字为"雷坛会祖师恩师主将三师位"，两边写小字，左上角写"虔心"，右上角写"顶敬"，两边下方写师祖爷的法讳。① 引见师的职司是引带徒弟会见师傅。端公传承颇具神秘色彩，平时师傅只教给徒弟一般技艺，当徒弟掌握基本功后，且师傅觉得他忠诚可靠，师傅便择一个吉日之夜，由引见师将他引带到山上，秘密传授各种绝招。雕法师的职司是制作面具和其他道具。誊录师的职司相当于秘书，一应文字工作都由其承担，如抄"牒奏"、誊"巫书"、画"符箓"、写"字讳"等，由坛班内识字有文化者充任。抛牌师的职司在于抛传牌带。徒弟学成之后，要向相熟的女人化缘牌带，一副牌带有几十上百根布带，每个女人缝制一根，凑集拢来制成一副牌带。其余保举师、过法师、封牌师、证明师等，亦各有职司。②

端公坛班内的成员，除个别年长者外，均是从事生产的农民。平时大家很少聚集一起，只是在受到信人相邀之时，才由掌坛师临时召集坛班内其他成员，共同商讨、确定法事仪程，进而完成相关法事活动。端公的活动时间并非一年四季均可为之，而是主要以冬季最为频繁③，云南昭通一带民谚即云，"端公端公，全靠一冬，五荒六月，要垮烟囱""端公全靠腊月旺，脚杆跳成麻枝棒，眼睛熬得红彤彤"④。

由上论可知，端公的坛班组织并非像"正规道教"那样严谨缜密，成

---

① 冉文玉主编：《道真古傩》，贵州民族出版社 2012 年版，第 86 页。
② 叶涛：《傩堂戏与宗教》，庹修明等编《中国傩文化论文选》，贵州民族出版社 1989 年版，第 127—129 页。
③ 自近代以来，西南端公执业领域出现了新变与拓展，有的端公坛班亦从事佛教丧葬祭祀活动，甚至有的成为其执业活动的主体行为，显然，端公的"佛事"活动则不受季节限制，遇之即为。
④ 引自《昭通地区戏曲志》"谚语口诀"，云南省昭通地区文化局，1990 年 11 月。

员亦没有太多类似宫观内的严格约束。但值得注意的是，端公坛班内也有一些不公之于外的坛规，端公必须严格遵守，否则必受惩罚。以贵州省湄潭县抄乐乡端公坛规为例：

1. 尊重师父，师兄互敬；

2. 作法时不能说废话；

3. 出师后忌吃牛肉、狗肉①；

4. 作法时忌讳对象死亡，犯忌者划三年干龙船（停业）；

5. 不守法规者，请来各路掌坛师召开公审大会，将其开除出坛，永远不准其参与。②

当然，各坛班还有一些自制的坛规，多是在坛内众所周知的不成文的规矩。例如，徒弟一经抛牌请职，特别是掌坛后，就绝对不能去做违反法纪之事；一旦让人用绳索捆绑过，便认为掌坛行祭将失去灵验。要想恢复手艺，必另行转拜他师，重新抛牌、安师、申名、请职，否则将终身失去手艺。再如师傅死后，衣钵弟子将继承师傅的神符、字讳、口诀，以及历代祖师的姓名、年庚等，卷成纸筒缝在牌带之中，称为牌经，平时秘不示人，死后连同牌带一起烧掉。

从组织形态来讲，端公坛班内的传承谱系亦非常明晰，每个端公坛班都有代代相传的"师坛图"，记载了本坛的师徒法名，如贵州省思南县端公崔照昌坛班"师坛图"上所记本坛历代祖师的传承表：

起祖师：马法纪

授教于：庹道玄→刘道臣→金法魁→罗法灵→梁道灵→梁常旺→梁道贞

---

① 有学者认为关于禁吃牛肉和狗肉一条，可能与李老君和二郎神有关。李老君的坐骑为牛，法坛内的牛角、卦、师刀，均源出于牛身上的角、蹄和牵牛鼻子用的器物。狗则是二郎神所豢养的灵物。据传某乡的一位掌坛师曾因犯此禁，食用狗肉后行法事，在拿鸡毛挂号时竟猝然死去。该例子一直作为法坛内教训弟子的箴言（李重庆《贵州某乡的民间宗教活动》，载《当代宗教研究》1990 年第 1 期，第 16—20 页）。

② 潘年英：《民族·民俗·民间》，贵州民族出版社 1994 年版，第 57 页。

→谢登良→谢法臣→李法臣→陈法先→邓法官→沈法万→陈法圣→崔会神→周玉宣→徐先圣→李洪太→冉忠灵→冉法灵→谢法云→余氏师娘→邓法云→何法元（引进接法师）→崔道玄→张德明→崔法典→田法云→张德灵→崔德泉（崔照昌）（师叔：陈道灵、何法灵）阴传田应亨，阳传张忠云。[1]

贵州省印江县秦法通坛班历代祖师传承谱系如图2-5所示。

图2-5 秦氏坛班行坛"师坛图"

起祖师：秦法显

授教于：陈法扬→秦法胜→邓法邦→黄法印→李法正→李法高→向法虎→向法云→周法龙→周法虎→陈法新→刘法科→黄法中→刘法顺→樊法全→陈法雷→秦法扬→腾代才→罗法原→陈法高→邓法龙→潘法林→潘法

---

① 卢朝栋主编：《思南傩堂戏》，贵州民族出版社1993年版，第6页。

明→秦法全→刘法用→秦法龙→秦法通。①

　　贵州省德江县茅山教掌坛师张毓福的行坛"师坛图"②，亦十分清晰地记载着本坛历代祖师的传承顺序，如图2-6所示。

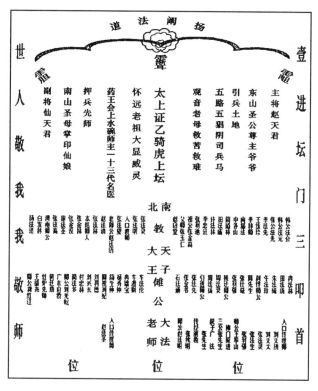

图2-6　张毓福行坛"师坛图"

　　这些历代祖师的名字，均是按字派记载入册，有的插入安师一坛的科仪中，有的则专写成册，起名宗师单。端公在操作法事时，必叩请师尊降临坛场，护持作法，确保法事灵验，并宽恕其在操作过程中的失误。例

　　①　此为笔者于2014年10月30日至11月1日对秦氏坛班进行调查时所搜集到的资料。据了解，秦法通（俗名：秦祖发）（1925—2015）一生共收门徒弟子八名：喻法群、何法初、何法旺、秦法明、秦法旺、刘法广、黄法林、秦法雷，其中，喻法群、何法初、何法旺三位法师已过世。秦氏坛班因其历史悠久、弟子众多，在印江县一带颇有名气。

　　②　引自贵州省德江县民族宗教事务局编《傩韵——贵州德江傩堂戏》，贵州民族出版社2003年版，第8页。

如，湖南湘西南邵阳县黄亭市井坝上向家坛班，前48代老祖不再叩请，现今尚需观请的祖师至少在20代以上。综观其谱牒世系，为巫者众，即有：

  二十世：德胜公奏名法胜；

  二十一世：派鸿公奏名法魁；

  二十三世：从显公奏名法显；

  二十八世：朝文公奏名法文，

     朝武公奏名法武；

  二十九世：廷玺公奏中法显；

  三十二世：德宪公奏名法度，

     德懋公奏名法全；

  三十三世：绳祺公奏名法修，

     绳俊公奏名法身，

     绳斌公奏名法富，

     绳焜公奏名法道，

     绳黄公奏名法贵，

     绳盛公奏名法高；

  三十四世：传剑，奏名法阴，

     传敬，奏名法钱，

     传鲸，奏名法理，

     传交，奏名法义；

  三十五世：绪细，奏名法旺。[1]

上述谱牒世系所载，与向家坛巫师叩请祖师降赴坛场的唱词完全一致，由此可见端公坛班传承系统的严密性：

---

[1] 向绪成、刘中岳：《湖南邵阳傩戏调查》，顾朴光等编：《中国傩戏调查报告》，贵州人民出版社1992年版，第105—106页。

这个教门是我太祖法胜、公公法魁一脉传流到如今。

领兵公公法魁、太祖法胜、法显、法应……

你在三清殿上把金牌玉印传于我，

叫我"潮水""宝山"（均系坛名）放心去，三十六傩放心行。

综上所述，端公坛内师承谱系的明晰性以及坛内成员职司分工的明确性，均反映出端公坛班是一个有组织的宗教行动团体，但该组织并非像"正规道教"那样严密。尽管也有一些坛规（多数不成文）需要遵守，但坛内成员并没有像在道观内一样受到严格的约束。此乃"民众道教"与"正规道教"之不同。[①]

（二）神灵谱系

端公行法中所顶奉的神灵纷繁复杂，难以胜数，但我们根据其神格的高低，可将这些神灵分为高位与低位两套神统。其中，高位神主要是道教神统的转型，所以各地多以三清为主，所谓"三清大道当中坐，日月二宫排两边"[②]。端公法坛上悬挂的"三清图"，常将李老君供在正中，而左右

---

① 从称谓上讲，民众对于"端公""和尚""道士"这几种文化身份有自己的判别方式。通常把道观内的宗教执业人员称为"道士"（西南有些地方，也把"端公"称为"道士先生"，这主要是源于"端公"与"正规道教"间的密切关系），而把这种有师承，但无严密组织的宗教执业人员称为"端公"。贵州德江端公"坐桥"法事唱词中，即明确区分了此三种文化身份："不提法水不知因，提起法水有根生。此水不是非凡水，原是蛟龙口吐浆。雷在昆仑山上打，水在长江江内流。道士坛前放一碗，全凭法水镇其坛。和尚经床放一碗，解除厌秽念经文。端公坛内放一碗，千兵回来要水吃，万马回来要水尝。此水发在三清殿，将来发在玉皇门。"（李华林主编《德江傩堂戏》，贵州民族出版社1993年版，第136页）

② 端公唱叙法物"根生"（来历）时，常用"此×发在三清殿，将来发在玉皇门"作结。例如：唱法旗之根生，是为"此旗发在三清殿，千兵万马赴坛门"；唱法冠之根生，是为"此冠发在三清殿，将来发在玉皇门"；唱法衣之根生，是为"此衣发在三清殿，将来发在玉皇门"；唱牛角之根生，是为"此角发在三清殿，将来发在玉皇门"；唱竹卦之根生，是为"此卦发在三清殿，将来发在玉皇门"；唱令牌之根生，是为"此令发在三清殿，三清殿内镇乾坤"；唱法水之根生，是为"此水发在三清殿，将来发在玉皇门"；等等（李华林主编：《德江傩堂戏》，贵州民族出版社1993年版，第131—137页）。

两侧则分别为孔子和佛祖。

例如，贵州省湄潭县抄乐乡端公所悬挂的图位为：

上三教：释迦佛，李老君，孔夫子；

中三教：观　音，真　武，梓　潼；

下三教：王儒者，苏东坡，佛　会。①

四川省南部县杜家楼端公悬挂的图位为：

上层，孔子，老君，佛祖；

中层，玄帝，观音，文昌；

下层，川主，土主，药王。②

两幅神图既明显体现出端公坛内三教合一之原则，又凸显了李老君的核心地位。这在西南各地端公科仪中也多有体现。贵州省道真县端公科仪"迎桥"中即唱道："一坛不了又一坛，坛坛都是老君传。坛坛都是老君教，万般还是师父传。"③ 贵州省德江县端公科仪"坐桥"中唱道："祖师、本师来行计，送给太上李老君。老君拿在手中看，金光闪闪道法玄。老君当时下敕令，亲赐与吾法坛门。"④ 有的端公坛班甚至干脆自称老君教，并认为老君教即道教。贵州省湄潭县抄乐乡端公卜兴国在谈到本坛教门时说：

---

① 潘年英：《民族·民俗·民间》，贵州民族出版社 1994 年版，第 59 页。

② 于一：《四川傩戏面面观》，载庹修明等编《中国傩文化论文选》，贵州民族出版社 1989 年版，第 290 页。

③ ［日］森由利亚主持"中国西南部巫教祭祀中的仪礼过程和口头传承研究"项目成果《贵州省道真县冲傩仪式调查报告》，内部编印，2007 年，第 39 页。此段唱词在贵州省德江县端公法事"立楼"中略有出入，是为："行了一坛又一坛，坛坛都是老君传。坛坛都是老君讲，三教传法到如今。"（李华林主编：《德江傩堂戏》，贵州民族出版社 1993 年版，第 140 页）贵州湄潭端公科仪"申文"中则唱道："唱了前坛传后坛，坛坛都是老君传。坛坛都是老君教，万般还要师傅传。千个茅山共块土，万个法坛共老君。要问老君年多少？先有吾神后有天。"（杨志刚整理《湄潭傩》，未刊稿 2012 年，第 48 页）

④ 李华林主编：《德江傩堂戏》，贵州民族出版社 1993 年版，第 136 页。

中国有三教：道教、佛教、儒教。三教起源于封神榜，各路神仙归入封神榜后元始天尊就死了。接着西方生释迦，儒教生孔子，道教生老君，最后形成了佛儒道三教。三教各有所司。佛教管生老病死（现在为死人做道场、埋死人等活路都是佛教来管），道教管金木水火土，儒教管仁义礼智信。各负其责，互不相扰。这样一来，人生的问题就得到解决了。我们就是老君教，即道教。我们老君教讲究一个法字，就是搞法术，这些法术也是老君所传的。老君生玉皇，玉皇弃国王不做而修道，修道成了就做东山圣宫上的旦子和尚。老君的继姑娘吴凤后来也学法，就做了南山圣母，即仙娘。我们现在的法术都是从这里传下来的。①

李老君在端公坛内的独尊地位，显然与"正规道教"所推崇的三清尊神，即玉清元始天尊、上清灵宝天尊、太清道德天尊大不相同。其三清图位自成一格，既将三教教主纳入神统，又格外凸显李老君而非元始天尊的尊崇地位，均彰显了端公教门与"正规道教"在神灵谱系方面的差异。

比起高位神来，端公坛内那些地位较低的神灵便显得十分庞杂，其中以巫教神、地方神为主，其数量甚至远远超过了正统的道教神祇。贵州省道真县隆兴镇端公张邦宪主持的"尝新敬祖"② 法事中所请部分神灵如下：

---

① 此则访谈材料，是潘年英先生于 1988 年调查贵州省湄潭县抄乐乡端公法事活动时根据录音整理而成（潘年英：《民族·民俗·民间》，贵州民族出版社 1994 年版，第 59—60 页）。

② 所谓"尝新敬祖"，即在玉米、豆麦、稻谷等"五谷既熟，新谷既升"而"举家未食"之前，"先敬神灵"的一种习俗活动。其时，群众多取简便礼仪，于家堂"香火"（神龛）之前焚香秉烛，献上相应饮食，奉请"皇天后土，四府万灵；神农皇帝，后稷农神；牛王道祖，五谷天神；日月五星，阴阳五行；普天星斗，河汉群真；雷公电母，风伯雨师"等各路神灵。而慎重端严者多延请端公择日（须不犯神隔日，即正七月之巳日，二八月之卯日，三九月之丑日，四十月之亥日，五冬月之酉日，六腊月之未日）于"香火"之前安设桌案，于香炉内焚燃三香一烛，左右奉呈净水、马料（生米）各 1 碗，向后依次摆放 5 碗新食、5 个酒杯、1 瓶净酒、数碗散菜、3 杯（"三杯通大道"）净茶，并备长钱 120 束（正）、散钱若干及令牌、铰子、竹卦等法物，依师尊传教，按"唱赞""酒净""禀职""通口意""请神""安位""奠酒""敬灶""保管""推遣""漂食""交钱""撤愿""削罪""奉送""回向"等 18 道程序举行"尝新敬祖仪式"（又称"尝新科仪"或"献新科仪""上尝新钱""上食新钱"等）（冉文玉《"尝新敬祖"仪式》，载冉文玉主编《道真古傩》，贵州民族出版社 2012 年版，第 182—193 页）。

恭炷真香，虔诚奉请。前去思州迎请统天旺化山王天子国王父母、灌州迎请川主万天崇应惠民大帝、贵州迎请黑神天子都督显灵大帝、正安迎请城隍主者辅德大王、璧山迎请土主清明合潼帝君、苏州迎请药王老祖紫霄大帝，迎请殿前三千口、殿后七百人、三千七百口、一百七十二贤人、神父神母、神子神孙，迎请三世神王七世老母、枯木三千、枯木树神、木包之神、木叶之精、红花幼女、历山砍树之神、独脚五道将军、西眉山上五道将军、游行破木五道将军、金上金精神、银上银精神、铜上铜精神、铁上铁精神、锡上锡精神、水上水精神、火上火精神、土上土精神、木上木精神，东殿南岳天子生案判官、死案判官，原日掌愿仙官、今日勾销使者，前去披毡漂海迎请蛮王天子九洞将军……

由此可见，端公所顶奉的神系既遵从道教的神统，又极为宽广、自由地向三教九流诸神，特别是巫教神、地方神敞开了大门，从而使端公的神系呈现出一种混融性特征。而颇为有趣，但值得注意的一点是，那些高高在上的天神教主，往往是作为道统的监护者而存在，其实并不直接跑到祭坛中行神作法。与大众日常生活息息相关的还是那些下层的小鬼俗神。而在西南端公的法事祭仪中，这后一类的小鬼俗神，还往往被安排住进桃源三洞里，俗称"洞鬼"或"洞神"。西南各地端公科仪中均有"开洞"一法事。所谓"开洞"即由掌坛师主持，两个法师表演。法师请"金角将军"① 来打开桃源三洞口，请出戏（神）。"金角将军"不知去路，法师指点其去请"唐氏太婆"（有的地方外加蒋氏太婆和戴氏太婆）。相传，唐氏太婆掌管着"桃源三洞"的钥匙，也只有她才能打开上、中、下三洞的

---

① 西南各地端公在运作"开洞"此一法事时，内容不尽一致。贵州省道真县一带端公在表演"开洞"时，角色中并无"金角将军"，而是由王灵官去请"唐氏太婆"，打开上、中、下三洞，取出百万神兵，救济万民。

锁①，唐氏太婆开洞放兵时唱道：

> 打个阳卦开上洞，打个胜卦开中洞，打个阴卦开下洞。开了下洞
> 闭上洞，开了一洞闭一洞，莫要放出害人兵。乾生八郎前引路，会童
> 老倌随后跟。开山猛将前头走，文王鞠躬随后跟。白旗先锋前引路，
> 十州和尚运星辰。柳毅相公前引路，龙女出来诉苦情。欧阳老判勾愿
> 文，当方土地说根生。东方台上借更鼓，西方台上借锣鸣。借动南台
> 架上鼓，看吾开洞发戏一时辰。②

从端公祭仪的结构逻辑来看，唐氏太婆"开洞"放兵，就是为了"发
戏"，亦即"出角色"表演。各地"发戏"的数量与名称不尽一致，如贵州一
带需"搬"出二十四戏（二十四个面具）来。这二十四戏（神）包括：唐氏太
婆、先锋小姐、开路将军、引兵土地、灵官、关羽、押兵先师、甘生、消灾和
尚、乡约保长、李龙、掐时先生、桃园土地、梁山土地、杨泗、关夫子、秦童娘
子、秦童、了愿判官、开山莽将、卜封先生、幺儿媳妇、柳毅、鞠躬老师。③

---

　①　道教经籍中所记桃源山洞，非有唐氏太婆掌管钥匙之情节，而是为谢真人管治［详见（唐）
杜光庭编撰《洞天福地岳渎名山记》，江苏古籍出版社2000年版］。关于"唐氏太婆"的身世，端公
科仪中唱述："说我家来家不远，要说无名却有名。家住河南开封府，岱宗殿前我家门。吾父有名唐
天子，余氏太婆我母亲。一母所生三姊妹，姊妹三人各有名。大姐骑龙归仙界，二姐骑龙海中存。
只有吾妹年纪小，差入桃园管洞门。"（［日］森由利亚主持"中国西南部巫教祭祀中的仪礼过程和
口头传承研究"项目成果《贵州省道真县冲傩仪式调查报告》，内部编印，2007年，第40页）从
"家住河南开封府，岱宗殿前我家门"一名可以看出，这一神祇应产生于中原，而非西南本土神祇。
　②　赵大宏：《云南省文山州西畴县鸡街乡太平村汉族冲傩戏、阳戏调查》，《民族艺术研究》
1994年第5期，第39页。另外，再补充湖南省怀化市沅陵县一带的《开洞》唱词："桃源三洞一
齐开，二十四戏请出来。初请到来初报到，开洞师主前来到。再来请又来报，报请先锋前来到。
再来请又来报，报谢金来报谢银。再来请又来报，监牲八郎前来到。开山大将前来到，砍开
五方进财门。钟馗大将前来到，拦断断后扫邪精。泗州和尚前来到，禳星谢土安龙神。范郎姜女
前来到，藕池塘中结为婚。梁山土地前来到，耕田种地管阳春。刘肖判官前来到，把笔勾销此良
因。"（胡建国《巫傩与巫术》，海南出版社1993年版，第340页）
　③　贵州省德江县二十四戏，分为上堂十二戏和下堂十二戏。上堂十二戏为：《唐氏太婆》《金
角将军》《关圣帝君》《周仓猛将》《引兵土地》《押兵先师》《开山猛将》《九州和尚》《十州道士》
《柳毅传书》《开路将军》《勾愿先锋》。下堂十二戏是《秦童挑担》《三娘送行》《甘生补考》《杨泗
将军》《梁山土地》《李龙神王》《城隍菩萨》《灵官菩萨》《文王卦师》《丫环》《蔡阳大将》《勾薄
判官》（参见庹修明《巫傩文化与仪式戏剧》，贵州民族出版社2009年版，第144—145页）。

将诸神、真仙安排进"洞天福地"居住，乃道教设计鬼神世界的一大发明，亦是道教宇宙论的一个重要组成部分。所谓"洞天福地"，意指大天之内的道教神圣空间，主要涵括了十大洞天、三十六小洞天、七十二福地、五岳四渎、二十四治、三十六靖庐等。① 端公"开洞"法事中所打开的桃源洞，号曰"白马玄光洞天"，是为道教三十六小洞天之一，地位亦不算太高，因而洞内所居之神与民众生活较为接近，皆如灵官、开路将军、引兵土地、押兵先师、先锋小姐、乡约保长等阴司兵马，而无高位之神。值得注意的是，桃源洞位于今湖南省桃源县西南的桃花源，周回七十里，与梅山较为接近，因此，端公崇拜桃源三洞，很有可能就是道教梅山派的传统。

与供在神案上的高位神不同，桃源三洞神要佩戴假面登场演唱，捉拿四方鬼怪。而此二类神灵的组合，正彰显出端公神坛具有的道与巫相融互渗的性质。

（三）科仪结构②

西南各地端公法事程序相当繁复，且各区域由于传承源流等因素的不同，往往使其表现形态也纷繁各异。但从大的结构来讲，这些法事均具有相似的结构特征。下面我们试举几例，以见一斑。

贵州省道真县主奉梓潼帝君（当地人称为"梓潼戏"）之仪程：

开响（又称"打闹台""撒帐"）—开坛—立楼—安师—安营扎寨—申文—红山路（插剧）—下天门—开财门—送子—投表（《梓潼表》）—出神（出脸子）—迎桥（又称"搭桥"）—领牲—上领牲钱

① 张兴发编著：《道教神仙信仰》，中国社会科学出版社、北京中软电子出版社 2001 年版，第 102—107 页。

② 关于端公法事祭仪结构之问题，本书后面有关章节还会有深入、细致的讨论，这里只是从大的形态上观照，借此把握端公祭仪结构生成的内部原因。

—回熟—打关—勾愿—打堂二—造船—拆营倒寨—圆满（送神）—扫火堂—回师。①

重庆市巴县接龙区庆三霄坛科仪程序：

---

① 此二十四个步骤实为大的仪式段落，每一个段落中均有若干小的环节。具体来说：一、开响：1. 启语；2. 唱"前朝古记"；3. 唱铰子的根生；4. 唱大锣的根生；5. 唱鼓的根生；6. 唱散板（又称"莲花闹"的根生）；7. 唱桌子的根生；8. 唱香的根生；9. 唱米粑的根生；10. 唱豆腐的根生；11. 唱酒的根生；12. 唱茶的根生；13. 请神；14. 迎神；15. 唱卦的根生并扣卦；16. 唱钱的根生并化钱；17. 歇坛。二、开坛：1. 报神（请神）；2. 封水碗；3. 踩罡；4. 敕席；5. 敕冠；6. 敕衣；7. 敕牌；8. 敕角；9. 观师观神；10. 请水解秽；11. 敬灶（又称"参灶"）；12. 歇坛。三、立楼：1. 玄坛结界；2. 立楼；3. 报楼；4. 点兵点马；5. 扎兵扎将；6. 收罗捆鬼；7. 扣卦、交钱。四、安师：1. 启语；2. 请神；3. 奠酒；4. 通口意；5. 领受；6. 保管；7. 推遣；8. 漂食；9. 交钱；10. 撤愿；11. 削罪；12. 安位；13. 化钱。五、安营扎寨：1. 启语；2. 请神（师）；3. 安营扎寨；4. 观师；5. 宣牒（《安营牒》）；6. 领受；7. 保管；8. 推遣、漂食、撤愿；9. 交钱；10. 安位、扣卦、化钱。六、申文：1. 启语；2. 表身份与神能；3. 叙文状的根生；4. 叙法印的根生；5. 叙钱线的根生；6. 叙"开知通保"的根生；7. 叙神马的根生；8. 迎请功曹下车起马来坛领疏；9. 劝酒；10. 宣疏文（《礼请疏》）；11. （在大门口）唱"土地赞"；12. 纳财；13. 嘱咐功曹；14. 跑功曹（剧目）。七、红山路（插剧）。八、下天门：1. 传牒打扫堂殿；2. 真武传令；3. 上文魁（又称"出魁"）；4. 上财神；5. 灵官镇台。九、开财门。十、送子。十一、投表（《梓潼表》）：1. 穿朱偈；2. 四圣上座；3. 投表；4. 唱赞；5. 回向；6. 四圣归殿。十二、出神（发脸子）：1. 上引兵土地；2. 上二郎；3. 上小山；4. 上和尚；5. 上龙王；6. 上押兵。十三、迎桥（又称"搭桥"）：1. 架桥；2. 造桥；3. 面桥；4. 锁桥；5. 亮桥；6. 神仙坐桥；7. 扫桥；8. 迎神；9. 钩兵献法；10. 谢神；11. 扎兵扎将；12. 点楼；13. 弟子坐桥；14. 拜傩拜牌；15. 交钱。十四、领牲：1. 二郎差遣聂宝打扫殿堂；2. 二郎登台；3. 开光、点像；4. 二郎领牲；5. 叉猪；6. 回程（取魂）；7. 谢恩。十五、上领牲钱：1. 请古人陪神饮酒；2. 请神领牲、作证；3. 点猪牲；4. 敕封、吩咐主人与厨官（屠夫）；5. 宣牒（《请神牒》）；6. 领受；7. 交钱；8. 安位、扣卦、化钱。十六、回熟：1. 香赞（八庙赞）；2. 洒净；3. 禀职请神；4. 安位；5. 奠酒；6. 宣疏（《回熟疏》，又名《梓潼疏》《四圣疏》）；7. 交钱；8. 撤愿；9. 削罪；10. 安位；11. 化钱·化疏；12. 唱赞（土地赞）；13. 纳财14. 回向；15. 拆席（拆席破愿）。十七、打关：1. 启语；2. 请神；3. 造关；4. 采木；5. 立关；6. 安关；7. 解关；8. 造刀；9. （唱）上刀；10. 挂号；11. （实）上刀；12. 宣牒（《禳关牒》）；13. 领受；14. 保管；15. 推遣；16. 票食；17. 交钱；18. 撤愿；19. 削罪；20. 化钱、化牒；21. 拆供；22. 度关；23. 敲枷脱锁；24. 交钱送神；25. 拆关；26. 拆桥；27. 谢恩。十八、勾愿。十九、打堂二。二十、造船：1. 启语；2. 说瘟船的根生3. 造船；4. 织棚；5. 画船；6. 亮船；7. 收五瘟；8. 收孤魂；9. 宣牒引（《造船牒》《船引》）；10. 劝酒；11. 锁船。二十一、拆营倒寨：1. 启语；2. 请神；3. 拆营倒寨；4. 献诀；5. 踩九州；6. 发船；7. 钱船请神8. 宣牒（《发船牒》）；9. 领受；10. 统领；11. 交钱；12. 削罪；13. 奉送。二十二、圆满：1. 请神；2. 投文；3. 运星；4. 化钱、化牌；5. 拆坛。二十三、扫火堂：1. 洒净；2. 开光；3. 请神；4. 领受；5. 保管；6. 推遣；7. 漂食；8. 交钱；9. 撤愿；10. 削罪；11. 安位；12. 回奉；13. 化钱；14. 扫堂。二十四、回师（冉文玉主编《道真古傩》，贵州民族出版社2012年版，第194—241页）。

开坛—请神—拆坛—开戏洞—出郎君—出仙锋—出五郎、八郎—领牲—回熟—迁坛—出梁山土地—出石州和尚—游愿拆标—勾愿—合小山（送神）—安位。①

重庆市巴县接龙区阳戏各坛科仪：

撒帐—开坛—发牒—正请—领牲—点棚—镇宅—开路—走马—催愿—接神—回熟—工兵牢子—敲枷—六位国王—田郭二位—赏杨大口—钩愿—饯驾—盖魁—扫台—造船—送神。②

云南省文山州冲傩仪程：

开坛—请神—立楼—发牒—敬灶—开洞—判牲—勾愿—造桥—合会。

云南省文山州阳戏科仪程序：

撒帐—造棚—演戏—发牒—开坛—敬灶—加官—请神—领牲—回

---

① 胡天成：《四川省接龙阳戏接龙端公戏之二——接龙庆坛》，王秋桂主编《民俗曲艺丛书》，（台北）财团法人施合郑民俗文化基金会1995年版，第195—268页。另外，接龙区另一种较为常见的庆养牲坛科仪程序为：开坛—发牒—领牲—放牲—拆坛—发案—安营扎寨—镇宅—开路—画梁变宅—叫兵—开光—回熟—初亮—二亮—三亮—造枪—发枪—祭兵—迁坛—上寿—造桥招兵—迎兵接圣—交歌鼓—踩九州—捡斋—开缸红山—盖魁—扫台（胡天成，上揭书，第23—194页）。

② 胡天成：《四川省重庆市巴县接龙区汉族的接龙阳戏——接龙端公戏之一》，王秋桂主编《民俗曲艺丛书》，（台北）财团法人施合郑民俗文化基金会1994年版，第92—354页。另外，重庆市巴县接龙阳戏分为内坛和外坛。内坛主要是做法事，外坛主要是唱戏。据阳戏艺人介绍，内坛二十四戏，外坛二十四戏，合计四十八戏。上列为内坛二十四戏（法事）。外坛戏主要有：《赐福贺戏》《长生乐》《赵云求寿》《送妹》《涌水》《斗牛宫》《口白语戏》等（胡天成，上引书，第397—470页）。

熟—送圣—出范郎—勾愿。①

从直观上看，因各自设定功能的差异，上述诸种不同地域、不同类型的端公法事活动，似乎呈现出了各不相同的科仪程序与内容，但其实有两点是相同的：第一，这些繁缛的法事均有共同的仪式目的指向，即反复将阴阳、人神两界的关系具象化，因而其连通尘世与神界的方式几乎是完全相同的。简要来说，主要包括以下几个重要方面：首先端公要发文（牒）、敬灶以传信息，礼请各界神灵；其次要搭桥、铺路、立楼，以迎神下马；再次要镇宅、开路将法坛打扫干净（解秽），并严加管束孤魂野鬼，为神创造一个清洁的环境，同时要杀牲献祭以供神享（判牲、领牲、回熟）；最后又为还愿的主人家勾愿、送神，同时还要照顾主人家（安位、扫火堂）。

第二，在这些繁杂的科仪法事中，一般都插入或夹杂了与整个祭祀似乎关系不大的歌舞或戏剧性表演（由诸神演出），如贵州主奉梓潼帝君祭仪中"红山路""出神""打堂二"等；重庆市接龙镇庆三霄坛中的"开戏洞""出郎君""出仙锋""出五郎、八郎""出梁山土地""出石州和尚"等；阳戏科仪中的"镇宅""开路""盖魁"；云南省文山州科仪中的"开洞""加官""出范郎"等。如此歌舞或戏剧性表演的融入，使整个端公法事活动的结构形态发生了重要变化，成了典型的三段式结构：

_____

① 云南省文山州阳戏科仪中的主要细部仪程有：撒帐包括鼓赞、锣赞、铰子赞、撒板赞、木鱼赞、笛赞、香赞、烛赞、茶赞、豆腐赞、斋饭赞、供桌赞等；造棚包括采木、造棚、定棚、面棚、亮棚、扫棚（龙鸡扫五方）等；演戏包括烧下马钱、鸣角通神、烧功曹牒、遣功曹、土地传奏。开坛包括拜送开坛仙娘、上香礼请、念天地咒、点五方等。敬灶包括请灶先师、念灶牒文书等；加官包括仙官点台、真武遣将踏台镇宅、为灵官开光点相、玄坛送财、小鬼砍五方、文魁点台、克则五门等；请神包括分请、总请、安位等；领牲包括提神下座、二郎领牲、唱头化二化、念领牲启语等。回熟包括遣功曹、唪经安位、仿回熟疏文、念破复口意等；送圣包括念破腹口意、谢神、送五方、送拷枷、回三伯公婆、回杨公大口、回公兵牢子等。勾愿包括割愿、拆愿、念勾愿牒、念净天地咒、念土地咒等（赵大宏：《云南省文山州西畴县鸡街乡太平村汉族冲傩戏、阳戏调查》，《民族艺术研究》1994 年第 5 期，第 28 页）。

法事（请神）——歌舞/戏剧性表演（出神）——法事（送神）

此三段式结构代入不同的地方，会有不同的表述方式，如贵州省德江县一带称为：

开坛——开洞——闭坛

而在贵州省思南县一带称作：

. 开坛——和坛（请戏神）——封坛①

这种开坛——开洞——闭坛的三段式结构②，其实就是中国农村（民众）道教祭祀的基本形态。而关于这种三段式结构的生成，郭净先生曾做出很有见地的解释，他认为是不同神系的结合使两度迎神成为必要，换句话说，是为解决道、巫两套神系的矛盾而设置的。端公在法坛内第一次迎神（开坛），主要迎的是道教之神，所用的法事也出自道门的教仪；而第二次迎神（开洞），迎请的是祭仪中原有的巫教之神，并没有很严格的规矩，大抵是由诸神轮流出场说笑一番。而此种做法，倒很像出自民间的传统。③

---

① 贵州省思南县端公祭仪的细部科仪主要包括：（一）开坛：1. 开坛·诰章·咒语；2. 打闹台·请圣号；3. 发文；4. 立楼；5. 架桥；6. 造船；7. 祭船；8. 下坛歌。（二）和坛：1. 判卦；2. 投坛和会；3. 猜字谜；4. 交标；5. 投表；6. 迎请三人姊妹；7. 大祭山抚神；8. 接送神；9. 请戏；10. 送戏。（三）封坛：1. 造茅取替胎；2. 游傩塞海；3. 度关解厄；4. 祭魂；5. 衔齿钉胎；6. 祭草神（卢朝栋主编：《思南傩堂戏》，贵州民族出版社1993年版）。

② 诹访春雄先生曾将日本的"花祭"、韩国的"特别神祭祀"，以及中国的"宗族祭祀礼仪"进行对比，发现这三种祭仪的基本构造具有一致之处，均可归纳为："迎神—舞蹈—迎神—舞蹈—送神。"其实诹氏归纳的结构，与我们谈论的三段式结构所指同一，均涵括两次迎神，一次送神，中间插入歌舞表演。诹氏认为之所以会出现两次迎神，是为了解决祭仪中的矛盾而形成。从前神不常住在村里，祭祀时要从远方来访，降临在专设的祭场，以后随着佛、道文化的渗透，神搬到村里的寺庙（神社）常住。如此与原有的观念发生冲突，为调和这一矛盾，人们便在寺庙和祭场分别举行两次迎神仪式，即先在庙里请神下临，然后再移到祭场，于是就产生了"迎神—迎神—送神"的程序［诹访春雄：《宗教礼仪与艺术——日本、朝鲜、中国的祭祀构造》，黄强译，《中华戏曲》（总第八辑），山西人民出版社1989年版，第68—90页］。

③ 郭净：《中国面具文化》，上海人民出版社1992年版，第499—500页。

综上，通过对端公派系中的"师娘教"，以及端公的坛班组织、神灵谱系、祭仪结构等相关内容的论述，我们基本把握了今日仍活跃于西南各地乡土社会中的端公信仰，基本上与中原的道教和巫术文化一脉相承。这一点，在端公自身的认知体系中也非常明确，如云南省昭通市镇雄县一户端公世家的家谱中，就明确自谓"道巫神圣遗留子孙"①。但值得注意的是，在"道巫"这一文化结构中，端公既通过供奉道教神灵、采用道教仪式和法术而保持着与道教文化的认同，又以开放的神系和神坛与民间信仰结成联盟，并借此体现出"民众道教"的本色。这里其实蕴含了端公信仰的观念系谱与传统精英文化内在性的交织与互动。至于西南端公文化体系之中的儒、佛因子，其实也是涵括在端公信仰之内核——巫道文化之内的。端公法仪中体现出的封建儒家伦理，其实是宋之程朱理学的世俗化；而端公口中的"佛"亦是儒、释、道合一，乃梵佛中国化后的产物。

第二节　调适与妥协：端公信仰的多重融变

端公信仰形态在西南地区的形成与地域性扩散，其实有着坚实的自然和文化生态基础。若以地理条件析之，西南远离中原，处于华夏文化的边缘地带，在农耕社会中往往呈现出一种半封闭、半独立的自然状态，较能保持经济及文化上的独立个性；若以文化变迁论之，进入西南的汉人在走向"土著化"过程中，作为其族徽的端公祭祀活动，也逐渐消融并置换了西南本土文化，表现出一派"唯我独尊"的架势。

然而，这只是端公信仰形态生成的一个方面；另外，作为汉移民文

① 刘家寿：《端公戏在镇雄》，中国戏曲志云南卷编辑部编《云南戏曲资料》（第五辑），内部编印，1989年，第157—161页。

化的一种民俗形式，端公信仰之所以可以逐渐下沉到西南民间，并不完全因为汉文化系统的一种强势力量，相反，端公们为了能够有效地融入西南本土社会，他们需要在知识、观念和信仰方面做出一系列的融变。而此种融变后的形态，正好透露了端公及实践者积极推动其知识、观念"在地化"的一种自觉意识，也反映了端公信仰的知识、技术走向西南乡土社会的形态以及信仰习俗特征。因此我们说：端公信仰在西南地区的"在地化"过程，就是端公在原住地文化和迁入地文化的夹缝中，进行不断"调适"① 甚至妥协的过程，这既是其化解身份焦虑的一种文化策略，也是其现实生存的需要。

一　傩公傩母的两次"文化转换"

在西南各地的端公祭祀活动中，傩公傩母是一对十分重要且颇为特别的神灵。言其重要，缘于在端公的诸种大型法事中，此二尊神往往被视为法坛主神加以祀奉；言其特别，主要体现在两点：其一，这一对神灵一般不像法坛最高位神灵（如神案中上三教：释迦、李老君、孔夫子）那样以神案的方式挂起②，仅起到一种威镇、监管法坛之象征作用，而是以一种木雕头像而非面具的方式供奉于堂屋神龛前案桌之上；其二，在端公的法事科范中，傩公傩母会"参与"某些科仪的表演。如

---

①　"文化调适对一定主体而言，是指使不同时空或同一时空不同内容和形式的文化在相互接触、相互碰撞中，实现总体优化、和谐发展的过程。""在不断变迁的文化体系中，文化的失衡和平衡是一个动态的发展过程，对文化的最终检验就是看到这种文化适应新环境的调适能力。"（周正刚主编：《文化哲学论》，研究出版社 2008 年版，第 249—250 页）作为汉移文化的一部分，端公文化在面对西南本土异质文化的挑战、冲击、刺激，以及已经变化了的文化环境时，必然会能动性地进行调适和适应。实际上，端公文化对西南本土文化的吸收、接纳与融变，是一个异常丰富的过程。

②　在实际的调查中，也发现有些坛班在举行法事活动时，将傩公傩母之神像绘于"案子"（神图）之上的情况（详见李绍明《巴蜀傩戏中的少数民族神祇》，《云南社会科学》1997 年第 6 期，第 68—74 页）。但大多数是以木雕头像的方式供于神龛案桌之上。

法事《抛傩上纂》，即由端公手执傩公傩母神头于胸前舞蹈，以示抛上傩牌。[①] 这其实体现出端公对于傩公傩母这一对神灵的重视程度。如果说端公法坛中的高位神，在法事科仪中只起到一种象征作用的话，那么傩公傩母则更加贴近法事科仪之运作，因而更加具有一种亲切可感之神格。

傩公傩母神灵信仰起于何时，似难推考，但根据现有历史文献，至少在唐代时就已出现。唐人李绰在《秦中岁时记》中写道："岁除日进傩，皆作鬼神状，内二老儿，其名作傩公、傩母。"[②] 这有可能是关于"傩公傩母"最早的文献记载。按"进傩"为"古时的一种风俗，迎神以驱逐疫鬼"[③]。此则材料有两点值得注意：其一，文中的傩公傩母是以装扮的形式出现的，且很有可能是由乞丐于年关装扮成驱鬼之神以例行乞钱，清代名士蔡铁翁有诗云"索钱翁媪总成双"[④]；其二，此种由人装扮的驱傩活动，广泛流播于关中一带，已成为当地的一种年例民俗活动。至宋代以降，此种驱傩民俗活动仍由乞丐装扮，且在地域上已传播至江南一带。宋代叶廷珪《海录碎事》云："岁除日进傩，内二老人为傩公傩母。"[⑤] 明代嘉靖年间《江阴县

---

①　再如《送神上马》法事中，一端公将傩母扶着，右手拿着傩公的傩竹（装"傩公傩母"头像的竹竿被称为"傩头棍""傩杆"或"傩竹"）蹬在右脚上。左手拿着傩母的傩竹在左脚上。执法弟子右手拿着师刀，左手拿牌带，面带笑容，对着二帝君王走五岳游傩。游到大门时，扶着二殿君王的端公，左手腋下夹着傩母头像，右手腋下夹着傩公头像，由执法弟子左手拿着两根傩杆脚，右手拿卦子，在傩脚上讳"飞云"讳，反身向堂屋中间打"阴卦"以表清吉平安（李华林主编：《德江傩堂戏》，贵州民族出版社1993年版，第209页）。

②　《说郛》第七十四，第10册，北京市中国书店影印涵芬楼本，1986年，第2页。

③　《汉语大词典》（普及本），汉语大词典出版社2000年版，第1240页。

④　年关乞丐例行式乞钱，在历代文献中多有记载，只不过名目不同而已。宋孟元老《东京梦华录》卷十的《十二月》载："自入此月，即有贫者三数人为一火（伙），装妇人神鬼，敲锣击鼓，巡门乞钱，俗呼为'打夜胡'，亦驱祟之道也。"到了清代，则又变成乞丐"跳灶王""跳钟馗"之属。清顾禄《清嘉录》卷十二《十二月·跳灶王》云："月朔，乞儿三五人为一队，扮灶公、灶婆，各执竹枝噪于门庭以乞钱，至二十四日止，谓之'跳灶王'。"唐李绰《秦中岁时记》中所言"傩公傩母"，家雪亭《土风录》谓即今之灶公灶婆。清代名士蔡铁翁有诗云："索钱翁媪总成双。"另外，《清嘉录》卷十二《十二月·跳钟馗》载："丐者衣坏甲胄，装钟馗，沿门跳舞以逐鬼，亦月朔始，届除夕而止，谓之'跳钟馗'。"

⑤　（宋）叶廷珪撰：《海录碎事》，上海古籍出版社1991年版。

志·风俗记第三》所记："二十四日……丐者二人傩于市，花面杂裳，傩翁、傩母偶相逐。"① 仍然是由乞丐来执行驱傩，以"花面杂裳"扮成"傩翁""傩母"形象，可见其表演性质已经很明显。

很显然，由人装扮的傩公傩母这对驱疫神灵在进入西南地区后，发生了诸种形态上的变化。最明显的莫过于在端公的法事活动中，傩公傩母被做成木雕头像，身着彩色衣服，供于堂屋神龛前的方桌之上。例如，贵州省德江县一带端公法坛是这样布置傩公傩母神像的：

> 先用竹篾穿过傩杆上端小孔作为手，以棉线六根将钱线捆在傩杆上作垫心纸，穿上衣，再用右手抓点米在香烟上转三转，放进傩杆内，表示五脏六腑。并由两人同时在案桌前用左手执主本二师诀，右手将傩公傩母头像各执在香烟上转三转，罩在主本二师诀上，套到傩杆上，装成尊身神像。②

傩公傩母从由人装扮到作为神偶加以供祀，且成为西南各地区、各民族中普遍的神灵信仰，其文化表现形态的跃迁可谓巨大。其中必然有其内在的文化逻辑。我们认为：此种文化演进逻辑，可分为"圣化"与"普化"两个发展层次。其中，"圣化"层次，是通过"东山圣公""南山圣母"的文化复加义而实现的；而"普化"层次，则通过"伏羲女娲"的文化复加义得以实现。在今日西南各地端公法坛，以及民众话语表述中，"傩公傩母""东山圣公"与"南山圣母""伏羲女娲"这几组称谓往往可以互相指称。换言之，傩公傩母，既是东山圣公、南山圣母，又乃伏羲女娲是也。另在民俗应用中，"傩公傩母"还有"师爷、师娘""傩公、傩

---

① 嘉靖《江阴县志·风俗记第三》，天一阁藏明代方志选刊。
② 王秋桂、庹修明：《贵州省德江县稳坪乡黄土村土家族冲寿傩调查报告》，王秋桂主编《民俗曲艺丛书》，（台北）财团法人施合郑民俗文化基金会1994年版，第43页。

婆（娘）""傩神爷爷、傩神娘娘""人王圣主、掌印仙娘""尊祖爷爷、玉仙娘娘"等多种变异性称谓。这体现出民间民俗称谓使用的随意性特征。民国《贵州通志》引《田居蚕食录》即混同性地使用了关于"傩公傩母"的各种称谓：

> 今民间或疾或出示，即招巫祈赛驱逐之，曰"禳傩"……名"师娘教"。所奉之神，制二鬼头，一赤面长须，曰"师爷"；一女面，曰"师娘"。谓是伏羲、女娲。临事，各以一竹承其颈，竹上下两蔑圈，衣以衣，倚于案左右，下承以大碗。[①]

"傩公傩母"所涵有的多种民俗称谓，虽然在民俗应用中不加区别，但实际上这些称谓本身代表了不同的文化复加层次，体现了一个不断积累的文化结果。因此，若要深入把握傩公傩母的"附加意义"，理解傩公傩母"圣化""普化"的一系列逻辑过程，从而真正领会傩公傩母文化表现形态的巨大跃迁，就必须要对其称谓本身进行条分缕析，一层一层加以透析。

"东山圣公"与"南山圣母"这一对称谓，点明了傩公傩母所居之地。但"东山、南山"究竟所指何处，当然不易确认，或许这本身就是一种民俗的泛化称呼。[②] 所幸端公法事科仪中，为我们保留了这方面的信息。端

---

① 丁世良、赵放：《中国地方志民俗资料汇编·西南卷》，北京图书馆出版社 1991 年版，第429 页。

② 贵州省德江县一带将"东山圣公""南山圣母"这一对称谓的来历解释为：由于这对兄妹曾在东山顶、南山坳往沟底滚石磨，石磨合拢就成了亲，因此人们称它们为"东山圣公""南山圣母"（李岚：《信仰的再创造——人类学视野中的傩》，云南人民出版社 2008 年版，第 111—112 页）。显然，此一说法为傩公傩母附会伏羲女娲后更进一步的附会解释。从神话宇宙论的角度来看，"东山"和"南山"可能代表着神圣的"东方"和"南方"，在中国神话的文化构拟中，"东方"代表着万物生长的春天之方："东方者，动方也，物之动也，何以谓之春？春，出物也，物之出，故谓东方春也。"（《尚书大传》）"南方"是太阳在夏天时所居之地，故谓之曰："南方也，主夏，日中赤光出。"（《艺文类聚》卷三引《尸子》）因此，东方和南方，都代表着太阳初升和居处中空的情景，其具有阳刚、生长、光明等性质，与代表太阳下坠的西方和北方的幽冥、衰败、黑暗性质恰成对照（叶舒宪：《中国神话哲学》，陕西人民出版社 2005 年版，第 15—18 页）。因而以"东（山）""南（山）"作为正面的创始之神，恰合逐邪扶正的举傩之意。

公"开坛"法事之"洒水"仪节唱道:"鸣角一声发在华山去,迎请华山满堂神。二帝君王亲听得,安排銮驾下华山。公主爷、圣主娘,弟子前头驾车车来接……微臣弟子点起三十六员大官将,小臣们,吆喝开道下华山。"这里的"公主爷、圣主娘"即指傩公傩母。科仪《迎神下马》是迎请傩公傩母降临法坛的法事,科仪中唱道"请我那公主爷爷、玉仙娘娘一同打马下华山""开天阳卦下华山,东山圣公真主爷爷请坐高头龙须马";科仪《大游傩》是在敬神、祈神法事结束后,让傩公傩母辞别主人,装鞍配马,回銮返驾上五岳华山的一坛法事。科仪中唱道"东海龙宫忙迎接,迎接我娘转华山""华山顶上车来接,马来迎,车马迎请二尊神"。此外,《送神上马》亦为闭坛法事,意指礼送诸神回归原居住地,科仪中唱道"东山圣公回銮驾,南山圣母转华山""华山人主满堂神圣,来的之时香花迎请登宝殿,去的之时三盃玉酒上华山""仙带一扇回銮驾转华山"①。由法事开坛时,端公要将傩公傩母从华山迎请到法坛;科仪结束后,还要将此二尊神礼送回华山这一仪程可知,傩公傩母的居住地被端公附会在了"华山",而"东山""南山"这种泛化的民俗称呼也指的就是华岳宝殿。事实上,"南山圣母"也被端公们称作"华山圣母",这更加证明了华山与此二尊神的紧密关联。

我们知道,天下的名山在道教中已被高度神化,尤其是"五岳"(东岳泰山、西岳华山、南岳衡山、北岳恒山、中岳嵩山)已成为道教著名的洞天福地。华山的西元洞,被道教称为十大洞天中的第四洞天,名曰"三元极真洞天";华山洞为三十六小洞天之第四洞天,名曰"太极总仙洞天"。五岳之中,虽以泰山为尊,但华山的雄奇险居五岳之首,自古有

① "游傩",分大游傩和小游傩两种。"大游傩"分为穿衣件、迎请三元法主、游傩三个步骤。另外,送神时还要倒龙吕宝架。先将祖师棍穿过桌下横杆并绑牢,端公手拿三副卦子,跪在堂屋正中,将傩母请出,立在祖师棍上,名曰"旋转"(科仪中唱词,详见李华林主编《德江傩堂戏》,贵州民族出版社1993年版,第89、117—122、206—210页)。

"华山天下雄"之誉，因而成为道教理想的传炼场所，可说是道教独占的名山。① 历代统治者祭祀华山的典礼，从上古黄帝至清代络绎不绝，而以唐代为最盛。唐玄宗甚至认为华山是他的本命所在，并封之为"金天王"。史载："玄宗乙酉岁生，以华岳当本命。先天二年七月正位，八月癸丑，封华岳神为金天王。"② 而在民间，华山还作为地府之主享有所谓治鬼之权。③ 另外，在古老的山岳神话中，诸如华山之类的奇峻之山往往被视为众巫登天与神沟通的天梯或天枢。

正是在此文化语境和历史背景下，傩公傩母被端公安居于华山之上，于是有了所谓"东山圣公"与"南山圣母"（"华山圣母"）之说法。显然，傩公傩母与华山的附会，深刻地体现出端公信仰与道教本身的文化渊源。但更为重要的一点是：此种"文化转换"（transcultura-

---

① 华山作为人们崇敬和祭祀神祇的场所由来已久。据传说，盘古、轩辕黄帝都曾在此居住。后来尧、舜及周武王都曾巡狩华山。早在道教未形成之前，就有许多神仙家于山中隐居修炼，如冯夷、青鸟公、毛女、赤斧、萧史、弄玉等。道教形成后，众多修道之士入山创建道观，隐居修炼。北魏时寇谦之曾入华山修炼，他独居石室，自出采药；北周武帝时道士焦旷曾独居北峰之上，辟谷餐霞，服气炼养；唐代高祖、太宗曾亲临华山拜岳，唐睿宗的女儿金仙公主亦入山修道。传说中八仙中的人物汉钟离、吕洞宾等都曾游历过华山或在山中隐居修炼过。最著名的是五代高道陈抟隐居华山42年，写下了《指玄篇》《无极篇》等著作，并广收弟子，阐演道义，使道教日益兴盛，并使华山在道教史上的地位更加突出。全真道兴起后，王重阳、贺志真都曾居于山上，广凿岩洞，潜心苦练（谢路军：《道教概论》，中央民族大学出版社2006年版，第319页）。另外，明隆庆《华州志》卷二十四《隐逸考》、清道光《华岳志》卷二《仙真》条，所载华山古仙神迹甚多，可参阅。

② （后晋）刘昫等撰：《旧唐书》，中华书局1975年版，第908页。

③ 在后人熟知佛教的地狱总管阎罗王观念广泛流行之前，民间的治鬼神位长期由泰山神把持。泰山治鬼即主死的观念由来已久，至少应起于汉代，在魏晋南北朝隋唐之世，曾是一种广为流传的观念。"泰山府君"即此一时期对治鬼的泰山神的固定称呼。至晚在隋代，已有华山神夫妇统领神兵将人间贵人的魂神拘押起来的记载。在唐代，华山治鬼说盛传于世，被唐玄宗御封的金天王华岳神对关中一地死鬼已享有治权。不过当时它的权力仍很有限，还需听命于泰山。华山神真正取得与泰山府君平起平坐操有世人生死大权地位，也发生在唐代。中唐人戴孚撰《广异记》中王偁的故事，就是较为典型的一则（贾二强：《论唐代的华山信仰》，《中国史研究》2000年第2期，第90—99页）。

tion)① 使傩公傩母被赋予了更高的神性特征，从而达到了一种"正统"与"神圣化"的"型塑"（self - fashion）。正是在此一"文化转换"后，傩公傩母的神灵地位才得以实现真正意义的跃迁，才可以堂而皇之地成为端公法坛上的主祭之神，并于开坛时有专门法事从华山礼请之，闭坛时亦有专门法事礼送之。

从傩公傩母与华山渊源关系的简略勾勒我们基本可以确证：傩公傩母在端公法坛中神圣地位的获得其实经历过一次深沉的"文化转换"过程。不难想见，这一转换本身也是沿着汉文化线索链条在推进。而傩公傩母与"伏羲女娲"的文化遇合，则使这一演变线索发生了重要转折，其异质性因素的融入，使傩公傩母信仰形态发生了巨大的转变。关于"伏羲女娲"，学界对其身世来历已基本达成一些共识，即认为伏羲女娲为苗族崇拜的祖先神，其神话传说最早应该流传于湖南、湖北、四川一带的西南地区。徐旭生先生在《中国古史的传说时代》一书中考证了伏羲与女娲的神话传说，得出的结论颇具代表性：

> 清初陆次云的《峒谿纤志》里面曾说："苗人腊祭早报草。祭用巫，设女娲、伏羲位。"现代的人类学者实地考察，才得到一些苗族传说。按他们的传说，苗族全出于伏羲与女娲……所要说的是这两个名字同汉族书中所载的同名万不会是偶合。如果不是苗族受汉族的影响，就是汉族受苗族的影响。春秋时代留下的文献还算不少，可是没

---

① 本书将"文化转换"界定为不同文化相遇时，一种文化被另一种文化吸收、改造、更新成为新文化形式的过程。文化转换可以在两个维度上发生：空间和时间。从空间上看，它是指不同文化之间发生的横向转换。例如，不同民族的文化相遇后会相互吸收、借鉴、利用，发生文化转换，从而导致两个或更多元素的综合，其产物是文化杂交体（hybridization）；从时间上看，文化转换是指在同一文化内部开展的纵向转换。傩公傩母与东山圣公、南山圣母的文化转换，更多的是一种时间层面的纵向转换，它体现了精英文化与民间文化的借鉴与利用；而傩公傩母与伏羲女娲的文化转换，则更多地体现出一种空间层面的横向转换，它体现了不同民族文化相遇后的吸收与利用。

有看见伏羲与女娲的只字片语。战国前期仍未见到；中期或明若昧。大抵最早在战国末期，晚也当在西汉初期。像这样的情形，说这种传说出于华夏集团，似乎不近情理。更重要的是此传说中的兄妹结为夫妇与儒家传统的道德观念不合。后代载籍中关于此二人普通的讲述里面也并没有这些。可是传说并不是没有，就是不很显著……因为传说同儒家的传统观念不合，所以受尽压抑，可是它遗留的蛛丝马迹，在各代的著作里面都还可以找出来。如果说这种传说不是从南方传播到北方，那上述的情况全要成了无法解释的谜底。如果反过来说，那就很容易解释。①

"伏羲、女娲是苗族祖先"此一观点，在闻一多先生最具代表性的神话学著作《伏羲考》中亦有十分精彩的论证，同时闻氏从语音关系出发，得出了伏羲女娲实乃葫芦化身的重要结论，以伏羲女娲始祖为葫芦的化身，"是因为瓜类多子，是子孙繁殖的最妙象征，故取以相比拟"②。

有关伏羲、女娲兄妹成婚繁衍人类的母题，在西南原住民诸族中，有着极为广泛的流传。例如，在苗族的《洪水滔天》《古老话》《跳龙歌》《苗款》《傩神起源歌》，土家族《兄妹开亲》《伏羲女娲》《佘香香》《摆手歌》，瑶族《盘王大歌》，侗族《侗款》，布依族《造万物》，纳西族《创世纪》等民族古籍和民间传说中，均有类似的母题表达：远古时代，洪水滔天，淹没了人类，唯有伏羲、女娲兄妹二人乘葫芦随水漂流幸存。为了人类的繁衍，兄妹提出二人结为夫妇，哥哥只得询问天意。经过几次测试，哥哥知道天意不可违背，只得兄妹成亲，成为人类

---

① 徐旭生：《中国古史的传说时代》，科学出版社 1960 年版，第 237—238 页。
② 闻一多：《伏羲考》，上海世纪出版集团上海古籍出版社 2009 年版，第 51 页。

的始祖。①

以上论述，皆证明伏羲、女娲及其神话传说，源出于西南本土民族，而非中原汉文化系统。那这里就出现了一个问题：傩公傩母信仰作为典型的汉文化民俗形态，何以会与伏羲、女娲发生关联呢？我们的推断是：是端公将二者附会在一起。伏羲女娲兄妹传说，是西南本土民族传承范围最广的神话类型，傩公傩母信仰与其附会在一起，必然会使其本身在西南各地得到最为广泛的传播，从而获得一种普遍性意义。当然，此两种信仰文化的附会，必然需要一个共通的文化基础。康保成在论及傩公傩母与伏羲女娲的文化关联时，曾推断："傩神以童子为偶像，与戏神偶像一样，必具有祈求繁衍子嗣的旨意。于是，苗族的始祖伏羲女娲，受汉族文化的影响，变成了傩公傩母。"② 此一精彩论断即点明了二者在文化上具有的共通性。

从傩公傩母到伏羲女娲这一"文化转换"过程，堪称端公文化在"在地化"过程中走向仪式化、信仰化的典型表现形式之一，是傩公傩母神灵与祭祀传统的在地的文化表达。当年芮逸夫在其学术名著《苗族的洪水故事与伏羲女娲的传说》中言及"苗人的'还傩愿'，大概是由摹仿汉俗而来""苗人所奉祀的神，本非傩公傩母，而是伏羲女娲"。③ 可谓一语中的。正是由于端公创造性地将傩公傩母与伏羲女娲附会在一起，才使本属于汉民族的傩公傩母民俗信仰一度"普化"，成为西南各地、各民族共同的信

---

① 唐末李冗《独异志》中较早地记载了兄妹结婚神话："昔宇宙初开之时，有女娲兄妹二人，在昆仑山下，而天下未有人民，议以为夫妻，又自羞耻。兄即与妹上昆仑山，咒曰：'若天遣我二人为夫妻，而烟悉合，若不，使烟散。'于烟悉合，其妹即来就兄，乃结草为扇，以障其面。今时取妇执扇，象其事也。"[（唐）李冗撰：《独异志》，中华书局 1983 年版，第 79 页] 颇为有趣的是，此则记载中并没有洪水淹没人类的情节，钟敬文认为"洪水为灾"与"兄妹结婚，再殖人类"是两个可以分开的母题，是后人拼合在一起的，不一定是原来所固有的（钟敬文：《钟敬文学术论著自选集》，首都师范大学出版社 1994 年版，第 237 页）。但两个母题具体是在何时融合在一起，还有待进一步考证。据现有资料，至少在明朝，就已具备此种复合形态。

② 康保成：《傩戏艺术源流》，广东高等教育出版社 2011 年版，第 337 页。

③ 芮逸夫：《苗族的洪水故事与伏羲女娲的传说》，马昌仪编《中国神话学文论选萃》，中国广播电视出版社 1994 年版，第 386 页。

仰。明末史惇《痛余杂录》即载述：

> 俗供神像，有头而无躯者，曰"猡神"。一于思红面，号东山圣公；一珠络窈窕，号南山圣母。两人兄妹为婚，不知其所治，楚、黔皆祀崇之。[①]

"楚、黔皆祀崇之"一句，即点明傩公傩母信仰在西南各地已具有普遍性意义。翻检记载西南各民族民俗宗教活动的材料，我们发现：以傩公傩母为祭祀主神的情况比比皆是。例如，湘西辰州（今湖南省怀化市沅陵县）一带苗族的"跳香"活动，即以傩公傩母为主祭之神。"跳香"苗语称之为"胧自咱"，巫师称之为"香节"，在巫师的经书上也写作"十月明香大会"；因在仪式中要撒发斋粑，民间又称之为"斋粑舞"。崇尚"跳香"这种传统祭祀文化的人自称"瓦乡人"。经专家认定，"瓦乡人"是苗族中的一支，现主要居于沅陵以南、沅水流域以西的沅陵、辰溪、古丈等市的古"辰州"辖地，因之学界也称之为"辰州跳香"。"跳香"，一般于农历九月下旬至十月下旬举行，是一种丰产祭祀仪典，表达人们在丰收之后对神灵的谢意。在"跳香"仪式中，主祭之神即为傩公傩母。与汉族端公法事中所供奉的傩公傩母一样，"跳香"中所供奉的傩公、傩母也为头部木偶，身体为竹簟上着彩衣的半身偶像。[②]

颇为有趣的是，由于傩公傩母与伏羲女娲的附会，使傩公傩母获得了一些新的神格特征。比如，傩公傩母亦变成一对兄妹配偶神。在端公法坛上供奉傩公傩母木雕头像，傩公为红脸，傩母为白脸[③]，也被附会解释成兄红脸是表示其妹向他议婚时的羞愧状。而有关傩公傩母起源的传说，也

---

① （明）史惇：《痛余杂录及其它六种》，中华书局1985年版。

② 关于"辰州跳香"仪式活动的详细情况，可参阅孙文辉《巫傩之祭——文化人类学中国文本》，岳麓书社2006年版，第218—227页。

③ 不同地区，傩公傩母的头像略有区别，贵州省思南县一带傩公傩母的脸部都是绯红色的。此亦被附会解释成因为傩公傩母羞愧于兄妹成亲这件事，所以至今二神的面具都是绯红色的（卢朝栋主编：《思南傩堂戏》，贵州民族出版社1993年版，第5—6页）。

必与伏羲女娲或兄妹成婚建立起了关联，如图2－7所示。①

图2－7 "傩公傩母"木雕头像②

---

① 贵州省德江县一带关于傩公傩母的来历有很多说法：一说傩公傩母因婚姻受阻，便投河殉情，后其人头被放牛娃发现，捡来插在岩洞的两根竹竿上，并围着唱歌跳舞。大家玩得很高兴，可总担心牛吃庄稼，便对两个人头许愿说："只要你俩保佑我们的牛，不让它们乱吃庄稼，以后我们有好东西就拿来敬供你们。"从此牛都乖乖地在坡上吃草，放牛娃们就放心玩耍。这件事被村里人知道后，就将傩公傩母供奉起来，让他们保佑当地人畜平安，免灾降福。后来，皇帝的女儿患了重病，吃什么药都不好，只好下令叫放牛娃将两个人头搬到皇宫去跳。果然第二天公主的病就慢慢好了。于是皇帝封赠傩公傩母为"二帝君王"。另一说，在远古之时，洪水滔天淹没了人类，唯有伏羲兄妹乘葫芦随水漂流幸存。为了繁衍人类，只得兄妹成婚。因此，他俩是人类的始祖。后人为了纪念他俩，就用木头雕成两个人头供在家中，一旦需要消灾治病、祈神赶鬼、求子添寿、祈求平安等，就得虔诚地跪在木偶面前祈求许愿，结果都有灵验，并且有求必应［王秋桂、庹修明：《贵州省德江县稳坪乡黄土村土家族冲寿傩调查报告》，王秋桂主编《民俗曲艺丛书》，（台北）财团法人施合郑民俗文化基金会1994年版，第7—8页］。贵州省岑巩县关于傩公傩母来历的说法为：上古混沌时期，太阳将雪晒化，发起了洪水，洪水退尽，人间只剩伏羲女娲兄妹，为繁衍人类，兄妹从山上推磨，磨合而成亲，生下一个没有手脚的娃娃，砍了丢在人间大地，肉团成了人类，从此大地有了生机，为纪念伏羲女娲，艺人们就把他们的形象雕成人头，供在法坛上［王秋桂、庹修明：《贵州省岑巩县注溪乡岑王村老屋基喜傩神调查报告》，（台北）财团法人施合郑民俗文化基金会1995年版，第32—33页］。

② 笔者于2015年7月24—26日赴贵州省福泉市道坪镇谷龙村调研端公文化，其间拍摄了该"傩公傩母"木雕头像。

综上，如果说傩公傩母与东山圣公、南山圣母的第一次"文化转换"，使傩公傩母信仰走向"圣化"，成为端公法坛上的主祭之神，那么，傩公傩母与伏羲女娲的第二次"文化转换"，则使傩公傩母信仰彻底实现了"在地化"的文化表述，在其最为广泛的流播过程中，傩公傩母已成为西南各地区、不同民族共通的神灵信仰。无疑，端公在此过程中发挥了最为核心之作用。

二　"端公腔"的次生特征

诚如前文所述，"端公腔"与"师娘腔"共同构成了端公法事活动的两大唱腔。其中，"师娘腔"主要来源于师娘子主持祭神驱邪、除病免灾仪式中所用的唱腔。而我们所谓的"端公腔"（也称"端公调"），亦称"神腔"或"神歌"，其实是一种泛化的、统指性的称谓。事实上，不同的、具体的区域空间中所指的"端公腔"，在音乐结构、曲式进行等方面往往存在较大差异，我们甚至找不到在音乐形态上完全一致的"端公腔"。造成此种名称相同、所指相异的根本原因就在于：在长期的历史发展过程中，各地端公往往立足于各自不同的区域本位，不断吸收、借鉴、融合当地音乐元素，从而形成了各具地域特点的"端公腔"。由此看来，我们今日所见到、所听到的"端公腔"，其实并非一种原生形态，它是在历史的传承、社会文化的支撑，以及各地端公不断的探索中，逐步建构的一套"端公腔"体系。由此我们说，西南各地的"端公腔"是一种不断积累诸多地域音乐文化元素的"次生形态"。

西南各地"端公腔"的次生特征，可以通过"搬用民歌""集曲创腔""流派形成"等维度加以展现，下面我们一一加以说明。

（一）搬用民歌

直接搬用民歌，可谓"端公腔"丰富、完善的一个非常重要同时也是非常省便的一种音乐创生方式。原本，端公并非职业性的宗教祭祀人员，不做法事时亦在家中务农、做手工，所谓"劳者歌其事"，生活的场景与民歌小调（包括劳动歌）的传唱往往紧密相关，加之，端公法事活动中迎请的神灵，以及搬演的角色，绝大部分还是世俗生活中的人物，有时端公搬演的角色，其实就是周遭民俗生活之表现。例如，西南各地端公法事中常表演的各种《搬郎君》，包括"搬先锋""搬开山""搬算匠铁匠""搬师娘""搬郎君""搬八郎""搬泗洲和尚""搬土地""搬判官"等，其实质就是借神之名而敷演人之事。特别是石匠、铁匠、算匠、木匠、屠户、雇农等"郎君"的搬演，几乎就是再现了他们的日常生活。于是，端公们将带有实用性的劳动民歌带入法坛，可谓顺理成章、水到渠成。下为湘西一带端公法事《搬八郎》片段：

（唱）八郎神来八郎神，八郎原是江西人。

家住江西吉安府，吉安县内是家门。

父亲原是颜家子，母亲原是潘家人。

父亲名叫颜天贵，母亲名叫潘贵英。

爹娘养我八兄弟，八兄八弟一般能。

大哥湖南开当铺，二哥湖广打铜盆。

三哥广东开银铺，四哥广西卖金银。

五哥四川开钱铺，六哥贵州收水银。

七哥云南开杂货，八哥游外事三牲。

今日守在家中坐，听见锣鼓响叮咚。

闻听锣鼓叮当响，收拾行李别家中。①

---

① 周明阜等编撰：《沅湘傩辞汇览》，香港国际展望出版社1992年版，第286页。

八郎离别"桃源洞"乘船而上，表演《水程记》时即搬用了【船工号子】，如图 2-8 所示。[1]

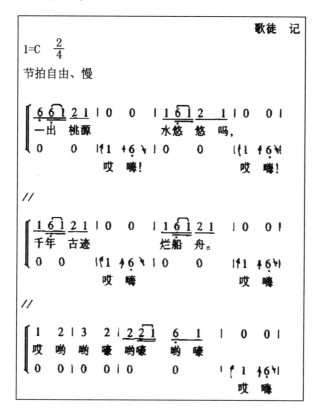

图 2-8　酉水《船工号子》

再如贵州省思南县端公法事《搬师娘》中，为了推进情节的发展，师娘搬用了当地风俗歌【哭嫁腔】（见图 2-9）。

　　李四一：听说你们思南姑娘最会哭嫁了，你哭一盘，我李四一解
　　　　　　一下闷，力气来了，我挑起香担好赶路。

---

　　① 本部分内容所引用曲谱，如无明确标注，均引自宋运超《祭祀戏剧志述》，贵州民族出版社 1995 年版，第 279—299 页。下文不再重复出注。另外，行文中对于音乐片段的解析，也部分参考了该书。

·153·

师　娘：哭嫁一个不好哭的。

李四一：那要几个人哭?

师　娘：起码要一个人陪哭，没得人陪哭没有味道。

李四一：那我李四一来陪你哭。

师　娘：你还会哭嫁!?

李四一：我不会哭还不会学。

师　娘：你得会!?

李四一：我们唱戏人，羊痫风都能学三分，哭嫁有啥学不会的。

师　娘：好，那我哭一句你学一句，我们就哭起来。

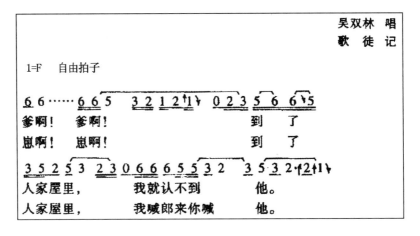

图 2-9　贵州省思南县《哭嫁腔》

不难想见，贵州省思南县一带土家族众多，对于本民族的"哭嫁腔"甚为熟悉，端公创造性地将此腔引入表演中，必然会引起当地土家族民众的共鸣，甚至喜爱，从而更加有利于端公信仰的传播与发展。

陕西省汉中市的"端公腔"亦被称作"神歌子"（图 2-10），其唱腔中曾广泛吸收了秦巴山乡的山歌、号子等音乐语汇。例如，从曲式进行角度来讲，《时辰调》属于典型的一人启口，众人帮腔，并间以锣鼓乐过门，如此周而复始。此种音乐结构形态的生成，其实是吸收了陕南群众的劳动歌曲如山歌号子、薅草歌等音乐元素，再配以锣鼓伴奏的形式发展而来的。

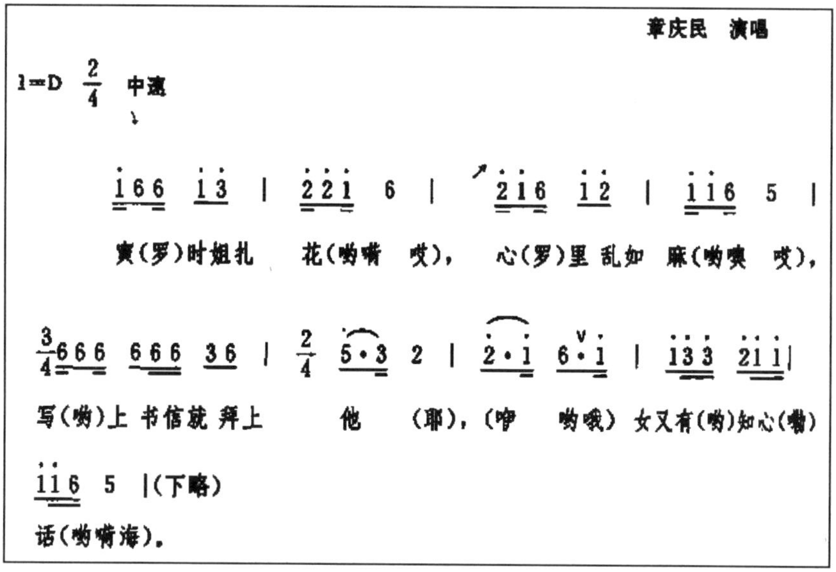

图2-10 神歌子《时辰调》（旦唱）

（二）集曲创腔

为了适应操不同方言的民众所喜闻乐见，以求自身的生存、发展、传播，端公们并不仅靠"只沿土俗"地搬用民歌，还积极以他们十分熟悉的各式民间歌曲，进行曲牌、腔句的重新"组装"，即集曲创腔以"法应一方"。此种集曲创腔的方式有很多种，比如"土曲集灯调""灯调集民歌""鼓曲集灯调""戏腔集时调"等。各地端公往往会根据自身的情况，以及当地的音乐文化环境而采用其中的一种或多种。比如端公法事中使用的【百旺调】就是一种"土曲集灯调"的集曲方式，如图2-11所示。

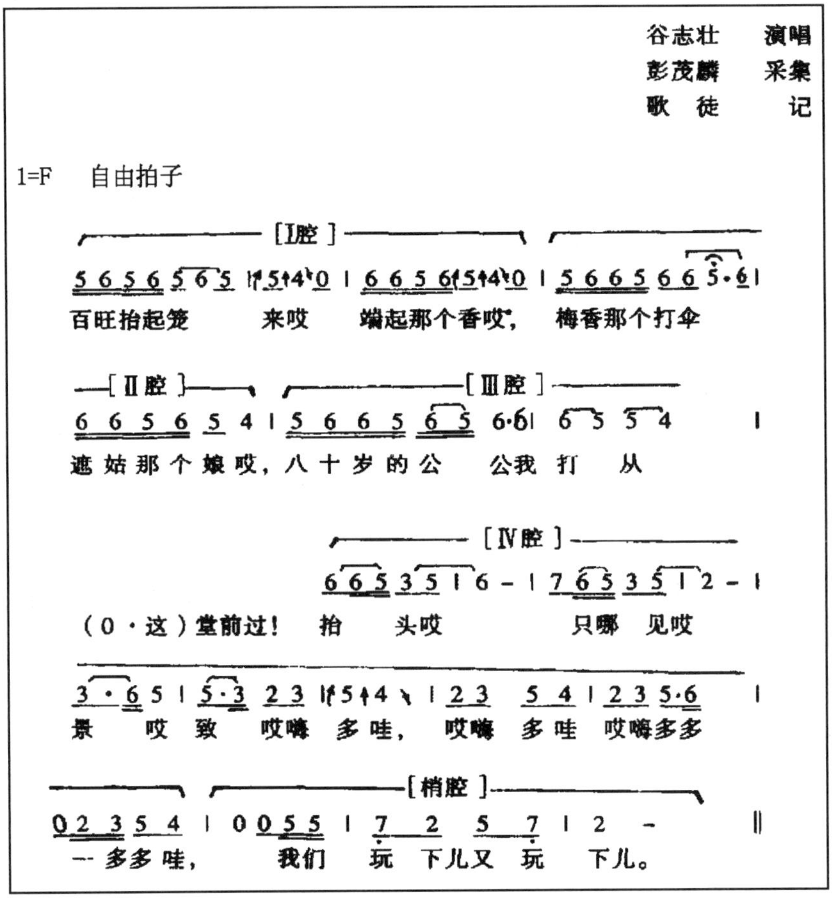

图 2-11　土曲集灯调《百旺调》

演剧中百旺是一个善良的穷人，他为了给万里寻夫的孟姜女消除旅途闷郁，一路上想方设法逗孟姜女发笑。【百旺调】这支集曲手法高超的唱腔曲牌，就是端公为了表现此种戏剧动作而集曲杂交的一支曲牌。从结构上看，【百旺调】前三句词上安的腔是变化反复的单句土家山歌。其节奏欢快，情绪诙谐，快速地以字行腔，唱出百旺的热情和急切。三句词，唱两句念半句，非常符合人物活泼诙谐的形象特征。

从集曲工艺角度来看，曲牌的第四句唱词上，安了支旋律化的灯调腔句，其调性是稳定的，但并未终止，不似前三腔为强调情绪而促使调性不稳定。"这堂前过"四个字，拖腔施调一念，正好解决了从语言化到旋律化，以及从调性不稳定到调性稳定这两对矛盾，从而使整个曲牌顺畅而圆润，绝无生涩之感。而曲牌的【梢腔】下"玩下儿又玩儿下"，是全曲牌的"词眼"，也是体现人物性格和心情的焦点所在，故此，端公"集"了能令人耳目一新的苗歌腔节，同样营造出一种欢快诙谐的音乐氛围。到此，形成了一支汉、土家、苗歌三合一的"杂交"曲牌。

（三）"端公腔"流派

端公充分利用所在地域的音乐语汇，通过"搬用民歌"和"集曲创腔"等方式，将"端公腔"进行了一系列创造，一方面使端公腔的音乐形态变得日益丰富且复杂；另一方面，在共时性的层面上也由此形成了具有一定流派特征的种种"端公腔"，这展示了端公腔横向覆盖的深度与广度，如黔地土家族聚居区的汉族端公腔，同样具有土家曲风。请看土家族【薅草歌】（见图 2-12）与端公腔【土地调】（见图 2-13）之比较。

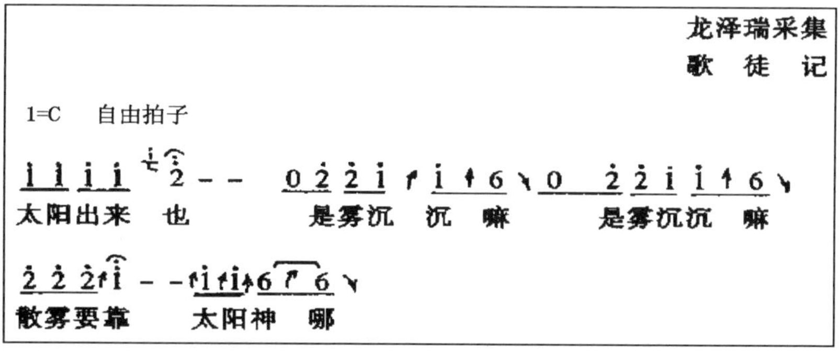

图 2-12 土家族《薅草歌》

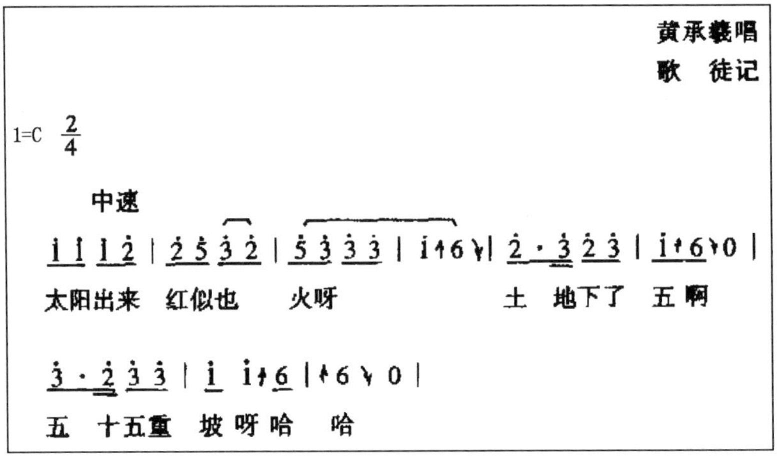

图 2-13 端公《土地调》

比较两种唱腔，我们发现：【薅草歌】属于古老的土家族三声腔民歌。整首歌由商、宫、羽三声组成；以宫——商大二度为主导音程；锁腔时宫音自然下滑，出现不甚确切的"宫"和"↑羽"所构成的准小三度的下行，以此构成黔地乡土音乐中的一种"特征小腔"。【土地调】中虽向上出现了角——徵和隐伏的角——宫大三度进行，但【土地调】中的宫——商大二度主导音程的影子还是清晰可辨的。特别是结束时，因宫音下滑而出现宫——↑羽准小三度特征小腔。由此可见，【土地腔】中土家音乐语汇的影响与作用。

又如沅水中、上游一带汉族聚居区的端公腔，有和当地浦市高腔风格相近的特点，由此形成了"高腔风端公腔"，如图 2-14 所示。

再看端公腔【传文调】（图 2-15），青阳腔系的浦市高腔从明、清至 20 世纪 30 年代，曾长期流行于该地区广大城乡，所谓"牛娃牧歌亦高腔"，足见此腔在民众中的强大影响。端公艺人进入该地区，为了"法应一方"，吸收更多的信徒，融高腔于法事活动中，也就实属必然了。

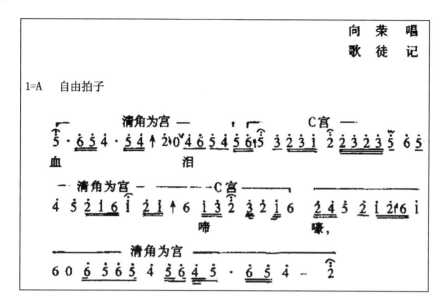

图 2-14　《驻云飞·双头子》片段

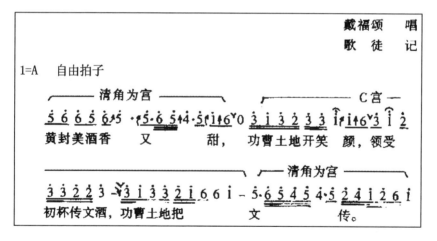

图 2-15　《传文调》

　　澧水上游汉族聚居区的端公腔，除具有当地灯调的流派特征外，其唱腔戏曲化的程度亦相对较高。这似与其境内有盐道较繁华和特产较丰富有关，如下列端公腔【绣花调】（图 2-16）与灯调【卖杂货】（图 2-17）的比较，则可以看出二者对处于中结地位的羽进行至商的特征腔节，具有共同的主特征，即在商、羽二音（调式主音）之间均体现出一种"互推"与"互补"的关系。

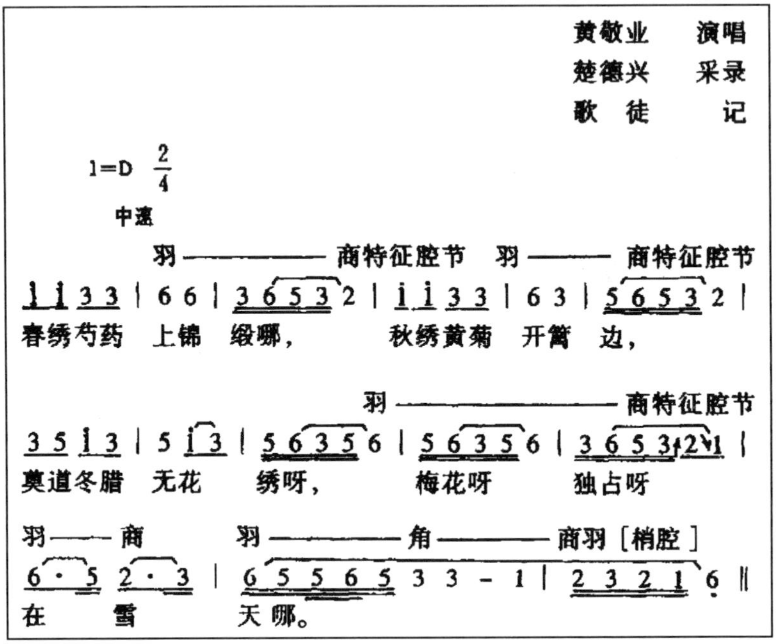

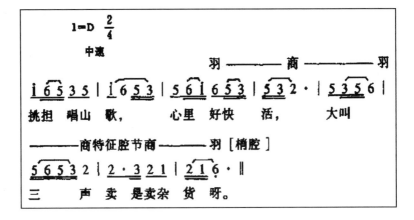

图 2-16 《绣花调》

图 2-17 《卖杂货》

再如灯调【卖杂货】：从某种意义上讲，腔调是不同地域端公文化形态的一个重要区别特征。各地端公腔的音乐旋律和结构之所以会纷繁各异，根本就在于各地端公吸收、融汇本地域音乐语汇的元素、方式、路径不一。端公腔在流变过程中，每到一方，都必然要吸纳、融汇当地音乐语汇，以求为当地民众接受、认同、喜爱，所谓"法应一方"是也。这使其涂上了浓重的地域色彩，而此种地域色彩又将在相对封闭的地域环境中被不断强化。由此可知，此类各具地方特色的"端公腔"流派，更彰显了其次生特征。而此种次生特征本身，深含了西南各地端公的文化创造性。

三 "箭垛式人物"——"八蛮"

在考察西南汉族端公法事活动时，我们留意到了一个较为特殊的神灵形象——"八蛮"。这一神灵形象，从某种意义上讲，已超越了狭小区域的限制，而成为西南各地，甚至福建一带的端公祭祀活动中常扮的一个神灵角色，如图 2－18 所示。① 它不但是法事中享祀的神灵，而且是端公演剧中一个格外引人注目的角色。湘西桃源县、沅陵县一带汉族端公法事中有《蛮八郎》一剧；云南丽江市永胜县的汉族端公间流行着一种被称作"贺八蛮"的祭祀活动；四川省芦山县端公庆坛中有"跳八蛮"的活动；贵州省遵义市端公庆坛中有"八蛮登殿"法事，云南省昭通市端公法事中亦有《出八蛮》（亦称《当兵记》）一剧。由此可见，

---

① 据相关资料载述，福建省邵武市大阜岗乡河源村即举行"跳八蛮"活动。该地的"八蛮"扮演者为八人，当地人称为"八大神"，或"八大王"。这八位大神分别为：开路神二、弥勒二、绿脸神二、白脸神二。其中除弥勒外，其余都是凶神。该舞内容表现为：八位大神为四方之保护神，他们巡游四方，驱鬼逐疫，安太极、定八卦，为民保平安。"跳八蛮"的宗教内容与道教较为接近，表演中以"走八卦"为主［叶明生：《福建省邵武市大阜岗乡河源村的"跳僧番"与"跳八蛮"》，王秋桂主编《民俗曲艺丛书》，（台北）财团法人施合郑民俗文化基金会1993年版，第69页］。

"八蛮"这一神灵形象在西南各地的端公法事祭祀中具有一定的普遍性，因而具有比较重要的历史文化价值。

图 2 - 18　《八蛮神》科仪①

显然，从名称上看，"八蛮"这一称呼即透露出其并非出自汉文化系统的历史信息。我们知道，在中国古代历史文化中，作为民族区分的"华夷之别"早已存在，所谓东夷、南蛮、西戎、北狄，实际上就是以地域来划分少数民族的。至于"蛮"之外延与内涵，目前学界还说法不一。②《礼记·王制篇》有云："东方曰夷，被发文身，有不火食者矣。南方曰蛮，雕题交趾，有不火食者矣。"《史记·夏本纪》中亦载："蛮，慢也。礼简怠慢，来不距，去不禁。"③ 这也只是就其文化习俗的一部分而言的，当然

---

① 该套科仪本收藏于贵州省福泉市城厢镇马田村端公掌坛师曾华祥处。笔者于 2015 年 7 月 26 日前往马田村调研时对曾华祥进行了访谈，并拍摄了相关科仪本图片，此图即为其中一张。

② 《说文解字》云：蛮、闽都是他种，写成今字是"蛇种"。朱希祖曾指出，"蛮为蛇种，狄为犬种之说，或由神话相传而来，或由所祀祖先神祇而来"。朱希祖论证蛇和犬是古代社会图腾的标志，确有卓见 [《文献》杂志编辑部编：《中国当代社会科学家》（第八辑），书目文献出版社 1986 年版，第 352 页]。

③ （汉）司马迁：《史记》（上），中华书局 2005 年版，第 57 页。

算不上什么严格的族群区分标志，但在文化史上，用"蛮"来指称南方少数民族应该是可以确定的。因之，端公法事活动中的"八蛮"形象也必然出自南方少数民族地区。

从形象上看，"八蛮"的面具造型别具特点，为无下齿下巴之怪异形象，现在云南昭通、湖南桃源、贵州遵义等地端公中仍有所保存，并在法事活动中佩戴演出。西南各地各种类型的祭祀活动，与此相类的面具在古南蛮之地不难见到，而在中原各地极为罕见，胡建国认为这种无下齿下巴的形象很有可能是古代凿齿习俗的遗存和艺术夸张。[①] 所言颇有见地。凿齿习俗曾广泛流行于世界各地[②]，而就中国西南地域范围内，古时行凿齿的主要流行于百越族系的濮、僚，即现今的仡佬、土家、彝等少数民族中。这也充分说明：端公祭祀活动中出现的"八蛮"形象应来自西南少数民族地区。

其实，"八蛮"的少数民族身份，在各地端公科仪中有较为明确之载录。但各地对其身世、来历以及族别有不尽一致的说法。在云南省丽江市永胜县，凡祖籍湖南的人家皆供有"八蛮先锋神"的灵位。旧时，各家每隔三年都要请端公跳《贺八蛮》。砌房盖屋安神奠土，或老人去世办丧事，都要跳《贺八蛮》，以驱邪镇妖，保佑家宅平安。[③] 关于"八蛮"的来历，当地人明确指出其来自湖南：

> 五代末时期，赵匡胤发动陈桥兵变，从南方征兵去北方打仗。这时生长在湖南某县的一个农民，名叫"雀铃子"，是前娘所生，继母

① 胡建国：《巫傩与巫术》，海南出版社1993年版，第256页。
② 李长虹对凿齿习俗的流行地区、原生意义以及族属与演变等问题，进行过较为深入的探讨，可参阅［李长虹：《凿齿习俗探源》，载中山大学人类学系编《人类学论文选集》（2），中山大学出版社1987年版，第217—224页］。
③ 高登智主编：《云南省志·文化艺术志》（卷七十三），云南人民出版社2002年版，第342—343页。

对他百般虐待，只得远离家乡顶替他人出征。他随湖南的一批军队一齐出去参战，由于"雀铃子"在战场上非常勇敢，所到之处连获胜战，敌人闻风丧胆，人民得到安宁。人民非常拥戴和感谢他。此时，"雀铃子"被封为大将，名列第八，当时南方兵被称为"蛮子兵"，"雀铃子"被称为"八蛮先锋"。后来，由于中敌之计，八蛮先锋死于陷马坑中，宋王天子赵匡胤封他为"八蛮先锋神"，赐他一箭之地。人民为了纪念这位英雄，把八蛮敬为斩妖除邪，给人民带来喜庆的尊神。①

言"八蛮"为湖南人，可谓客居永胜的湖南人借助所崇祀的神灵信息来积累自身的社会记忆。但这一"蛮"字本身，表明了"八蛮"应来自湖南不太开化的山区，很有可能来自湘西的少数民族地区。在今湘西、沅陵汉族端公法事中即有《蛮八郎》一剧。在当地的端公法坛上，"八郎"即为"八蛮"形象，有学者认为，这里的"蛮八郎"之名，与土家族颇有渊源。② 言"八蛮"与土家族有渊源关系，是有一定道理的。在土家族民俗信仰中，有"八部大神"之说，所谓"八部大神"，即八位土家族部落酋长的俗称。民俗祭祀"八部大神"时，杀猪不修毛，连肉带血，传说"八部大神"吃生不吃熟。湘西土家族摆手堂前，可见这样的对联：

　　守斯土，抚斯土，斯土黎民感恩戴德，同歌摆手。
　　封八蛮，佑八蛮，八蛮疆地风调雨顺，共庆丰年。

---

① 《中国民族民间舞蹈集成·云南卷》，永胜县文化馆集成小组编《云南省民族民间舞蹈集成·丽江地区永胜县资料》，内部编印，1987 年。
② 胡建国：《巫傩与巫术》，海南出版社 1993 年版，第 255—256 页。

而在云南省昭通市镇雄县泼机乡邹氏端公"庆菩萨"中关于"八蛮将军"的一段科事中，又直称"八蛮"为马湖（彝族聚居地区）的彝族：

> 倮倮神来倮倮神，倮倮原是马湖人。马湖地方没地分，全家搬在水西城。水西地方汉人多，取名就叫黑倮倮。才到水西三五月，我娘有病在其身。请个医生来扎药，请个端公来跳神。降神吃药都无效，母亲死得脚长伸。①

唱段中"倮倮"一称，亦作"罗罗""卢鹿""罗落""落落"等，实为彝族旧称，均是同音的不同写法。"卢鹿"之称最早见于唐代史籍。元代在今四川省西昌市和大凉山一带设立了"罗罗斯宣慰使司"。"罗罗"等名为元明以来史籍习用。明《炎徼纪闻》即云："罗罗，本卢鹿而讹为今称。有两种：居水西十二营宁谷、马场、漕溪者，为黑罗罗，亦曰乌蛮；居慕役者，为白罗罗，亦曰白蛮。风俗略同，而黑者为大姓。罗俗尚鬼，故又曰罗鬼。"② 有些地区的彝族认为，"罗罗"这个称谓带有侮辱性，新中国成立后已不沿用。唱段中提及的"马湖""水西"等地名，在历史上也都是较大的彝族聚居区。由此可见，昭通汉族端公法事中的"八蛮将

---

① 王勇：《昭通汉族傩祭中的"黑垮将军"》，《民族艺术研究》1993 年第 5 期，第 16—17 页。唱段中"倮倮神来倮倮神"一句为笔者所改，原来为"倮倮身来倮倮身"，疑似有误，故改之。此段科事的完整内容为："坡上，坡下河，苗蛮河仡佬河，锣声不断报声音，师家降个黑将军。出官家白：门前一树槐，走马挂金牌，挂在槐树上，虚空跳下八蛮老子米。答：只降下八蛮将军来。过场完，唱：将军半夜子时生，一无明火二无灯。洗了一盆乌煤水，开了一条花手巾。一跳跳进炭炉内。娘又丑爹又驼，生下柴头柴脑八蛮身。八蛮神，八蛮神，八蛮原是马湖人。马湖没有田地分，一搬搬在水西城。水西地方汉人多，取名就叫黑倮倮。才去不过三五月，我娘得病在其身。请个医生来发药，请个巫师来降神。医生发药发不好，巫师降神果有灵。爹头顶上打一挂，打个五虎攒羊在其身。忙把医生巫师送出门，乌呀八，我娘死得脚长伸。七日七夜做道场，八日八夜送上山。才把我娘送上山，我爹又起两样心。隔壁有个老媒婆，花眉闹嘴来说亲。街中有个张幺姐，叫我老子与她结为婚……接着，叙说八蛮之父娶了张幺姐为妻并生下一子，之后对八蛮百般虐待，要八蛮替异母之弟去从军，结果发了财，当了官。"

② （明）田汝成撰：《炎徼纪闻校注》，广西人民出版社 2007 年版，第 114 页。

军"已经明显打上了彝族的烙印。关于这一点，还有一个旁证可以很好地说明。邹氏端公现在与人庆菩萨，是在彝汉杂居的村子，如果祭祀和演剧中要出现"八蛮将军"，事前必须通报彝族，否则是不能进行的，其原因在于作为祭祀的神灵，端公们对八蛮是严肃的，但在"耍戏"中，八蛮将军则为喜剧性的角色，语言粗俗，表演滑稽可笑，加之表演者的即兴发挥，稍不注意，就会引起民族纠纷。这一情况，更加证明了"八蛮将军"的彝族属性。

无独有偶，在四川省芦山县庆坛"跳八蛮"法事中，也将"八蛮"称作"倮倮"。据《四川灯戏 四川傩戏》介绍："芦山庆坛中《出倮倮》一折的主角倮倮，其实是民族子弟，唱词中，他叙述被征召去打仗，离家前告别父母兄弟，行军途中风餐露宿，战争中死伤之惨烈，归家后田园破败，满目荒凉。一幅古代民族子弟参战图。"而关于"八蛮"在庆坛中的作用，端公掌坛师罗芝茂介绍说："因为他是一个久经战场的民族子弟，所以，坛王要召请他去参加斩鬼除邪的战斗。"① 而在贵州省遵义市一带端公庆坛法事"八蛮登殿"中，也言及"八蛮"的从军经历，并言及乃赵侯圣主封其为南方赤地八蛮王。②

而更具深意的是，在云南省昭通市（主要集中于镇雄、彝良、巧家等地）的汉族端公祭祀中，"八蛮将军"（或称"八蛮先锋"）还有另外

---

① 《中国戏曲志·四川卷》编辑部编：《四川灯戏 四川傩戏》，内部交流资料，1987 年，第 111 页。另外，《出倮倮》的整折演出，均由倮倮一人戴黑色面具演出，鼓师帮腔，手持神棍舞蹈。

② 《八蛮登殿》主要讲述八蛮亲娘死后，父亲另娶妻并生有一子，之后对八蛮百般虐待和折磨。稍长大后被逐另居，分家时仅得一条狗和一头老牛。由于八蛮年小孤苦，便一心想去投军，起程行至黑松林，突然遭到十二个黑汉怪贼攻击，但他力大无比，英勇顽强，神力助他将怪贼打败。投军后他屡建功劳，赵侯圣主封他为南方赤地八蛮王。在后半部分的武场戏中，八蛮戴无下巴面具，使用具有神力的火棍，连续与分别上场的怪贼搏斗，最后获胜。表达了八蛮王具有降伏五方邪鬼的神威［政协遵义县宣教文卫委员会编：《遵义县文史资料》（第十七辑），内部编印，2006 年，第 193—194 页］。

一个称呼——"黑垮将军"，并且还出现了"黑垮将军"的面具。据王勇的调查，镇雄县泼机乡邹氏端公使用的黑垮将军面具，长约17厘米，宽为16厘米，木头雕制，彩色敷面，其面相为凶神，楞睁鼓眼，威严凶悍，头上饰以"官帽"，画焰状赤眉，大鼻子，当地人称之为"大鼻子官家"。据该坛门的掌坛师邹永祥（汉族，68岁，1990年卒）释：其帽饰系朝廷对彝族土司的封赐，因之，黑垮将军又被称作"官家""土主""地盘业主"；焰状赤眉，一是表现他的火爆性格，二是指彝族对火的崇拜。① 很明显，"黑垮将军"的形象，就是按照彝人的性格特点创造出来的。

由"八蛮将军"与"黑垮将军"的互名我们可以得出，二者其实为同一个神灵的结论。但这里的问题是：既然有了一个"八蛮将军"，为何还要再创造出一个可以与之互名的"黑垮将军"呢？对于此问题，当地的端公们都无法解释。而我们认为，要解开此谜团，必须了解昭通的历史文化。昭通位于云南省东北部，自古以来就是彝族的发祥地之一，可以说，彝族在昭通地区具有重要的地位和影响，特别是在清雍正"改土归流"之前就更是如此。而昭通市的汉族，均为移民迁入，或是随军征战，或是商贾贸易，或是逃荒避难而进入。面对强大的彝族土司势力，初入昭通的汉人能否生存与发展，很大程度上其实取决于能否与彝族和睦相处。端公作为这支移民大军中一个极为特殊的群体，自然也要面临同样的问题。彝族作为当地的统治者，汉族人均称彝族土司家的人为"官家""土主""地盘业主""蛮王"。在这样的文化语境中，端公们为了使其信仰能够得到更为顺畅、更为广泛的传播，便按彝族的形象塑造

---

① 王勇：《昭通汉族傩祭中的"黑垮将军"》，载《民族艺术研究》1993年第5期，第15页。

出了一个"黑垮将军"的角色，如图 2 – 19 所示。①

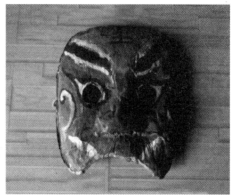

图 2 – 19　云南昭通"八蛮将军"面具与"黑垮将军"面具②

综上所述，无论将"八蛮"表述成湖南人抑或马湖人（四川省屏山县或云南省昭通市一带），还是将"八蛮"认定为土家族或彝族，其实都是汉族端公立足于本土区域所做出的一种"文化调适"。这种"文化调适"的目的就在于更好地融入本土文化，更好地传播其信仰，以获得更多的信

---

① 事实上，"黑垮"之名并非凭空产生，其与镇雄一带的历史文化背景有较为紧密之关联。据王勇的研究，在昭通市镇雄县一带的彝汉间，流传着一个"海夸"的故事。传说，芒部（即今镇雄）彝族土司家有一个满身穿黑，又高又壮的大将，叫作海夸，他能吞下十二砣烧红的毛铁，力大无穷，几抱粗的大树都能够拦腰拔起来。他还有一支具有魔力的白牛仙角，抓一把豆子往天空一撒，同时吹响牛角，豆子即可变成千军万马。"海"字在镇雄人的口音里，即读为"黑"。此外，在彝族的历史上，冤家械斗中的勇敢者被称作"杂垮"。他们在械斗中，以冲锋在前、勇敢征战而赢得人们的尊重。在彝族土司统治区，"杂垮"不仅打仗充先锋，土司家死人时也要执矛走在前面以壮声威。有的人家吓唬小孩也说："海夸来了！"（王勇《昭通汉族傩祭中的"黑垮将军"》，载《民族艺术研究》1993 年第 5 期，第 18 页）端公正是综合"海夸"这一神话人物和"杂垮"这一勇敢者形象，并以"八蛮将军"为原型，塑造了"黑垮将军"这一特殊的神。另外，在昭通市镇雄县邹氏端公祭坛上还有另外一位少数民族神祇，被称作"苗老三"，也是产生自汉族端公祭祀，但较彝族之黑垮将军，其情况又有所不同。他之所以排行第三，乃基于当地民间"三兄弟"的传说。即汉彝苗为三兄弟，彝族为大哥，汉族老二，苗族居第三。由于苗族在镇雄等地亦由外省迁徙而来，历史上的地位不高，故而出现在祭祀中的苗老三，神格也较低，仅是作为黑垮将军的陪衬。在戏剧演出中，苗老三则又常伴以女角"娘猜"，即他的女人这一喜剧角色，这样，苗老三也成为一个形象独特的悦神娱人者［郭思九、王勇：《云南省昭通地区镇雄县泼机乡邹氏端公庆菩萨调查》，王秋桂主编《民俗曲艺丛书》，（台北）财团法人施合郑民俗文化基金会 1995 年版，第 37 页］。从镇雄县一带主要以彝族、苗族为主体这一实际情况来看，代表苗族的"苗老三"这一神灵形象的出现，其实也是端公文化创造的结果。

② 该面具现为云南省昭通市文化局王勇收藏。笔者于 2013 年 7 月 22 日在王勇家中拍摄。

众。因此，从这一意义上讲，西南各地普遍流行的"八蛮"形象，已成为面向区域社会的"箭垛式人物"——端公及其文化活动进行集体想象与话语建构的对象。[①] 特别是云南省昭通市"黑垮将军"的出现，可以说是端公话语建构的一个最为集中的表征，当然其中也深隐了"文化妥协"的意味。端公立足于区域本位对"八蛮"这一形象所做出的多样化表述，可以说是端公的一种文化策略，但更为主要的其实是端公的一种生存策略。

四　端公信仰中的梅山教

在前文探讨端公信仰的道教俗化问题时，我们曾指出茅山教与梅山教是西南端公信仰中的大宗派，且占据着主导之地位。但这里需要明确一点：与茅山教不同，梅山教的产生并非渊源于古代中原文明（汉文化）系统，而是广泛流播于南方山地民族间的一种民间宗教，且与湘中古梅山文化有着密切关系。本部分的讨论就从此问题开始。

梅山，作为一个历史的地域名称，主要指今天的洞庭湖以南、南岭山脉以北，湘、沅二水之间成东北—西南走向的资水流域——雪峰山区。自魏晋南北朝以来，这一地区由一支被称作"莫徭"的族群居住。自北宋神宗以来，中央王朝对梅山地区开始了大规模开拓与经营，并分设上、下梅山二邑[②]，今湘沅流域之间的新化、安化、冷水江三县市所在区域，即历

---

① 胡适曾指出，古典文学中创造了许多"箭垛式人物"，如屈原、包公、关公等。人们借用某些人物作箭靶，将善恶、忠奸、智诈、勇怯、清浊等抽象化的质量射向他们，以至于在靶子上集中了超量的箭镞（胡适：《〈三侠五义〉序》，姜义华主编《胡适学术文集·中国文学史》，中华书局1998年版，第1038页）。对于"八蛮"形象而言，端公们立足不同的区域本位会有不同的表述，从而使"八蛮"这一形象日益丰富、变化。

② 北宋在梅山设立二邑，上梅山筑一邑，命名"新化"，取"王化之新地"之意；下梅山筑一邑，命名"安化"，取"人安德化"之意。上下梅山建立佛寺，以"熙宁"二字命名，新化建"承熙寺"，安化建"启宁寺"。《读史方舆纪要》载："荆湖之间有两梅山，新化为上梅山，安化为下梅山，其山相连接。"[（清）顾祖禹：《读史方舆纪要》（卷81），中华书局1955年版，第3472页]

史上梅山蛮①活动的中心。梅山归化后，"莫瑶"此一族群也经过了一系列的分化、融合，其中部分族群形成新的民族——苗族，而另一部分族群形成瑶族。② 宋元以后，在中央王朝的大力推动下，主要来自中原和江西的汉族移民大量拥入该地，而世代居于梅山地区的梅山蛮主体因官兵征剿、生产方式不同等原因纷纷离开梅山，向两广、贵州、云南、四川等地迁徙。这一迁徙过程其实与中国移民史上"江西填湖广，湖广填四川"的历史进程相一致。

自宋元以来，随着梅山蛮主体离开梅山，向西向南迁徙，其民俗文化、宗教信仰亦随之传入这些区域。梅山蛮在历史发展过程中形成的民间宗教——梅山教，正是在此文化背景下迅速流播各地，并成为南方山地民族中一种十分广泛的宗教信仰。信仰梅山教的西南少数民族，有瑶族、壮族、苗族、土家族、仫佬族、仡佬族、毛南族、侗族、布依族、水族等族群。梅山教在历史上的影响和辐射，甚至涉及西南的白族、彝族地区，在汉族民间也有梅山教影响的痕迹。③ 据有关研究，梅山教源自梅山巫法，唐宋之际梅山猎人张五郎到江西省龙虎山向张天师学习道法，开创梅山教。两宋时期受到流行于南方的天心正法、闾山法影响，吸收正一派、民间道派的成分，宋以后随着梅山蛮南迁流播于南方广大地区。④

理解梅山教的文化内核，关键要把握两点内容：其一，梅山教以

---

① 在唐宋汉文献语境中，称上、下梅山地区的瑶民为"梅山蛮"，或"梅山峒蛮""梅山十峒獠"。《宋史·梅山峒蛮传》载："梅山峒蛮，旧不与中国通。其地东接潭，南接邵，其西则辰，其北则鼎澧，而梅山居其中。"（《宋史》卷494，第40册，中华书局1977年版，第14197页）

② 奉恒高主编：《瑶族通史》，民族出版社2007年版，第26页。

③ 张泽洪：《中国西南少数民族梅山教研究的意义》，《宗教学研究》2010年第4期，第134页。

④ 倪彩霞：《族群变迁与文化聚合——关于梅山教的调查与研究》，《世界宗教研究》2011年第1期，第97—105页。

"梅山启教翻天倒海张五郎"为教主，其神格形象为两腿朝天，双手撑地，故而称之为"翻坛倒挂张五郎"。关于张五郎的身世，目前学界说法不一①，但有一点是可以肯定的：与梅山教的最终形成过程相似，张五郎这位梅山神的出现也应是文化交融的产物。其二，梅山教的梅山有三洞之说，而且这三洞神都具有狩猎职能，可谓梅山蛮传统狩猎生计方式的历史记忆。② 例如，湖南省会同县岩溪冲侗族信奉的梅山教，其三洞梅山的职能分别为：上洞梅山以弓弩射杀虎豹，称为"虎匠"；中洞梅山以赶山打猎野猪、野牛，称为"打山佬"；下洞梅山装山套套取野猫、狐狸，称为"猫猪匠"；并认为上洞梅山虎匠法术最为高超。③ 再如贵州省江口县土家族猎手出师后，在自家屋外一侧设梅山坛，供奉"三洞梅山王"，猎手

---

① 对于张五郎身世认定的分歧，主要缘于各学者依据的科仪文本资料不同。例如，流行于湘西安化县一带的《梅山咒》"翻坛咒"如是云："奉请翻坛张五郎，梅山祖师降坛场。要知五郎身出处，便是青州大府堂。元和年间九月九，生下翻坛张五郎，一十二岁去拜法，三十六岁转回乡。行在龙虎山前过，仔细思量无座场。此间只有黄樟树，春日抗炎，夏日凉，鸣角一声天地动，吹倒樟树叶翻黄。大郎当即斗不过，五郎斗法更高强，便把菜篮来担水，菜篮担水洒坛场。左脚头上顶碗水，右脚头上一炉香。家家户户有名号，处处坛前有旗枪。不论坛神并庙社，不论师道降坛场。弟子虔诚来相请，唯愿翻坛五郎亲降临。"（孙文辉：《巫傩之祭——文化人类学中国文本》，岳麓书社 2006 年版，第 207—208 页）此咒言及张五郎为唐代山东省青州人，十二岁学法，三十六岁至道教圣地江西龙虎山。而湘西南梅山虎咒又云："翻坛倒洞张五郎，瑞州府高安县，乳名陈十五郎，书名陈世魁，号大帝。""洪武二年，龙公正、杨顺万同在瑞州府高安县的陈十五郎手学法。"（李怀荪：《梅山神张五郎探略》，载《民族论坛》1997 年第 4 期，第 50—54 页）而按此段文字，则又言张五郎是江西人，湘西南一带的梅山教创始人龙公正和杨顺万曾到他那里学法。李怀荪认为张五郎是生活在晚唐时期的一名猎手及巫师，后学道法于江西龙虎山，传法于梅山，逐渐形成梅山教。其实，无论民间文本如何表述，都至少说明了张五郎这位梅山神的形成是与江西有关联的。再引贵州省道真县一带端公行祭中的《五郎咒》咒词，以作补充："奉请翻坛老祖张五郎，祖本二师下坛场，要问五郎身出处，甲子年间九月十九生下张五郎。一十二岁去拜法，三十六岁转回乡，身往龙虎山上过，龙虎山上放毫光。手持牛角一声天地动，吹得江水都变黄。只见花篮来挑水，花篮挑水洒坛场。洒了七天并七夜，一心挑水下长江。左脚顶戴一碗水，右脚顶戴一炉香。左手提起飞毛箭，右手捉鸡取敬五狙。吾奉太上老君急急如律令。"（罗中昌、冉文玉：《黔北仡佬傩仪式大观》，民族出版社 2013 年版，第 100—101 页）

② 直至宋初，梅山地区仍属于狩猎采摘的生计方式，至今广西壮族自治区恭城县瑶族送亡灵的祭祀仪式，仍要悬挂长达 40 余米的《梅山图》，图像中描绘了瑶人祖先生产耕作、打猎捕鱼、击鼓起舞的场景。

③ 梁开训：《梅山教与梅山虎匠》，王建荣主编《湖南侗族百年》，岳麓书社 1998 年版，第 277 页。

在祭祀梅山坛时，念诵请梅山王保佑打猎的咒语。①

从以上关于梅山教的产生、传播以及祭祀神灵的论述不难看出：该文化系统属于典型的南方山地民族的宗教信仰，而非属于中原汉文化系统。但我们关注的是：西南端公信仰中为何会出现梅山教派呢？显然，此一问题仍然要从文化交融的视角加以观照。立足于西南广大区域，梅山信仰的传入一方面对西南诸多少数民族产生了深刻影响，使其已成为具有多元族群影响的宗教，影响面涉及瑶族、壮族、苗族、土家族、仫佬族、仡佬族、毛南族、侗族、布依族、水族等族群；另一方面，梅山信仰也必然会与代表汉巫文化的端公信仰发生碰撞。可以说，端公信仰中梅山教派的形成，其实体现了梅山信仰对端公文化的深刻影响，或者说，是汉族端公信仰吸收、融汇、统合了梅山信仰的诸多文化元素。

需要特别指出的是，作为端公信仰中的梅山教派，其实与西南少数民族信奉的梅山教有很大区别，这体现出汉巫文化系统对其"型塑"（self-fashion）作用。例如，作为梅山教教主的张五郎，不再具有原本的狩猎职能，而只是作为驱鬼逐疫的神灵出现于端公法坛之上。请看湘西南邵阳市城步县县江家坛班"总坛图"中的神灵，如图2-20所示。

此"总坛图"中的"梅山兵马""翻坛倒洞郎"等神灵，都是梅山信仰

---

① 李绍明、钱安靖主编：《中国原始宗教资料集成·土家族卷》，中国社会科学出版社1998年版，第47页。另外，土家族地区还多流传着关于梅山神的传说，现引述于兹，以资参考："土家族绝大部分地区尊奉'梅山'或'梅嫦娘娘'为猎神。传说古时候有七姊妹，七妹叫梅嫦娘娘，她酷爱打猎。她的射箭百发百中。有一次与虎搏斗时遇害，倒立而死。土家族敬奉她，尊为猎神。她保佑人们多多获得猎物，防止野兽害人。土家人打猎前要敬梅山神，获猎后用所获猎物敬祀梅山神。猎人若获奇鸟异兽，要将其头脚挂在屋外送至梯玛端公家里，成为祭祀土司的祭品。梅山神位设置不一，有的设在堂屋内，有的设于房屋外，有的设在树林里，有的设在岩壁下。室内无明显神舍，只有意念神位。野外神舍一般用石头砌成小屋。土家人认为，梅山神位不为人知晓才有效应，故多数是秘密的，只有自己清楚，认为让人知道便会失灵……猎人祭祀梅山神须穿戴整齐，不能在女神前袒胸露体，更不能讲污秽之语和有意去戏侮猎神，否则不聋则哑，受到神的惩罚。大年三十晚上，必须用猪头、粑粑等祭祀梅山神，次日破晓把祭品收拾好，这样可保一年安静和多获猎物。"（彭官章：《土家族文化》，吉林教育出版社1991年版，第207—208页）

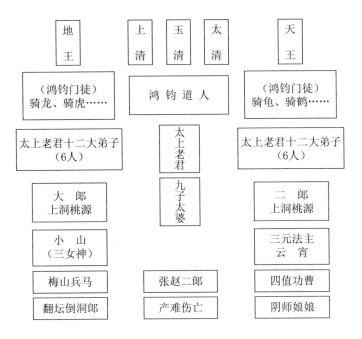

图 2 - 20　江家坛班"总坛图"神灵

文化在端公坛内的显现。而且颇为有趣的是，西南多地的端公法坛上还供奉
着一位与张五郎神格形象十分相似的神灵——"翻坛小山"，（见图 2 -
21）①，其神格亦为两腿朝天、双手撑地的倒立形象。贵州省一带的端公

① "小山"之神名在西南各地的端公法坛中多有出现，但其表现形态不尽一致。上述邵阳市
城步县江家坛中的"小山"，为三个女神。贵州省端公法坛中又有"翻坛小山"和"地傩小山"，
其中，"翻坛小山"被供奉于神龛前的神案桌之上；而神案桌之下，则供奉着地傩小山及其妻子的
木雕神像，有的还置一铁链，是专供地傩小山捉鬼用的。重庆市民间传说的小山及其兵马，即为
"小神子"。他们的最大特点，就是"杀得人来救得人"。当地端公唱叙小山的身世，亦多有矛盾
之处。比较通行的唱法是："家住计州何南县，地名叫作'乱石坪'。""鹅掌大丘郎田地，六村桥
上是郎家。金花圣公小山父，银花圣母是娘亲。""生下小山缺少奶，安名叫作'小山兵'。小山
身是铁身体，铁杖敲打长成人。只因秦王争天下，安占长安万里城。小山听说心欢喜，我要将兵
助朝廷。万里河沙难得过，只恐失阵误前程。神明感动天发咒，念动天咒显威灵。浮沙化作湖桥
城，浮起飞沙化作人。反手梳头得一计，翻身又到水南桥。水南桥上驻三载，便与云霄结成亲。"
介绍了小山的身世之后，端公们又这样叙唱小山的特点："小山神来小山神，杀得人来救是人。救
人一时救得好，报仇一时报得赢。去时刀子白如银，转来刀上血淋淋……有人侍奉郎香火，猪牛
满圈马成群。无人侍奉郎香火，二问大屋一时焚。"（胡天成：《民间祭礼与仪式戏剧》，贵州民族
出版社 1999 年版，第 235—236 页）

称："翻坛小山"即申公豹，是五猖
的徒弟，他神通广大，善于变化，妖
魔鬼怪无论藏于何处，他都能将其捉
住。张五郎与"翻坛小山"的神格形
象非常相似，二位神灵间是否有些关
联，是否翻坛小山的出现受到了张五
郎的影响？这些问题有待进一步加以
研究。

图 2 - 21 "翻坛小山"

此外，在端公文化体系内，梅山
三洞神也往往不再作为狩猎神出现，
而是作为需要"和送"的神灵，因
为按照民间俗信，此类神祇一旦为人
"撞上"，便会失去魂魄而致精神恍惚甚或癫狂成疾，而必须借助"和梅
山"法事以施拯救。像"和梅山""打梅山"① 等法事，均是为此宗教目
的而操作的。

涵括述之，端公信仰中的梅山教派，其实是梅山信仰与端公信仰相互
交融之结果。梅山信仰的融入，不仅丰富、扩容了端公文化系统，使茅山
派与梅山派共同成为端公信仰中的两大宗派；而且改变了端公信仰的诸多

---

① 湘西南邵阳一带的"打梅山"法事，梅山三洞神仍然保持着狩猎的职司，但仍有追回人
丢失的魂魄之情节。该法事主要叙述了老君门徒奉请梅山圣众降赴坛场，为东主家充叩傩牌、跳
踩九州、驱除妖魔、扫邪归正的故事。传说梅山神有三洞之分。游山打猎者奉上洞梅山胡大王，
游蓬看鸭者奉中洞梅山李大王，捕鱼捞虾者奉下洞梅山赵大王。梅山坛均立在古神树下，其坛系
竹篾绕置，呈圆筒形，中储神物，上呈金字塔形，覆罩大小瓦钵，其钵少则七八个，多则十余个。
这种神树，任其死朽，有不信者要砍伐，必须倒背避风雨的棕蓑衣，使神树弄不清伐树者为何
种恶神，方可了事。唱词中有"若问梅山在何处，梅山住在九重天""打破梅山李少四，五岑山
上立场"云云。剧中有王灵官点将，差唐、葛、周三元将军捉拿妖精、追回魂魄的情节（向绪
成、刘中岳：《湖南邵阳傩戏调查》，顾朴光等编《中国傩戏调查报告》，贵州人民出版社 1992 年
版，第 114 页）。

表现形态，包括神灵、法术、科仪等内容。而我们上面谈到的诸如张五郎、梅山三洞等文化元素，只是梅山教对于端公信仰影响的一个小侧面，相信还会有巨大的探讨空间可以去开拓。

第三节　独立与涵容：端公文化与傩文化的关系

前面绪论部分，我们曾经提及以往学界对端公及其法事活动的研究，是将其纳入仪式戏剧的范畴，并且是作为傩戏的一种表现形态来予以观照的。若按此理路，本书提出的"端公文化"，就应与"傩文化"之界域互为种属之关系，即"傩文化"为上位概念，而"端公文化"为下位概念。事实果真如此吗？实际上，本书提出"端公文化"这一概念本身，就隐含了对"傩文化""傩系统"等语用概念的省思乃至超越。

一　傩研究之兴起与"泛傩论"之省思

"傩"，是上古先民创造的一种驱逐疫鬼的原始宗教活动。"① 自 20

---

① 学界关于"傩"之定义有多种。此为康保成在其《傩戏艺术源流》（广东高等教育出版社 2011 年版，第 12 页）一书中给出的界定，权以借用。另外，曲六乙认为"傩，是一种逐除或逐疫的仪式"（曲六乙、钱茀：《东方傩文化概论》，山西教育出版社 2006 年版，第 22 页）；庹修明先生认为"傩是中国古代驱逐疫鬼的宗教仪式"[庹修明：《巫傩文化与仪式戏剧》，（台北）国家出版社 2010 年版，第 21 页]。不难看出，上述表述大同小异，都认定傩的本质就在于"驱逐疫鬼"。关于"傩"的基本特征，学界亦有详尽梳理。徐新建先生归纳出"傩"的四个特征："鬼神信仰""祭司媒介""杀牲奉献""面具装饰"。他以为"凡是具有此特征的四个现象，用'傩'这个符号加以标志就算同构"（徐新建：《傩与鬼神世界》，载《傩·傩戏·傩文化》，文艺出版社 1989 年版，第 197 页）。萧兵则认为，具有下列特征的"表演艺术"，大体上可以列入"傩文化"的族项：（1）带有一定程度的巫术性和原始性，大都结合某种节庆或仪典举行，带有娱神乐人的目的；（2）以扮神逐鬼为中心；（3）表演者多戴面具；（4）大部分自名里含"傩"字；（5）从原始的"傩蜡之风"里脱胎而出，至少与古代的傩仪蜡典有内在的联系；（6）它们已扩散及许多艺术品种，而又在"娱神乐人，借神打鬼"这一点上统一起来、整合起来（萧兵：《傩蜡之风》，江苏人民出版社 1992 年版，第 9 页）。

世纪 80 年代开始全面进入学者的观照视界以来①，曾一度在学界掀起阵阵研究热潮。② 学者们纷纷对此种古老的民间风俗，表现出了极为浓厚的学术兴趣，或分析傩的音乐、舞蹈、面具等表演特色，或考证傩的历史渊源和发展线索，或考察傩的不同类型，或探讨傩的概念及界说等不一而足。据曲六乙大概统计，仅 20 世纪 80 年代至 90 年代初，学界发表的傩戏、傩文化研究专著已有上百种，论文 2500 多篇③，其研究领域关涉戏剧史、民俗学、艺术学、文化学、社会学、民族学、人类学、宗教学、心理学等多种学科。伴随着"傩戏"研究的繁荣局面，曲六乙适时提出建立"傩戏学"这一人文交叉（边缘）学科的倡议，立即获得学界的热烈响

---

① 事实上，早在 20 世纪 50 年代，中国舞蹈艺术研究会（中国舞蹈家协会前身）就曾组织、实施过一个全面调查傩舞的计划，调查范围涉及江西、湖南、广西、山东、陕西等地。1956 年春，由盛婕副会长率领的调查小组，用将近一个月的时间，调查了江西省的婺源、南丰、乐安、黎川、遂川 5 个县的 12 个乡镇，采集记录了 82 个傩舞节目，并撰写了《江西省"傩舞"调查介绍》一文，刊载于内部刊物《舞蹈学术资料》第 11 辑。继江西调查之后，1957 年夏，中国舞蹈家协会又由刘恩伯、孙景琛等 4 人组成调查小组，赴广西桂林及桂北 4 县共 13 个乡开展调研活动，采集了 80 多个傩舞节目，并撰写了调研报告《桂北跳神》，刊载于当年的《舞蹈丛刊》第 4 辑。此外，又有欧阳雅整理过《江西傩舞资料》一文，发表于 20 世纪 60 年代前半叶的《舞讯》杂志上。后因"反右"运动，此次傩舞调查计划被迫终止，整个傩文化领域也成为学术研究的"禁区"。直至中共十一届三中全会以后，随着思想解放运动的深入，以及文艺"百家争鸣"方针的进一步落实，傩戏傩文化的发掘与研究才开始又重新被重视起来。

② 学界对傩戏、傩文化的研究热潮，主要集中于 20 世纪 80 年代至 90 年代初，至 90 年代中后期开始降温。另外，有关傩研究的历史回顾，可参阅周华斌《中国当代傩文化研究》一文（载《民族艺术》1997 年第 3 期，第 71—79 页）。

③ 转引自周华斌《中国当代傩文化研究》，《民族艺术》1997 年第 3 期，第 82 页。客观讲，此数据多少带有估算的成分，实际上，研究成果可能未必有如此之多，但足以说明当时傩学研究的火热程度。另外，展春岚《我国傩文化文献研究的计量分析》（载《遵义师范学院学报》2011 年第 3 期，第 124—129 页）一文，对 1977—2009 年在期刊上发表的研究傩文化的文献，从年代分布、期刊分布、论文作者分布、核心作者分布、论文合作情况、基金项目、研究主题进行了统计分析，揭示了傩文化文献研究的现状。可参阅。

应。① 1988 年，中国傩戏学研究会在贵阳宣告成立，吸引了全国 300 余位学者入会。其后的 20 多年里，该研究会组织召开了一系列全国性的学术研讨会：1990 年举办首届"中国傩戏学术研讨会"，1992 年和 1994 年连续召开两届"中国傩戏、傩文化学术研讨会"，1996 年举办"中国面具（假面）文化研讨会"，1998 年召开"傩俗、祭礼与民间戏剧研讨会"，2003 年召开"中国梵净山傩文化学术研讨会"，2011 年举办"中国重庆阳戏（傩戏）国际学术研讨会"，2012 年召开"中国湖南临武傩文化国际学术研讨会"，2014 年召开"中国贵州道真国际傩文化学术研讨会"。并陆续出版了《云南傩戏、傩文化论文集》《中国少数民族面具文化》《傩俗、祭礼与民间戏剧》《傩苑——中国梵净山傩文化研讨会论文集》《中国重庆阳戏（傩戏）国际学术研讨会论文集》《舞岳傩神——中国湖南临武傩文化国际学术研讨会论文集》《古傩新论——中国贵州道真首届国际傩文化学术研讨会论文集》。

　　立足学术发展的大背景，傩研究广泛兴起②之意义，绝不仅仅在于一

---

　　① 原中国傩戏学研究会会长曲六乙在其《建立傩戏学引言》中曾指出："当前，建立科学的傩戏学已经提到日程上了，这不仅必要，而且有可能性。这是因为已经具备两个基本条件：一是从全国范围来说，已经形成了一个研究傩戏的队伍；二是对各民族的一些傩戏，有了初步的调查与了解。"（曲六乙：《建立傩戏学引言》，贵州民族学院图书馆编《傩戏傩文化资料集》，内部编印，1990 年，第 1—13 页）另外，在《中国各民族傩戏的分类、特征及其"活化石"价值》一文中，曲六乙进一步强调："现在在我国建立傩戏学，具备着可能任何国家都充分、优越的条件。傩戏学，应当是一门崭新的边缘学科，它处于上述各学科交叉的焦点上。我们可以从不同的学科进行研究，更希望从多学科的审视角度，全面地、系统地考察、研究这个焦点。"（庹修明等编：《中国傩文化论文选》，贵州民族出版社 1989 年版，第 12 页）

　　② 事实上，除了在"傩"研究的积极推动下，近 30 年来有关中国祭祀仪式、仪式演剧的研究之不断上升趋势还与 20 世纪 80 年代中国大众文化研究的兴起，以及目下盛行的中国文化与社会的研究，尤其是地方社会的研究有着极为密切的关联。此一学术背景现已逐渐成为仪式剧研究的一条重要学术理路，即通过对仪式剧内容与表演形式的深入分析，力图凸显其所包含的社会文化价值，从而得以窥见普通人与地方文化纽带及其连接方式。此种研究理路，在海外学者中有较为普遍的运用，如姜士彬关于目连戏的研究，就将目连戏作为历史研究的一种对象，通过对目连戏内容与演剧形式的分析，证明了目连救母在长期的演变过程中，无论在表现形式上还是内容上，都注入了中国传统宗教与伦理说教的内容（David Johnson、Andrew J. Nathan、Evelyn S. Rawski 编：《晚期中华帝国的大众文化》，加利福尼亚大学出版社 1985 年版）。由此可见，祭祀仪式与仪式演剧研究的本体性价值不仅在于全面理解与重构中国戏剧史，还兼具部分还原地方社会文化的功能。

种古老民间风俗的被关注、被熟知，更在于其对人文社科诸多领域所产生的十分积极而深远之影响。特别在中国戏剧史研究领域内，盛极一时的"傩戏热"，甚至推动了中国戏剧研究重心的深刻转向：民间宗教仪式与民俗节庆形态戏剧日益成为学界的热门课题，从而极大地促进了"戏剧学进入民间戏剧研究阶段，这是一种回归，一种学术的自我发现，对戏剧史学的意味颇不寻常"①，对研究者的影响亦可谓极其深远！

显然，近30年来，中国傩学研究所取得的巨大成就，及其在人文社科领域中的重要价值和意义似不必再赘言，那一系列国际会议的召开，以及相关论文、专著的海量发表就是最好的证明。然而，在一哄而起的"傩戏热"中，弊端和教训显然亦不能忽视。② 其中，最为明显的莫过于"泛傩论"的问题。其实此一问题，曾有多位前辈学者提出过批评③，如刘祯就曾尖锐地指出："在人们越来越重视傩、傩文化的同时，也存在'傩'义泛化，把古代各种祭祀文化任意附会为'傩'，任意放大、夸大'傩'的功能、作用的情况，甚至有'唯傩论'的极端见解。"④ 虽然此类的批评之声历历在耳，但非常遗憾的是，"泛傩论"之影响，直至今日非但没有任

---

① 刘祯：《傩戏的艺术形态与形成初探》，《中国政法大学学报》2010年第3期，第133页。

② 康保成在谈到"傩戏热"的弊端与教训时，曾列举了五项内容：一是不下功夫从基本文献或地方志中查找资料，无视戏曲在宋元已有成熟的剧本，而把明清甚至民国才流行的演出形式和剧目说成戏曲之源，从而混淆了源与流的界限；只强调傩仪对戏曲的影响，忽视了戏曲对傩仪也有影响。二是无视文献记载和外地乃至全国傩戏形态的流行状况，片面强调本地的最古、最有价值。三是无视傩仪的根本特点是驱鬼，而说傩是什么"鸟图腾"仪式，或把根本不是傩的东西也拉进傩的行列。四是不认真考察傩与佛教、道教的交融关系，不了解傩在后世的衍化，把傩当成铁板一块、固定不变的东西。五是只笼统强调傩是戏曲之源，不下功夫考察傩是如何变成戏的，造成谈傩的只谈傩，说戏的只说戏等（康保成：《傩戏艺术源流》，广东高等教育出版社2011年版，第7页）。

③ 庹修明曾指出："在研究傩戏的类型、归属时，有两种倾向是值得注意的。一种是泛傩戏论，忽视了傩戏质的界限，把傩文化的某些形态与傩戏搅在一起，将傩戏的历史越推越远，品种越扩越多；另一种是用中外戏剧理论模式去硬套十分复杂的中国傩戏，特别是排斥一些民族地区的原始傩戏形态，忽视了任何一个剧种都有它的童年时期。"（庹修明：《傩戏的流布、类型与特征》，张子伟主编《中国傩》，湖南师范大学出版社1994年版，第31页）

④ 刘祯：《傩戏的艺术形态与形成初探》，《中国政法大学学报》2010年第3期，第133页。

何改观，反而有愈演愈烈之势。个中缘由，颇值得沉思。事实上，"泛傩论"在学界的大行其道，并非一个偶然现象，其中蕴含着深沉的文化语境与学术背景因素。

一个颇为引人注目的现象是，在学界对傩的观照与评论中，其文化含义与价值往往被置于特别凸显的位置。在学界的表述中，傩被视为一种古老的文化遗存，一种珍贵的文化宝藏，其演剧形式则代表了一种尚未完全从宗教仪式中剥离出来的戏剧剧种①，对考察戏剧的起源和发展具有十分重要的价值。最早使用"傩文化"这一概念的是陶立璠，他在《傩文化刍议》一文中对傩文化的价值进行了颇具代表性的概括："傩文化作为知识、信仰、宗教、文学、艺术、风俗等的综合体现，无疑是中国文化的重要组成部分，它具有文化史价值、民俗学价值、戏剧史价值、认识价值。"② 应该说，"傩文化"这一概念的提出本身，代表了当时学界对傩的学术兴趣和研究重点，也透露出当时学界是将傩视为一种综合的文化现象来看待的倾向。虽然后来随着学术的发展，学者们对傩的观照视点日益多元化③，但傩作为一种文化现象来看待的学术倾向始终未有多少改变。从1989 年出版的两部关于傩的论文集《傩、傩戏、傩文化》和《中国傩文化论文选》，至1991 年被纳入"神州文化集成丛书"的《中国傩文化》，再到2004 年出版的《傩苑——中国梵净山傩文化研讨会论文集》，再至

---

① 曲六乙曾指出："对于傩戏，人们从五十年代起，就把它归入戏曲范畴，仿佛这已是定论，无可怀疑。我以前也持这种看法。近年来较多接触各地区、各民族的不同傩戏之后，我的看法开始有了变化。现在我认为，傩戏不应属戏曲范畴，而是自成一类戏剧艺术体系。"［详见曲六乙《建立傩戏学引言》，载贵州民族学院图书馆编《傩戏傩文化资料集》（一），内部编印，1990年，第11 页］

② 陶立璠：《傩文化刍议》，庹修明、顾朴光、潘朝霖主编《傩戏论文选》，贵州民族出版社1987 年版，第14—28 页。

③ 曲六乙曾这样勾勒中国傩学的发展历程："傩学，萌发于20 世纪中叶，兴起于20 世纪70年代末。研究热点从50 年代的傩舞、80 年代的傩戏移到90 年代的傩文化学和傩文化史。"（曲六乙：《傩魂》，贵州省德江县委宣传部主编《傩魂——梵净山傩文化文选》，贵州民族出版社2003年版，第1 页）

2013 年出版的《舞岳傩神——中国湖南临武傩文化国际学术研讨会论文集》、2016 年出版的《古傩新论——中国贵州道真首届国际傩文化学术研讨会论文集》，单从文集的名称即可看出此种学术倾向的延续性。

这场从文化的维度来研究傩的热潮，进一步改变了傩的命运。正如 F. Yang 所指出的，当宗教被视为一种文化现象时，"它在意识形态方面的谬误变得不重要了；它科学方面的谬误也显得模糊不清。这样，宗教被激进的和科学的无神论所攻击的两个主要点就都被抹杀了"①。至此，作为一种文化现象的傩，就已经完全规避了其与官方意识形态方面的分歧，并由此摆脱了其在宗教领域中遭到的种种指责与批判，因为傩无论采取何种形式，表现何种内容，归根结底都是一种文化遗产在民间宗教中的保留，与无神论的宇宙观和意识形态无关。反映到官方的话语表述中，傩已不再是"封建迷信"的代名词，而是一种"宗教形式下的文化遗产"②，对其研究亦不再被视为"学术禁区"③。可以说，一旦傩成为"傩文化"，其存在也

---

① F. Yang, "Between Secularist Ideology And Desecularising Reality：The Birth And Growth of Religious Research in Communist China", in *Sociology of Religion*, Vol. 65, No. 2, 2004, p. 108. 转引自李岚《信仰的再创造——人类学视野中的傩》，云南人民出版社 2008 年版，第 323 页。

② 新时期，国家在宗教问题上有一些新的提法，其中很重要的一个方面是：将宗教辐射的范围扩大到一个广阔的社会—文化领域中。基于此前提，宗教与文化的关系得到了充分肯定："宗教渗透于各民族而成为其历史、文化不可分割的一部分，任何民族的文学、美术、建筑等，都在不同程度上受到宗教的影响。宗教形式下的文化所起的作用，恐怕也不可能一律用'鸦片'加以概括，当人们流连于敦煌石窟的佛教艺术宝库，渲染于中国道教的端醮音乐，或者观赏达·芬芬奇《最后的晚餐》，聆听舒伯特《圣母颂》时，其感受是复杂而多样的。对于宗教形式下的文化遗产，我们应当分析继承，而不能统统视为'鸦片'而全盘否定。"（罗竹风主编：《中国社会主义时期的宗教问题》，上海社会科学出版社 1987 年版，第 171—172 页）

③ 在 1993 年出版的《德江傩堂戏》中，这样描述傩与封建迷信的关系："由于傩堂戏具有浓厚的宗教成分，人们往往只看到它迷信的外壳，而对其蕴含的巨大学术价值缺乏足够的认识，因此长期以来它只能在民间默默流传，自生自来。"（李华林主编：《德江傩堂戏》，贵州民族出版社 1993 年版，第 12 页）在这本由官方组织编写的书籍中，已彻底为傩进行了"正名"，强调了其蕴含的巨大学术价值，而所谓的"迷信"，至多只是傩容易引起人们错觉的"外壳"，并非其本身就是封建迷信。

就天然具有一种"合法性"①。回想当年"傩舞调查计划"的被中止，被斥之为"封建迷信"的傩竟会有如此的命运转折，实在令人慨叹！

如果说，将傩置入文化范围内，还只是掩盖了其与官方意识形态的分歧的话，那么，"活化石"观点的提出，则进一步使傩与官方意识形态之间产生了某种"默契"。首先使用"活化石"这一概念的是曲六乙，其对傩戏作为"活化石"的意义、价值等问题进行过颇为详细的论述：

> 作为宗教与艺术长期混合的产物，傩和傩戏涉及人类学、民族学、历史学、宗教学、神话学、文化交流史和戏剧发生学等相当广泛的学科……傩戏作为"活化石"的意义，实际上首先表现为结合上述各个学科的研究而获得的结果……其次，这些目前尚能存活下去的傩戏的"活化石"价值，还在于从它们的发展层次与架构中，了解到戏剧是如何从具体的傩仪中萌生、蜕变，最后脱离傩仪而独立生存、发展的。②

不难看出："活化石"观点的主旨，其实是将傩视为一种原生态的文化形式，并认为对其研究，将会成为一种寻找和弥补文化演进

---

① "合法性"作为一个概念术语或分析工具，有着十分复杂的意涵，深触广泛的社会领域，并且潜含着宽广的社会适用性。原初意义上的合法性是指"根据一种假设的中间标准或原则，这种原则的客观性被看作是不受现有评论界或命令与服从的关系所支配"（［英］约翰·基恩：《公共生活与晚期资本主义》，马音等译，社会科学文献出版社 1999 年版，第 288 页）。然而，伴随着现代社会神圣化思维方式的日渐式微，以及价值供给范域的逐步开放，现代合法性的概念也因之发生了深刻转向：更加凸显了目标系统内部自身固有的、内在的价值维度，从而将合法性的确立推向了更为深沉、更为广泛的价值论语境。高丙中在谈及"合法性"的内涵时认为，"合法性"（legitimacy）的"法"是法度、规范，可以包括法律而不限于法律。它表明了某一事物具有被承认、被认可、被接受的基础，至于具体的基础是什么（如某种习惯、某条法律、某种主张、某一权威），则要视实际情境而定（高丙中：《社会团体的合法性问题》，《中国社会科学》2000 年第 2 期，第 100—109 页）。不难看出，这里论及合法性所依托的"被承认、被认可、被接受的基础"，正是基于多元价值思维而提出的，体现了对合法性原初意涵的深刻超越。对于傩这一古老的民间风俗、民间宗教而言，文化维度的深刻置入，使其具有被承认、被认可、被接受的基础。

② 曲六乙：《中国各民族傩戏的分类、特征及其"活化石"价值》，庹修明等编《中国傩文化论文选》，贵州民族出版社 1989 年版，第 12—15 页。

链条中某些历史缺环的考古式发掘。就本质上而言，此一观点其实是马克思主义进化论模式在傩领域中的复现，即认为文化事象的发展应该是一个规整的线性时间序列，而傩恰恰就是此文化演进链条中的某个初始或起源。我们暂且先不论此种观点的得失（下部分有详述），单就其所描绘的研究前景而言就足以令人兴奋，因此，此一观点一经提出，立即获得学界的普遍接受；同时此观点亦更加强化了傩在官方心目中的积极肯定意义。从此，傩在学术研究上不但畅通无阻，而且还得到了地方政府的高度重视和大力支持，甚至有的地方政府还将傩作为地方文化品牌去打造。像在全国各地召开的傩文化学术研讨会，如果离开地方政府的大力支持，其实根本无法成行的。"傩"在学者的表述和官方的推动中，已逐渐成为传统文化的一个重要符号，甚至是传统文化中最为时尚的一个词。

总而言之，从傩到"傩文化"再到"活化石"，傩命运轨迹的背后其实是学术语境和文化背景的跃迁。在此"热烈"而"浮躁"的背景下，"泛傩论"的大行其道实在是势所必然。不难发现：其中明显含有一些功利性因素：对于学者而言，不管其研究何种民间宗教信仰活动，只要用"傩"来称之，便会使自己的研究天然具有一种学术价值；而对于地方政府而言，亦可彰显本地文化遗产资源的丰富。① 至此，"傩"在某种程度上似乎已经成为一个万能的"百宝箱"，凡是与祭祀文化相关的法事活动均可装入其内，而对于傩的本真意涵，学者们往往少有理会。然而从学术研究的规律来讲，将"傩"的质的概念无限外延，其实是对"傩"自身的质的否定，因此，对于广大傩研究者而言，需要我们不懈地证伪与深究，以

---

① "泛傩论"倾向其实有一个附带的结果：无形中把傩的合法性与正确性推及一大批民间宗教身上，不仅使它们免遭了很多政治上的麻烦，还使它们借着傩的东风，统统成为"祖国民族文化的瑰宝"，受到官方的肯定和提倡，从而带动了一大批民间宗教信仰活动的复兴和昌盛，这或许可以看作它的积极因素。

披露出众多的形（表）同质（里）异之事物，以便真正推进"傩"之研究，而尽量避免"泡沫学术"之发生、发展。

二　"傩系统"范域的局限性与"端公文化"概念的提出

毋庸讳言，"泛傩论"对祭祀文化研究的消极影响是巨大的，它不但使研究者的学术心态变得浮躁而功利，更把中国祭祀文化大系推向简单化境地。面对中国祭祀文化大系中盘根错节、名目繁多的子系统，学者们往往习惯于不加深入辨析、探究，不管其历史渊源、仪式主旨、结构、形态、符号象征意义以及与社会整合方式的种种差异，便极其简单地用一个"傩"字一称了之。在此种理论预设下，全国范围内不同地域、不同民族的民俗性祭祀活动统统被纳入其中，并由此构成了一个"傩系统"。曲六乙就曾指出：

> 作为一个多民族的国家，包括汉族在内，有十个左右的民族，曾经产生了二十多种傩戏，并且大部分至今仍然活跃于各个地区。
>
> 对于傩戏，各地区各民族的叫法很不一致。广西汉族、壮族的叫师公戏。湖南汉族的叫师道戏、傩堂戏、还愿戏、跳戏，侗族傩戏按侗语叫"冬冬推"或"嘎傩"。湖北的叫傩堂戏。四川、陕西地区的叫端公戏。山西、河北、内蒙古一带叫"赛"或"赛赛"。安徽贵池叫傩堂戏。云南有关索戏、昭通端公戏。贵州有地戏、神戏、阳戏、傩堂戏。江苏有僮子戏。江西有孟戏。浙江、福建、广东等地区也有自己的叫法。在泛指的时候，为研究方便起见，我们可以统一称为傩戏。

在这样一个系统之内，傩还被切分出许多不同的大类：

> 从巫师服务对象和活动场所，我国的傩和傩戏，可以分为宫廷傩、民间傩、军傩、寺院傩四种。土家、壮、侗、仡佬、苗等民族的

傩戏属民间傩；地戏、关索戏属军傩；藏族聚居区大寺院的跳鬼（藏语叫"羌姆"），包括北京雍和宫的正月跳鬼，属寺院傩。它同喇嘛教有关，同道教则毫无干系。①

由此，这些不同的大类可用下表②加以表示。

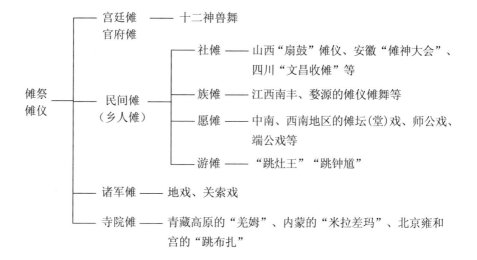

基于曲六乙的观点，并套用文化进化论模式的分析框架，庹修明提出贵州傩戏发展的"两个系列，三个层次"说：

> 贵州民族民间傩戏系统，主要是两个系列、三个层次。汉、苗、侗、土家、彝、仡佬等民族地区的傩戏，为一个系列，即民间傩系列。彝族傩戏"撮泰吉"，完成了傩祭向傩戏艺术的初步过渡，是傩戏的雏形，是低级层次。汉、土家、苗、侗、仡佬等民族地区的傩

---

① 以上所引曲六乙的观点，均出自曲六乙《建立傩戏学引言》，庹修明、顾朴光、潘朝霖主编《傩戏论文选》，贵州民族出版社 1987 年版，第 1—13 页。另外，关于傩的分类，文中还提出将"民间傩"分为四种，"社傩""族傩"（亦称"宗族傩"）、"愿傩""游傩"，从而构成一个时空上跨时代、跨社会、跨民族和跨国界的庞杂而独特的综合文化体系。

② 曲六乙：《当代中国大陆傩学研究的历史轨迹及其理论架构》，台湾清华大学人文社会学院文化史研究室《中国地方戏曲议谈》1995 年版。转引自庹修明《叩响古代巫风傩俗之门——人类学民族学视野中的中国傩戏傩文化》，贵州民族出版社 2007 年版，第 268 页。

戏，是与傩祭密不可分，但戏剧因素不断增长和完善，是向单一的傩戏艺术过渡的中间层次。贵州地戏是属于军傩系列的傩戏，是傩戏发展的较高级层次。贵州傩戏具有民族多、品种多、层次多、分布广、保存完整等特点。①

无可否认，"傩系统"的建构，以及分类思想的提出，确实把中国不同地域、不同民族纷繁复杂的祭祀文化事象梳理得清晰而规整，同时它也为研究者们提供了一个共通的话语平台，从而使不同领域、不同学科的学者都可以进入"傩系统"之中，通过"傩"这个学术符号来进行沟通、交流。但是，一个非常值得深思。又被忽略的一个关键问题是：这样的"傩系统""傩分类"以及"发展层次"说，到底是民俗事象文化本质的诠解，还是一种学者的建构？随之而来的诸多问题包括：基本隶属中原汉文化的"傩"，是否可以随意冠之以少数民族族称？真的有军傩吗？真的有寺院傩吗？一些在少数民族中流传的较为原始的祭祀形态，诸如彝族的"撮泰吉"、土家族的"茅谷斯"之类，是否可以归入傩之列？更为关键的，"傩系统"是否可以真的完全涵括这些祭祀文化事象？

事实上，对于上述这些问题，已经不断有学者提出各种各样的质疑。例如，有学者指出：孑遗在贵州省威宁县彝族中的"撮泰吉"，本源于彝慕师（巫师）祭祀文化，它是中国本土祭祀文化之一大板块。虽然表演时也戴面具，但根本与"傩"是殊途但不同归的两件事。② 另有研究者提出质疑："果真有个军傩吗？"③ 并认为，在没有更充分的资料和证据证实以

---

① 庹修明：《叩响古代巫风傩俗之门——人类学民族学视野中的中国傩戏傩文化》，贵州民族出版社 2007 年版，第 4—5 页。

② 宋运超通过戏剧、崇祖、迁徙、丧歌、狮舞、化装六方面，证明《撮泰吉》属彝慕师文化而非傩（宋运超：《祭祀戏剧志述》，贵州民族出版社 1995 年版，第 313—320 页）。

③ 吴尔泰：《果真有个军傩吗？——与庹修明同志商榷》，《民间文学论坛》1993 年第 1 期，第 69—75 页。

前，我们倾向认为"军傩"是个以讹传讹的概念，而"地戏是由军傩产生"更是个前提不成立的命题。① 康保成亦专门撰文指出：流传于藏蒙地区的宗教舞蹈羌姆——金刚舞，是佛教战胜苯教的产物，具有十分特殊的宗教象征意义，与汉族地区以驱鬼巫术为基本特征的傩舞有着本质区别。羌姆与藏戏有着明显的渊源关系，藏戏并不属于傩戏，而是典型的佛教戏剧。② 若此，"寺院傩"这一分类的存在根基其实也受到了挑战。又如关于各种少数民族傩的问题。其实，现今在西南各少数民族（包括土家、苗、侗、布依、仡佬等民族）地区流传的傩文化形态，主要就是"还傩愿"，其本源于中原汉文化系统，是汉移民文化传入之结果。虽然在传入之后，有一个"在地化"过程，并不可避免地融入了一些少数民族文化的元素，但从其所使用的语言文字、所操作的法事与神祇、歌舞与伴奏、唱词、演剧、表演技艺等主体方面来看，无一不是中原汉文化之表征。因此万万不可见到某个民族地区流传有傩文化形态，就随意冠之以族别，诸如"苗傩""侗傩""土家傩""仡佬傩"等。若此，只会使我们的研究走向虚化。事实上，如果我们深入比较这些所谓的不同族别的傩，就会发现：它们在源流、沿革、内容、形式等方面均大同小异，更为准确地说，这已经是一种"跨民族的地域性文化了"。宋运超在谈到此问题时，有一段非常

---

① 朱伟华等：《建构与生成——屯堡文化及地戏形态研究》，广西师范大学出版社 2008 年版，第 211 页。书中还进一步分析了"地戏起源军傩"说流传甚广的原因：一是这个结论简洁明了，便于解释地戏的起源，满足屯堡人尚武的心理和中国人崇古的习惯，被写入各种解说中，所以广为流传；二是作为一种地域文化现象，本地学者的结论往往具有优先权，外地学者难以质疑，一般都直接引用；三是"军傩说"给中国戏剧起源提供了一种例证，使学界看到一个"戏剧起源于傩仪"的具体整合，因而被欣喜地接受和传播。这样，"地戏"与"军傩"就形成了一个论证怪圈——以军傩来证明地戏历史的悠久和形态的原始，又以地戏来证实军傩的存在和中国戏剧由傩仪产生，二者变成一种相互印证的逻辑循环。真实而具体的地戏活动，变成虚幻的军傩存在的例证和注脚；而军傩的语焉不详，又使地戏起源研究虚化，使一种不加论证的简单推论成为可能。另外，刘怀堂的《贵州地戏不是"军傩"》（《四川戏剧》2012 年第 3 期，第 66—69 页）一文，也表达了与此相类似的观点，可参阅。

② 康保成：《羌姆角色扮演的象征意义及其与藏戏的关系》，《民族艺术》2003 年第 4 期，第 59—69 页。

精彩的论述：

> 作为中国祭祀文化大系，其并列的子系统盘根错节、名目繁多，有诸如：傩文化、彝慕师文化、土家梯玛文化、苗族《古老话》文化、萨满文化、藏戏文化，等等。在目前，学者们最好沿用民间称谓，不要随意添加并列母项。还傩愿就是还傩愿，不宜随意命名为某民族傩，而使其人为地"速退"为"族文化"。因为，源流、沿革和内容、形式均大同小异的，被各民族认同的还傩愿，她已经是一种跨民族的地域性文化了，如果大家都欲据为己有，其情状酷似多人合盖一床被，若各扯一角，则必定有人要感冒、发烧、说胡话的……①

以上种种质疑与论辩，都说明"傩系统"理论的提出其实并不完全符合民俗文化事象的本质，而立基于"傩系统"的分类体系（尤其是析解出各个民族"傩"的分类方式），也存在较大漏洞。所谓的"傩系统"以及"傩分类"理论更多的是一种学者的建构，并不完全符合民俗文化事象的本质特征。因此我们认为，必须澄清"傩系统"与"傩分类"中的种种谬误，切断傩与诸多祭祀文化事象间的虚妄联系，做到现象还原，才能使研究深入，为纷繁复杂、盘根错节的民俗性祭祀活动重新寻找真实的理论之基。

先回到本书着重关注的中国西南地区。众所周知，由于地理环境、历史文化等方面的原因，西南地区拥有十分丰富的民俗性祭祀文化资源。但受到"泛傩论"与"傩系统"理论的深刻影响，"傩"义也几乎涵括了西南地区所有的民俗性祭祀活动。例如，《贵州道真仡佬族苗族自治县傩文化简志》中记述的全县傩仪形式就有：冲傩、打保福、阳戏、梓潼戏、延生（又称"延生保福""经忏保福"）、醮会、庆祝、度职、度关、取魂、

---

① 宋运超：《祭祀戏剧志述》，贵州民族出版社1995年版，第313页。

和送、敬神、烧胎、奠宅、推送、安位、开天门、送财神、酬山王（又称"慰山""还欢喜菩萨""还打闹菩萨"）、酬东岳（又称"酬泰山""酬佛"）、荐阴寿、打解结、运星、召山（又称"买山"）、谢土、安葬、提坟、祭坟、和鸾（又称"请鸾"）、收禁、扫荡、划龙船、玩龙灯、玩狮子、收兵、放兵、上钱，共 37 种，加上其中所含的小类或不同操作方式，共 268 种。①

① 按《道真仡佬族苗族自治县傩文化简志》中介绍，共 268 种傩仪，其中，冲傩分半堂傩与全堂傩 2 种；打保福有接寿保福、急救保福、平安保福 3 种；阳戏、梓潼戏均有一次性完成的"唱戏"或"还戏"，及分两个非连续时段完成的"献戏"和"唱戏"，共 6 种；延生分填还延生与接寿延生，接寿延生又分朝斗延生、赎魂延生及东岳延生，共 4 种；醮会有玉皇会、观音会、太阳会、龙王会、山王会、黑神会、牛王会、身苗会、虫蝗会、清醮会、扫殿会 11 种；庆祝有庆川主、庆山王、庆黑神、庆药王 4 种；度职有奏香水职（又称"八庙职"）与奏在职（又称"抛牌"）2 种；度关有解将军箭、退七星箭、退土公箭、上树刀、过刀桥、金鸡上剑、金鸡上桥 7 种；取魂有开山取魂与翻案取魂 2 种；和送有和梅山、和瘟神、和冷坛 3 种；敬神有敬高岩、敬白蛇、敬将军、敬川主、敬土主、敬黑神、敬蛮王、敬药王、敬梓潼、敬牛王、敬城隍、敬坛神 12 种，敬坛神又分献坛与庆坛 2 种，共 13 种；烧胎有烧观音胎、烧五雷胎、烧古牛胎、烧八庙胎 4 种；奠宅有镇宅、团宅、清宅 3 种；推送有送火星、送血光、送冷坛、送瘟神、送游师、送冤枉、送梅葛二仙、送腾蛇白虎、送搬杆放索土地、送梅山三路草神、送梅山七路草神 11 种；安位有安香烟、安师坛、安坛神、安神位 4 种，安刘位又分安阿弥陀佛、安如来佛、安燃灯佛、安弥勒佛、安观音菩萨、安势至菩萨、安文殊菩萨、安普贤菩萨、安四大天王、安阿难、安迦叶、安十二圆觉、安玉皇、安真武、安灵官、安李老君、安孔夫子、安关圣、安梓潼、安牛王、安药王、安山王、安白蛇、安何帅、安魁昨、安蛇二将、安雄狮、安土地，共 31 种；开天门分普通巨人与道士先生 2 种；送财神有跳财神与说财神 2 种；上钱有上七郎钱（七郎土地）、上七星钱、上九凤钱（九凤将军钱）、上二分子、上八庙钱、一十二花园姊妹钱、上三月钱、上三世钱（三世神王钱）、上三抚钱（三抚老穆相公钱）、上上洞梅山钱、上下洞梅山钱、上土主钱、上土神钱、上山王钱、上山神钱、上川主钱、上马王钱（马王土地钱）、上中洞梅山钱、上丹青钱、上云霄钱（小瘦云霄钱）、上六月钱、上分子钱、上开山钱、上支客钱、上斗姥钱、上木包钱、上木纳钱（木纳子钱）、上火炉钱、上火星钱、上牛王钱、上车马钱、上风神钱、上古树钱、上叫化钱、上奶母钱、上打山钱、上白雨钱、上白蚁钱、上白案钱、上白蛇钱、上皮匠钱、上龙王钱、上龙灯钱、上华佗钱、上当天钱、上龙灯钱、上曲药钱、上竹王钱、上米神钱、上老君钱、上老鹰钱、上虫蝗钱、上过孕钱、上把界土地钱、上灵官钱、上灶神钱、上花童钱、上补山钱、上诉讼钱、上谷花钱、上财神钱、上学士钱、上宗师钱、上店铺钱、上河神钱、上油匠钱、上炉神钱、上茅花钱、上金花银花钱、上保禾钱、上修头钱、上南康钱（南康土地钱）、上哑口梅山钱、上城隍钱、上将军钱、上尝新钱、上拜墓钱、上星主钱、上星辰钱、上染靛钱、上独脚山王钱、上狮灯钱、上皇王钱、上竖立钱、上茶婆婆钱、上草神钱、上药王钱、上贸易钱、上迷魂钱、上宴席钱、上捕盗钱、上桓侯钱、上桥梁钱、上秧苗钱、上蚕王钱、上轿马钱、上逐虎钱、上高崖钱、上堪舆钱、上圈门钱、上推送钱、上教艺钱、上梓潼钱、上淀粉钱、上清吉钱、上清明钱、上猫儿钱、上眼光钱、上祭庙钱、上野猪钱、上雪神钱、上喜呐钱、上棕匠钱、上痘麻钱、上窖神钱、上絮匠钱、上蛮王钱、上裁缝钱、上赎魂钱、上隔门钱、上鲁班钱、上黑神钱、上殿前三千口钱、上碓磨钱、上蜂王钱、上雷坛钱、上雹神钱、上魁神钱、上瘟司钱、上蔡伦钱、上镇江钱，共 131 种（冉文玉主编：《道真古傩》，贵州民族出版社 2012 年版，第 68—70 页）。

在当下"傩系统"理论大行其道的学术语境下，似乎已经很少有人再去思考：这些在民间现存的诸多民俗性祭祀活动是否都可以称之为"傩"？也正因此故，学者们将此处所列举的268种祭祀活动统以"傩"来称呼，颇显得理所当然，而无半点疑惑。其实，只要我们认真思考一下，就不难发现：在这268种祭祀活动中，绝大部分都与"傩"之意涵与仪程相距甚远，因而绝不能用"傩"之名来称之。例如"提坟"法事活动，本是由法师（亦称"师家""道士先生""先生""道士"）以特殊仪式（亦称"法事""道场"或"法筵""法会"），为事主先逝之亲人提迁坟墓之活动。整个仪式分两阶段渐次展开：1. 起坟：（1）洒净；（2）请神（师）；（3）安位；（4）奠酒；（5）通口意；（6）起水碗；（7）退杯；（8）送神；（9）起坟（敞坟）；（10）移棺。2. 买山：（1）洒净；（2）请神；（3）安位；（4）奠酒；（5）宣疏；（6）告界；（7）宣疏；（8）交钱；（9）送神；（10）退杯；（11）送神。再如"谢土"（亦称"闹山谢土"）仪式操作之缘由，乃依当地风俗，修房造屋，兴工动土，必定会惊动地脉龙神，易致家宅不安，因此竣工后需杀猪宰羊，举行谢土仪式予以削罪酬答，祈保福运。仪式一般需分3年共做3次，其中第一、二年所做方式相同，叫"谢土"，第三年仪式与前二年有别，名为"闹山"。[1] 不难看出，无论"提坟"还是"谢土"仪式，虽然也有请神—送神之法事结构，但毕竟在其法事主旨、仪式规程等方面均与"傩"毫不相干，因而根本无法归入"傩"之行列。[2] 由此可见，"傩"有时更像是学者的自说自话，而与民俗实际相距甚远。

---

[1] 关于"提坟"与"谢土"仪式之具体操作内容，详见冉文玉主编《道真古傩》，贵州民族出版社2012年版，第242—282页。

[2] 颇耐人寻味的是，《中国傩戏学研究会通讯》（总第十六期，2013年9月）上竟赫然将《上坝土家族乡巫佛合一坛班"提坟"仪式》一文载录其中，想来亦必是将该仪式列入"傩"之范畴，由此可推想，"泛傩论"之影响已经到了何其普遍之程度（中国傩戏学研究会编印《中国傩戏学研究会通讯》，总第十六期，内部编印，2013年9月，第33—58页）。

既然这个由学者建构的"傩文化系统",不能完全与西南地区民间祭祀文化的实际情况相对应,亦即无法涵括如此众多的祭祀文化事象,那么,我们就需要还原民俗本位(而非学者本位),重新确立研究西南地区祭祀文化的理论之基,以便更好地贴近民俗文化的"本真"。基于此理念,我们提出了"端公文化"之概念。立足当下的学术语境,此一概念的提出,有两点重要的学术价值。

其一,是对当下"泛傩论"与"傩系统"理论误区的一种反拨与超越。与"傩系统"的理论旨归相一致,"端公文化"此一概念本身也力图对各地(主要指西南地区)纷繁复杂的民俗性祭祀活动进行一个统合,这不但会使我们的研究上升到一个系统化的层次,而且还可以为不同领域的研究者提供一个共通的学术话语平台。不过,与"傩系统"的提出方式有所不同,"端公文化"是立基于民俗本位的一种表达,而非学者的建构。其中有一个非常关键的,却往往被人忽视的一点就是:西南各地流传的绝大多数民俗性祭祀活动,不管其表现形态、名称多么复杂而多样,其实都是由端公来主持、操作的。质言之,民俗事象纷繁变幻,让人眼花缭乱,但民俗主体——端公始终如一,这就使我们在把握这些民俗性祭祀活动时掌握了绝对的主动权,而不至于深陷于民俗事象的泥沼。就像上文提到的道真地区所流传的这 268 种法事活动,无论名称如何不同,主旨、仪程如何迥异,也均是由端公来操作的。因此,"傩系统"中无法完全涵括的祭仪活动,却可以在"端公文化"系统中自由地聚合。从这个方面而言,"端公文化"此一概念的提出,要比"傩系统"具有更大的涵容性,也更加符合西南地区民俗信仰文化的实际。

其二,"端公文化"概念的提出,可以让我们重新审视:一直以来,被我们所忽略的一个特殊群体——端公。这个被边缘的文化身份,这个在文人、精英、官方的话语表述中总是与愚昧、落后、欺骗联系在一起的人群，其实对西南地区历史文化的发展有过积极的贡献，如若抛却了简单的价值判断，还原到西南地区纷繁复杂的祭祀文化的发展脉络之中，我们便会清楚地看到这一点。作为涌入西南地区汉移民大军中一个特殊的群体，端公带来的祭祀文化对西南本土巫文化产生了重要影响，像前面提到的"还傩愿"（"还傩愿"本身是一种复合的文化形态，端公对这一形态的生成起了关键性作用，后文详述）这种民俗文化活动，能够在西南各民族地区中广为流传，实在就是（汉）端公的功劳。而中原傩文化在传至西南地区后，形态发生重要变异，也是端公在其中发挥了至关重要的作用。同时，端公文化本身作为一种强势文化形态，对西南本土巫文化也起到了一种示范和凝聚的作用，从而使诸多本土巫文化慢慢向其靠拢。从这个意义上讲，端公在西南地区巫文化的整合过程中也起到了关键性作用。由此我们说，端公在西南祭祀文化系统中扮演了最为重要的角色，离开了端公来谈西南祭祀文化，将最终无法真正理解西南祭祀文化本身的价值和意义。

基于上述讨论，我们为"端公文化"概念给出以下定义：以端公（汉族民间巫师）为主导，以巫术行为、鬼神观念为核心的一系列仪式、方法及其相关的文化事象。就其本质而言，端公文化是一种汉族移民文化，是一种潜在的民间巫文化系统。端公文化结构本身可析解为三个构成要素：行为者—行为—表现。其中，"行为者"主要指端公，也涵括信奉端公信仰的社区人群；行为主要指由端公操作的法事仪式及其相关的活动；表现则主要指与端公法事行为相应的各种知识、技艺，以及鬼神观念和信仰等。在具体的民俗性祭祀活动中，此三要素缺一不可，它们相互作用，共同构成一个完整的端公文化结构。应该说：这样的文化结构本身是具有巨大涵容性的，西南地区凡是由端公主持运作的各类法事祭仪、巫术活动，都可归入其内。正是由于端公在祭祀文化结构中居于主体地位，才使不同地区、不同称谓的法事活动在结构形态上表现出大同小异的特征。[①] 事实上，"端公文化"这一概念提出，本身也是对当下民俗学研究中日益强调"民俗主体"价值这一学术趋势的积极回应。在处理"民"与"俗"的关系问题时，民俗学者们已逐渐认识到：既然民俗是一种生活文化，那么，作为生活主体之"民"就应该受到特别的关注。虽然在民俗文化景观中，各种各样的"俗"是凸显的，"民"却是隐性的，但是作为表层文化片段的种种民俗事象，其实都是由"民"来创造、享用和传承的。离开了民俗主体的主导和运作，民俗客体（民俗事象）也将成为无源之水、无本之木。而对西南地区丰富的民俗性祭祀活动而言，端公才是真正的民俗主体，那些流行于各地、名称各异的祭祀活动本身都属于民俗客体（民俗事象）。我们在研究西南祭祀文化过程中，唯有牢牢抓住主体（端公），才能真正深入把握客体（纷繁的祭仪活动）。否则，难免会陷入民俗事象的旋涡之中而难以自拔。

在把握西南地区端公文化的内涵、特征时，有一个问题是无法回避的，那就是端公文化与傩文化的关系问题。在以往的研究中，那些由端公主持、运作的各种祭仪活动，均被视为"傩"，可实际情况或许并非如此。隶属中原汉文化系统的傩流入西南地区后，端公在其形态生成过程中，到底扮演了一个怎样的角色？西南端公文化与傩文化之间到底是一种怎样的逻辑关系？这是我们下部分将要重点讨论的内容。

---

① 关于西南各地不同称谓的法事祭仪活动拥有同一结构形态的问题，本书第四章会有比较详细的比较研究，此处不作展开。

三　西南傩祭形态的生成与端公的核心作用

中国傩祭的历史可谓极其久远，其出现的时间已无法考订。① 史书中关于傩祭的正式记载起于周代。周代律令规定的岁时傩仪共有三次：三月为"国傩"，为的是"以毕春气"；八月为"天子傩"，为的是"以达秋气"；十二月为天下人都参加的"大傩"，为的是"送寒气"。② 汉代郑玄解释这三个时辰举行傩祭的目的是：三月促使阴气终止，八月促使阳气终止，十二月促使阴气收敛。这是汉儒按照阴阳五行、星相四时观念对于周代礼仪的解释。《周礼·夏官司马第四》中亦记有方相氏驱傩祭仪："方相氏掌蒙熊皮，黄金四目，玄衣朱裳，执戈扬盾，帅百隶而时傩，以索室驱疫。"③ 周代以后，历代典籍中皆有傩仪之记述，详细梳理这些记载，我们会发现：历代傩仪虽在形制、规模等方面屡有变迁，但其驱鬼之旨意、"索室驱疫"（或曰"沿门逐疫"）之形态、岁时行傩之时态，均未有太大改变。因此，我们说古傩最初是一个单纯的、岁时性的驱鬼仪式。

宋代是傩祭发展演变过程中一个重要的转折期，其突出的表现即为宫廷傩中首次改用戏剧艺人来扮饰傩神，礼仪痕迹趋于减弱，其娱乐

---

① 殷商甲骨文中有一"寇"字，于省吾认为它象形为人执殳在屋子里打鬼，若此，殷商时期就已经出现了类似驱傩的活动了（于省吾：《甲骨文字释林》，中华书局 1983 年版，第 48—49 页）。钱茀根据考证也提出，早在商代就有了傩礼，只是叫法不同："有两点大体上是可以确认的：第一，商代的傩礼，不叫'傩'，而称为'寇'；第二，商代同时又继承着上甲微所创建的裼礼，直到周代民间还有裼礼存在。"（曲六乙、钱茀：《东方傩文化概论》，山西教育出版社 2006 年版，第 247 页）

② （唐）孔颖达等：《礼记正义》，上海古籍出版社 1990 年版，第 304、325、346 页。

③ （清）孙诒让撰：《周礼正义》，中华书局 1987 年版，第 2493 页。

化、世俗化的倾向极为明显。① 宋·孟元老《东京梦华录》卷十"除夕"条云：

> 至除日，禁中呈大傩仪，并用皇城亲事官诸班直戴假面，绣画色衣，执金枪龙旗。教坊使孟景初身品魁伟，贯全副金镀铜甲，装将军。用镇殿将军二人，亦介胄，装门神。教坊南河炭丑恶魁肥，装判官。又装钟馗小妹、土地、灶神之类，共千余人，自禁中驱祟，出南薰门外转龙弯，谓之"埋祟"而罢。是夜禁中爆竹山呼，声闻于外。士庶之家，围炉团坐，达旦不寐，谓之"守岁"。②

对比宋以前的傩仪面貌，我们看到：宋代的傩仪从根本上改变了以往傩祭的宗教面貌，具备某种戏剧表演的因素。据一些学者的分析，宋傩仪中的一些假面人物，很可能与当时流行的戏剧有关。如"钟馗""小妹"，可能从《钟馗嫁妹》③改编而来；"判官"等可能与《五鬼闹判》一戏有

---

① 与宫廷傩仪逐渐向娱乐化转化的发展路向基本一致，民间驱傩的娱乐性也在慢慢增强，特别是魏晋以降，上古傩仪那种严肃、庄重的宗教仪式气氛亦在慢慢减退，如梁朝宗懔《荆楚岁时记》关于荆楚傩舞的记载即表现出娱乐化的倾向："十二月八日为腊日，谚语：'腊鼓鸣，春草生。'村人并击细腰鼓，戴胡公头及作金刚力士，以逐除。"（谭麟《荆楚岁时记译注》"三十四、击鼓戴胡，傩舞逐疫"条）十二月初八，为佛祖释迦牟尼成道日，荆楚地方在此日驱傩，说明南朝的荆楚民间傩仪受佛教影响之深。"村人并击细腰鼓"即民间腰鼓队参与逐除，极大地增强了傩仪活动的娱乐气氛。另外，梁朝殷芸《小说》中记载的晋代著名文学家孙绰"常着戏头，与逐除人共至桓宣武家"表演之事，也充分表现出浓厚的娱乐氛围［江畲经编：《历代小说笔记选·汉魏六朝唐》，上海书店影印民国二十三年（1934）版，第186页］。

② （宋）孟元老撰：《东京梦华录》，邓之诚注，中华书局1982年版，第253页。值得注意的是，入宋以来，对宫廷傩祭的描述，第一次不是来自官方的史录，而是来自文人的笔记。这表明行傩驱鬼这一民俗活动的政治地位有所下降。在宋代宋明理学思想的主导下，行傩驱鬼带有强烈的巫教色彩，与儒家"子不语乱力怪神"的原则不符，因而导致了其民俗活动政治地位的下降。

③ 康保成曾推测《钟馗嫁妹》一戏可能从传说中钟馗的逐鬼"出魅"附会而来，并引清俞樾《茶香室三钞》卷二十"钟馗嫁魅"条："明文震亨《长物志》云'《悬画月令》，十二月，宜钟馗迎福、驱魅、嫁魅'。按此知世传钟馗嫁妹，乃嫁魅之讹。"（康保成：《傩戏艺术源流》，广东高等教育出版社2011年版，第371页）

关。① 不难推想，由于宋元以后戏曲艺术的成熟，傩仪向傩戏的发展有了更直接的诱因。南宋宫廷甚至在"腊月二十四日为小节夜，三十日为大节夜。呈女童驱傩，装六丁、六甲、六神之类"②，把仪式性的驱傩变成游戏性的戏剧表演。至此，古傩经过上千年的发展，至宋元以后，已经生发出傩戏的雏形。但就傩祭的性质来看，它仍旧是一个岁时性的驱鬼仪式。

宋代以后也是中原傩仪向南方各地广泛流播的一个重要时期。③ 随着宋室南迁，中原文化的重心南移，作为中原文化基本因子之一的傩仪活动也伴随着迁至长江流域及其以南地区。张紫晨在《中国傩文化的流布与变异》一文中指出：

> 宋代以后，是傩仪向南流布最盛的时期，大体有东西两个传播路线。西线，由秦中至荆楚巴湘，再进而为黔地。形成独具特色的贵州傩戏……东线指长安以东，以及东南各省。从现有文献看，傩仪的东线传播，从宋代已经开始了。北宋定都开封，出现了政治、文化中心的转移，使中原傩由开封展开。④

根据现有文献，中原傩仪在西南地区的广泛流播恐怕要迟至元明以后，这当然与广大汉移民大举迁入西南地区的历史时段有关。那么，傩仪最初被汉移民传入西南地区的形态究竟如何，由于史料的缺乏，很难确切描绘，但也有少许资料为我们透露出了一些信息。明嘉靖《贵州通志》有

---

① 石海波、罗勇：《傩戏的源流及其在贵州的传播与发展》，庹修明、顾朴光、潘朝霖主编《傩戏论文选》，贵州民族出版社 1987 年版，第 77—78 页；郭净：《试论傩仪的历史演变》，庹修明等编《中国傩文化论文选》，贵州民族出版社 1989 年版，第 68 页。

② （南宋）周密：《武林旧事》，李小龙、赵锐评注，中华书局 2007 年版，第 93 页。

③ 关于傩的地域走向，钱茀认为，"它始于中国黄河流域，随着部落联盟之间的战争，由西向东直至海滨，后又由北向南传至长江中下游，再由吴越荆楚向中南、西南漫衍，流传到部分少数民族地区"（曲六乙、钱茀：《东方傩文化概论》，山西教育出版社 2006 年版）。

④ 张紫晨：《中国傩文化的流布与变异》，《北京师范大学学报》1991 年第 2 期，第 19—27 页。

这样一段记载:

> 除夕逐除,俗于是夕具牲礼,札草船,列纸马,陈火炬,家长督
> 之,遍各房室驱呼怒吼,如斥遣状,谓之逐鬼,即古傩意也。[①]

根据此条记载,傩仪进入西南地区后,与中原古傩仪基本相同:以
"逐鬼"为意旨,属岁时性的民俗活动;而从"家长督之"一句来看,应
由儿童(一群)来充当驱傩的主角,这与自汉以降至唐文献中所记的一群
侲子[②](儿童)参与驱傩应是一脉相承的;其表现形态仍为"索室驱疫",
所谓手持火炬,"遍各房室驱呼怒吼,如斥遣状",颇有方相氏之遗风。由
此可见,至迟在明嘉靖年间,西南地区的驱傩活动仍然是以"索室驱疫"
的形式,由群体共同参与完成的一种驱鬼仪式。特别是由儿童参与驱傩,
更显现出其与古傩的历史渊源。

再看清康熙《黔书》中所云:

> 土人所在多有之,盖历代之移民,在广顺、新添、新贵者,与军
> 民相通婚姻,岁时礼节皆同。男子间贸易,妇人力耕作。种植时,田
> 歌相对,哀怨可听,岁首则迎山魈,逐村屯以为傩,男子妆饰如社

---

① (明)谢东山修,张道等纂:《贵州通志》,黄家服、段志洪主编《中国地方志集成·贵
州府县志辑》,第1册,巴蜀书社2006年版,第268页。
② 《后汉书志第五》记载:"先腊一日,大傩,谓之逐疫。其仪:选中黄门子弟年十岁以上,
十二以下,百二十人为侲子。皆赤帻皂制,执大鼗。方相氏黄金四目,蒙熊皮,玄衣朱裳,执戈
扬盾。十二兽有衣毛角。中黄门行之,冗从仆射将之,以逐恶鬼于禁中。"(《后汉书·志第五·
礼仪中》,李贤等注,中华书局1965年版,第3127页)《隋书》第8卷《礼仪志三》载:"齐制,
季冬晦,选乐人子弟十岁以上,十二以下为侲子,合二百四十人。一百二十人,赤帻、皂衣,执
鼗。一百二十人,赤布裤褶,执鞞角。"(《隋书》卷8《志第三·礼仪三》,中华书局1973年版,
第168—169页)《新唐书》第16卷《礼乐志六》记载:"大傩之礼。选人年十二以上、十六以下
为侲子,假面,赤布裤褶。二十四人为一队,六人为列。执事十二人,赤帻,赤衣,麻鞭。"
(《新唐书》卷16《志第六·礼乐六》,中华书局1975年版,第392页)另外,段安节《乐府杂录
·驱傩》亦载:"用方相四人,戴冠及面具,黄金为四目,衣熊裘,执戈扬盾,口作傩傩之声,以
除逐也……侲子五百,小儿为之,衣朱褶素襦,戴面具。"上述这些材料,均表明侲子(儿童)
在驱傩活动中具有十分重要的作用。

火，击鼓以唱神歌，所至之家皆饮食之。①

材料中所谓"土人"，皆历代迁入贵州省西部的汉族移民。经过长时间的接触，通过通婚等形式，已逐步融入当地本土社会，从而与本土文化形成一致性，因而有所谓"岁时礼节皆同"之语，但他们表演的傩，显然是从母文化区带来的，只是所迎鬼魅一类的"山魈"傩神，似应出自西南本土少数民族神系，这体现出中原傩在"在地化"过程中的一些变异。但它岁时性、公祭性的基本性质依然没有改变。所谓"岁首迎山魈，逐村屯以为傩"是也。而"男子妆饰如社火，击鼓以唱神歌"一句，则点明了驱傩队伍的热烈场面。不难看出，此种傩仪形制本身，基本上保持了宋以降古傩的遗风，不仅是岁时性的、逐村逐户的禳邪驱鬼活动，而且演员都佩戴戏剧人物的面具，表演带有一定的戏剧故事情节。当然，此种"逐村屯以为傩"的形制本身，也在一定程度上限制了戏剧表演在傩仪中发展，使它不可能从傩仪中分离出来成为一个独立的形式。在贵州西部，这种状况，一直延续到清道光时期。据清道光《平安县志》载：

> 土人所在多有，县属西堡屯尤甚，相传为明洪武时屯军之眷属亲戚，与屯军先后至者，因其居土日久，故曰土人。一曰旧人……正月自元旦以至十五，击鼓以唱神歌，装扮傩神，沿村逐疫。所至之寨，必款以酒食（今酒食亦少）。②

在这里，行傩的时间仍是固定的，所谓"正月自元旦以至十五"；行傩形态仍为走村串寨，所谓"装扮傩神，沿村逐疫"是也；驱傩主体则是由"土人"集体参与，"击鼓以唱神歌"。

---

① （清）田雯编：《黔书》（一），中华书局1985年版，第17页。
② 丁世良、赵放：《中国地方志民俗资料汇编·西南卷》（下），北京图书馆出版社1991年版，第591页。

以上几则材料，基本上代表了傩仪初入西南地区的结构形态：它沿袭宋以降中原古傩之传统，由集体性的驱傩队伍，于岁时性节日期间走村串寨"索室驱疫"，并间有歌舞表演之形式，以达驱鬼之目的。归纳起来，此种傩祭形态主要涵括三个基本特征：岁时性、集体性、公祭性；含有两项主要内容：驱鬼、傩歌（舞）。所谓"岁时性"，是为行傩于固定时间；所谓"集体性"，是为行傩主体为驱傩队伍；所谓"公祭性"，即为"逐村屯以为傩"是也。

需要特别指出的是，实际上，此种沿袭古傩传统的傩祭形态，在后来的发展过程中，发生了巨大的变迁，以至于今天在西南广大地区已经几乎见不到此种傩祭形态的存留。① 现在西南地区流传的傩祭，在基本结构、表演形式，以及与社会的整合方式上都与其有着非常大的区别。此种区别，主要体现在以下 4 个方面：（1）行傩时间由岁时性嬗变为随时性（随需要而作）；（2）行傩主体由驱傩队伍嬗变为端公；（3）行傩方式由逐门挨户嬗变为特定人家；（4）表演形式由简单的戏剧情节嬗变为较为丰富的戏剧演出。由此，此种新形式的傩祭形态涵括了三项主要内容：驱鬼、许愿—还愿、傩戏。

这种由"驱鬼 + 许愿还愿 + 傩戏"构成的新形式傩祭形态，在后世的文献记载中俯拾皆是，此正好与沿袭古傩传统的傩祭形态，文献中所记甚

---

① 云南省昭通市彝良县一带曾流行有一种被称作"打傩"的祭祀活动。该祭祀活动有"全堂傩"和"半堂傩"之分。"全堂傩"规模较大，为村寨集体性的驱鬼逐疫活动，又称"太平傩"；"半堂傩"又称"半堂设送""打傩过关"，或因某人患病，久治不愈，被认为系鬼魂纠缠之故，或某人家小孩体弱多病，被认为是忌犯某种"关煞"，故请端公为之禳解。打傩祭祀的做法相当复杂，主要有《过刀关》《茅人替代》《盖鬼扫邪》等法事，在祭祀过程中，亦有演剧的成分。（昭通地区行署文化局编：《端公戏音乐》，文化艺术出版社 1994 年版，第 9 页）这里的"全堂傩"（"太平傩"）祭仪形态，就是一种古傩祭仪形态的存留。只不过，此种祭仪形态现在昭通已经基本消亡，只保留有以家庭为单位的"半堂设送"此一祭祀活动。而"全堂傩"与"半堂傩"两种祭仪形态曾并存的这一民俗事实，也进一步说明了西南地区曾出现过沿循宋以降中原古傩的传统结构形态，即由集体性的驱傩队伍，于岁时性节日期间走村串寨"索室驱疫"，并间有歌舞表演之形式，以达驱鬼之目的。

少形成鲜明对比。兹试举几例，可见一斑：清道光时期的《遵义府志》云：

> 每灾病，力能祷者，则书愿帖，祝于神，许酬阳戏。既许后，验否必酬之。或数月，或数年，预沽羊、豕、酒，择吉招巫优，即于家歌舞娱神。献生献熟，必诚必谨；余皆诙谐调弄，观者哄堂。至勾愿，送神而毕。①

从此则材料之记述，很容易看出与上文所录傩祭形态之区别。此处的傩已不再是岁时性、公祭性的民俗活动，而是于事主许愿后，由巫优择吉日而进行的一种"于家"表演的家祭仪式活动。而"歌舞娱神""余皆诙谐调弄，观者哄堂"数语，即已表明此仪式活动戏剧性、娱乐性的明显增强。可以说，此一表现形态的确立，对中国西南地区傩戏发展具有十分重要之意义。

清嘉庆《桑梓述闻》云：

> 有小疾患，辄以水饺泼之，曰泼水饭。香钱，曰铺花盘。疾稍重，则延巫跳神，曰冲锣，又曰背星辰。然知命者则不道也。取金延僧道逐疫，曰打清醮。此则与古傩相近焉。②

材料中的"冲锣"，即为"冲傩"，其缘起在于信人遭遇生理性疾病抑或对寿命延续有所忧虑或怀抱更高愿望时，通过求助于神灵，即在心中许下良愿，并承诺在愿望达成后，将选择吉期凭冲傩予以酬答。酬答时亦是延巫前往家中而作。

---

① 《中国地方志民俗资料汇编·西南卷》（下），书目文献出版社1991年版，第428页。

② （清）傅玉书撰：《桑梓述闻》，黄家服、段志洪主编《中国地方志集成·贵州府县志辑》，第24册，巴蜀书社2006年版，第498页。

清光绪《铜仁府志》：

> 郡属多洞，洞有神。凡妇女有色者，经洞外归，或病辄曰落洞。落洞者，俗谓神将生魂摄去，不急治，必死。治法不用医药，属巫诅焉，谓之打锣鼓。所奉之神，制二鬼头，一赤面长髯，曰罗头公公，一女面，曰罗头娘娘。谓是伏羲女娲。临事各以一竹承其颈上，下两篾圈，衣以衣，倚于案左右。下承以大碗。巫党捶锣击鼓，以红巾裹首，戴观音七佛冠，登坛歌舞，右手执有柄铁环，曰师刀，旁有数小环，摇之声铮铮然，左手执牛角，或吹，或歌，或舞，抑扬拜跪，电旋风转，观者盖如堵墙也。夜深，移女像入病者室，令虚立碗中。巫口喃喃若有诉，手执竹筊。筊得，谓捉得生魂至矣。时香寒烛瘦，阴气袭人，角声所到之处，凡妇女患此病者，必昏迷，移时始醒，室中必有虾蟆蜂蝶等物，不知从何入，亦一奇也……云霄神有四五，皆短小如五六岁小儿，所主之家能令暴富，宝皆窃之于人。神好楼居，起居包含与人无异，每食必有酒肉，以杯盘置楼上，少焉往，则杯盘皆空矣。岁暮招巫歌舞以酬之，名曰还愿。演诸淫剧，观者哄堂。至勾愿送神毕，即以祭物宴乐亲友，非是，则神不乐也。神量极隘小，有忤犯即徒去。去时将先所窃于人者，复窃以与人。故人不甚愿主此神也。或延巫祷祝以妥之，则不为祟。此神不凭男而凭女。女嫁则随至夫家。然从无淫乱事。还愿之说起于巫师，有罗愿，有霄愿，有半罗半霄愿，随巫命名。问之祭者，彼此不自知，可发一笑。①

这里所记驱傩活动，颇为详尽。同样是延巫至家，与酬神还愿有关。但其行祭缘由比较复杂，一为妇女生魂被神摄去，是为"落洞"，于是延

---

① （清）余上华修，喻勋、胡长松纂：《铜仁府志》，中共贵州省铜仁地委办公室档案室、贵州省铜仁地区志·党群编辑室整理，贵州民族出版社 1992 年版，第 28 页。

巫至家，"属巫诅焉"，谓之"打锣鼓"；二为酬云霄神以还愿，且把"还愿"分为"罗愿""霄愿""半罗半霄愿"数种。从巫之行祭方式来看，所谓"巫党捶锣击鼓，以红巾裹首，戴观音七佛冠，登坛歌舞，右手执有柄铁环，曰师刀，旁有数小环，摇之声铮铮然，左手执牛角，电旋风转，或吹，或歌，或舞，抑扬拜跪，电旋风转"数语，可谓完全就是一幅端公的跳神画面，已几乎看不到傩之意蕴，唯在"打锣鼓"时，所奉"罗头公公"（傩公）与罗头娘娘（傩母）还提示着其与傩的一点关联。而在叙及酬云霄神以还愿时，强调"还愿之说起于巫师，随巫命名"之语，无疑证明了巫师对于此祭仪结构形成的重要意义。由此我们说，无论"打锣鼓"还是"还霄愿"，其在仪式缘由、结构、主旨、表演形式、符号象征等方面，皆与古傩之形态有着较大差别，实在不可同日而语。

民国年间重庆《巴县志》亦载：

> 凡人有疾病，多不信医药，属巫诅焉，曰跳端公。今民间或疾或祟，即招巫祈赛驱逐之，曰禳傩。其傩必以夜。其术名师娘教……巫党椎锣击鼓于此。巫或男装或女装。男者衣红裙，戴观音七佛冠，以次登坛歌舞，右执者曰神带，左执牛角，或吹，或歌，或舞，抑扬跪拜以娱神。曼声徐引，若恋若慕，电旋风转，裙口舒圆，散烧纸钱，盘而灰去。听神弦者，盖如堵墙也。[①]

不难看出：此处所记端公"禳傩"与《铜仁府志》描述巫之表演方式有诸多相类之处，如"巫党椎锣击鼓于此。巫或男装或女装。男者衣红裙，戴观音七佛冠，以次登坛歌舞，右执者曰神带，左执牛角，或吹，或歌，或舞"等数语，同为端公跳神之形象，这其实很难与宋以降的古傩之意蕴相提并论。

---

① 引自张永安《巴渝戏剧舞乐》，重庆出版社 2004 年版，第 188 页。

民国《岑巩县地方概况调查表》：

> 冬腊月间，有诸巫师酬还乐愿者，巫师戴上假面具，扮为琴童八郎、开山大将、仙风娘子、梁山土地等，任意诙谐，故称乐（傩）愿为喜神愿，以为不诙谐则神不享祭，最后扮一判官结束其事谓之勾愿。又有还戏愿者，系演傀儡戏，时间有春夏秋冬之分，惟夏间演者称秧苗戏，还乐（傩）愿与戏愿，均间年一次。近年来，有名为祭大菩萨者，请端公为之，须宰杀猪、鸡、牛、羊等。①

"还乐愿"即为"还傩愿"，因为达喜神之目的而任意诙谐，"巫师戴上假面具，扮为琴童八郎、开山大将、仙风娘子、梁山土地等"，足见此祭仪活动的戏剧性、娱乐性之强，是为宋以降古傩行祭中歌舞表演之发展，今已嬗变为"傩戏"之属。

类似上述材料之记述，可谓数不胜数。此处仅举几例，已可见当下西南端公所谓"傩祭"之基本形态。显然，其与古傩形态已有较大差别，不仅端公成了傩祭活动中绝对的主角，其行祭方式也颇类端公跳神之场面；而且，举行傩祭之缘由与许愿、还愿紧密相关，由此导致了整个祭仪活动世俗性、功利性的极大增强。另外，较之古傩，整个祭仪活动中戏剧表演的成分已经大大增加，不但有戴面具的神灵角色扮演，还有不戴面具的表现世俗生活的小戏出现。

行文至此，我们不禁要问：从古傩结构中"驱鬼"＋"傩歌（舞）"到现在"驱鬼＋许愿还愿＋傩戏"，此种巨大的文化跃迁何以实现呢？在此过程中，起决定性的因素是什么呢？我们的回答是：端公。正是由于端公对西南傩祭结构形态的重新打造，才使西南傩祭形态本身发生了根本性

---

① 净禅礼编：《岑巩县地方概况调查表》，民国三十七年（1948）油印本一册，《民国年间贵州未刊县志资料十二种》（第四册），贵州省志办藏，第11—12页。

跃迁。从上文文献中体现出的时间脉络来看，这一过程，从傩进入西南少数民族地区开始，大体经历了几百年的时间。对于此一问题的理解，我们需从两个层面去观照：一为端公与傩的结合；二为端公借用西南本土巫文化系统中由来已久的"许愿—还愿"习俗。下面，我们分别加以析之。

通观傩自身的发展历程，我们发现：傩虽与巫结下了不解之缘，但其活动从整体上而言，却并不以巫为主体，而是一种集体性的，甚至是全民性的祭祀活动。关于这一论断，翻检文献即可了然。从周代开始，傩已被纳入"礼"之范畴，傩与巫基本上是"井水不犯河水"。周代大傩驱鬼逐疫的主角是下级军官、狂夫方相氏，参与者为百隶。"百隶"即为直接参与驱傩的人，一般称为"傩人"或"傩者"，但他们并不是巫。《周礼·夏官司马第四》载："方相氏掌蒙熊皮，黄金四目，玄衣朱裳，执戈扬盾，帅百隶而时傩，以索室驱疫。大丧，先柩；及墓，入圹，以戈击四隅，驱方良。"① 几乎不见巫觋直接参与的记载，巫主要参与的是堂赠②、雩祭等活动。到了汉代，大傩活动中的主角则由方相氏、十二神兽以及百二十侲子（儿童）担任。张衡《东京赋》载："方相氏秉钺，巫觋操苅。"③ 此时，巫只不过是手操扫帚在一旁助威的配角。到了隋唐时期的大傩，文献中在介绍驱傩各种成员时，也只是在结尾提到"各监所部巫师二人，以逐

---

① （清）孙诒让：《周礼正义》，中华书局1987年版，第2493页。按，商周古傩里的方相氏原有两项职能：发丧和驱傩。后来，方相逐渐在傩仪中退出，其职责就只剩发丧，且由人装变为纸扎。但现今民间路边安放的"险道神"可被视为"狂夫方相"之演变。笔者在云南省昭通市做田野调查时，曾在公路两侧发现大量"险道神"，其形象为四面有眼，颇值得研究。

② 《周礼正义》云："男巫，掌望祀望衍授号，旁招以茅。冬堂赠，无方无算。春招弭，以除疾病。王吊，则与祝前。"［（清）孙诒让：《周礼正义》，卷五十，中华书局1987年版，第2072—2075页］这里的"冬堂赠"，就是举行仪式从大堂（大殿）礼送不祥和噩梦。可见，男巫堂赠是一种辟邪送凶的礼仪，与傩礼有很大区别，因此古文献中并不把堂赠、雩祭等由巫觋主持的活动与傩联系在一起。

③ （梁）萧统编：《文选》卷三《东京赋》，中华书局1977年版，第63页。

恶鬼于禁中"①。可见巫的作为更小，其地位远不如太祝。两宋的大傩，在文献中已基本没有了巫的记载。宋代以降，北方几个强有力的少数民族先后入主中原，由于宗教信仰的不同，他们对中原的傩祭采取排斥政策，除明代稍有遗绪外，宫廷大傩已消失在历史的烟尘之中，巫在傩祭活动中的作为自然也就无从谈起。

从以上关于傩与巫关系的历史素描中我们看到，虽然傩本身受到过巫的深刻影响，接受了交感巫术（交感律）及其顺势或模拟巫术（相似律）和接触巫术（接触律），以至于季冬的大傩更是利用驱逐巫术赶走鬼疫，但巫在傩祭活动的历史发展中从未占据过重要的位置。而直至元明以降，傩随汉移民传入西南地区后，此种情况才发生了根本性变化。起初，西南地区的傩祭依然沿袭宋以降古傩之传统（此在上文已多有详述），仍以岁时性、集体性、公祭性为基本特征，但此种形态并没有延续太长时间（这从较少的历史文献记载即可看出些端倪）即发生了深刻改变，此时端公与傩实现了深度结合，并成为傩祭活动中的主角，主持、运作着傩祭活动的所有仪程。正如清《黎平县志》中所记胡奉衡《黎平竹枝词》诗中云："巫师戴面舞傞傞，岁晏乡风竞逐傩。彻夜鼓钲村老唱，斯神偏爱听山歌。"② 正点明了端公与傩的结合，且端公在傩仪中已成为绝对的主角，他们载歌载舞，竞相逐傩，再也不见集体性的驱傩队伍。端公在傩仪中的主导地位，使西南傩祭由此形成了随时性、个体性、私祭性的基本特征。这不能不说是中国傩祭发展史上的一个重要转折。当然，此种转折之所以能够发生，还在于端公与傩本有着某些文化上的共通性。我们知道，傩之意旨在于"驱鬼逐疫"，以求清吉平安；而端公作为沟通人神之"使者"，亦

---

① （宋）欧阳修、宋祁撰：《新唐书》卷十六《礼乐志·军礼·大傩之礼》，中华书局1975年版，第392页。

② 贵州省黎平县地方志编纂委员会编：《黎平县志》（下册），贵州人民出版社2009年版，第1344页。

有为人驱邪禳灾之职司，可以说，此种相通的文化目的与手段，成为二者能够结合的必要条件。此外，傩本属中原汉文化系统，而端公信仰本身也是汉移民的一种民俗形式，此种文化类属上的共通，亦为二者的结合奠定了基础。

需要特别指出的一点是：端公与傩的结合本身，并非两者简单的相加关系，而是傩被统合进端公文化体系之内，换句话说，是端公借用、整合了傩。这一点在西南端公主持傩祭活动时供奉的神明系统中即有非常典型的反映。端公供奉的神明与古傩仪中的傩神相比已是面目全非，不要说方相氏和十二神兽几乎不见踪影，就是唐宋时期的钟馗也并不多见。[①] 神的数量急剧拉回，巫释道儒以及民间和历史传说中的人物都可以请上神谱。前引贵州省湄潭县抄乐乡端公"香位图"上开列的神灵有：金阙玉皇、孔圣先师、三元凶盘、三洞法王、东山圣公、南山圣母、元始天尊、太上老君、大洪宝山、淹济祖师、三清大道、五岳五天、三消王母、三洞冷坛、金田将军、银角大帝、十圣公主、十圣姊妹、三元法主、三洞梅山、金花圣公、银花圣母、三元将军、四元栲栳、检卦童子、判卦老君、千千雄兵、万万猛将，等等。[②] 很显然，如此庞杂的神系，本为巫教所特有，由此我们看到傩仪为端公（巫教）所吞没、统合之征象。再如西南各地端公普遍运作的"送小菩萨"一法事。法事缘由为主家小孩有病，被视为家中有鬼邪，于是端公携带傩神和"太子"到患病儿童家清

---

① 云南省昭通市端公祭仪中，有方相氏充当神灵前来祭坛享祀的开路先锋，作开山辟路、驱邪赶鬼的表演。剧目有《方相砍路》和《方相造反》。《方相砍路》中的方相威风凛凛，手执"板斧"或"大刀"，挥舞着手中的道具，无形中产生了一种震慑的力量。《方相造反》则是在《方相砍路》的基础上，附会了民间传说中殷纣王驾下之开路先锋方相的故事（王勇：《云南昭通地区的端公及其艺术》，《民族艺术研究》1994年第4期，第11—20页）。另外，贵州省湄潭县端公祭仪中有《金魁捉鬼》一演剧，剧中傩神疑似为"钟馗"（详见中国人民政治协商会议湄潭县委员会《湄潭傩戏资料选编》，内部印，2009年，第41—47页）。

② 庹修明：《傩戏的流布、类型与特征》，《戏剧杂志》1991年第3期，第40—48页。

宅、打粉火驱送鬼邪，并张贴避邪符于门楣，以避除鬼邪和疾病。整个法事需端公一人，时间半天。祭品为鸡一只，素供若干。[1] 显然，在此法事中，傩神仅发挥了被端公役使驱送鬼邪之作用，整个仪式行为完全是巫术化的。由此可见，傩之仪轨、精神、意蕴已完全统一、服从于端公的意志之下。

如果说端公与傩的统合，还属于同质汉文化体系内的交融，那么傩祭结构中"许愿—还愿"要素的出现，则更多地体现了端公向本土巫文化风俗传统的靠拢。我们知道，西南广大地域，特别是川、黔、鄂、湘交界地带，古属荆楚、巴蜀之地，历来有"信鬼神，重淫祀"之民风。民者或遇病灾，或遇不顺之事，每每就巫而求神，此在文献中多有记载。如《辰州府志》记湘、川、黔三省边界的花垣地区风俗：楚风尚巫信鬼，自昔为然，疾病服药之外，唯听命于巫。而愈则巫之功，不愈则医之过。[2] 另《永顺县志》载："信鬼巫，病则无医，惟椎牛羊，师巫击鼓摇铃，卜竹以祀鬼。"[3]《思南府志·风俗篇》亦云：疾病信巫屏医，专事祭鬼。客至击鼓以迎。[4] 又据《松桃厅志》载："人多好巫而信鬼，贤豪亦所不免，颇有楚风。"[5] 此与《汉书·地理志》所记：楚地、巴蜀"信巫鬼，重淫祀"[6]之说，可谓一脉相承。

正是在此种巫风昌炽的文化氛围下，西南各少数民族原住民中早已形

① 杨兰、张业强：《贵州民间魂魄信仰——湄潭过关仪式之研究》，云南省社会科学院历史研究所编《中国西南文化研究》（5），云南民族出版社2001年版，第109页。

② 隆国贤：《花垣苗民还傩愿觅踪》，张子伟、张汇川主编《湘西傩文化之谜》，湖南师范大学出版社1992年版，第104页。

③ 王承尧、罗午：《土家族土司简史》，中央民族学院出版社1991年版，第169页。

④ 中国人民政治协商会议贵州务川自治县委员会文史资料研究委员会：嘉靖《思南府志》（天一阁藏明代方志选刊），内部编印，1990年，第7页。

⑤ （清）徐鋐主修，（清）萧琯纂修：《松桃厅志》（校注本），龙云清校注，贵州民族出版社2006年版，第110页。

⑥ （汉）班固：《汉书》，岳麓书社1993年版，第744页。

成了遇事向神灵许愿，而后再由巫师为其还愿的民俗传统。例如，现今主要居住于四川省阿坝藏族羌族自治州的茂县、理县、汶川县、松潘县、黑水县，绵阳市的北川县和甘孜藏族自治州丹巴县等地的羌族"释比"（羌人对羌族民间男性经师的一种称呼，在不同方言中或称"许""释卓"），其主持的还愿活动就有很多，大体可以归纳为大还愿、一般性还愿、家愿、成年愿、病人愿、青苗愿等几大类。① 另据晏晓明的研究，在古思州地域的"愿脚"（当地原住民对许愿的说法）有近 120 种，迄今为止，亦在当初古思州治地的岑巩县境内发现有 61 种，这些愿脚流传的地区和名称如下所列：

> 流传在仡佬族地区的愿脚仪式：青草愿、招亡愿、竹愿、过山愿、财愿、敬白虎愿、河婆愿、傩愿、猖王愿、秧苗愿、请阴府愿。
>
> 流传在土家族地区的愿脚仪式：敬磨子愿、斋愿、押愿、罗侯愿、戏愿、请财愿、半傩半霄、敬龙神愿、赶山愿。
>
> 流传在苗族地区的愿脚仪式：苗傩、魁愿、童子愿、贺喜愿、灯花愿、封社愿、秋愿、耕春愿、结拜兄弟愿、笑和愿、富家愿、敬龙

---

① "大还愿"主要有祭山还愿、祭山神愿、祭羊神愿等，大还愿是集体性的，一般几个寨子联合举行，地点在野外"纳萨"处（释比进行祭祀活动的中心，是羌人敬神、祭祖、还愿的圣坛）。"一般性还愿"，即祈求本年寨子平安，无灾无难；庄稼丰收，粮食满仓；出门经商，万事顺利，满载而归等，还愿时常用一只羊做牺牲。一般性还愿是小集体性的，如一个寨子集体举行，地点在野外"纳萨"处。"家愿"，一是敬神，为上年一家人许下的人畜平安之愿得到实现而还愿，通常要宰一只鸡；二是祈求来年一家人畜平安。一般都在房顶"纳萨"处进行。"成年愿"，主要指子女年满十六岁时，须举行成年还愿仪式，礼节隆重盛大，届时须宰鸡、宰羊。还愿前数日，先通知舅家，届时舅家送羊一只、青稞酒一坛、面一斗。即日，主家堂屋内燃柏枝举火把，释比一边诵经作法，一边用面捏一个中间细两端粗的面棒，竖立在火塘三脚之一脚上；舅家将猪油切成薄片，放在面棒上烧融，同时念诵家史，特意强调光宗耀祖之前辈，希望孩子能继承先业，请神灵保佑等，还愿之子叩头。还愿礼直至面棒烧成灰烬为止。还愿礼毕后，家人用饭菜和舅家送的青稞酒大宴亲友。"病人愿"，主要指因人生病而请释比诵经祛病、许愿，病愈后请释比作法还愿，感谢神祇佑护。届时宴请探病的亲朋好友，以表谢意。"青草愿"，这种还愿仪式有的在播种前举行，有的在秋收后举行，意在祈求丰收和感谢神灵带来收获。还愿时一般都要以一只羊或一头牛作祭品。释比诵经，祈求神灵保护青苗、保证丰收等（陈兴龙：《羌族释比文化研究》，四川民族出版社 2007 年版，第 27—28 页）。

神愿、庆坛愿、青山愿、人头愿。

流传在侗族地区的愿脚仪式：喜傩愿、侗愿、五丧愿、寿愿、跳鼓愿、药愿、烛愿、祭祖愿、端午愿、敬老鹰愿、和愿、立夏愿、子孙愿、劝和愿、敬雷神愿、花船愿、口愿、收魂愿、团圆愿、月半愿（又名回阳愿）、傩神愿、中秋愿、敬岳神愿、祭牛愿，等等。①

这些流传于不同民族、如此众多的"愿脚"名目，关涉了本土少数民族生产、生活的方方面面，由此可证，"许愿—还愿"风俗必是西南原住民中的一个非常重要且普遍的民俗传统。也正是基于西南广大地区本土民族"许愿—还愿"习俗的普遍性，才有学者提出了所谓"越'愿'宗教文化文化体系"②，应该说，这一提法还是很有见地的。

不难想见，西南原住民就巫许愿—还愿习俗之普遍性，必然会给汉族端公之生存带来极大挑战。因为很明显，"许愿—还愿"习俗具有遇之而为，广泛渗透于本土民俗生活之特点，这是端公单纯的跳傩驱鬼仪式所不及

---

① 晏晓明：《思州傩愿脚历史轨迹及愿目特征考述》，《贵州文史丛刊》1993 年第 5 期，第 75—81 页。不难看出：此处列举的 61 种愿脚名目中，有少量与傩相结合的部分，如喜傩愿、傩神愿、傩愿等，这是由于受到端公文化的影响而形成的"傩与愿"相结合的形态（此一问题下文即将提到），但就绝大部分愿脚名目而言，都应属于本土民族的民俗传统。其实，晏晓明在文中也注意到了此一情况。他指出：受地区、民族和姓氏的限制，所有的思州傩愿脚，都有自己固定的活动区域和民族姓氏人家，如"财愿"，它只能在岑巩县客楼、平庄地区仡佬族村寨的肖、何二姓并立有本愿脚的人家中定期举行祭祀活动；"敬磨子坛"，只能在客楼、龙田地区土家族的陈、田、王三姓氏中开展活动；"跳鼓愿"，仅流传在天星、水尾、羊桥等地区侗族的王、刘、姚、吴姓中活动；"苗傩"（苗愿与傩的结合——笔者注）仅流传于大有、天星等地区苗族的石、龙、麻姓氏中活动，等等。对于这些愿脚，有的人甚至把姓氏和愿脚直接连起来呼名，如伍家青草愿、邹家白虎愿、杨家五丧愿、夏家药愿、田家押愿等。由此可见，思州（岑巩）流传的众多愿脚名目，都是当地本土民族的民俗传统。

② 李路阳、吴浩在《广西傩文化探幽》一书中，介绍了广西境内古越族后裔——壮族、侗族、布依族、水族、仡佬族、毛南族等的许愿、还愿传统，如壮族的还愿有还花愿、还灯愿、还珠愿、还炮愿；布依族的还愿称为"做桃"；毛南族的还愿称为"肥套"；仡佬族的还愿有做依饭、还祖先愿、喜乐愿；侗族的还愿称为"月软"或"还软"；水族的还愿以"安桥""拉线"为主要内容。基于古越族丰富的许愿—还愿传统，作者还提出了所谓"越'愿'宗教文化体系"（李路阳、吴浩：《广西傩文化探幽》，广西人民出版社 1993 年版，65—69 页）。

的，其必然会在与本土巫术的竞争中处于劣势。在此种严峻的挑战与压力下，为了生存，也为了获得更多的信众，端公们便积极地与"许愿—还愿"这一本土巫俗传统靠拢，同时也把傩融入其中，由此最终形成了目下西南地区傩祭结构的基本形态："傩＋愿"。正如《铜仁府志》所云"还愿之说起于巫师，随巫命名"①，可谓端公统合"还愿"本土巫俗的一种注解。对于此种"傩＋愿"的复合祭仪形态，西南各地叫法不一，有冲傩还愿、还傩愿、罗愿、乐愿、还愿、喜傩愿、傩神愿、傩愿等不一而足，但其实质内容均涵括了傩与愿两个方面。由于"还傩愿"形态本身是汉族端公整合现有文化资源新创造的一种文化形式，而本土原有的还愿形式也会在一段时间内继续存在，这样就出现了"还傩愿"与本土还愿仪式相并立的局面。鄂西恩施土家族苗族自治州来凤县县志中，就记载了当地同时出现"还天王愿"和"还傩愿"两种并行的为治病而求神许愿的巫术活动，颇为有趣，现引于兹，可略见一斑：

> 村民颇信巫觋，疾病不服药，多听命于神。方邑侯《竹侬诗》所谓"女萝山鬼纷勾惹，长奉巫师不信医"是也。一曰还天王愿。病中许之，愈则招巫酬之，值伞大门外，设天王牌位，割牲，陈酒礼烧黄蜡香，匍匐致敬乃已，席地欢饮。有忿争不白者，亦吁神出，披黄纸钱，各立誓词，事白乃已。一曰还傩愿。延巫，屠豕，设傩王男女二像，巫戴纸面具，饰孟姜女、范七郎，击鼓鸣锣，歌舞竟夕。②

此两种巫术活动的共同特征均是为病家许愿—还愿，区别之处在于：前者祭的是天王神，仪式表演以陈酒烧香跪拜为主；后者祭的是男女二

---

① （清）余上华修，喻勋、胡长松纂：《铜仁府志》，中共贵州省铜仁地委办公室档案室、贵州省铜仁地区志·党群编辑室整理，贵州民族出版社1992年版，第28页。

② （清）李勋修、何远鉴、张均纂：《来凤县志·风俗》（卷二十八），同治丙寅年，第252页。引自袁艳梅主编《古傩史料·湖北方志卷》，中央民族大学出版社2003年版，第66页。

傩神，仪式表演以假面唱戏为主，所谓"饰孟姜女、范七郎，击鼓鸣锣，歌舞竞夕"是也。至此不难发现：端公操作的"还傩愿"活动与古傩形态相比，已在仪式目的、结构、功能等方面均发生了重大的变化：驱鬼不再是其唯一的内容，甚至不是主要的内容，病中许愿、病愈还愿成为仪式发生的根本原因，而跳傩驱鬼本身甚至已沦为仪式效力的一种再强调。由此我们看到了中国傩祭发展的一条历史线索：从远古时代一个单纯驱鬼仪式，到宋代以降带有戏剧表演因素的驱鬼仪式，再到今天西南地区由端公主持的驱鬼与还愿融为一体的"傩愿戏"（"驱鬼＋许愿还愿＋傩戏"）的全过程。而傩的这一历史演进过程本身，也对"活化石"观点提出了根本性质疑。

另外需要说明的一点是，此种本土还愿仪式与"还傩愿"并存的局面，其实也暗含两种文化形态本身的一种博弈，毫无疑问，"还傩愿"必然会在此场文化博弈中占据更多的优势。其原因想来也并不复杂，端公信仰与傩文化本身毕竟经过中原汉文化长期的洗礼与熏陶，其在神灵谱系、仪式形态、表演形式等方面，都要比原住民社会单纯的许愿—还愿宗教仪式来得更为成熟和丰富，对西南本土民族来说也更有吸引力。而另一方面，端公将"许愿—还愿"这一西南原住民社会最为普遍的一种民俗信仰活动统合进自己的文化体系之内，也就意味着端公信仰将获得最为广泛的传播基础，从而实现了与西南原住民社会最为深刻的整合。因此，在后期的发展过程中，"还傩愿"这一祭仪形态几乎已经渗透进西南原住民的各个民族中，成为一种跨民族的信仰形态，原有的本土巫术活动则退居次要地位，仅成为一种问神许愿的手段。至此，端公也在西南原住民社会中彻底站稳了脚跟，并逐步发展成为西南地区最为普遍、流传最广的一种民俗信仰形态——端公文化。

就目下西南地区端公文化的表现形态而言，我们可析解出四个基本的结构要素：

1. 由端公（巫师）主持、操作；

2. 以浓厚的鬼神观念为内核；

3. 以"许愿—还愿"① 为祭仪的内驱力；

4. 以家庭为主体，属个体而非群体的禳灾纳吉。②

若此，端公文化的形态结构模式可用图 2 – 22 加以标示：

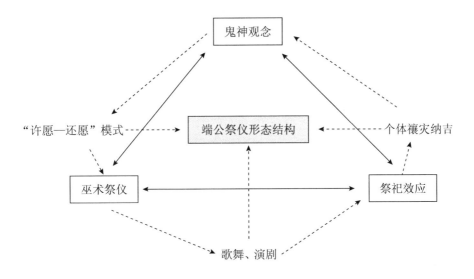

图 2 – 22　端公文化的形态结构模式

---

① 端公所有祭仪活动的缘起就在于信人或信众（或称"祀主""事主""施主"）曾为某一愿望对具相应功能的神灵许下愿言而得以实现，或心存某种良愿企盼神灵护佑助其实现，而"酬还降福之神"或"叩以戏文届时搬演"。有时即使愿望未实现，也要进行还愿。如贵州省德江县一带，傩戏有"阴戏"和"阳戏"之分。所谓"阴戏"，其中有一情况就是长辈仍在生之时，晚辈（儿、孙）为长辈许愿：只要父亲或母亲、祖父或祖母活到几十岁就为其冲傩演戏，但如未能达到许愿年龄而中途去世的，到时也得要为其还愿祭祀。由此可见，"许愿—还愿"是端公祭仪得以施行的极为重要的内驱力。此一问题，后文第四章第一节有详述，此处不作展开。

② 诚如前文所谈到的，在端公宽广的执业范围中，并非全部为个体禳灾纳吉，也存在由端公主持，全体乡民共同参与的群体性祭祀活动的情况。例如，云南省昭通市镇雄县一带的端公就进行一种名为"打醮"的祭祀活动（"打醮"分为"打清醮"和"打雨醮"两种），其祭祀目的主要是求雨或驱瘟逐疫，祈求清吉平安（王勇：《端公"打醮"仪式实录》，麻国钧等主编《祭礼·傩俗与民间戏剧》，中国戏剧出版社 1999 年版，第 563—571 页）。但就目前端公祭祀行为的表现形态而言，却是以家庭驱邪赶鬼为主体的。

这里的"鬼神观念""巫术祭仪""祭祀效应"三者的双向互动结成端公文化的主体框架。其中，由浓厚"鬼神观念"（"意向性观念"，intentional concept）派生出的"许愿—还愿"模式、由"巫术祭仪"（"指向性行为"，directional behavior）派生出的"歌舞、演剧"和由"祭祀效应"（"目标性效应"，target result）①派生出的"个体禳灾纳吉"，分别在主体框架上运作循环，且相互之间依次单向影响并导向同一目标（中心），共同体现出端公文化的形貌特征和本质特色（trait）。②

总而言之，无论端公对傩仪的统合，还是对西南本土"许愿—还愿"巫俗的统合，无不体现出端公的一种文化创造性。更为重要的，此种由"傩+愿"构成的祭仪形态，对于傩仪中戏剧表演因素的发展也起到了极为关键之作用。因为传统的"逐村屯以为傩"的形制本身，并不需要较为丰富的戏剧表演形式，因而这在一定程度上限制了戏剧表演在傩仪中发展，使它不可能从傩仪中分离出来，成为一个独立的形式。而"还傩愿"本身其实是一个酬谢神恩的庆典仪式，娱神同时也有娱人的需要，这就对戏剧表演提出了更高的要求。西南端公祭仪结构中常有一个非常重要的组成部分"开洞"（各地叫法不一），即专门请出各路戏神予以表演，或是以

---

① 薛艺兵指出，"意向性观念""指向性行为""目标性效应"三个环节共同构成一个单向影响的功能序列，个别的文化事象就在这个功能序列的作用下得以运行。本书建构的端公祭仪活动的形态结构模式，可被视为此一种限定性方法的具体应用。详见薛艺兵《神圣的娱乐：中国民间祭祀仪式及其音乐的人类学研究》，宗教文化出版社 2003 年版，第 108—139 页。

② 端公文化的形貌特征与本质特色，将其与其他地区的祭祀文化形态区别开来，从而凸显出自己的个性特征。举例来说，像江西的"跳傩""跳魁"，山西的"扇鼓神谱""斩旱魁"，河北的"捉黄鬼""撵虚耗"等傩戏品类，其仪式活动已大多融入各种民俗活动之中，其主持或参与者皆非端公（巫师），仪式活动的空间也不局限于一家一户之内，属于村社或宗族等群体性的民俗活动，且仪式活动中没有明显、突出的巫术行为与巫文化氛围。所有这些不同点都彰显出端公文化所独具的形态结构特征。另外，由巫术、祭仪生发出来的歌舞、演剧部分，其实亦可作为一个系统进行观照。质言之，虽然西南各地祭祀演戏类别拥有区域个性和形态特色，但这并不妨碍我们将其作为为一种大的形态、大的类型——端公戏系统来看待。如此，"端公戏"这一概念本身就已经超越了学界以往研究视域中认知的内涵，成为一个独立、自在的演剧系统。关于"端公戏"的相关问题，后文详述，此处不作展开。

直接移植其他剧种剧目的形式来表现世俗生活。因此我们说，在傩仪衍生出傩戏的文化节点上，端公发挥了最为关键的作用。这也是对王国维"后世戏剧，当自巫、优二者出"① 此一论断的一种注解。另外，从端公与傩的关系来看，傩其实是被统合进端公文化系统之内的，其结构、形式、精神、意蕴都统一于端公（巫）的意志之下，因而所谓的"傩文化"其实是涵容于端公文化之中的，换句话说，立基于西南地域内，端公文化的外延要远大于傩文化。这是需要特别指出的。

图 2 - 23　笔者与黄锡久合影②

① 王国维：《宋元戏曲史》，东方出版社 1996 年根据商务印书馆 1934 年版编校再版，第 2—3 页。

② 2015 年 4 月 12 日，笔者在贵州省毕节市金沙县长坝乡昆仑村调研时，与当地掌坛师、贵州省级非物质文化遗产项目（端公戏）代表性传承人黄锡久（法名：黄清玄）合影。

第三章

神·鬼·人：端公的
神鬼观念及其文化征象

作为普遍存在于中国西南地区的一种民间信仰形式，端公文化的外部形态要素虽然纷繁多样，且会伴随地域的流转而呈现不同的面相，但就其最基本的文化结构生成而言，则主要是"端公""巫术""仪式""神鬼观念"等文化要素的有机聚合。其中，"神鬼观念"乃端公一切文化行为（巫术的、仪式的）的核心。在端公纷繁复杂的法事行为中，总是伴随着与神、鬼的交流与互动，这既是一种观念层面的文化表现，也蕴含着神与鬼与人三者间秩序建构的深邃的文化意义。深入阐释此种文化意义，将会使我们更加深刻地理解神鬼观念在端公文化体系内的核心价值。

第一节 从抽象到具象：端公崇奉神祇的
文化表现形态

中国民间信仰中的神灵世界，素以庞杂繁多、缺乏统一的神系而著称。作为古巫在后世的存续与发展，端公崇奉的神灵系统也极为明显地体现出驳杂繁冗之特点。究其原因，一是端公坛门神祇的来源颇为复杂，其输入渠道多种多样。总体而言，主要来自原始宗教体系（已多少有了增饰和变形）、人为宗教体系（主要是儒、释、道），此外还有民间传说体系（包括历史传奇人物、民间神话、传说中的人物），以及端公坛门的祖师神系（历代先师）、事主家神等。如是，始祖之神、师祖之神、人为宗教之神，以及民间信仰中的种种精灵神怪就统统进入了神系，由此形成了所谓"上坛立教七万七千真师主，下坛一十八万祖师兵""千千雄兵，万万猛将"的神系格局；二是作为一种民间信仰形式，端公对其搜罗到的神祇根本不会进行宗教意义上的改造，其神格、功能亦未经宗教理论的体系化梳理，因而保持着许多原始宗教的神性，呈现出庞杂散乱之特点。这正如贵州省道真县端公在"庆梓潼"祭仪中的"请神"唱词："奉请弟子顶敬傩牌会上三师大法教主、师公师祖、师父（叔）师爷、活口度师、满堂三师、三千佛礼大法老师、五营四哨千军万马、一切大小神圣，降赴斯时普伸安位保吉弟子清泰功德。"[1] 所谓"五营四哨千军万马，一切大小神圣"，正好说明了端公崇奉神祇的庞杂性特征。

从文化的表现方式来看，端公崇奉的众多神祇不仅存在于其观念世界中，而且会在其具体的法事行为中，通过种种象征手段使之具象化。而在端公的实际祭仪中，此种具象化的方式通常表现为四种形态：神案形态、偶像形态、面具形态、话语形态，它们是端公在长期的祭祀实践中逐渐形成的，且在西南各地具有惊人的相似性。下面一一论述之。

一　以神案形态表现的神祇

"神案"亦称"案子""神榜"，是端公在祭仪中悬挂的绘有神祇形象的图画。西南各地、不同坛班、不同法事中悬挂的神案并不一致，有时还

---

① 冉文玉主编：《道真古傩》，贵州民族出版社 2012 年版，第 202 页。

具有较大差异。而造成此种差异的原因，除与坛门师承有关外，还受到仪式目的指向的诸种影响。例如，云南省昭通市镇雄县泼机乡邹氏端公在"庆菩萨"①祭仪中主要使用了三幅神榜，即"总僧神榜""行神榜""五猖神榜"，如图 3 - 1 所示。这三种神榜形象地展示出端公庆菩萨祭祀的主要神祇。其中，总僧神榜上的神祇图像有：

图 3 - 1　云南省昭通市端公法事祭仪中悬挂的总尊案

太阳，太阴，释迦佛及阿南，迦什，老君，孔圣，玉皇，中天星主及南斗、北斗，二十八宿，十二宫辰，斗姥统二十四诸元，真武祖师统十帅，东南西北中五岳，十王

---

① "庆菩萨"是一种以酬神还愿为主要目的的以家庭为单位的祭祀活动，也是当地汉族神鬼崇奉旧俗中具有代表性的祭祀方式。这种祭祀活动主要流行于镇雄县的泼机、塘房等地。庆菩萨中所谓"菩萨"，特指赵侯圣主、梓潼帝君等偶像所代表的神祇。所谓"庆"，即有"酬恩庆贺"之意。家道不顺时，请端公祭祀，祈请神灵驱邪赶鬼，以求家宅平安，人兴财发，一旦认为如愿以偿，从而再请端公为之庆贺，以了却对神许下的心愿。此项祭祀活动规模较大，时间至少在三天三夜以上，开销较大，一般非农村中的富庶之家不能为之。其法事仪式较为复杂，至少要十五位以上的端公才能完成。其法事仪程，端公们号称有"三十六支歌鼓"。实际这只是一个约数，根据不同坛门的不同划分，一次庆菩萨可能少于 36 坛，也可能超出 36 坛，但均应包括文坛和武坛两大部分：文坛部分为《启经》（括《宣素》，诵《梓潼经》《财神经》《文昌大洞经》）、《拜忏》（括《梓潼忏》《财神忏》《文昌大洞忏》）、《上表》（括《道门庆贺表科》《道门财神表科》《道门贺诞生表科》《庆文昌表科》《道门消灾表科》）；武坛部分为《领牲》（又称"一献"）、《造席》《迎驾》《躺牲》（又称"二献"）、《礼请》《开坛》《撤楼放兵》《灵官镇台》《回熟》（又称"三献"）、《砌桥楼》《画梁变宅》《造枪》《造井》《落草》《降老母》《踩九州》《分罡》《过关》《排兵》《招兵》《接圣》《开财门》《送子》《检斋》《圆满》，之后又接文坛《诵经》。在上述法事中，其基本做法是"文起文收"，即从文坛开始，又以文坛结束，中间是主体部分，即武坛法事。文坛法事以唱诵为主要形式，在室内完成。武坛法事则是端公所认为带有"演功"的法事，端公出场均戴面具或开脸化装，行动性较强，带有表演成分；其中有的法事本身就是一出戏或附以相关的戏（昭通地区行署文化局编：《端公戏音乐》，文化艺术出版社 1994 年版，第 7—8 页）。

朝地藏，解秽仙官统十二太保，城隍，判官，牛头马面。无常二娘，来令无私，佛会，引魂土地，天、地、水、阳、日值功曹。

行神榜的神祇图像有：

真武祖师统十大元帅，天仙，地仙，水仙雷公，雷母，先锋，马脚，宅狗精，法师若干。

五猖神榜上的神祇有：

下坛三遇：巫门祖师、道门真师、佛门宗师。五猖：生、冷、热、熟、害。引兵土地，押阵仙师。①

再如贵州省德江县稳坪乡黄土村端公张金辽，在为老人举行"冲寿傩"祭仪时，主要悬挂了"三清图"②、"师坛图"和"功曹图"，如图 3 - 2 所示。③其中，"三清图"分为中岳案、东岳案、南岳案三张图案，另加南岳副案（亦称"灵官案"）和东岳副案（亦称"元帅

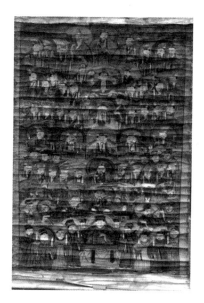

图 3 - 2 贵州省湄潭县端公法事祭仪中悬挂的总尊案

① 郭思九、王勇：《云南省昭通地区镇雄县泼机乡邹氏端公庆菩萨调查》，王秋桂主编《民俗曲艺丛书》，（台北）财团法人施合郑民俗文化基金会 1995 年版，第 29—30 页。

② 所谓"三清"，即为"玉清境清微天元始天尊""上清境禹余天灵宝天尊""太清境大赤天道德天尊"，但值得注意的是，这里的"三清图"并非此三至尊神的专有画像，而是以其为首的一群神祇图像。此外，关于"三清图"中的三位主神，西南各地也有着不一样的说法，或曰玉清元始天尊、上清灵宝天尊、太清道德天尊，或曰孔夫子、李老君、释迦佛。

③ 参见庹修明《叩响古代巫风傩俗之门——人类学民族学视野中的中国傩戏傩文化》，贵州民族出版社 2007 年版，第 100—101 页。

案")①，共有 99 位先祖、仙道和神道的画像。中岳案（亦称"太清图"），
共有 25 位神祇②，共分 7 层，第三层中间设有万岁牌，代表当今皇帝。东
岳案（又称"上清图"），共有 30 位神祇③，分 7 层；南岳案（又称"玉
清图"），共有 40 位神祇④，亦分 7 层。"功曹图"分 5 层，共计 19 位神
祇。悬挂"功曹图"之目的，在于传送文书，请求神祇下凡。⑤ "师坛
图"载本坛历代师祖的名字，共分 4 层：第一、二层是天师和历代继承
师人的图像，第三层为历代祖师名讳，第四层是阴兵阴将、五路五猖的
图像。

与德江县神案设置相类似，贵州省湄潭县端公安法兴坛班在为小孩举
行过关仪式时，悬挂神案布局为：在仪式中心场，靠主家神龛处悬挂了五
幅神案，称为"川合案"，从左到右依次为马元帅图、上清图、太清图、
玉清图、王灵官图。此外，还有祖师台前的祖师图，位于"川合案"宝台
左侧；八庙宫前的八庙图，又名功曹图，位于事主大门内右侧。祖师图像
有五层，第一层为五猖兵马，第二层至四层为历代祖师，他们或持师刀，

① 东岳副案共有两位神祇：灵官、哼将；南岳副案也有两名神祇：马良元帅、陈奇哈将。
② 此 25 位神祇分别为：元始天尊、南极仙翁、北极紫微大帝、玉皇张竖、二位仙官、丞
相、镇殿灵官、万岁牌、鱼鳃、开河将军、开河劈山使者、劈山将军、山王帝王、山王化身、赵
公明、执法仙官杨戬、殷郊太子、清令官、上元将军唐文明、中元将军葛文渡、下元将军周文刚、
翻行倒走五猖、吃生吃熟五猖、开肠破肚五猖。
③ 此 30 位神祇分别为：道德天尊、陶荣天师、张道陵天师、东山圣公、秦婉天君、赵江天
君、董全天君、袁角天君、金素天君、孙良天君、柏礼天君、姚宾天君、五变天君、张绍天君、
西岳白帝、南岳赤帝、中央黄帝、北岳黑帝、东岳青帝、天仙、水仙、地仙、开山鸟嘴、勾簿了
愿仙官、北方真武大将军、郭三郎、驱邪大将军、雷神土地闪电仙官、开山破石五猖、法师。
④ 此 40 位神祇为：灵宝法师、灵宝天尊、妙道真君、南山圣母、黄天师、殷比干、宝融、
韩升、韩变、鄂顺、郭震、周纪、胡雷、高贵、余成、孙宝、雷鹍、北岳静如皇后、西岳肖明皇
后、中岳郑明皇后、南岳景明皇后、东岳淑明皇后、张道陵天师、真武祖师、传令仙姑、执法弟
子、追魂帝君雪青、灵官菩萨、雷神、执法师、男童、女童、李顺鼓师、张凌锣师、护国降鸾真
君、护銮师、开山代木天师、救渡仙官、童子、五猖。
⑤ "功曹图"上的 19 位神祇分别为：上界功曹、中界功曹、下界功曹、护法天师、护法地
师、誊录仙官（2 名）、执法仙官（2 名）、当年太岁殷效、年值功曹、月值功曹、日值功曹、时
值功曹、倒行天师、云雨将、水晶宫龙王、龙王三太子、传令仙官。

或摇牌带，或揣文书，第五层为"蓝蛇将军"和"驱邪将军"。神案底层书写掌坛师安法兴历代的起教传教祖师的名讳。这个神系为祖师神系。八庙图像分为四层，第一层为城隍、判官，第二层为一界功曹、二界功曹，第三层为三界功曹、四界功曹，第四层为华山宫中三位法主。此为功曹神系，描绘了一幅功曹送文达天庭的图像。①

四川省江北县（今重庆市渝北区大部及江北区部分）端公的"打四官佬"祭仪，挂诸神画轴，一般画有 45 尊神祇，分为上中下三教：上三教孔子、释迦牟尼、太上老君居中，两侧各列四神将；中三教文昌大帝、观音菩萨、梓潼帝君居中，两侧各列四神将；下三教川主、土主、药王居中，两侧各列四神将。余为民间所祀诸神。② 重庆市巴南县接龙镇区端公在唱演阳戏法事时，除了悬挂包括上三教、中三教和下三教主要神像的总真图外，还要供奉阳戏的戏神图，包括：开棚先师、造棚使者、扫棚龙鸡、发牒先师、开坛仙姐、正请法官、接神土地、领牲二郎、放牲先师、镇宅大将、开路先锋、点棚土地、碓磨夫人、走马二郎、催愿仙官、工兵

---

① 杨兰、张业强：《贵州民间魂魄信仰——湄潭过关仪式之研究》，云南省社会科学院历史研究所编《中国西南文化研究》（5），云南民族出版社 2001 年版，第 122—123 页。另外，2013年 1 月，笔者在湄潭县抄乐乡进行田野调查时，访谈了当地端公文化研究者杨志刚，他向笔者详细介绍了湄潭一带端公在行大型法事时所挂神案情况，现录于兹，以增进了解。神案分为以下几种：1. 总尊案：这是一张长约 1.8 米、宽 0.7 米的案纸。案纸上的神圣可有两种画法，一种是中间画上清、太清、玉清；另一种画法中间是三十三天玉皇老祖、三乔王母，其他神圣是坤府十王十圣老祖、中天星主、满天星斗、二十八宿、十二宫辰等几十个神像。总尊案代了各类神圣的总汇集。2. 二帅案：即王灵官、马元帅，共两张，展现的是他们"三调身"的武姿画像。3. 三官案：共一张，画中有上元一品赐福天官紫微大帝、中元二品赦罪地管清虚大帝、下元三品解厄水官洞阴大帝，此外还有阳阴八庙，年、月、日、时功曹等。4. 三师案：这一张案子画的是端公顶敬的六曹案上历代宗师、千千师祖、万万师爷。赵侯圣主郭氏三郎，唐、葛、周三将军，度关王母，开关童子，把关将军，六类冤家，解结娘娘，刀杆会上鸾八尊神，梅山会上三洞大王，神坛三霄，七路草神，引兵土地，押兵先师。5. 外坛案：绘有五五二十五里土地、冷坛霸兵、游司五道、七煞先王、孤魂等众。

② 胡健国：《巫傩与巫术》，海南出版社 1993 年版，第 284—285 页。另外，"打四官佬"为一种还愿型法事活动，祀赵公明为"总管上清正一玄坛飞虎金枪执法赵元帅"。因其收伏作祟人间的田、蓝、罗、杨四将，"打"此四将即可逐疫禳灾，故当地有"打四官佬"民俗。

牢子、提神童子、上熟法官、敲枷童子、饯驾郎君、六位国王、杨公大口、田郭太尉、断愿仙师、钩愿伴子、跳打唐二、打叉先师、造船使者、请神登舟、送神法官。[①]

再如湖南省沅陵县七甲坪端公所挂神轴群，全堂共 18 轴，大部分绘于民国初年，少数画像是清末孑遗。各轴神祇分别为：（1）老君、玉皇、二郎；（2）桃、柳二将；（3）法师坛及巫师；（4）四值功曹；（5）九面将军；（6）（7）（8）天、地、水三官；（9）斗姆、真武、文昌；（10）潮水三娘；（11）三清、张天师；（12）盘古；（13）山魈、狗、鹿；（14）殷、王二帅；（15）马、赵二帅；（16）文判官；（17）武判官；（18）家居神龛。若从神祇的宗教类属来看，在这 18 轴神像中，有 9 轴（2、3、5、10、12、13、16、17、18）为巫教神祇；7 轴（1、4、6、7、8、9、11）为道教神祇；2 轴（14、15）为民间神祇。[②]

另有鄂西恩施州一带"还坛神"祭仪中，悬挂神案名称、地位、作用、悬挂位置等具体情况见表 3－1[③]。

表 3－1

序号	神案名称	神名	地位、作用	悬挂位置
1	正坛（主坛）	老君	三教（圣、道、神）教主	正中
2	天宫	玉皇	高于一切的神圣	右一
3	地府（地界）	阎王	地界最高的神	左一

① 胡天成：《四川省重庆市巴县接龙区汉族的接龙阳戏——接龙端公戏之一》，王秋桂主编《民俗曲艺丛书》，（台北）财团法人施合郑民俗文化基金会 1994 年版，第 40—41 页。
② 胡健国：《巫傩与巫术》，海南出版社 1993 年版，第 202 页。
③ 黄柏权、葛政委：《从仪式到表演——恩施三岔"还愿"仪式的人类学考察》，《广西民族研究》2005 年第 4 期，第 67 页。

续　表

序号	神案名称	神名	地位、作用	悬挂位置
4	水府	龙王	水中最高的神	右二
5	阳曹	城隍	传递文书、管人间善恶	左二
6	圣母	圣母	统领阴兵阴将	右三
7	师坛	祖师	尊　师	左三
8	傩公	傩公	战将、压倒一切邪魔	右四
9	赵侯	赵侯	战将、压倒一切邪魔	左四

从上述神案中的神祇名称即可发现，端公祭仪中悬挂神案中的神祇体现出兼收并容的特点，巫、道、儒、释在神案中都占有各自的位置。但很明显，在这些神祇中，主要是以道教神为主体，像贵州省德江县的"三清图"（含中岳案、东岳案、南岳案、南岳副案、东岳副案）、湄潭县的"川合案"完全就是道教神祇的汇聚，这充分显示出端公坛门受道教之深刻影响。但从功能上讲，这些道教神祇往往是作为祭坛的护坛神而悬挂于神龛的，神案的存在表示神灵君临仪式现场，护佑法事顺利进行。此外，需要说明的一点是，上述这些庞杂的神祇，既不是以神祇地位的高低来排列，也不是根据天神、地祇的顺序来排列，他们皆各自独立，自成谱系，而且，神案中的神与开坛礼请中的所请之神也并不一致。

除了上述在法事活动中悬挂的以图像形式表现的神祇外，端公自家中神龛上张贴的各类"香位图"或"祖师龛"，亦称"师坛图"，也可被视为一种特殊的神案。此类"香位图"或"祖师龛"主要是以文字的形式记录本坛门的师承系谱，因而具有鲜明的地域特色和派系特征，几乎全为世代沿袭，比较固定而可靠。如湖南省武冈县龙溪乡陈氏坛门的"宗祖神龛"，设在堂屋（正厅），十分肃穆，如图 3-3所示。

图 3-3　陈氏坛门的"宗祖神龛"①

在此"宗祖神龛"中，本宗门中祖师居于上层之首，其他"三清""玉帝"等神祇皆列其下，这充分说明端公均将其历代祖师也奉为神。由于端公坛内流传着"忘了天来不下雨，忘了地来草不生。忘了父母遭

① 引自胡健国《巫傩与巫术》，海南出版社 1993 年版，第 204 页。

雷打，忘了师傅法不灵"的坛训①，因而无论去何处做法事，端公都要请历代祖师随同前往，以期借助师尊力量护持坛场，并求得法事活动之圆满成功。可以说，整个仪式过程，都必有历代先师"在场"。出发前须到"祖师龛"或"香位图"② 前下跪、打卦，征得师傅同意，并向师傅讲明缘由，请师傅一同前往愿主家。在仪式过程中的诸多环节（诸如开坛、搭桥、上熟、上刀山等），端公都要进行"观师"——历数历代先师的生卒年，迎请他们降临坛场协助作法，并默想师傅传法时的音容笑貌。仪式完毕后，端公要从愿主家带上一只公鸡回到家中的师坛敬师：将鸡冠掐出血，点在师坛图上，然后扯下一片鸡毛，沾上血，贴于图上。并当面诉说感谢师傅、作法圆满、坛门兴旺，希望"千家有请，万户来迎"之类的话。

二　以木雕偶像形态表现的神祇

从数量上讲，端公祭仪中以木雕神头形态存在的神祇数量，远远不如神案中的神祇多，但因其以立体化的木雕偶像形式供于案桌之上，因而显得十分突出。而且，在端公具体的法事活动中，它们往往直接受端公的驱使、驱邪赶鬼，而不像神案中的绝大部分神祇（主要指道教神）那样，只起到对祭坛的一种监护作用。在西南各地的端公祭坛上，最为普遍的木雕偶像当属傩公、傩母（亦称东山圣公、南山圣母），从某种意义上讲，此对神祇已经跨越了地域、民族的界限，成为整个西南地区共同的神灵信仰。③ 由于傩公傩母往往作为祭坛主神，因而绝大多数法

---

① 引自 ［日］ 森由利亚主持"中国西南部巫教祭祀中的仪礼过程和口头传承研究"项目成果《贵州省道真县冲傩仪式调查报告》，内部编印，2007年，第14页。

② 关于"香位图"，如贵州省湄潭县抄乐乡端公师坛"香位图"，见潘年英《民族·民俗·民见》，贵州民族出版社1994年版，第59页。

③ 关于傩公傩母此一对神祇的文化考述，本书第二章第二节"调适与妥协：端公信仰的多重融变"中多有论述，可参阅，此处不作展开。

事活动均须供奉此二神，让其直接督导神灵兵马实施追魂逐鬼、护佑事主之职。其他木雕偶像的神祇，在各地端公不同的法事活动中亦有不尽一致的应用。例如，上述云南省昭通市邹氏端公"庆菩萨"祭仪中，除了张挂三种神榜外，同时还要供奉赵公元帅、梓潼帝君和太子菩萨的木雕偶像。赵公元帅和梓潼帝君，一为财神，另一为赐子之神，都是当地民众普遍敬奉的神圣，也是庆菩萨祭祀的主要对象。而太子菩萨又称老郎神、老郎太子或戏主大神，是端公庆菩萨演剧时供奉的神。[①] 而在贵州省湄潭县端公"过关"祭仪中，除供奉主神傩公傩母外，还要供奉地傩公地傩母和小山神夫妇的木雕偶像，它们为端公所祈祷、祭拜和役使，直接统领道教门下的五营兵将，为过关信人前往地府追魂索命。另外，贵州省道真县张邦宪坛班在"庆梓潼"祭仪中，也供奉了"太子"（老郎太子）、小山人马（包括"丫角将军""丫角仙娘""翻坛祖师"）等木雕偶像（图3-4、图3-5）[②]。

---

① 关于戏神老郎神的来历，各地多有传说，现引云南省昭通市一带端公中流行的一种说法，以备与其他地域关于老郎神来历的传说作一比较。唐王李世民登基之后，有一年，京城内外久旱不雨。祈求上苍，玉皇大帝有感于李世民的功德，便降旨金河老龙，命其于次日之辰时布云，巳时发雷，午时降雨，未时雨止，城内下三分，城外下七分。结果，金河老龙错发雨簿，风伯、雨师、雷公电母在巳时布云，午时发雷，未时降雨，申时雨止，足足错过了一个时辰，而且，城外只下了三分，城内则下了七分，这样，城外旱象未解，城内又淹死移民百姓无数。为此，玉皇大帝便命魏徵将金河老龙斩首问罪。金河老龙向唐王求情，唐王答应保其性命。然而阴错阳差，金河老龙的命并未保住。金河老龙阴魂不散，并在阎王殿状告唐王。自此，唐王每天夜里都要梦见无数魑魅魍魉纠缠着他，要他为金河老龙抵命。后来，唐王派唐僧前往西天取经，回来后，在长安城内设坛做斋，超度金河老龙亡魂。所说，端公做的文坛法事就是由此而来。在七七四十九天的大斋中，唐王觉得每日就这样颂念经文，枯燥乏味，便开台唱戏，徐茂公唱须生，秦叔宝扮武生，尉迟恭唱花脸，皇后娘娘唱小旦，唐王亲自扮演小生，一时热闹非凡。由此观者甚众，人群拥挤，皇太子被踩死了。唐王非常伤心，因为皇太子死于唱戏，便敕封为"老郎太子戏主大神"。自那以后，凡是做武坛法演端公戏，就要供"老郎太子"，保佑演出顺利圆满［郭思九、王勇：《云南省昭通地区镇雄县泼机乡邹氏端公庆菩萨调查》，王秋桂主编《民俗曲艺丛书》，（台北）财团法人施合郑民俗文化基金会1995版，第30—31页］。

② 冉文玉主编：《道真古傩》，贵州民族出版社2012年版，第195页。

图3-4　太子菩萨

图3-5　川主

三　以面具形态表现的神祇

在端公的祭祀活动中，面具（亦称"脸壳""脸子""脸壳子"）被视为神灵的具象形式，当端公戴着形形色色的面具祭祀作法时，也就表示了这些神祇的具体存在。西南多地端公中流传有"戴上脸壳就是神，放下脸壳就是人"的民谚，正是说明面具在端公祭仪中的神性特征。由于面具代表着神祇，因此，平常端公们要把面具收藏在箱子里，要用之前还须进行"开光""点像"等仪式。所谓"开光"，即由端公双手各执一支燃烛，口念"开光仪文"。开何处光，用烛照该处晃动，并念念有词：

开光莫开灯火光，有灯无油不久长。

开光要开日月光，（向神完）旧月轮流照十方。

开顶光，头顶诸神佛放毫光（向家完菩萨头上）。

开眉光，眉分八彩观十方（向香火，下同）。

开眼光，眼观合家福寿长。

开口光，讲经说法胜高强。

开耳光，耳听百事事端详。

开心光，鼻闻炉中八宝香。

开手光，手拿财宝进家邦。

开肚光，肚内有文章。

开脚光，脚踏乾坤镇家邦。

开背光，背有三百六十骨吊之毫光，骨吊相连，七窍相通。

开光已毕，百事大吉。①

"开光"过后，再由端公持一雄鸡对面具进行"点像"，取鸡冠血向香上点去，念到哪里就点到哪里。"开光""点像"后的面具已具神性，平时是不许乱说乱动的。而在正戏演出开始，还要把面具放在一个大簸箕上，并用纸钱覆盖，此时由掌坛师来请神，每请一个面具，端公都要念诵神名与颂词，并用米酒相敬，十分虔诚，请完后还要把面具抬到"功曹"桌上备用。当然，一般是在较为大型的祭仪活动中，并涉及演剧的环节，端公才会"请"出面具神，一般的小法事，是不需要佩戴面具来表演的。

西南各地端公祭仪中使用的面具在数量、形象上均有所差异，而且，由于传承地域、流派不同，同一面具也会出现不同名称的现象。例如，

---

① 李华林主编：《德江傩堂戏》，贵州民族出版社1993年版，第213页。

贵州省德江县有"全堂戏二十四面，半堂戏十二面"的说法。其中，半堂戏十二面具的名称分别为：唐氏太婆、桃园土地、灵官、关爷（关羽）、引兵土地、押兵先师、开洞郎君、检斋和尚、先锋小姐、消灾和尚、梁山土地、秦童（歪嘴）（图3-6、3-7、3-8、3-9）。全堂戏除半堂戏的十二个面具外，另有开山莽将、掐时先生、卜卦先师、鞠躬老师、幺儿媳妇、李龙、杨泗、柳三（柳毅）、乡约保长、了愿判官、关夫子、秦童娘子。而在实际的表演中，端公使用的面具已经大大超过了二十四面。

图3-6　土地

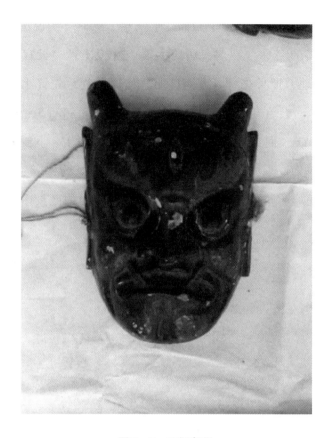

图 3 - 7　开洞郎君

图 3 - 8　检斋和尚

图3－9　灵官

四　以话语形态表现的神祇

　　端公坛门崇奉的神祇，除了上述论及的神案、木雕、面具等物化形态外，还有一种是端公在祭祀的念唱中表述、提到的神名神号。如果把上述三类以物化形态存在的神祇称作"有形神祇"的话，那么，此类以话语形态存在的神祇，就可被视作"无形神祇"。可以说，"有形神祇"与"无形神祇"，共同构成了端公神系的两大系统。但值得注意的是，以话语形态存在的神祇虽然无形，作用亦不及有形神祇（物化形态存在的神祇）那样重要，但它们也同样是端公请来享祭的神，且在数量上占据了端公神灵系统中的绝大部分。我们说端公崇奉神系的庞杂性，亦即原始宗教体系神祇、人为宗教体系神祇、民间传说体系神祇以及端公坛门的祖师神系、事主家神①相混融之特点，也主要体现于兹。以云南省昭通市镇雄县泼机乡邹氏端公"庆菩萨"祭仪为例，在《领牲》和《礼请》两坛法事涉及的神名神号最多，如《神门领牲一宗》中，端公以念唱方式迎请的神灵就包括：

> 乾元老君道君紫微帝君龙虎十二真人，张公法主、董仲先师，上皇中天星主大帝爷爷南北二斗祖师，万法教主玄天仁威圣帝十大雷神官将，灵官老祖三仙王母普天星宿，青宫中九皇上圣雪、天山圣母达摩祖师，五灵官马元帅黑虎玄坛赵天君川主二郎，瑞民圣帝水府得道斩龙杨泗将军，坤府至尊东狱泰生仁威圣帝五岳、天圣帝，六明皇后夫人七十二司判官八十一案，典吏后殿炳灵太子十二太保尊神，地、天、水仙母行神度关王母解结会上解结圣，母雪、天山圣母刀杆圣母九龙仙女黄龙仙，姐白鹤习仙普天星宿，△宅顶敬家龛香火净荤有感福神德尊，神门中先祖先幼亡魂、龛堂顶敬文武坤斗大神、七曲文昌宏仁帝君南海岸上救苦观音、金敕执法赵公财神求财有感，四员官将禾苗会上、五谷大神牛王马祖水草善神、长生土地瑞庆夫人，门外天真地圣虚空过往庙藐尊神人元祀典诸庙神祇五方七郎土地，一辈子天孙天家眷属高上大庙低小庙冷坛游司五道合堂等神前人顶敬今日丢下古墓游司听锣听鼓仙师，岩上走马大、二、三圣将军钩刀弩手唤狗二郎，接草龙刘土地天门土地桥梁土地垭口，土地庙门土地本处土地五方土地吾师，造盘土地，解结会上六类冤家诸白子等柳州姊妹，替代神祇，出马坛中二十四位行神祖师千真万圣，行案坐案七十二案诸天文武公卿行曹，坐曹七十

---

① 端公在祭仪中也要迎请家神，故常念及"×氏门中老少家先"，但此种迎请本身是非常笼统的，并无具体的名字。

二曹上、中、下部六曹三曹六案，王马康杨勅封三圣有感尊神打傩先师，火把先师撬锄二将乐棒真人黄毛童子，虎豹童子下坛五路五猖阴司兵马尊神，弟子顶敬佛巫二门法派宗师传度度诀，师祖、爷一派恩师。[1]

再如贵州省道真县端公"闹山谢土"之"请神"法事，所念唱到的神灵数量相当庞大，有数百名之多，现节录一小部分，以窥一斑：

> 恭炷真香，虔诚奉请十二闲客夫君、十二闲客夫人，高望夫君、高望夫人，低望夫君、低望夫人，五瘟使者，八大魔王，春之三月行瘟使者，夏之三月行瘟使者，秋之三月行瘟使者，冬之三月行瘟使者，大献神使者，小献神使者，大赤口使者，小赤口使者，大小路牙使者，白日口哨、夜后唱歌——白日捕捉人魂使者、夜后捕捉鬼王倒霉，金猪银使者，铜头铁使者，红花郎君，红老娘子，表药箸，表药童子，上水瘟耗，下水瘟耗，一十八条船头三老、船尾少年，山精上山精，石精上石精，铜上铜，铁上铁精神，索上索精，古老山精，枯木树神，一百二十精灵，三百二十官典，统兵元帅，押兵队伍，广管山王内外一十二部鬼神，车马暂离金轮山上、银轮山下施州都会府鱼塘峡口大长安之地，去时竹叶遮身，回时木叶扫地之处，降赴×××宅南门之中明杯闹谢保安功德。（击铰子，敲锣鼓）[2]

此外，还有一个较为特殊的情况是：端公在以念唱形式请神的过程中，还会在某些仪节根据信人（事主）家龛设及家人所学手艺与顶敬情

---

[1]　郭思九、王勇：《云南省昭通地区镇雄县泼机乡邹氏端公庆菩萨调查》，王秋桂主编《民俗曲艺丛书》，（台北）财团法人施合郑民俗文化基金会1995年版，第28页。

[2]　冉文玉主编：《道真古傩》，贵州民族出版社2012年版，第251—252页。

况做出相应的调整，这体现出端公请神过程中的一种灵活性特征。例如，贵州省道真县端公在行"家鬼会"此一祭仪时，所念请的神祇便有信人顶敬儒释道三教香火、天地君亲师五大圣人、某堂上高曾远祖、南海岸上寻声救苦观世音菩萨、桂花院中七曲文昌梓潼帝君宏仁大帝、玄天宫中北方镇天真武玄天仁威上帝应虚斯响荡魔天尊、银阙宫中盖天古佛关圣老爷子伏魔大帝、求财会中金银滩上唐严罗冉四官财神、逝多林中五丑大力牛王佛祖、奏善堂中太乙九天东厨司命灶王府君、尉迟夫人。之后，则要根据具体情况对所请神祇做出相应调整：黉儒宫中大成至圣诗礼乐文宣王孔子先师——学儒教者请；巧圣宫中洪洲得道张赵二郎鲁班仙师、曲尺墨斗仙师、缠绳丈尺仙师、起厂倒厂仙师、初二十六牙祭仙师——木石二匠请；灵济会上华佗祖师达摩祖师灵济祖师——阉牛匠请；妙济宫中坐虎针龙一十三代名医王叔和、提针童子、炼药仙官、采药童子、捕药仙官——医生请；三洞梅王、七路草神、把坳土地、端枪童子、捉火郎君、嘘风打哨、唤狗二郎、搬杆童子、放索郎君、七郎土地、团山过去了、吹角仙师——打猎匠、安山匠请；桓侯宫中张冶相公李氏夫子、红案仙师、白案大神、退毛着肉、退肉着骨、领牲漂熟、粘厨大帝——屠夫请。[①]

云南省文山州西畴县鸡街乡太平村阳戏祭仪中，端公迎请上戏棚为主人酬恩了愿的神鬼有：开棚小鬼、神马、啄木官老将、绣球太子、牧牛童子、走马二郎、领牲三郎、推磨夫人、催愿吉士、点棚土地、关韩二将、田郭二位、梅花二姐、救贫先师、平风小姐、柳青黄氏、切药先师、教头和尚、杨公大口、虚空纠察、当方土地、乡约朝官、陈公祖师、钟馗大将、掌愿仙官、左氏三娘、点台白鹤、公兵牢子、拷枷脱锁、范公范婆、

---

① 冉文玉主编：《道真古傩》，贵州民族出版社 2012 年版，第 32 页。

孟公孟婆、爷爹爷娘、秦王公差、唐二酒包等。另有若干道教尊神、俗神及巫教神鬼，如真武祖师、董仲舒、王元帅、五通明王、乾元先师、梅山教主、罗公师主、三伯公婆、天地水三界神祇、三界功曹、文殊普贤、王赵二帅（王灵官、赵公明）、方弼方相、铁甲金花、金童玉女、四大元帅（崔、卢、邓、窦）、勾愿使者、城隍、灶王府君、左右门神、里城都官、上村下村孤魂野鬼、主家历代高尊远祖、老少亡魂，等等。另外，由于阳戏的设定功能偏重于求财，因而，在神鬼力量的组成和调配上，也做了相应的考虑。除加强踏台镇宅、开砍五方五路的"武"的力量外，重点放在药王门下送财送福的"戏子"队伍。如黑虎玄坛赵公明、点台文魁、烧香童子等，专司招财进宝、加官进禄之职，为主家坛门实行"十保"：保家门清吉、保人眷安康、保混财多进、保寿岁百年、保五谷丰茂、保六畜成群、保人口清吉、保夫妻百年、保坛门兴旺、保信愿了明。[①] 由此可见，端公祭仪中创造的神鬼角色以及赋予这些角色的特殊司职，完全是为着满足现世人的种种欲望，服务于人们切切实实的需求，功利目的是极其明确的。

从上述这几段以唱念方式迎请的数以百计的神祇来看，不同地域、不同法事情境中迎请的神祇从名称到数量上均区别较大。除了人为宗教的高位神外，有些神祇还具有明显的"地域性"特点，有些还带有明显的原始崇拜（自然崇拜）痕迹，如道真"闹山谢土"仪式中，端公迎请的"山精上山精，石精上石精，铜上铜，铁上铁精神，索上索精，古老山精，枯木树神，一百二十精灵"，都属于自然神灵。有时世俗的众生相，也成了

① 赵大宏：《云南省文山州西畴县鸡街乡太平村汉族冲傩戏、阳戏调查》，《民族艺术研究》1994 年第 5 期，第 29—30 页。

主宰人间祸福的超人。① 由此可见，在人为宗教统治人们的信仰意识两千余年后，端公（巫）朴素的宇宙观，在某些祭坛中，依然释放着它的能量。

综上所述，虽然端公崇奉神祇的数量巨大、来源驳杂，但通过以上四种文化表现形态，众多神祇便从一种完全观念化的存在形态，嬗变为渗透于端公祭仪中的某种实象存在。从宗教功能的角度而言，此种具象化的文化表现形态，不仅为众多神祇赋予了一种可感性，而且对增强仪式效力以

① 湘南山区盛行一种被称作"降宝山"的祭仪，端公所搬请众神，多称"郎君"（或仙娘、娘子）。饶有意味的是，这些神祇大多名不见经传，包括种田的、捕鱼的、酿酒的、修路的、扫路的、采茶的、烧茶的、杀牲的、纺织的等，都成了主宰人间祸福的超人，而道、释、儒诸教的形象，在这样一个神灵世界中，却成了微乎其微的点缀。这一幅珍贵的众神谱对我们理解端公的神鬼观念很有启示性意义，兹录于此：行香童子郎君、通天土地郎君、引路急脚使者郎君、灵通使者郎君、罗山破秽仙神、司命土地夫人、本音堂上氏门路、先亲祖众、栏前土地夫人、南岳九郎君、远迎宾妆驾仙师、董矮子郎君、舍山斫路小郎君、锄路郎君、修路一切众郎君、扫路郎君、架桥郎君、天旗郎君、借台借椅郎君、开洞八郎君、借盏借托郎君、排办劝盘百果郎君、采茶烧茶娘子、茶司迎汤度水郎君、肉食等物郎君、火罗担袱郎君、净厨玉女娘子、红罗幔帐郎君、缠柱缴壁郎君、两相检点郎君、撑舡载米粜米郎君、造饼造面酿酒郎君、封酒、解酒、浸酒、烧酒、量酒一共十七位郎君、执瓶、执盏郎君、买猪、卖猪、杀猪、监牲、献牲十五位郎君、打锣郎君、拍板子郎君、打数郎君、卜卦子郎君、法鼓子郎君、大都伤、小都伤郎君、乐员、大鼓、小鼓、吹笛郎君、定乐六郎君、殿诸客郎君、上雕龙画马郎君、横笛子郎君、迎鬼牙子郎君、请石古老仙神郎君、大杖神、小杖神郎君、通引郎君、速报、现报、三司郎君、左朝官、右朝官郎君、神局听子郎君、头槌大剑郎君、两厢喝道郎君、家去牌毗印郎君、龙头高椅郎君、宝山殿上大郎、西川灌口二郎、采宝三郎、相雀四郎、赌钱干博五郎、呵罗大笑六郎、梅花殿里七郎、桃源洞口八郎、洪波庙里九郎、黄桥青草十郎、散花童子小郎君（上洞完）。（又降中洞）拈枪使棒十一郎君、执沙打石十二郎君、牵弓打弹十三郎君、贤圣官长大郎君、贤圣官长二郎君、贤圣官长三郎君、贤圣官长四郎君、贤圣官长五郎君、宝山殿上大郎、宝山殿上二郎、宝山殿上三郎、宝山殿上四郎、宝山殿上五郎、宝山殿上华光藏主王、云霄殿上大郎、云霄殿上二郎、云霄殿上三郎、云霄殿上四郎、云霄殿上五郎、云霄殿上六郎、云霄殿上七郎、云霄殿上八郎、云霄殿上九郎、云霄殿上十郎、云霄殿上道士郎君、云霄殿上和尚郎君、云霄殿上大法师、云霄殿上小法师郎君、大大小小龙王、云霄帝王、圣君殿上五位郎君、圣君殿上十位郎君、圣君殿上十五位郎君、圣君殿上三十位郎君、十州殿上五位郎君、十州殿上十位郎君、圣君殿上五位娘子、圣君殿上十位娘子、圣君殿上十五位娘子、圣君殿上三十位娘子、经络取系娘子、络系娘子、织作娘子、楼头圣公圣母。（中洞完）（又降下洞）下座白衣天子王、北府殿上大郎，五岭都头五面肖王，山魈殿上一、二、三、四、五郎君，山魈殿上六、七、八、九、十郎君，帝主山魈王，大主面、小毛面王，山魈土地夫人，平阳高猬十三郎，捐折公郎君，金鸡市上老郎君，萧客子郎君，水魈殿上一、二、三、四、五郎君，水魈殿上六、七、八、九、十郎君，水魈殿上罗天子郎君，五路管牲吏兵王，呼猪唤狗娘子，呼鸡唤鹅鸭娘子，五方抱育郎娘，耕田一、二、三、四、五位郎君，耕田六、七、八、九、十位郎君，耕田十一、十二、十三、十四、十五位郎君，耕田十六、十七、十八、十九、二十位郎君，捕鱼一、二、三、四、五位郎君，捕鱼六、七、八、九、十位郎君，捕鱼十一、十二、十三、十四、十五位郎君，捕鱼十六、十七、十八、十九、二十位郎君，五岭都头，五人兄弟郎君，管兵侯大师主，夏四郎师主，上座住坛师主，中座案坛师主，下座把坛师主，五方明公大社师郎君，迎请水魈男女二船郎娘，迎请判官七郎君，宝山殿里管兵师主，迎请杨十九郎管兵一众，迎请宝山殿上三百六十官家郎娘方形官员一千二百祖众，一齐迎到。（降完）

及民众信仰度，均起到了极为重要之意义。虽然西南各地端公在不同法事活动中所请神祇的名称、数量会因时、因地、因派系的不同而千差万别，甚至找不到两个奉供完全相同神系的法坛，但此四种使神祇具象化的文化表现形态是一致的，这当然不是一个偶然的现象，此种共通性，本身就彰显了西南各地端公祭仪活动存有的共性特征。而此种共性特征，其实是西南端公文化作为一个系统存在的文化表征。

第二节　区格与分层：端公神鬼观念的空间界域

诚如列维－斯特劳斯所言："一位原住民思想家表达过一种透彻的见解：'一切神圣事物都应有其位置。'人们甚至可以这样说，使得它们成为神圣的东西就是各有其位，因为如果废除其位，哪怕只是在思想中，宇宙的整个秩序就会被摧毁。因此神圣事物由于占据着分配给它们的位置而有助于维持宇宙秩序。"① 应该说，借助分类把某种秩序引入世界，是一切文化得以生存发展的基础。因此，对"有序"的追求，不仅是科学和哲学发展的需要，也是宗教和巫术存在的前提。

同样道理，端公崇奉神系的驳杂繁冗也只是一种文化的表象形态，若回到端公的实际祭祀"文本"之中，便可发现其背后隐蕴的某种"秩序"建构。在端公实际祭仪中，此种建构本身可以表现为多种文化模态，我们将其归纳为"二元对立""三界分层""五方区格""九州界域"等宏观性模态。对于端公而言，每一种建构的模态，其实都是一种文化无意识孑遗，它隐含了端公对生命世界的认知与理解。同时，此种建构亦与中国传

---

① ［法］列维－斯特劳斯：《野性的思维》，李幼蒸译，商务印书馆1987年版，第14页。

统宇宙观有着最为直接且深刻的文化关联。

一　二元对立

"二元对立"，是端公神系最为基本的界域区格，也是端公神系得以存在的文化根基。此种界域意象往往表现为吉与凶、天与地、阴与阳、正常与异常、光明与黑暗等相对的文化要素，具有肯定与否定的对立性质。这很容易让我们首先想起神与鬼这一对基本范畴。从某种意义上讲，端公的祭祀行为正是一个"合鬼与神"的过程，易言之，正是由于有了"鬼"的作祟于人，才会有端公请"神"来驱赶逐除，若离开"鬼"，"神"的存在也将失去其文化意义，若此，"神"与"鬼"就构成了端公文化体系内的一对矛盾统一体。①

除了"鬼—神""人—鬼"这一对显性的，同时也是最为基本的二元对立外，端公神系界域中的此种区格还有多种文化表现形态。请看贵州省德江县端公《撤愿》法事中的一段唱词：

> 这些闲话不多讲，手提扫帚扫五瘟，
>
> 天瘟扫出天堂去，地瘟扫出地狱门，
>
> 人瘟扫出人阳县，鬼瘟扫出鬼州城。
>
> ……②

---

① 事实上，在中国文化史上，神与鬼的分离是一件较为晚近的事情。先秦时期的《墨子·明鬼》虽始略作分别，但尚仍以鬼为根本。《明鬼》下曰："古之今之为鬼，非他也，有天鬼；亦有山水鬼神者；亦有人死而为鬼者。"这里明显将鬼分为三类：所谓"天鬼"，自然后来上升为神；而"山水鬼神者"和"人死而为鬼者"，则有的被信为神，有的则仍为鬼。汉代王充《论衡》有《论死》《死伪》《订鬼》三篇专论鬼神，但仍重在论鬼而略及神类，足可以看出当时鬼观念的影响深远，而神尚未占有相当的社会、文化地位。魏晋时期，大多数典籍中叙鬼神都是两词并举，并未作明显区分。直到南北朝时期，随着道教的兴起和佛教的传入，鬼神似乎才有根本的区别，才逐渐产生出相对立的鬼和神两大系统（陆群：《民间思想群落：苗族巫文化的宗教透视》，贵州民族出版社2000年版，第72—73页）。由此可见，端公文化系统中的鬼神观念确立也是较为晚近的事情。

② 李华林主编：《德江傩堂戏》，贵州民族出版社1993年版，第196页。

　　这里的"天瘟"与"地瘟""人瘟"与"鬼瘟"，各自构成了一种相互对立的界域结构，而这几种界域意象本身又都体现为一种否定的性质，其中也必然隐含了一种对于肯定性质的期盼与努力，因为无论扫除"天瘟""地瘟"，还是"人瘟""鬼瘟"，其目的指向都是为了获得清吉平安，从而使"天堂""地狱""人阳""鬼州"之宇宙秩序恢复平和。

　　端公祭坛上的主神——傩公傩母，作为一对夫妻神，本身就含有一种阴阳相对的文化意义在其中。其别称"东山圣公"与"南山圣母"，亦隐喻着一种二元对立的结构形态。关于"东山"与"南山"之来历，民间有一种说法认为：由于这对兄妹曾在东山顶、南山坳往沟底滚石磨，石磨合拢就成了亲，因此人们称他们为"东山圣公""南山圣母"。[①] 显然，此一说法是为傩公傩母附会伏羲女娲后更进一步的附会解释。从神话宇宙论的角度来看，"东山"和"南山"很可能代表着神圣的"东方"和"南方"。在中国神话的文化构拟中，"东方"代表着万物生长的春天之方："东方者，动方也，物之动也，何以谓之春？春，出物也，物之出，故谓东方春也。"（《尚书大传》）"南方"是太阳在夏天时所居之地，故谓之曰："南方也，主夏，日中赤气出。"（《艺文类聚》卷三引《尸子》）因此，东方和南方，都代表着太阳初升和居处中空的情景，其具有阳刚、生长、光明等性质[②]，而以"东（山）""南（山）"作为傩公傩母的界域结构，恰恰隐喻了一个阳刚光明的神圣空间，也正好符合逐邪扶正的举傩之意。或许，祭坛"三清图"中"东岳案""南岳案"，以及"东岳副案""南岳副案"的设置，其寓意也大概就在于此。

　　与东方、南方代表的阳刚、生长、光明等性质相对应，在中国原型宇宙论模式里，西方和北方皆是幽冥、死亡、黑暗，或者异常、女性、寒冷之地

---

① 见于李岚《信仰的再创造——人类学视野中的傩》，云南人民出版社 2008 年版，第 111—112 页。
② 叶舒宪：《中国神话哲学》，陕西人民出版社 2005 年版，第 15—18 页。

的象征。《汉书·礼乐志》注："玄冥，北方之神也。"在神话中，"西王母"治地便是西方和北方，所以有学者指出："东方为正统雄性之王，西方荒远之区则设一雌性之王，东西相对，男女相配，体系简明。"而这个阴性的空间则与阴性的月亮、阴间的鬼等联系在一起。[1] 端公法事中凡关涉此类性质的神祇，基本上均与西方、北方相关联。法事《和神》[2] 唱词中有金童玉女演叙的内容，在这里，金童玉女本身就代表了一对阴阳相对的神祇，且金童玉女的原型仍与空间观念有关，且看《和神》中玉女的唱词：

> 玉女（唱）：日落西山西山阴，百般鹊鸟往林飞。
>
> 牛马六畜归栏圈，姊妹双双会和神。
>
> 家禽点起明灯火，还不交会等几时。
>
> 一母所生三姊妹，三人姊妹会和神。
>
> 大姐和神安天下，二姐会和五岳神。
>
> 三姐和神和得好，和个仙凤正朝神。
>
> 姊妹行进三清殿，专和玉皇大天尊。
>
> 三清仙境社和到，姊妹双双拜红标。
>
> 姊妹行至五岳殿，专和五岳五尊神。
>
> 五岳老祖心欢喜，姊妹双双拜红标。
>
> 姊妹行至星主殿，专和星主众尊神。
>
> 二十八宿心欢喜，姊妹双双拜红标。
>
> 姊妹行至上曹殿，专和七万祖师兵。
>
> 姊妹行至中曹殿，专和中曹众尊神。
>
> 姊妹行至下曹殿，专和八万本师兵。

---

① 叶舒宪：《中国神话哲学》，陕西人民出版社 2005 年版，第 48 页。
② 《和神》一法事乃《和神交标》祭仪中的一个部分。由金童玉女表演，先由问官仙师去三天门外请出金童玉女，先和神，后交标。标是还愿凭据，用竹条缠上彩色纸须制成。

三曹祖师心欢喜，姊妹双双拜红标。

姊妹行至功曹殿，专和功曹众尊神。

姊妹行至地傩殿，专和地傩小山神。

姊妹行至血食殿，专和血食众尊神。

姊妹行至玄皇殿，专和玄皇众师尊。

姊妹行至宰杀殿，专和茶酒库司神。

功曹血食心欢喜，姊妹双双拜红标。[①]

从叙述者（即玉女）的立场来分析，此段唱词是和神姊妹游历天霄五岳、三清星宫、四值功曹、地傩小殿，乃至血食殿、宰杀殿的历程。此种空间位移本身，就代表了各神祇的界域序位。但更为重要的是，根据上面的论述，能游历至"血食殿""宰杀殿"之空间的神祇，恐怕要与西方和北方的神祇相关联。在《和神》中出现姊妹和神有其文化无意识子遗在里面：和神是人神杂糅，是与"正统"的请神降神不同的"非正统"的戏鬼弄神，又因其中的支支红标皆与军阵亡魂联系在一起，故"和神"空间恐与"死亡"空间有关，若此，以玉女和众姊妹出场唱"日落西山西山阴，百般鹊鸟往林飞"云云，便是从叙述者身份上代替了阴性空间的"西王母"，以此与代表阳性空间的"金童"恰成对照。由此可见，"和神"之仪具有阴阳空间融汇、交织的内在蕴意。[②]

二 三界分层

从某种层面上而言，端公神系的"三界分层"应是"二元对立"界域区格的变种。但此种将神界划分为上、中、下三个部分，却是西南各地端公区格神灵的一种最为重要的方式，广泛渗透于端公法事活动的方方面面。例如，贵

---

① 李华林主编：《德江傩堂戏》，贵州民族出版社1993年版，第181—182页。

② 张建建：《冲傩还愿——贵州傩仪的结构类型意义》，贵州人民出版社1997年版，第179—181页。

州省道真县端公祭仪中所挂的三界神像：上界是五岳、解结斗姆、炳灵、华山圣母、东山圣公、三皇、三仙官等；中界是真武祖师、十大雷神、川主、土主、梓潼、药王、五显华光大帝、杨泗将军、关公、包公、赵侯等；下界是秦童、唐氏太婆、蒋氏太婆、灵济祖师、引兵土地、押兵先师、五猖、翻坛小山，还有一个灶王，则是游于三界之间的神。从地位等级来看，上界中的神灵地位最高，如东山圣公、南山圣母就是傩坛供奉的主神；中界地位次之，如川主、土主、药王就是一些地方神坛的主神；下界的神灵则多为一些小神。

西南各地端公坛门因传承系谱的差异，三界神祇中的名称标示虽多有差异，但"三界"空间界域之划分准则基本相同。贵州省德江县端公在法事《撤愿》中即唱念道："师，上熟钱、上熟金，当堂烧矛是何神？当堂烧矛上三教李老君、释迦佛、孔夫圣人三尊神。中三教川主、土主、药王菩萨三尊神。下三教南海岸上观世音、梓潼帝君、真武祖神三尊神。上熟银钱烧矛你，流传三教到如今。"这里的"上三教""中三教""下三教"之划分，就是一种颇为明显的"三界分层"。

再如功曹神之划分，也体现出"三界分层"的空间界域概念：

上界功曹张宗礼，拜了天府下坛门，

中界功曹李道真，拜了地府下坛门，

下界功曹邓使者，拜了水府下坛门。[①]

功曹的空间界域被分层为上界、中界、下界，进而又区格为天府、地府、水府，且各界皆有值班神祇司管。这里的三界分层，在贵州省德江县端公中流传的《新集三元和会科式》（简称《三元和会》）唱本中有更为详细的阐述。《三元和会》是为端公在正戏前做法事用的科仪唱本，其内容由"上

---

① 李华林主编：《德江傩堂戏》，贵州民族出版社1993年版，第102、194页。

元和会""中元和会""下元和会"三个组成部分。其中，"上元和会"讲的是释、道、儒三教主神释迦佛、李老君和孔夫子的出身；"中元和会"讲述的是洪水泛滥、兄妹为婚的传说；"下元和会"讲述了龙王用沉香木造海龙床，龙女睡后染上瘟疫，龙王卜卦、许愿，请三姐妹和神之事。① 从"三元

① 流传于贵州省德江县的《三元和会》科仪唱本的完整内容原载于《德江县土家族文艺资料集》(1986年)，系根据德江县稳坪乡端公魏官跃（时年79岁）手抄本抄录的。本书后面所引"老君讲三教"之内容即出自"上元和会"部分。现即引"上元和会"之完整内容，以增进理解："锣鼓打得响沉沉，上元和会上傩厅，雾露有影话有把，水有源头树有根。天上北斗七颗星，地下五岳镇乾坤，先有东南并西北，六十花甲管人民；老君金木水火土，佛开八万四千门。祖师殿前一盏灯，亮不亮来明不明，舡舟船内请神佛，先请佛来后请神。天皇翻山释迦佛，地皇翻山李老君，人皇翻山孔夫子，三圣翻山三教生。周初元年生下佛，地皇二年生老君，春秋年间生孔子，留传三教到如今。灵鹫山前生下佛，青羊三洞生老君，尼丘山前生孔子，道行东鲁不非轻。磨氏夫人生下佛，伏宫皇后生老君，颜氏夫人生孔子，留传三教到如今。权顶岩前出日月，日分阳来夜分阴，人从伏羲为孤寡，乾坤二字八卦分。东岳门前黄飞虎，南岳门前崇黑君，西岳门前叫文聘，北岳门前叫蒋雄，中岳门前叫洪音，分为五岳五尊神。生佛原是周定王，四月初八卯时生；生佛原在净范宫，磨氏夫人他母亲；生佛原在左膝下，九龙吐水洗全身。左手指天右指地，口说上界斗星文，三界兵卒都说尽，李靖天王起反心，花言巧语来引诱，要引太子见母亲。红旗飘绕日月，皈信片片到坛门。我佛站在南门国，遇着卖花小郎君，取出狼牙箭一根，吓得天王无处行；箭头落地如雷吼，大星挑在半天云，一根箭头九斤重，铁鼓射在九霄云。那时太子心欢喜，天王宫里做主人，成亲三月生巧计，亲身摆驾游四门。东门见老南门病，西门见死南门行，借问和尚有何事，出家修行果是真？三皇五帝扶马走，共挈太子去修行，大雪山前修三座，小雪山前修三尊，雪山顶上把道学，鳌鱼夹住太子度众生。我佛生在甲寅年，戊戌年六月初四转法轮，九月十五三十三天去，巍巍丈六紫金身，阿难迦叶归左右，讲经说法度众生，十级修行号席踏，不知根源真不真？此是我家如来佛，还请孔子作盟证。孔子父亲叔梁纥，颜氏夫人他母亲，七十高龄尚无子，尼丘山上告神灵。尼丘山上有块石，石上三窍甚分明，上窍之中生圣主，孔子还在中窍生，下窍之中生庶民，圣人庶民三窍生。夫妻拜了尼丘山，惊动上界得知闻，便令儒王下凡去，投胎孔门做后根，要知孔子降生日，庚戌年冬月初四子时生，孔子父亲叔梁纥，颜氏夫人他母亲，七十岁上才生子，年老生子靠何人？父亲起意将儿丢，丢在深山老木林，丢了七日又七夜，颜氏恩慈心不甘，走到深山腰中看，孩儿石上睡得沉。少时白猿来喂乳，凤凰打花盖儿身，恶虎与他来伴宿，亲生儿男是贵人。颜氏将儿来抱起，东邻西舍抚成人，哺养儿童六七岁，送入学堂读书文，拜见先生承教训，一年胜过十年春，习得诗书多伶俐，古今多能一圣人。周游七十二国遍，设教杏坛教书文，门下三千众弟子，又有七十二贤人，颜回聪明寿命短，子路刚强寿不长。昔日有个首阳山，饿死伯夷与叔齐，孔子将身游列国，陈、蔡二国绝了粮，九曲明珠穿不过，迎请老君作主张。老君生来无父亲，谭氏夫人生老君，谭氏井中去挑水，拣个仙桃口中吞，谭氏吃了仙桃果，不觉有孕在其身，怀了八十一年整，生下坛内李老君。他的母舅有三个，谭龙、谭凤和谭虎，老君请在左边坐，又把三教讲分明：上三教释迦佛、李老君、孔夫圣人三尊神；中三教观音菩萨、真武、梓潼帝君三尊神；下三教川主菩萨、土主、药王三尊神；魏表教、王如治、张老和尚三尊神，魏出是、董仲尼、蔡仙和尚三尊神，混元七教主、罗公大老法师、五通明王大帝三尊神。老君化为什么佛，佛主化为什么神？元世化为燃灯佛，燃灯化为弥勒尊，尊尊化为阿难佛，尊尊化为舍利尊，尊尊化为释迦佛，尊尊化为寿利尊，尊尊化为普庵佛，尊尊化为观世音，观音化为至佛，尊尊化为文殊尊，尊尊化为普贤佛，尊尊化为万亿尊。佛开八万四千门，自古留在我坛门，好要堂前久久唱，后头还有多少人，上元和会皆圆满，中元和会听端详。"

和会"的内容描述不难看出：端公祭坛的空间观念已融合了许多神话的教导。关于"三元"的含义，顾朴光先生有一段较为合理的解释：

> 以天、地、水三界来解释三元，似乎更合理一些。因为上元和会写孔子、老子、释迦之事，他们三人是儒道释三教的教主，被尊为至高无上的神，把他们的事迹视为天界之事未尝不可；中元和会写地上洪水泛滥，伏羲、女娲兄妹为延续人类而结为夫妻，这自然是地界的事；下元和会写龙女因睡了沉香木所造的床而患了瘟疫，龙王四处求神问卦，许下诸般愿心，这毫无疑问是水界之事。手抄本既然包括了天上、地下和水中的传说故事，那么，它以《三元和会》命名，是完全顺理成章的。①

若此，通过"上元""中元""下元"，亦即天界、地界、水界之分层，众多神祇已不再是杂乱地聚合在一起，而是形成了一种结构化的位阶序列。更为有趣的是，《三元和会》唱本中，还有老君讲解"三教"的文字，亦是将其分出了上、中、下三个层次：

> 老君请在左边坐，又把三教讲分明：
>
> 上三教释迦佛、李老君、孔夫圣人三尊神；
>
> 中三教观音菩萨、真武、梓潼帝君三尊神；
>
> 下三教川主菩萨、土主、药王三尊神；
>
> 魏表教、王如治、张老和尚三尊神，
>
> 魏出是、董仲尼、蔡仙和尚三尊神，
>
> 混元七教主、罗公大老法师、五通明王大帝三尊神。

---

① 顾朴光：《三元和会与傩堂戏》，庹修明、顾朴光、潘朝霖主编《傩戏论文选》，贵州民族出版社1987年版，第57页。

此上、中、下三教的划分，既是端公坛门宗教归属混融特点之表征，亦是三教神灵结构化形态之征象。另在庆三霄坛法事之"游愿拆标"之仪节，法师们朗声宣念："一拆还天愿，二拆还地愿，三拆还水愿"，[①] 亦是天、地、水三界分层的征象。此外，表达三界意象的还有"十万天仙兵""十万地仙兵""十万水仙兵"，又有"上六曹、中六曹、下六曹，六六三十六曹"，以及"上曹祖师""中曹祖师""下曹祖师"，"上品一元大帝""中品一元大帝""下品一元大帝"，"上元法主""中元法主""下元法主"，"天仙王母""地仙王母""水仙王母"（三仙王母），"上元黄将军""中元葛将军""下元周将军"（三元将军），等等。这些神祇的空间界域皆具有圣域的性质，只是其中分别为各种不同的序位，从而构造出空间阶位的观念。

此外，西南各地端公祭仪中，皆有"开洞"一堂法事。"开洞"亦称"开桃源洞"，是为端公"请出"上、中、下三洞之"戏神"（以各色面具为代表）的过程，因端公表演时需佩戴这些面具演唱，故此堂法事又常俗称"开戏洞"。这些面具其实在之前的"铺坛"法事中，已被端公一一"请进"桃源洞（即置于法坛神案之下），用香烛、法水、供品奉祀。表演"开戏洞"之时，端公穿着法衣，头顶红帕，敬神、吹角、念咒、踩罡，突然锣鼓声节奏急促，端公从神案下取出一副面具，作舞蹈一番，其舞蹈动作幅度较大，并根据不同的面具角色做出不同内容的祷词（多为七字段唱词），唱舞毕，将此面具恭敬地放在坛前专置的桌子上。如此反复，直到全部面具都从案下移至桌上。

各地端公表演"开戏洞"之具体情节略有出入，但均不离桃源三洞（上、中、下）的空间界域之划分。如湘西一带端公的"开洞"法事，其

---

① 胡天成主编：《民间祭礼与仪式戏剧》，贵州民族出版社1999年版，第235页。

唱词分为两个部分，第一部分是唱"洞"：

> 上洞玉楼罗天子，云霄圣主镇乾坤；
>
> 中洞金楼李天子，七宝大神镇乾坤；
>
> 下洞银楼肖天子，五通灌口镇乾坤。
>
> ……
>
> 上洞原是花王洞，王母娘娘把洞门，
>
> 上桥王母借钥匙，要开上洞两扇门。
>
> ……

第二部分是唱"戏神"，即本堂法事可能要表演的剧目：

> 桃源三洞一齐开，二十四戏请出来。
>
> 初请到来初报到，开洞师主前来到。
>
> ……
>
> 再来请来又来报，报请先锋前来到。
>
> 开山大将前来到，砍开五方进财门；
>
> 钟馗大将前来到，拦前断后扫邪精；
>
> 泗州和尚前来到，禳星谢土安龙神；
>
> 魏魁无来蓝瑞莲，水打蓝桥来团圆；
>
> ……①

贵州省思南县一带端公在《地盘开洞》法事唱词中，所请三洞神灵分别为"上洞桃源扫地和尚、地盘业主、唐氏婆婆请出洞，迎风接下酒三巡；引兵土地、点兵仙官、周仓猛将、押兵五郎请出洞，迎风接下酒三

---

① 胡健国：《巫傩与巫术》，海南出版社1993年版，第218—219页。

巡""中洞桃源甘生八郎、鸾生九郎、九州和尚、十州道士、王婆卖酒、牛皋卖药、打彩小娘请出洞，迎风接下酒三巡。斟下三巡开洞酒，众神在上领良因""下洞桃源白旗仙儿，勾薄老判、梁山二老、减灾龙神、金科银弟、柳三杨泗请出洞，迎风接下酒三巡。钟馗谢判、二郎斩鬼、开山猛将、诀公老师、幺儿媳妇、算命郎君请出洞，迎风接下酒三巡"。[①]

贵州省德江县一带端公的《开洞》法事，将上、中、下三洞分别附会以天、地、水三界，即上洞亦称"天仙洞"，中洞亦称"地仙洞"，下洞亦称"水仙洞"，此乃天、地、水"三元"分层理念在"开洞"法事中的体现。其中，"天仙洞"之洞门用的是金须钥匙金须锁，由唐氏太婆掌管钥匙，尖角将军把守洞门。要用阳卦来开洞，阴卦来封洞。打出阳洞后，将上洞戏神一一请出："唐氏太婆请出洞，斟下葡萄酒三巡。"（斟三次酒）报府三郎请出洞，斟下葡萄酒三巡……按这样的句式一边唱一边斟酒，将唐氏太婆、报府三郎、桃源土地、关圣帝君、周仓、引兵土地、押兵先师、和合神仙、鞠躬老师、文王卦师、九州和尚、勾愿先锋共十二神请出。请毕，须立即封洞门（打阴卦），以免邪魔入洞中。接着再打开"地仙洞"，洞门上有银须钥匙银须锁，要由李氏婆婆来开洞门。打出阳卦象征打开洞门，一边斟酒一边请出下半堂十二戏神，即灵官、蔡阳大将、十州道士、梁山土地、甘生八郎、秦童三爷、秦童三娘、李龙叫化（乞丐）、柳三相公、杨泗相公、勾薄判官、开路将军。然后打阴卦封上"地仙洞"。"水仙洞铁须钥匙铁须锁，锁住桃园下洞门"，由苏氏婆婆在管锁。但唐氏太婆不许其打开，因为"水仙洞妖魔鬼怪住下洞，打开出来害良民"。[②]

端公神系的三界分层，还可以通过祭坛的布置，以宏观的视角来观察。祭坛的设立一般在主人家的堂屋内，有时也在院坝里。先用竹子扎一

---

① 思南县民族事务委员会编：《思南傩堂戏》，贵州民族出版社1993年版，第176—177页。
② 李华林主编：《德江傩堂戏》，贵州民族出版社1993年版，第276—313页。

牌坊，贵州叫"三宝龛"。"三宝龛"分为三殿或三宫，正中挂"三清图"，两侧挂"师坛图"及各色"神案"（画轴）。"三宝龛"前摆一桌案，供傩公傩母的木雕头像，像插在盛满谷米的海碗中。旁边还供有其他小神雕像和巫师的法器。桌案前的地上或簸箕内放置表演所用的面具。这一系列神祇被置于不同的空间序列，即明显体现出三界分层的观念。[①] 具体来说，"三清图"上的主神一般为道教的三位教主玉清原始天尊、上清灵宝天尊、太清道德天尊（有时也把三清称为李老君、释迦佛、孔夫子，此体现出三教合一思潮的深刻影响）。"三清"的下面，还绘有 100 多位神祇。这无疑象征着天界或上元，是为上坛。而设在桌案上的傩公傩母，则代表着中元或地界，此为中坛。放在地上或簸箕里的面具，则代表了下坛，属于阴界或水府的象征。因为端公佩戴假面的演剧活动根本上是同阴界的祭祀行为联系在一起的。

总而言之，端公祭仪中以"三"命名的鬼神世界有多种表现形态，如"三清""三洞""三元""三界""三曹""三洞""三光""三教""三圣"等，更值得注意的是，此种"三界分层"在西南多地端公的假面表演程序上则表现为开坛、开洞、闭坛三个段落的组合。由此我们看到，宇宙、神系、祭祀结构的"三元"同一性：

$$
\text{宇宙的结构}\begin{cases}\text{天}\\\text{地}\\\text{水}\end{cases} \qquad \text{地神系的结构}\begin{cases}\text{儒}\\\text{释}\\\text{道}\end{cases} \qquad \text{祭祀的结构}\begin{cases}\text{开坛}\\\text{开洞}\\\text{闭坛}\end{cases}
$$

综上所述，端公崇奉神祇的三界分层，是端公祭仪中最为普遍的神系秩序建构方式。而此种三层界分本身，也体现了其与中国传统宇宙认知模

---

① 郭净：《中国面具文化》，上海人民出版社 1992 年版，第 463 页。

式的深沉关联。事实上，早在殷商时期，三层世界的划分就已出现。黎子耀认为，殷人对先公先王的祭祀，即按照三元宇宙的观念来进行的。具体而言，就是"将先王自太乙至祖甲共十二世代表天地，分为前六世与后六世。前者代表天上世界，后者代表地下世界；前者立五大以象天上五行，后者立五祖以象地下五行"。与之相配的五祀方位是：

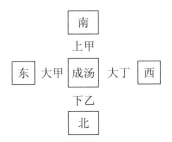

图中的上甲代表天上世界，下乙代表地下世界，其间为人间世界。上甲为天神，下乙为地祇，成汤、大甲、大丁俱是人鬼。[①] 周代继承和发展了殷商的宇宙观念，"终于在宗教中形成了一个天神、地祇、人鬼三大崇拜的鬼神系统和宗教神权结构"[②]。此后，商周两代形成的三元宇宙观就为后人所承袭和改造，迄至两汉，"三元观"已成为人们界定宇宙模型的基本思想。毫无疑问，端公崇奉神系的三界分层，就是此种"三元"宇宙认知模型的一种深沉的文化表征。

三　五方区格

所谓"五方"，即指东、南、西、北、中五个方位，端公在祭仪中，常将神界兵马与此五方位相配，由此形成了神系的"五方区格"。以"五

---

① 黎子耀：《〈殷卜辞中所见先公先王考〉与古史研究》，吴泽主编《王国维学术研究论集》（二），华东师范大学出版社 1987 年版，第 1—18 页。
② 吴泽：《〈周礼〉司命、灶神与近世东厨司命新论》，吴泽主编《王国维学术研究论集》（二），华东师范大学出版社 1987 年版，第 124 页。

方"来区格神祇，是端公祭仪中非常常见的一种空间化序位的构拟方式。如"请圣"法事，端公要对着"师坛图"焚香叩拜，祈祷历代祖师统领五方兵马：东方青帝兵、南方赤帝兵、西方白帝兵、北方黑帝兵、中央黄帝兵，来到法坛以供调遣；"拜功曹"法事，端公要舞动牌带，手摇师刀，分别参拜五方功曹，即东方青功曹、南方赤功曹、西方白功曹、北方黑功曹、中央黄功曹；在"发文"法事中，端公还要拜请五方功曹投递疏文到五岳神山①；"祭兵"法事中，要奉请五方五路五猖："东方青帝五猖、南方赤帝五猖、西方白帝五猖、北方黑帝五猖、中央黄帝五猖，五方五路五猖。"

除了神系的"五方区格"外，端公法事行为也时刻离不开"五方"的运作，民谚有云："端公不用巧，专按五方找。"如《开路将军》一戏，开路将军出场后，要挥动大刀砍杀五方妖魔瘟疫，一边砍一边唱："一砍东方甲乙木……二砍南方丙丁火……三砍西方庚辛金……四砍北方壬癸水……只有中央我不砍，中央是个戊己土，土中种'籽'养凡民。""扫荡"是端公在"安香火"后进行的一场法事，意在彻底扫除邪秽。事主家堂屋正中置盛清水的面盆，盆上放一扫帚。端公手拿扫帚依次按五个方位进行清扫，与"砍杀五方"颇为类似：

> 一扫东方甲乙木（向东扫一下），木精木怪尽扫除。
>
> 二扫南方丙丁火（向南扫一下），扫除一切鬼妖魔。
>
> 三扫西方庚辛金（向西扫一下），精精怪怪扫出门。
>
> 四扫北方壬癸水（向北扫一下），稳押南方火德星。
>
> 五扫中央戊己土（从上至下扫一下），土精土怪扫出门。

---

① 端公祭仪中，虽处处唱及"五岳"，但唯有华山被单独列出。究其原因，可能与祭坛主神傩公傩母被认为居于此山有关，由此形成了华山的地位要比其他四岳更高一些。

扫出五方精和怪（向外扫），扫出五方妖和魔（向外扫）。①

又如"请法水"一法事，端公念道："此水不是非凡水，东方请来青龙水，南方请来赤龙水，西方请来白龙水，北方请来黑龙水，中央请来黄龙水，天上请来玉皇水，河中请来长江、大海之水。井中请来清泉水，紫竹林中请来观音法水。"另如端公特殊葬仪中的"开天门"法事，执法弟子手执接引幡唱道："一绕东方青木棺……二绕南方赤木棺……三绕西方白木棺……四绕北方黑木棺……五绕中央黄木棺。"随后的开"天空路"法事唱词为："一开东方青云路，青云托起亡师行。天师执幡来接引，亡师灵魂上天朝。二开南方赤云路，赤云滚滚托亡师。亡师魂魄赴天朝，赤云托起好逍遥。"下面依次开"西方白云路""北方黑云路""中央黄云路"，唱词亦大同小异。

在中国文化史上，"五方"之观念可谓甚为久远，据胡厚宣考证，早在殷代就已出现"中心—四方"（五方）之观念②，且中央在价值等级上高于四方的观念，也在殷代就已形成。因为"五方"概念的出现，就是基于观察者本位的一种认知。在殷人的空间观念中，中商即为中央王国，地位上要高于四方，政治上要统辖四方。此种五方观念的认知，在中国文化发展中具有十分重要的意义，可被视为中国文化的根基性要素之一，它奠定了中国哲学空间思想的基本原则和发展方向，亦成为汉民族长久以来生活世界的空间性指导原则。上引唱（念）词中，"五方"意象至为明显，同时其又与五色、五水、五龙、五行、天干、地支等若干名类搭配连贯，

① 上引唱词出自李华林主编《德江傩堂戏》，贵州民族出版社1993年版，第270—271、313—316页。

② 胡厚宣云："中商而与东南西北并贞，则殷代已有中东西南北五方之观念明矣。""又案'商'而称'中商者'当即后世'中国'称谓之起源也。"在殷人看来，中商的地位高于四方，中商乃中央王国［胡厚宣：《论殷代五方观念及中国称谓之起源》，《甲骨学商史论丛》（初集第2集），齐鲁大学国学研究所，民国三十三年］。

从而构成了一种更为宏大的空间意象。按中国传统宇宙观的认知，此种空间意象本身已经构成了"宇宙观中解释系统的一部分，也是化约了的宇宙秩序系统"①。若此，端公"专按五方找"之仪式运作，就是希冀可以将仪式效力最大化，进而"达到宇宙的规模"②。不过，在端公的"五方"运作中，中央的价值等级似乎还被无意识地凸显，像上述《开路将军》中的唱词"只有中央我不砍，留来主家进财宝"，即透露出此方面的信息。由此我们看到，端公祭仪的宇宙观与中国传统宇宙观的密切关联。

四　九州界域

与"五方"观念在端公祭仪被普遍应用相类似，"九州"这一区位亦是端公祭仪中非常重要的空间界域概念。云南省昭通市一带端公法事中即设有专门的《神明坛九州科仪》。西南各地端公在"开坛"法事中还必有"踩九州"一仪项。所谓"踩九州"，亦即一种具有巫术意义的舞步，单从名称上看，即可想见此种舞步运作，必与空间观念有直接的关联。我们首先需要了解的是："九州"此一空间的文化意涵。在中国传统文化的地理观念中，"九州"乃华夏整体地域的代称，宋人陆游的诗句"但悲不见九州同"，即将"九州"作为"中国"的代名词。"九州"此一空间概念出现得甚早③，《虞人之箴》中有一句话："芒芒禹迹，划为九州。"④ 在辽阔的禹迹范围内，进一步分划为九个区域，这里的"九州"已经不是禹迹概

① 吕理政：《天、地、社会：试论中国传统的宇宙认知模型》，台北"中研院"民族学研究所 1990 年版，第 56 页。
② ［法］列维－斯特劳斯：《结构人类学》，陆晓禾等译，文化艺术出版社 1989 年版，第 29 页。
③ 端公科仪中所唱叙述的"九州"之来历，归结为盘古开创。叙说盘古王生无极，无极生太极，太极生两仪，两仪生三才，三才生四相，四相生五行，五行生六爻，六爻生七政，七政生八卦，八卦生九宫，九宫生四时，四时生八节，八节生二十四气，生七十二候。最后归结为"七十二候在神门，方才进得九州城"。
④ 周秉高：《全先秦两汉诗》（先秦卷），内蒙古大学出版社 2011 年版，第 575 页。

念出现之前的那类相互分隔的部族地域，而是超越部族甚至邦国的一种区划观念。① 《说苑》有云："八荒之内有四海，四海之内有九州，天子处中州而制八方耳。"② 古文献中所记九个州的具体州名不尽相同，其中《尚书·禹贡》是所有叙述九州的历史文献中最早的一篇，大约写成于西周时期，其所记九州名称为：冀、兖、青、徐、扬、荆、豫、梁、雍。③

了解了"九州"的空间意涵，我们需进一步把握端公如何将"九州"这一整体的宇宙空间运作于足下。根据调查资料，端公踩踏舞步的线路，是以中国古代的神秘图形"八卦"的卦象和序位为基础，一一踩踏不同的卦位④，并以八卦之每一卦代表一宫，加上中宫，是为九宫，即乾宫、坎宫、艮宫、震宫、巽宫、离宫、坤宫、兑宫、中宫。从神话学的视角来看，九宫便是虚拟的九处圣域，亦就是具有特殊法力的处所。而当九宫再配以天下的"九州"时，地上的九州便与九宫配合起来，以九宫之力，拯救九州（凡界）之混乱，由此形成了九宫—九州（亦即圣域—凡域）间隐喻的意义关联。当端公在此虚拟的观念空间中行此舞步时，也就具有驱魔逐邪的蕴意在其中。九宫—九州相配合的具体情况，如图 3 - 10 所示。

---

① 传统的观点认为，九州之所以与禹迹有关系，是因为分画九州乃大禹继平水土之后而为。从地理思想史的角度来看，九州可算禹迹的二级区域单元。它们不是政治的划分，而是自然与社会的综合性分区，表现出自然差异与社会差异兼顾的思想。这种兼顾自然与人文的思想，是地理思想中最具特色，也最具价值的思想方式。它反映了当时中华文明所达到的地理思维的高度（唐晓峰：《从混沌到秩序：中国上古地理思想史述论》，中华书局 2010 年版，第 216—217 页）。

② （汉）刘向编著：《说苑译注》，北京大学出版社 2009 年版，第 467 页。

③ 《吕氏春秋·有始览》所记九州名称为：冀、兖、青、徐、扬、荆、豫、雍、幽；《周礼·职方氏》：冀、兖、青、扬、荆、豫、雍、幽、并；《上博楚简·容成氏》：兖、青、徐、荆、豫莒、藕、阳、且。

④ "八卦"是我国古代以"－"（表示阳）和"－－"（表示阴）两种符呈组成的具有象征意义的八种图形。八卦有"先天八卦"和"后天八卦"之分。前者以坤为正北，按顺时针排列顺序为：坤、震、离、兑、乾、巽、坎、艮。后者又叫"九州八卦"，因以天下九州与"八卦"相配，一卦一州，加上中央一州。"九州八卦"以坎为正北，按顺时针排列顺序为：坎（冀州）、艮（兖州）、震（青州）、巽（徐州）、离（扬州）、坤（荆州）、兑（梁州）、乾（雍州）、中（豫州）。

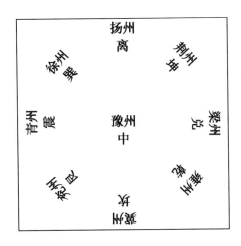

图 3-10　九宫—九州配合示意

在实际的祭仪中，"踩九州"的运作颇为不易，端公既要踩准各方位，又要结合唱念，可谓一项富含一定技术含量的表演。故云南省昭通市一带端公有云"和尚有本经，道士有个忏，端公有座九州城""九州是个铁门坎，十个端公九个难；九州是个倒须篓，进得头来难转身；更深夜久夜更深，端公慢慢熬油灯"[1]。表演时，端公们都是从左脚开始一阴一阳，一虚一实，回旋时以倒丁字步作态，每一段舞的开始和结束的步伐相同，结尾都要进入中宫（豫州）（中央的位置又一次被凸显）[2]。在端公坛内，"踩九州"之步法的运作有着极为严格的法度，不得有些许乱失；若有乱失者，则被斥为"乱罡乱法"，其严重性，往往被提到"窜教""改教"之高度，而且据说还会带来不祥。例如，贵州省德江县

① 引自王勇《昭通傩舞初探——兼谈傩舞与傩戏的流变》，《民族艺术研究》1991 年第 3 期，第 20 页。

② "九"这个数目，是古人观念中的基本方位模数，它与五方位的观念有内在的联系。平面上的五方位，如果用五个方块按照东、西、南、北、中来拼合，会呈现出"亚"字形。大地是完整的方形，"亚"字的四隅不能空，在四隅各补加一个方块，就成为九个方块，一个完整的方形大地，就齐全。而因为九、五的性质相同，秩序不乱，"中"的核心地位依然凸显（唐晓峰：《从混沌到秩序：中国上古地理思想史述论》，中华书局 2010 年版，第 217—218 页）。

端公在"传花红"祭仪表演中，踩第一盘遇到"通明殿"三字唱词时，艮宫（兖州）不能踩；踩第二盘时，凡遇"捧玉皇"三字，不能踩离宫，若踩错了对主人有损，对师有亏。① 故而端公科仪中反复强调："慢慢踩来慢慢行，不要乱了九州城。乱了九州不打紧，唐王（老师）兵马不安宁。四台九州踩分明，五台九州向前行。"② 正是基于"踩九州"之于祭仪的重要意义，端公才常将此项技艺作为坛内与坛外人的重要区别：

> 九州原来九条路，九条道路通天门，
>
> 知得九州九条路，便是玉皇亲子孙，
>
> 不知九州九条路，便是玉皇城外人。③

可见不精通和熟悉"踩九州"的人，是不会得到端公坛内承认的。

总体而言，西南各地端公"踩九州"之步法基本一致④，且所踩"九州"之名，与《禹贡》中所记恰好完全吻合。如湘西一带端公在"踩九州"时唱道："脚踏九州第一坎，二步九里对南阳，左三镇青州，右七兑西梁，乾带雍州土，巽入徐州乡，坤入荆州界，艮发兖州城，中五豫州乡，邪鬼断中由，还从巽上入中宫。"如图3-11、3-12所示。

---

① "传花红"祭仪中，用一茶盆，内装衣、鞋、表文、词文，以1.2尺青布或蓝布盖上。取10个小杯，内装香、花、灯、水、果、茶、食、珠、衣、宝谓之"十供祥"。呈置功曹桌上，称为"武朝门外"。金童玉女在武朝门外，男左女右将茶盆抬起，一边唱一边走至坛内中心踩五步罡跳唱。花红词文、表文是直接投往五岳华山，为主人了愿、延寿、过关解煞、六畜旺盛、五谷丰登、财源茂盛（李华林主编：《德江傩堂戏》，贵州民族出版社1993年版，第185页）。

② 引自《神明坛九州》科仪，郭思九、王勇《云南省昭通地区镇雄县泼机乡邹氏端公庆菩萨调查》，王秋桂主编《民俗曲艺丛书》，（台北）财团法人施合郑民俗文化基金会1995年版，第120—127页。

③ 庹修明：《叩响古代巫风傩俗之门——人类学民族学视野中的中国傩戏傩文化》，贵州民族出版社2007年版，第129页。

④ 据有关资料，四川省芦山县一带端公"踩九州"又分为两大派别，一名"万国九州"，只唱不踩；另一名"华夏九州"，要先立（九州）后踩（于一：《巴蜀傩戏》，大众文艺出版社1996年版，第106页）。

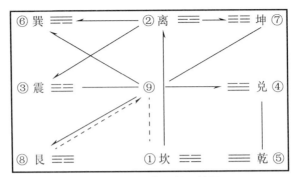

图 3 - 11　湘南九州八卦图

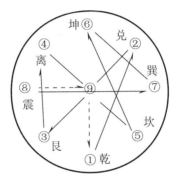

图 3 - 12　湘西九州八卦图①

再对比贵州省德江县端公"踩九州"之首卦、九卦的口诀和舞谱,可见其步法的相似性(图 3 - 13):

首卦:

先行九州第一坎,

二脚离宫到南扬。

左脚震青州,

右脚到西梁。

乾入雍州地,

巽入徐州乡。

---

① 胡健国:《巫傩与巫术》,海南出版社 1993 年版,第 337—338 页。

坤发荆州界，

艮受兖州城。

九宫八卦一团转，

还从巽上入中宫。

九卦：

翻转巽来又过离。

坎宫翻出荆州界，

兖州城内点领兵。

莫等青州请鬼走，

镇守梁州一座城。

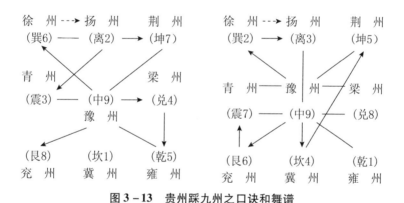

图 3－13　贵州踩九州之口诀和舞谱

再看云南省昭通市一带端公《神明坛九州科仪》中的一段唱词："中宫进入徐州界，青州霹雳动雷神，梁州起了兴兵马，雍州扎俯一时辰，冀州点就人和马，荆州城内点天兵，扬州一阵雷火发，烧了艮州一座城。"[1] 其方位、步伐与湘、黔二地端公的操作亦颇为相似。

"踩九州"的功能和意义，在巫书的科仪中，被认为是"召役鬼神之

---

① 郭思九、王勇：《云南省昭通地区镇雄县泼机乡邹氏端公庆菩萨调查》，王秋桂主编《民俗曲艺丛书》，（台北）财团法人施合郑民俗文化基金会 1995 年版，第 122—123 页。

行步，以为万术之根源，玄机之要旨"①。故端公常言："酬还良愿祭五岳，制邪扶正踩九州。不祭五岳不成愿，不踩九州哪成罡。""不踩九州兵不动，要踩九州兵才行。"② 而需要指出的是，"踩九州"法力的全面显现，除了舞步的路线图外，还要配合与舞步相应的口诀和手诀，由此构成一种综合性的巫术禁制手段。且看贵州省岑巩县一带端公《差兵科》中的咒词，就是配合端公"踩九州"时所念：

> （咒）手把淮南煞鬼诀，脚踏淮南九州罡，
>
> 张广将军坐冀州，李广将军坐扬州，
>
> 青广将军坐青州，银广将军坐梁州，
>
> 铜广将军坐兖州，上元将军坐雍州，
>
> 中元将军坐徐州，下元将军坐荆州，
>
> 剩下九州无人坐，铁广将军坐九州，
>
> 手把淮南煞鬼诀，脚踏淮南九州罡，
>
> 师郎行罡需动鼓（鼓鸣），师郎动鼓又行罡（踏罡步）。③

再如《点九州兵马罡》（默咒式），意将诸神带来的兵马安顿在九州城内备用（即"九宫八卦"中），不准他们随便行动，以免干扰祭坛仪式的顺利进行，如图3-14所示。

---

① 引自胡健国《巫傩与巫术》，海南出版社1993年版，第337页。

② 引自息烽县旅游文体广播电视局编《息烽记忆》，内部编印，2010年，第16页。

③ 庹修明：《叩响古代巫风傩俗之门——人类学民族学视野中的中国傩戏傩文化》，贵州民族出版社2007年版，第135页。

（咒）一白贪郎归坎位，二黑巨门荆州城，

　　　　三碧禄存青州位，四赤雷大巽上行，

　　　　五黄廉中豫州住，六白雍州断鬼门，

　　　　七赤破军梁州界，八白兖州坐鬼门，

　　　　九紫离宫佛坐起，九州兵马镇乾坤，

　　　　不点九州兵不动，点动九州兵便行。

继而念咒（默念）：

　　　祖师兵马到城门，弟子扣诀前来迎，

　　　大桥已修好，大路已铺平，

　　　开门迎接祖师兵。（迎兵诀多用于"迎兵架桥"祭仪）

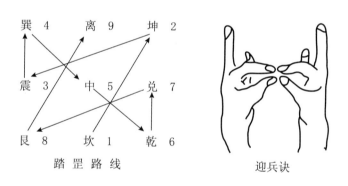

图3－14　贵州省岑巩县"踩九州"示意

值得特别提出的是，在端公的表述中，"踩九州"之步伐亦被称为"禹步"或"罡步"①。这两种称谓，其实已经隐约透露出"踩九州"的文化性质。关于禹步，史料记述甚乏，历来大多引用《法言·重黎》和《荀

---

① 从动作表现形式来讲，"罡步"主要分为两种：一种是"走步"，或叫"踏步"，这种步法又有颤步、搓步、跺步等区别。另一种叫"跳步"，也有单脚跳、搓脚跳、换脚跳、前后踢腿跳等的不同。在走这些步法中，腿、脚就要做出不同的动作，如点、吸、端、弹、蹲、旋、扭、摆等。

子·非相》所载，认为禹步是巫觋模仿夏禹走路样子走的一种舞步。《法言·重黎》载：

> 昔者姒氏治水土，而巫步多禹。李轨注：姒氏，禹也。治水土、涉山川，病足，故行跛也。禹自圣人，是以鬼神、猛兽、蜂虿、蛇虺莫之螫耳，而俗巫多效禹步。①

《荀子·非相》载：

> 徐偃王之状，目可瞻马。仲尼之状……禹跳，汤偏，尧舜参牟子，从者将论志意比类文学邪？直将差长短，辨美恶，面相欺傲邪？杨琼注："禹跳""伪枯之病，步不相过，谓之禹步"②。

两则材料均表明"禹步"即为巫舞的属性，所谓"巫多效禹步"是也。关于"禹步"的具体步法，《抱朴子》云："禹步法：前举左，右过左，左就右。次举右，右过左，左就右；次举左，右过左，左就右。如此三步，当满二丈一尺，后有九迹。"③又据《云笈七籤》云："其法先举左，一跬一步，一前一后，一阴一阳，初与终同步，置脚横直，互相承如丁字，所以象阴阳之会也。"④不难看出，此处所描绘步法，与端公"踩九州"之步法运作实颇为相似。

至于"罡步"一说，在端公巫舞步伐的名称中，亦多有体现，如贵州省德江县端公流传的罡步据说有 72 种，主要有：推靡罡、八字罡、跪拜罡、绕堂罡、北斗七星罡、三台罡、天门步坛罡、十字罡、四方罡、丁字罡、人字罡、九州布城罡、踩九州（共九盘）、五步回坛罡、五步拜神罡、

---

① （汉）扬雄：《法言》（卷十），《诸子集成》（第七册），上海书店 1986 年版，第 28 页。
② （清）王先谦撰：《荀子集解》，中华书局 1981 年版，第 47—48 页。
③ 冯国超主编：《抱朴子内篇》，吉林人民出版社 2005 年版，第 170 页。
④ 《道藏》（第 22 册），文物出版社、上海书店、天津古籍出版社 1988 年版，第 427 页。

翻坛四步（另有六步、八步、十二步、三十六步）、踩四神门（共四种）、差兵七位（共七种）、翻牌罡位（有四步、六步、八步、十二步、三十六步）、采山八步罡（共八种）、九渡深州水（共九种）、泽池游三魂（共三种）、神罗九台罡……这些名目繁多、称谓混乱的罡步，万变不离其宗，都是以"八卦""九州"的方位为舞蹈动作运动的标向。舞蹈时，艺人们心中都有一个"九州八卦"图的舞谱。

　　"罡步"，在道教仪式中亦被称为"履罡步斗"。在道教的星象学里，步罡踏斗的路线，寓意三元九星、三极九宫，都是日、月、星辰之数，尤其应太阳的大数，是古代太阳、星辰崇拜的仪式性孑遗。在道教里，罡与斗皆指北斗星，步罡踏斗，指的就是以舞步象征北斗七星。北斗七星又称七元解厄星，其居北斗七宫之中，一星即为一星君，再加上左辅右弼二星，即洞明宫外辅星君，隐光宫内弼星君，就成了九宫星君，又称为九皇，或北斗九星。[1] 如是，一星辰便是一星君，皆入圣域之中，奉道者礼拜九星，则能消灾解厄。而端公祭仪中所谓的"踩九州"，亦是借九星君皇崇拜，而行舞步巫咒之禁制法术，其"九州界域"的空间模式，便建立在一种宇宙论的崇拜之中。由此我们看到，端公文化与道教文化间的密切关系。

　　综上所述，无论"二元""三界"，还是"五方""九州"，都是中国传统宇宙观中最为基本的空间建构模式，亦是汉民族长久以来生活世界的空间性指导原则。西南各地端公在祭仪中频繁使用这些空间界域的象征符号（此为文化无意识行为），其意旨正在于：将整个宇宙空间都纳入仪式之中，从而最大限度地增加仪式的效力，以达到驱邪逐魔、恢复宇宙秩序清吉平安之目的。在此种多维的空间界域中，既有水平性宇宙观的反映

---

[1]　张泽洪：《步罡踏斗——道教祭礼仪典》，四川人民出版社 1994 年版，第 142—143 页。

（如五方、九州），亦有垂直性宇宙观的体现（二元、三界）①，但在实际
的法事运作中，往往是水平性与垂直性空间要素的交错杂糅，难以严格分
割。因此我们说，端公崇奉神系的空间界域其实是一个贯通的结构化形
态，其间并不存在绝对的区格与分层，这正是端公文化充满延续性、整体
性的重要表征。而由此一特征，我们更加理解了端公神鬼观念的空间界域
与中国传统宇宙观的深刻关联，理解了端公文化与中国传统文化的深刻关
联。此外，此种空间界域的区格方式，是西南各地端公共通的一种文化观
念，其具体的文化行为亦表现出极大的相似性。

第三节　端公的度职：通往"人神"之路

诚如前面一节提到的，"神"与"鬼"是一对矛盾统一体，二者具有
相互依存之关系。但是此二者若要在祭祀行为中获得真正的文化意义，还
必须与凡域之"人"形成互动。若此，端公就在贯通神（鬼）—人、圣—
凡两域间扮演了最为重要的文化角色。民间有谚云"人无鬼神不祭祀，鬼
无师人不成灵"，即很深刻地阐释了端公（"师人"）作为人神（鬼）间的
中介这一文化角色。

但是从实际的祭祀行为来看，端公这一文化角色不仅仅是作为人神间
中介而存在的，事实上，其自身亦作为神灵的形象而出现。因此，端公就

---

①　日本民俗学家谀访春雄认为，中国人的宇宙观是天、地、地下三层的垂直宇宙观，后来
又接受了佛教的水平宇宙观。在公元前 10 世纪的周代，中国人已经举行称之为"傩"的祭祀活
动。如果神、人、鬼此一古老观念没有形成的话，此种仪礼就不可能存在。另外在周代，天、天
帝的观念和信仰就已产生。谀访春雄将此两点事实结合起来，推断三层宇宙观的产生时期应在周
代。直至公元 1 世纪左右，三层宇宙观就与进入中国的佛教的水平宇宙观发生交流，但占主导地
位的仍然是垂直宇宙观［谀访春雄：《中日韩民间祭祀仪礼的比较研究》，黄强、叶汉鳌译，（台
北）施合郑民俗文化基金会 1997 年版，第 100 页］。

在祭祀行为中获得了一种非常特殊的文化身份——"人神"，既是具有通神之术的"人"，又是可以施法弄鬼之"神"。这正如弗雷泽在其名著《金枝》中描绘的古罗马、古希腊"祭祀王"（神职与王权的结合）的形象："不只是被当成祭司，即作为人与神之间的联系人而受到尊崇，而是被当作神灵。他能降福给他的臣民和崇拜者，这种赐福通常被认为是凡人力所不及的，只有向超人或神灵祈求并供献祭品才能获得。"①

端公作为"人神"的文化角色，在诸多《科仪》唱词中有着十分明显的体现。如《神门礼请科仪》唱词："玉皇问吾谁家子，我替施主代拜人。南台鼓乐相送我，三台位前三上香。"② 这里，端公是具有通神之术的"人"。而《团兵》科仪中："敕吾身来非凡身，原是玉皇踩出身。身穿打邪龙凤衣，头戴五雷冠帽巾。脚踏七星罡步斗，高上金炉烧宝香。十五祭坛拜法场，差兵调将统诸兵。"③ 此时，端公已经是"差兵调将"的"神"了。

端公自身的"人神"文化身份，是其鬼神观念中最具特色的一部分。这一点，不仅体现在端公为事主家驱邪逐魔的祭仪中，更体现在端公自身的文化承传中。本节主要围绕端公神秘的"度职"仪式展开相关问题的讨论，借此对端公"人神"此一文化身份，有一个更为深入的理解。为避免正文烦琐，关涉端公"度职"中的细部知识系统，如确定"度职"者的星君、坛靖、将兵等技术层面依据等，大多置于脚注中。

---

① ［英］詹姆斯·乔治·弗雷泽：《金枝》，徐育新等译，大众文艺出版社1998年版，第12页。

② 《神门礼请科仪》（影印本），郭思九、王勇《云南省昭通地区镇雄县泼机乡邹氏端公庆菩萨调查》，王秋桂主编《民俗曲艺丛书》，（台北）财团法人施合郑民俗文化基金会1995年版，第184页。

③ 周明阜、张应和、谢心宁编撰：《沅湘傩辞汇览》，香港国际展望出版社1992年版，第35页。

一 投师拜法

端公文化的延续、发展，离不开教法、技艺的代代承传。按照端公坛内规矩，掌坛师具有授徒传艺的义务，若不传承，便被认为死后要当"游师"，永世不得超生。毫无疑问，此一不成文的坛内规约，为端公坛班的延续提供了最大可能的保证，这也是端公坛门能够延续几十代而不绝的一个重要原因。掌坛师授徒一般有"家传"和"外传"两种方式。所谓"家传"，即端公传给自己的后代，后代学成的艺一般叫"跟上艺"或"祖传艺"；"外传"就是将技艺传授于外人。无论哪种传承方式，学艺人均要先征得师傅同意，写下《投师贴》后，才能正式成为坛内门下弟子。《投师贴》基本格式、内容如下：

> 具立投师文约人×××，自顾投拜×××老先生膝下为徒，专习清微淮南教典①，艺成之后，抛牌安师，谢金×××，衣裳一件，鞋子一双。教者不教，谢金无问；学者不学，谢金照缴。今恐人心不一，立此投师文约为据。

---

① "清微"出自道教经书《清微仙谱》，宋陈采编集，列真仙事迹70人。"淮南教"在道教经藏中不见，这极有可能是端公（巫）对道教推崇的汉淮南王刘安所撰《淮南子》和淮南王好神仙占候方术事迹的附会。因此，从这个意义上讲，"淮南教"应该归属巫教之范畴。另据笔者的调查，贵州省道真县一带端公自称习清微教，坛内人士奉李守宪为教主。关于李守宪，端公们还留有一个传说：不知哪一年，梅江（今属道真县河口乡）遭遇天旱，一个佛坛为此布坛求雨，却久无效应。李守宪身背一个背夹儿，正巧来到此地。他在坛周转了几圈，最后说了一句："你们这样就想求雨？"众人反激他："那你来！"李守宪也不谦虚，穿戴好法衣法帽，立即投了一道《雷神表》。不一会儿，狂风大作，雷电交加，暴雨倾盆而下。众人大喜，要拜他做师父。他推辞不过，就把自己所学的道教与各位习学的佛教糅合起来，命了一个名，叫清微教。另据王跃对四川省江北县舒家乡端公的调查，该乡的端公坛班从教派上来看，都属巫教之淮南派，顶敬太上老君和启教祖师张天师。该派传授法名均按固定的派号依辈分而取定。其字派为：道德通玄静，希常守泰清，一阳来复本，合教永远明。至理宗诚信，从高嗣发兴，世景荣惟懋，希微衍自灵〔王跃：《四川省江北县舒家乡上新村陶宅的汉族"祭财神"仪式》，王秋桂主编《民俗曲艺丛书》，（台北）财团法人施合郑民俗文化基金会1993年版，第14—15页〕。根据笔者的调查，淮南教派的端公法术较多，其主要特点是施法压邪，退病急救。

立文约人　　徒弟　　×××（押）

　　　　　　师父　　×××（押）

　　　　　　代笔人　×××（押）

　　　　　　凭证人　×××（押）

×年×月×日①

　　此文约，师徒各执一份为据。自立约之后，师徒之谊有如父子之亲。在年头岁尽，生朝满秩，徒弟均须具礼拜师。师父传艺，除专门的口传心授外，还需让弟子跟班学艺，弟子每学会一坛，必到实际的祭仪中加以锻炼、提高。如此经过三年五载甚至长达十数年，待弟子各项法事仪程、技艺基本学成后，就要拜请并要求师尊祈神分拨护持弟子作法的兵将，颁授职牒、职衔、法物、法名等而举行出师仪式。此种出师仪式，西南各地端公有不同的叫法，像"请职""度职""过法""封牌""抛牌""抛牌过职""抛牌过印"等名称，都是端公坛内传承的专用术语。从端公实际的文化行为来看，举行度职仪式具有多方面的意义：首先，对于新恩弟子来说，可使自己取得独立的主坛资格，同时这也是其在同行中受到尊敬的重要依据；其次，从传度师傅的角度来说，自己传授技艺的弟子能及时举行度职祭祀仪式，不仅可以使自己的技艺得以传承，更能使本坛班日益兴旺，教门常兴；再次，从社会舆论的角度来讲，新恩弟子举行隆重的度职仪式，乡里民众也会知道其已经取得独立的主坛资格，日后便会延请其主持和运作相应的祭祀仪式，这也为其职业前程的发展创造了必要条件；最后，从运作祭仪的角度来讲，只有举行了度职仪式，新恩弟子拥有了供自己役遣的雷坛兵将，接受了恩师颁赐的职

──────────

① 冉文玉主编：《道真古傩》，贵州民族出版社2012年版，第87页。

衔、职牒、法名、法物等，其呈送给神明的文书才会有效，作法才灵。而且，度职时按仪式科范通呈了哪些神明，日后才能主持同样的科范，祈禀同样的神明。

西南各地端公坛内的度职祭祀仪式，因坛班、师承的不同，其结构亦有所差异。例如，重庆市巴南区接龙镇刘光利举行的佛、淮二门请职仪式，其基本结构为：（1）安师；（2）敬灶；（3）关发土地；（4）启白；（5）竖幡；（6）关申上元；（7）关申中元；（8）关申下元；（9）关誊录申；（10）上请佛表；（11）上星主表；（12）念经；（13）上请师表；（14）领牲；（15）拜忏；（16）请水；（17）上城隍词；（18）上昊天申；（19）迎圣；（20）利幽；（21）贡天；（22）分兵拨将；（23）坐桥传法；（24）交忏；（25）回熟；（26）圆满；（27）倒幡竿；（28）茅山传法；（29）安营扎寨；（30）安雷坛。而巴南区双新乡刘祥伦举行的道门请职仪式，其基本结构是：（1）安师；（2）请经；（3）庭参；（4）进灶；（5）关宣；（6）念经；（7）拜忏；（8）利幽；（9）上天师表；（10）祀献；（11）分兵拨将；（12）传法；（13）送神。[①]

不难发现，上述这两个度职祭祀仪式的结构虽有所差异，但从基本内容上分析具有一致性，主要涵括了三个组成部分：一是将度职事宜禀告上、中、下三界神明（"三界分层"空间观念的体现），希望得到神明的恩准和护持；二是拜谒主帅、副将，分拨兵马，驻扎雷坛，随时听候差遣；三是传授法术、法物、敷宣职牒，恩赐法号、职衔。这里的每一部分内容都涵括了若干仪式环节，颇为丰富。限于篇幅，我们撷取"分兵拨将""坐桥传法""抛牌授职"这三项祭仪中的核心内容加以论述。事实上，此三项内容也是最能体现端公神鬼观念的部分。

---

① 胡天成主编：《民间祭礼与仪式戏剧》，贵州民族出版社1999年版，第761页。

二　分兵拨将

端公坛内举行度职祭仪，一个核心的内容就是请求祖师将新恩弟子本命所属的主帅、副将和兵马分拨给他，驻扎在新恩弟子度职时祀立的雷坛，听从调遣，护持作法。唯拥有了坛界兵将之神威，才能行驱鬼役神之法事，因此，新恩弟子度职时，传度师要首先确定他命属何种星君，受到何种星君的佑护，并将其归入相应雷坛，赐予相应法靖，以此得到坛神的庇荫，同时，还要从祖师那里恩获神帅将兵的护持。此外，传度师还需将新恩门徒的这些星君、坛靖和将兵等事宜禀天达圣，获得了神佛的恩准，因而具有法力。此一环节就相当于新度职的弟子在神界那里"注册"了名号，神已知晓其人，以后便可在祭仪中通神、请神了。而确定新恩弟子的星君、坛靖、将兵等事项，依据的就是一套完整的鬼神知识系统。①

测定新恩弟子所属何种星君，是以其出生时辰为依据。若子时出生的人，命属北斗第一位贪狼星君；丑时、亥时出生的人，命属北斗第二位巨门星君；寅时、戌时出生的人，命属北斗第三位禄存星君；卯时、酉时出生的人，命属北斗第四位文曲星君；辰时、申时出生的人，命属北斗第五位廉贞星君；巳时、未时出生的人，命属北斗第六位武曲星君；午时出生的人，命属北斗第七位破军星君。

测定新恩门徒归属何种雷坛，授予何种法靖，则以其生年干支为依

---

① 详参胡天成主编《民间祭礼与仪式戏剧》，贵州民族出版社 1999 年版，第 762—765 页。

据，再按请职用的《天坛品格》（或称《天台玉格》）① 所载，即可确定其归属雷坛，应授法靖。如丁卯年出生，则归属"三界集神雷坛"，授予"洞真自然法靖"；庚午年出生，则归属"玄一守真雷坛"，授予"保性弘真法靖"；甲午年出生，则归属"灵真应妙雷坛"，授予"集灵感真法靖"；丁未年出生，则归属"守一静真雷坛"，授予"无为契真法靖"；癸亥年出生，则归属"玉堂静玄雷坛"，授予"通元会真法靖"；如此，等等。

还要测定出坛内新恩弟子所属之治、气，其依据则是出生之日的甲

① 《天台品格》是端公坛内举行度职仪式时测定新恩弟子归属何种雷坛、授予何种法靖的最为重要的依据，其具体内容为：甲子年，灵真应妙雷坛，通玄致真法靖；乙丑年，灵应通真雷坛，复姓澄真法靖；丙寅年，应妙合英雷坛，通真澄真法靖；丁卯年，三界集神雷坛，洞真自然法靖；戊辰年，三界混真雷坛，玄一保真法靖；己巳年，三界集真雷坛，澄心护道法靖；庚午年，玄一守真雷支，保性弘真法靖；辛未年，玄妙通真雷坛，节真明性法靖；壬申年，通玄会真雷坛，混明合真法靖；癸酉年，详细妙通真雷坛，清玄虚目法靖；甲戌年，雷霆应化雷坛，通玄致真法靖；乙亥年，玉堂替化雷坛，集灵降真法靖；丙子年，火捷报应雷坛，混元致真法靖；丁丑年，守一静真雷坛，虚一通真法靖；戊寅年，玄真通妙雷坛，洞虚集真法靖；己卯年，静神定性雷坛，与道降真法靖；庚辰年，应化普静雷坛，超元降真法靖；辛巳年，坎离合玄雷坛，涵虚复真法靖；壬午年，合妙混元雷坛，自然成真法靖；癸未年，百神集应雷坛，元照虚真法靖；甲申年，神妙通玄雷坛，正性清真法靖；乙酉年，三界通玄雷坛，澄性成真法靖；丙戌年，正一守玄雷坛，湛然保真法靖；丁亥年，正一妙玄雷坛，虚白通真法靖；戊子年，三台保护雷坛，自然合真法靖；己丑年，道一守玄雷坛，虚一守真法靖；庚寅年，飞魔衍庆雷坛，澄性弘真法靖；辛卯年，观靖清虚雷坛，虚一守玄法靖；壬辰年，璇玑运化雷坛，冲虚会真法靖；癸巳年，玉堂静玄雷坛，招灵摄真法靖；甲午年，灵真应妙雷坛，集灵感真法靖；乙未年，灵应通真雷坛，制魔澄真法靖；丙申年，应妙合英雷坛，命应通真法靖；丁酉年，三界集神雷坛，飞神达真法靖；戊戌年，三界混真雷坛，定一存真法靖；己亥年，三界集真雷坛，念决策守真法靖；庚子年，玄一守真雷坛，混元候真法靖；辛丑年，玄妙通真雷坛，韬光固真法靖；壬寅年，通玄会真雷坛，混元会真法靖；癸卯年，玄妙通真雷坛，与圣合真法靖；甲辰年，雷霆应化雷坛，灵虚自然法靖，乙巳年，玉堂替化雷坛，保元气真法靖；丙午年，火捷报应雷坛，澄心得真法靖；丁未年，守一静真雷坛，无为契真法靖；戊申年，玄真通妙雷坛，真元知化法靖；己酉年，静神定性雷坛，安然皈真法靖；庚戌年，应化普静雷坛，洞灵玉真法靖；辛亥年，坎离合玄雷坛，知化修真法靖；壬子年，合妙混元雷坛，洞真通玄法靖；癸丑年，百神集应雷坛，真光变化法靖；甲寅年，神妙通玄雷坛，休道合真法靖；乙卯年，三界通玄雷坛，法天成真法靖；丙辰年，正一守玄雷坛，守神炼真法靖；丁巳年，正一妙玄雷坛，洞毛保真法靖；戊午年，三台保护雷坛，纯素中真法靖；己未年，道一地玄雷坛，至一通真法靖；庚申年，飞魔衍庆雷坛，太华澄真法靖；辛酉年，观靖清虚雷坛，太素熙真法靖；壬戌年，璇玑运化雷坛，会元招真法靖；癸亥年，玉堂静玄雷坛，通元会真法靖。

子。根据弟子的生日干支，再对照相应天日，即可确定其所属何治、何气。① 如生日是甲子甲辰甲寅的，则归属阳平治、左平气；生日是甲午戊子的，则归属北邙治、右察气；生日是丁丑己丑的，则归属真多治、右领神气，等等。

测定新恩弟子命占的主帅、副将，需依据以下口诀：

> 雷神旋转出天宫，多少时师不知踪。
>
> 子辛丑邓寅赵遇，卯张辰鲁巳马公。
>
> 午王未殷申温值，酉康戌关亥方终。
>
> 时师若然知此例，年月日时一般同。

以弟子出生年庚所占的地支，与上述口诀对照，即可找出其命占的主帅；以弟子出生的时辰，与口诀对照，即可找出其所占的副将。

新恩弟子所占的神兵，也是以其出生年庚来测定的。如果出生年庚占子，其神兵数为一万三千零五十名；出生年庚占丑，为七万一千名；出生年庚占寅，为一万一千名；出生年庚占卯，为三百八十名；出生年庚占辰，为一千四百七十名；出生年庚占巳，为七百名；出生年庚占午，为一千名；出生年庚占未，为十万名；出生年庚占申，为一万名；出生年庚占酉，为三万名；出生年庚占戌，为八千名；出生年庚占亥，为五百名。这些所占神兵，以后要随时听从新恩弟子的调遣，协助其完成相关法事任

---

① 测定新恩弟子之治、气的具体所属为：甲子甲辰甲寅，阳平治，左平气；戊午己卯，鹿堂治，左平气；壬辰庚辰，鹤鸣治，右长气；丙辰戊辰，漓沅治，右长气；癸卯乙卯丁卯，葛璝治，左都领气；丙寅庚寅壬戌，更除治，右都领气；戊寅壬寅庚寅，秦中治，左领神气；丁丑己丑，真多治，右领神气；己酉乙丑，昌利治，左都监气；辛丑癸丑，隶上治，右都监气；丙子癸亥，涌泉治，左监神气；壬子壬午，稠梗治，右监神气；乙亥己亥，北平治，左监察气；乙巳辛巳辛亥，本竹治，右监察气；丙戌甲戌，蒙秦治，左领功气；丁巳己巳癸巳，平盖治，右领功气；丙午庚午丙申庚戌，云台治，左领真气；乙酉丁酉，浕口治，右领真气；癸酉癸丑辛酉，后城治，左都气；甲申壬申戊申庚申，公慕治，右都气；丁亥戊戌申，平刚治，左贡气；乙未癸未己未，主簿治，右贡气；丁未辛未，玉局治，左察气；甲午戊子，北邙治，右察气。

务。若在法事运作中，自己的兵马不够使用，则还需向同门师兄弟借兵以完成任务。例如，"庆养牲坛"法事中有"放兵出坛"一仪节，端公排放东方兵马出坛的曲词是：

> 弟郎鸣角叫一声，排放东方青帝九夷兵。九九排来八万一，八万一千兵。八万一千神和马，八万一千马和神。神骑马来马驮神，神兵带住马缰绳。隔山休要失了寨，遇水莫要失了兵。失落一兵不成对，失落一马不成双。押赴统兵郭三郎，失落兵马你承当。（后对东方兵马进行按时回坛的嘱咐）戌亥二时放你去，子丑二时收你回。叫你去时你就去，叫你回时你就回。莫学赵巧送灯台，一去去了永不来……要好还是本宅好，三年两庆我王兵。休往他人坛内去，他人坛内受孤凄。①

在端公度职的整个祭仪中，"分兵拨将"仪式隆重而热烈，一般在新恩弟子家的地坝或屋里空地上置驻扎兵马的五方营寨，在堂屋家龛处设置新测立的雷坛，在堂屋门口铺设接通内外的法桥。

三　坐桥传法

"传法"是新恩弟子度职祭仪中最为隆重的法事。佛教坛班称此坛法事为"颁恩请职传度科"，道教坛班称此坛法事为"告盟传度科"。因为在传法时，要高搭法桥，传度师高坐法桥一端向在另一端跪着的新恩弟子传度。因此，无论佛教坛班，或者道教坛班，都习惯称该坛法事为"坐桥传法"。

此坛法事程序颇为丰富，首先要由传度师启白圣真，祈请他们降临法坛，主盟修奉；再向新恩弟子宣扬三皈依，敷演九真戒，启发四大愿；之后进入传度之关键程序——"坐桥传法"。传度师向新恩弟子传法的内容包

---

① 胡天成主编：《民间祭礼与仪式戏剧》，贵州民族出版社 1999 年版，第 191 页。

括：法服、法印、令牌、牛角、师刀、卦、科书、手诀、法水等多个方面。需要说明的是，传度师所传之法术内容，如诀法之类，是弟子在平时就已掌握的内容，传度师只在仪式上象征性地传授而已。此外，传法过程中还有一些极具象征意味的仪式，颇为有趣。如"入口传度"仪式，即传度师与弟子共同进餐时，师傅夹起一片肉，吃一半或咬一口，递给弟子，或将一碗饭，吃下几口，然后递给弟子吃。在端公们看来，这种师徒同吃一片肉、同吃一碗饭的象征性行为，不仅使弟子可以得到师傅的真传，而且可以将师徒二人紧紧联系在一起。

除了"坐桥传法"外，端公坛内还有一种传法方式颇为神秘，被称为"茅山传法"，一般于"坐桥传法"的当天深夜进行。传法前要选择清洁向阳的山顶，作为传法地点，谓之"采山"。山上一般设一祭台，摆置相关祭品，燃点香烛，设香灯位，传度师于请神、安位、劝酒、通意、交钱之后，即开始传法。所传内容包括各种诀法、占卦、符箓、法讳等。其中，茅山传法的符箓，有的是传度师事先画好的一些单页符箓在此传给新恩弟子，也有的是将密室的符箓抄本（他们称之为"符书"）在此传给新恩弟子。

传授符箓后，传度师与新恩弟子要"叩合同"。叩合同的做法是：传度师伸出右手，无名指和食指在下，中指压在其上；新恩弟子伸出左手，也是无名指和食指在下，中指压在其上。传度师的手掌轻轻压住新恩弟子的手背。师徒各自的另外一只手各拿一块卦，一齐掷之于地，要打到阴卦才证明学法心诚。最后，新恩弟子发誓说："忘了天来不下雨，忘了地来草不生，忘了爹娘遭雷打，忘了师尊法不灵。"传度师也封赠新恩弟子："有准有灵，十方显应。"① 新恩弟子叩头谢师，茅山传法至此结束。

---

① 在田野调查中，我们发现：端公的师徒关系其实十分严格，在度职仪式上，双方都得立下血誓，师父许诺传授所有法术，徒弟保证永不背师。据说血誓相当灵验，调查中，经常有端公和当地乡民讲述显灵的事例。

四 抛牌授职

在度职的传承仪式中，有一个非常重要的仪项，即传度师向新恩弟子传赐"牌带"①。由于该仪项是整个祭仪中最为隆重的环节，因此人们有时就以"抛牌"来代指整个度职仪式，称为"抛牌过职"或"抛牌过印"②。牌带在祭仪中的作用就是法师凭借此物可以调动各路神将神兵，降临法坛，护持作法。这从"牌经"的偈章中就可十分明确地看出来：

> 头戴三台并七星，手拿三卷鬼名经。
>
> 脚踏三步鬼神罡，手拿牌印合会兵。
>
> 金牌浩浩，敕令洋洋。
>
> 皇马下坛，点队旗枪。
>
> 天师赐金牌，老君赐玉印。
>
> 金牌不乱打，玉印不乱开。
>
> 金牌三下响，玉印一时开。
>
> 吾师兵马两边排，青鬃白马两边排。
>
> 左打三下，祖师领兵护吾身影。

① 牌带包括押笋和牌带两个部分。押笋由两块约长一尺、宽一寸五分、厚六分的木方做成，木方一面凿成凹状，两凹面扣合时形成中空，便于装放牌经等物。押笋外边有一个统罩它的布筒。牌带用各种颜色的新布叠缝而成，布条约长一尺、宽一寸二分，底端平直，尾端呈尖角状。押笋里要装一样特别重要的东西，就是"牌经"。"牌经"，系使牌带具备法力的经宝，有的端公称之为"灵书"。此外，押笋里面还要装一些物件。装这些物件叫"装脏"。装脏物件有珍珠、玛瑙、两天、琥珀、八宝、海马、隔山叫、隔山应、虫蜕壳、四脚蛇、蜈蚣、穿山甲、大蜂、五色线等。还存在另外一种情况，即有的端公的"牌"是空着的，当有人入坛学法者，便将"牌"启开，把写有为学法者充当引坛师、交换师等姓名的"合同书"装入牌内，存入坛门，亦为"抛牌"。

② 在请职祭仪中，传度师需向新恩弟子传赐牌带和法印，故称"牌印"。按坛内规矩，只有通过过职仪式的端公，才有资格拥有牌印，因此在端公坛内，牌印是地位和身份的象征。

右打三下，本师领兵藏魂魄形。

浓霜一降，百草低头鬼神惊。

是神由我牌中所管，是鬼由我牌中所收，

只有湖广灵佛大庙停兵歇马之场不由我牌中所收。①

---

① 胡天成主编：《民间祭礼与仪式戏剧》，贵州民族出版社1999年版，第768—770页。另外，所谓"牌经"，系使牌带具备法力的经宝，有的端公称之为"灵书"。由于各坛班的师承不同，其牌经也有很大的差异。据胡天成对重庆市巴南区端公杨枝芳（男，1934年生，习道教和淮南教二派法事，1962年请职）的调查，他的牌经共有三十页，约一万二千字，主要内容有：（1）诸神的出生年、月、日、时，这些神明包括三清天尊、三官大帝、五岳圣帝和五名皇后夫人、东山圣公、南山圣母、三仙王姥、桃源三洞诸宫娘娘、诸位小山、三界功曹使者、本境城隍土地里域都官、行坛会上千千诸佛万万菩萨，以及历代宗师等；（2）封牌疏文，上奏前述神明等位前，祈请他们证盟封牌事宜；（3）观请诸众神明和各位宗师，降临弟子身边左右；（4）各种祭神秘法，包括祭互把娘子、祭阳宅、祭都督茶老天君、祭三面小婆娘子、祭二面婆神、祭三面婆神、祭三道殇亡、祭五道殇亡、祭七道殇亡、祭五姓十殇亡、祭毒眼伤、祭十二道殇、祭三道强神、祭五道强神、祭七道强神、祭九道强神、祭雷公神、祭管山土地、祭倒门扇、祭二人未央神、祭小儿茑鸡鬼、祭五道洪眼伤、祭七道洪眼伤、祭三道邪神、祭五道邪神、祭七道邪神、祭九道邪神、祭山野帝神、祭十五邪神、祭敞阳王官府、祭飞山宫主广惠侯王等；（5）斩瘟驱煞符，共十二道；（6）敬请前述神明、师尊证明盟封牌；（7）鬼名经上、中、下三卷；（8）掩丧使鬼符，三十二道、罡步十一盘；（9）封牌偈章（正文中所引即是）；（10）落款。而巴南区接龙镇端公刘光利（男，1969年出生，习佛教和淮南教二派法事，1994年请职）的牌经共三十六页，二万字，其内容与杨枝芳的牌经就有很大差别。主要写的是十六道牒文：（1）鸟湖都总灵文公牒，奏请太上老君不敕令湖南五十四庙、湖北七十二庙等的神王兵马护持新恩弟子，听候差使，修整桥梁道路，备办催车水手、军粮马料，以便新恩弟子游行天下，助国救民，驱邪斩鬼；（2）初传香火金台灵文，拜受香水印诀符箓一百二十件，奏请太上老君敕令梅山洞主、五猖后马等加护弟子，以保家门清吉、宅舍光辉、香火通行；（3）初传香水银台功牒，拜受太上老君香水神将符箓一件和淮南十二部祖师箫三郎正法正诀二十四件等，入身行用，以保风调雨顺，国泰民安，群黎无灾无难；（4）斋黄灵文公牒，恭诣玉皇上帝，敕令帝黄香水神将三洞梅山胡、李、赵大王五路兵马护持弟子，证盟宣化，助国救民；（5）龙虎玄坛四十六天师大牒，奏请上清正一龙虎玄坛化总管赵公元帅，差拨三十六院大神王等护持弟子助国救民，更保家眷人安物阜；（6）三桥王姥灵文功牒，拜请上桥王姥九十九宫、中桥王姥七十二宫、下桥王姥三十六宫、共娘姊妹等领兵传度弟子，行用天下；（7）梅山灵文功牒，拜受五猖兵马等护持弟子，十方行用，代天宣化，除邪削病；（8）盘古总管功牒，拜受东九、南八、丁六、北五、中三兵马护持弟子，游行天下，显扬宗风；（9）十戒炎牒，宝气不许乱问佛准符法，不许轻贱符法，不许用假邪法，不许暗使邪心等戒律；（10）赵仙西官斩鬼灵文功牒，拜受赵公仙官护持左右，十方显扬，斩灭鬼精；（11）初传香水灵文功牒，拜受太上老君三十六阶兵马等护持弟子，入身行用；（12）五岳都司灵文功牒，拜请五岳对帝传度五岳诸种香符法，埋瘟驱邪，治病斩鬼；（13）速身灵文功牒，拜受天师速身修善秘法，知生知死，知阴知阳；（14）地分所由灵文功牒，拜受当境城隍、土地等神护持弟子，瘟病瘴气，远遣他方；（15）统兵灵文功牒；（16）管兵灵文功牒，拜请脉派宗师管兵统兵王传度弟子，祈保家门清吉、人氏安泰。此外，还画有灵符二十一道，写有佛门阴阳文牒和淮南门阴阳文牒，以及授赐法物、手诀和装脏物件等。

"抛牌"时，法师要将牌带左右翻打，以显示其调兵驱鬼的作用。"抛牌"之后，还要由传度师举行"封牌"法事，即将圈点完毕的"牌经"打上驱邪伏魔印，折叠成正方形装进弟子的牌盒内，盖上卦板，用墨笔画上讳，取阴卦，在讳上盖印，再用一尺二寸红绫布将牌盒包缝好，并缝上仙带。①

抛牌、封牌后，传度师就要为新恩弟子授予"职牒"（或称"职箓牒"）。"牒"，即禀天告地、奏神启圣的牒文，分阴牒和阳牒两种。请职的阴阳牒文，主要是将新恩弟子请师颁职的因由，祭祀仪式的内容和程序，祈请宗师颁授的坛靖、将兵、职衔、法术、法物，以及新恩弟子的誓愿等禀告天地、奏启神明，使受职者日后独立主坛的资格得到确认。阴牒焚化，仰请三天扶教传奏仙官赍送至护持新恩弟子作法灵验的主帅麾下；阳牒给予新恩弟子长生佩照。阴阳牒文的内容完全相同，只在牒尾标明其各自的处置有别，即右牒仰请三天扶教传奏仙官准此（阴牒），或右牒给付法事臣×××长生佩受（阳牒），如图3-15所示。

阴阳牒文的主要内容，大致包括四个部分：第一，写明举行请职祭祀仪式的时间、地点和因由；第二，写明请职祭仪的内容和程序；第三，写明祈请宗师颁授坛靖、将兵、职衔、法术、法物等；第四，写明新恩弟子的誓愿。其中，第三部分内容最为丰富，对于新恩弟子来说，也最为重要，而因教派、坛班、师承有别，其写法也各有差异。现试举几例，可见一斑。

---

① 李华林主编：《德江傩堂戏》，贵州民族出版社1993年版，第557页。另外，牌带之"仙带"（亦称彩带，俗称牌巾），一般由36名未婚少女来制作36根彩带；牌盒则是请人到深山采来象征洁净的"雀不落"树木制成牌盒。

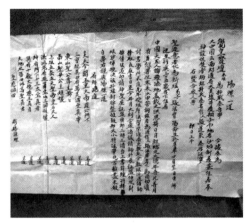

图 3-15　端公阳牒的外封和内文①

重庆市巴南区双新乡端公刘祥伦（法名刘来仙）职牒上坛靖、将兵、治气的写法是："遥叩江西福地龙虎仙山万法宗坛正一天师老祖张大真人门下检阅，太玄都正一品云台治左领真气中岳黄帝一气真人远游先生门下参授……新恩弟子刘来仙为任顶敬应化普静雷坛，洞灵玉真法靖，分拨命属主将关天君、副将赵天君统辖八千名兵将随身护度，佐助行持……"其职牒上颁授的法术、法物为：

太上诸品仙经　雷霆都司钱　灵宝大法印　先天无极都雷府印

北极驱邪印　龙虎赏罚印　泰玄都省印　道经师宝印

清微道祖印　九老仙都印　斗姥心章印　先天便宜印

①　此阳牒为云南省昭通市盐津县普洱镇端公掌坛师张道云（法名"张法荣"）持有，笔者于2013年7月20日赴该地进行田野调查时，拍摄了此阳牒正文的全部内容。关于张法荣的请职时间、因由、领受的坛靖、将兵、职衔、法术、法物等信息，正文中皆一应俱有。特别值得一提的是，本来端公本人所持有的"阳牒"，是用"外装"（用黄纸折成类似信封样）密封起来的，平时不示于人，一般在其去世时焚化。但笔者前去调查时，张道云还是亲自拆开了外封，让笔者一看正文的内容。这显示出端公民俗信仰的某种松动。

上清五雷印　三十六雷印　天皇雷祖印　敕招万神令

女青天律　天蓬拷鬼敕　七星斩邪剑　祷雨招雷旗

祈晴拨云杖　香炉水碗　拷鬼桃杖　道器法物

上清朝真衣冠　戒尺朝笏　诸法秘旨　祖师行兵大牌

驱邪伏魔灵符　祖师传授印诀①

不难看出，这些法术、法物的类别颇为丰富，既有驱邪伏魔的法术，又有祷雨祈晴的法物，充分体现出以巫为主，并杂糅道、佛等文化因子的本质特点。这些法术、法物，传与新恩弟子随身应用，有灵有感，长生佩照，获福无量。

云南省昭通市镇雄县一带端公职牒上所记雷坛、法靖，及颁授法术、法物的基本写法为：

今据玄孙△△奏请转陞职篆事窃照都功职②篆弟子△从道多年修持日久忠诚敬事勤奉无亏，谨依《天台玉格》明科当宜转陞品级，今查台格命系△甲△相△雷坛△法靖，今就△坛相应陞授。上清三洞一雷经录△△之职，准拨△△天君当坛启叩十极上圣四府万灵，给授印符、咒水、宝剑、经科、衣冠、笏简、妙诀、神书传度，许以济物利人代天宣化，祛邪除魅保病禳灾，度死超生祈晴祷雨，催生保产附体圆光，修真有度进退无魔，功行日增再俟陞转须至牒者。

---

① 胡天成主编：《民间祭礼与仪式戏剧》，贵州民族出版社 1999 年版，第 767 页。

② 据云南省昭通市镇雄县泼机乡端公邹永寿介绍：端公的道职有三种，即"上清三职"："都公职""便宜事""功果职"。根据每个人的生庚年月，查照《天台玉格》，看他属何"雷坛品格""法靖品格"，应"三都之属""四季所属""五方岳帝所属""先生所属""北斗七星群所属"而授予相应的"职篆"。先授"都公职"，然后是"便宜事"，最后再经过"请""批""转"，才是"功果职"。在"上清三职"中，"功果职"最高，"都公职"只是请，此人已在上天那里挂了号，得到认可；"便宜事"则可以在法事中做一些要求并不严格的事；只有得到"功果职"的端公才能传法度法，掌教作法。

右给付上清经录弟子△△佩受

太岁△年△月△日于△坛给①

与云南省镇雄县一带端公的职牒记相类似，贵州省正安县端公石天耀（法名自澄）职牒上有载，此后天耀可以自澄名义行"代天宣化、辅正除邪、资亡处愿、禜禳延龄、禳关捕捉、翻冤解结、请茅替代、祷雨祈晴、治病驱瘟、书符咒水、起丧发架、保产催生一切道法"，且"千叫千应，万叫万灵"，并仰赖"庞刘苟毕四大天君所统七百兵丁护持随行，三师教祖默佑"而"法力阐扬，道法兴隆，方方有请，户户来迎，身入无形，与道合真"。另据贵州省道真县一带有职牒文约云："臣系江西福地龙虎仙山玄都玉境上清宫威灵侯五十四代天师老祖张大真人玉皇门下释首五雷排演掌法仙卿雷霆都督府北极驱邪拷鬼院雷部领起九万九千御林天兵之职腾云判扫天下部洲不正之鬼神奉行法事凡昧巫门臣。"②

从以上几则职牒内容的对比不难看出：虽然由于教派、坛班、师承以及新恩弟子生辰八字的差异，造成西南各地端公职牒上所记的具体内容有别，但从涵括的项目类别上看却是相同的，均将颁授的坛靖、将兵、职衔、法术、法物等信息一一详细记录。这样，从某种意义上来说，职牒已经成了通神的"凭证"。同时，在端公坛内，职牒也是端公的"职业证书"，只有经过抛牌过职仪式，授予职牒者，方能掌教作法，否则只能跟着师傅做。若有人违反此一规约，天地鬼神将不予认可，而其人死后亦不能归坛，而成为无坛无庙的"游师邪鬼"。因为在端公的观念中，他们是替天行道者，他们的司职也是上天神灵规定和赋予的。

---

① 郭思九、王勇：《云南省昭通地区镇雄县泼机乡邹氏端公庆菩萨调查》，王秋桂主编《民俗曲艺丛书》，（台北）财团法人施合郑民俗文化基金会 1995 年版，第 106—107 页。原文载录并无标点，这里于明显处加了标点，以方便阅读。

② 冉文玉主编：《道真古傩》，贵州民族出版社 2012 年版，第 362、87 页。

总而言之，经过神秘而隆重的"抛牌过职"①仪式后，新恩弟子就成了一名正式的大法老师，可以开始独立掌教作法，其在度职祭仪中领受的坛靖、将兵、职衔、法术、法物，也可以在其日后的行祭中被随意调遣和使用。但是，值得特别提出的一点是，当法师逝世后，在其弟子为其举行的"开天门"②祭仪中，还需将他所属的主帅、副将

① 在西南地区，端公的度职其实分为两种，这里所谈的"抛牌过职"，又称"奏大职"；还有一种被称作"奏香水职"（贵州省道真县一带亦称"八庙职"），相对于"抛牌"，"度香水职"的仪式规模要小得多。取得"香水职"的端公，允许独立从事一些小的驱鬼祈神活动，但不会像"抛牌"的端公一样，可以独立掌坛，主持较为大型的祭仪活动。

② "开天门"葬仪的程序颇为复杂，据晏晓明调查贵州省岑巩县一带端公的"开天门"仪式，一般要分作 5 天进行，共 28 个仪项。第一天：（1）安师；（2）请神；（3）发锣鼓；（4）安营；（5）行坛接界；（6）架桥会兵；（7）开光点相；（8）招魂；（9）四相；第二天：（10）礼请；（11）发天地水阳；（12）背尸跑五营；（13）招魂；（14）开天门；（15）送神；（16）入殓；第三天：（17）采地斩草；（18）请佛拜师；（19）开路；（20）绕棺破狱；第四天：（21）开吊：①祭石神；②开家祭；③开客祭；④圆祭；⑤送神；第五天：（22）发灵柩；（23）发架；（24）下事扎营；（25）收兵；（26）安家先；（27）香米利市；（28）送先生、师傅。仪式过程中，掌坛师和众师傅要砍来竹子，制作成间步六寸的三十三步竹梯（俗称云梯，表示三十三层天），爬上屋面，撤掉檐前的七块瓦椽和七沟青瓦，揭开堂屋正中的七块楼板，使堂屋通天透亮，然后将"云梯"抬进堂屋，置于"宝台"前中轴线上，上端穿过楼板，斜架在屋面上。云梯脚的宝台前摆一张靠背椅，面向大门，云梯中间悬挂死者灵魂（象征物）。仪式中由一徒弟将巫师背进堂屋，安坐在法椅上，用带子绑着，右脚落地，左脚踏在云梯上。仪式开始，一师傅着法装，披戴法器，爬上屋面坐在云梯头（俗称"天星"接引师傅）；另一师傅同样披戴，站云梯脚死者身边（俗称地理送魂师），在锣声、号角声中，两师傅对唱"开天门歌"，即《上合天星》《下合地理》两科仪本，一问一答，气氛热烈，以示将死者魂魄送上三十三层天。此外，祭程中的"开路"仪节也颇具特色，需分别开"天空路"和"陆地路"。"天空路"即天朝之云雾路，陆地路即地面上的五方明（冥）路。开路时在东南西北中五方各安放矮木凳一条，凳上摆各种供品，凳下放一块瓦。瓦上画八卦符讳，中央为太极讳，四方画"明""珠""照""亮"讳。执法弟子用祖师杖插一方开一方，五方都需开遍。开"天空路"的唱词为：一开东方青云路，青云托起亡师行。天师执幡来接引，亡师灵魂上天朝，二开南方赤云路，赤云滚滚托亡师。亡师魂魄赴天朝，赤云托起好逍遥。接着依次开"西方白云路""北方黑云路""中央黄云路"，唱词大同小异。开五方明（冥）路的唱词为：开了东方路，木德明星照东方。"角、亢、氐、房、心、尾、箕"前引路，明灯照亮东方路。开了南方路，火德明星照南方。"井、鬼、柳、星、张、翼、轸"前引路，明灯照亮南方路。开了西方路，金德明星照西方。"奎、娄、胃、昴、毕、觜、参"前引路，明灯照亮西方路。开了北方路，水德明星照北方，"斗、牛、女、虚、危、室、壁"前引路，明灯照亮北方路。开了中央路，土德明星照中央，中央升起土明星，照亮五方路通行［参见晏晓明《岑巩傩坛开天门丧葬仪式简述》（手抄资料稿），转引自庹修明《叩响古代巫风傩俗之门——人类学民族学视野中的中国傩戏傩文化》，贵州民族出版社 2007 年版，第 153 页；李华林主编《德江傩堂戏》，贵州民族出版社 1993 年版，第 563—564 页。另外，关于"开天门"葬仪的详细情况，还可参见胡天成主编《民间祭礼与仪式戏剧》，贵州民族出版社 1999 年版，第 698—702 页］。从以上关于"开天门"葬仪的简要描述中，我们可以十分明显地看到端公葬仪的特殊性，整个葬仪以回归天界为旨归，同时由于法师生前以驱鬼为职，故葬仪中还特意设置了相关仪项，以提防邪鬼的报复。而开"天空路""陆地路"的唱词，处处体现出"五方"意涵，这也是端公神鬼观念体系中空间界域的一种文化表征。

及其统辖的兵马解除现职，复归雷坛，各还靖治，并将他们重新分拨。一半兵马留给亡师，为其镇守坟墓，引其同登仙品，此为阴兵；另一半为阳兵，按其临终前的遗嘱，分拨给各徒弟名下若干，以护持弟子行坛作法。此外，法师在生前主持和运作祭仪时所使用的法具（见图3－16），诸如令牌、师刀、法印、宝剑、卦子、锣鼓、衣帽、科书以及印制疏牒文书的印版等，也要按其临终的遗嘱，分传给各位门徒。由此我们看到，端公的一生其实都在神鬼的世界中往复周旋，如果说隆重的度职祭仪，使其在天界"注册"了名号，那么特殊的"开天门"葬仪，则又使其回归了天界。而无论通往"人神"之路的"度职"，还是通往"天神"之路的"开天门"，其在西南各地端公中的文化表现都是相通的，这又一次证明了西南端公文化可作为一个整体进行观照的文化事实。

雷印①

神鞭②

---

①　雷印鉴分木质、铜质、铝质三种，这里为铜印。正面刻的是篆字体，字样有"北极驱邪"或"五雷拷招"或"道经师宝"。凡是文书、牒、状、符章等都要加盖印章。

②　选用三十六个节子的竹根制作。大的头为手柄，小的头系上麻绳，绳上平穿小铜钱三十六个。三十六个竹节代表"三十六关"。三十六个铜钱与竹节两个数加起来是七十二，代表"七十二煞"。法师用它来招兵招马、会兵会将。

祖师棍①

牛角②

师刀③

卦爻④

---

① 此为雕塑在一根长1米的木棍头顶上的祖师神偶，神像处要拴五色布条。

② 牛角，亦称"仙角"。其制作是从已死的水牛头上截取，晒干，掏空，加洗，削薄，磨光，外上漆。将角尖锯掉约7厘米，钻空，另用接骨丹木做角哨。哨的制作需一定技术，其制作水平与吹角易难、声音好坏有直接关系。牛角在端公祭仪中的运用较为频繁，一般常在法事的中途分段接连处要鸣角；整个法事结束时，事主请专人送法师出门时也要鸣角。按法师的说法，鸣角音调是："玉皇，玉皇，玉皇——玉皇……"吹牛角也需一定技术，法师通过口里发出大小不同的气来变换牛角声调的轻、重、短、长、缓、急音。

③ 师刀，又名"套鬼圈"。用直径0.4厘米的钢铁条卷成直径20—22厘米的椭圆环，加16厘米长的双面刃刀刀作手把。师刀上的诸多配件，各有其寓意，按端公们的说法，环上穿大小不同的40个金属小环圈，其分别为：12个直径2.5—3厘米大的金属环圈，代表十二宫辰：建、除、满、平、定、执、破、危、成、收、开、闭。同时又代表十二年王，十二月宝。28个直径1—2厘米大的金属小环圈，代表二十八宿，即：东方：角木蛟，斗木獬，奎木狼，井木犴；南方：室火猪，尾火虎，翼火蛇，嘴火猴；西方：牛金牛，亢金龙，鬼金羊，娄金狗；北方：参水猿，壁水俞，箕水豹，轸水蚓；中央：胃土雉，女土蝠，氐土貉，柳土獐；日：星日马，昴日鸡，虚日鼠，房日兔；月：心月狐，张月鹿，毕月乌，危月燕。端公操作师刀常用右手。法师做法事时，一边唱，左手一边挥舞牌带，右手摇动师刀，双脚踏动三角步半旋转舞行

④ 卦是法师判断吉、凶、祸、福的主要工具。法师所用之卦共有三副，分大号、中号、小号三种，全用荆竹头制成。各副卦分两扇（两半边），两扇卦合拢时形成上小下大的牛角状。制作卦必须做到两合格：其一，不论大、中、小号卦，每副卦由阴、阳两扇组成，其中，阴的扇内面的竹节要九个，代表"九宫"；阳的扇内面竹节要八个，代表"八卦"。其二，每一扇卦单竖放置它会倒，只有两扇卦合拢才能竖放。法师打卦时，两扇卦背朝天是阴卦；两扇卦背着地是阳卦；一扇背朝天，另一扇背着地是胜卦。故名"合同三卦"。

令牌①（正）　　　　　　　令牌（背）

牌带②

图 3-16　传度师在度职中向新恩弟子颁受的部分法物③

---

① 端公所用"令牌"，是用曾受过雷击的柏果树枝根部长的乳包或梨木、黄杨木做成。长 16 厘米，头宽 6 厘米，尾宽 5 厘米，厚 2.4 厘米。令牌的两个平面和两侧均刻有符章、令讳。法师唱法事时用它来提纲；解秽时，用它在水碗中虚书解秽令（有秘）。开光时，用它在烛光上虚书金光令"有秘"。挂号时，一边口念雷神诰，一边用它在鸡冠上虚书紫微令"有秘"。

② 选干净的桐梓木或柏杨木薄板，做成长 30 厘米、高 6 厘米、宽 5 厘米 6 方全封闭的木匣。外用红布缝封。边上缝订若干溜五色布条。每根布条长 30—40 厘米，宽 3—4 厘米。神牌内装有用黄纸、毛笔书写的"牌经"。上面记载着新恩弟子的职条和入口传度师、引进师、保举师、封牌师的法名及生身父母的姓名、生辰。还有历代祖师的法名。除装有"牌经"外，还装有金、银、铜、铁、五色布、五色线及盐、茶、米、豆等物。端公做法事时，左手执牌带，右手执师刀，一边唱，一边跳；跪着时，则将神牌搭在左肩上，意味着弟子永远有师尊在坛护佑。

③ 图片均为笔者在田野调查中拍摄，文字说明部分亦为笔者调查记录。

第四章

逻辑与机制：端公的仪式行为及其构成

　　端公在行为层面的文化表现，主要表征由端公主持、运作的诸种法事活动。在端公纷繁复杂的法事活动中，其主体无疑是涵具结构化形态的诸种祭祀仪式，它不仅规模巨大、涵容了诸种遇之而为的小型法事，而且关涉了乡民生活的方方面面，甚至成为当地信仰民俗的一部分。在西南各地，端公主持、运作的祭祀仪式之称谓各异、形态多样，并分别指向不同的功能和主旨。学界以往对这些祭仪的研究，多采用孤立的政区式描述方法，虽获得了关于某一区域祭仪形态的细部理解，却无法从宏观层面把握端公主持祭祀仪式的共性特征。本章依然因循对西南端公文化整体进行结构性阐释的学术理路，以通观的视野比较西南各地端公祭仪的结构，力图揭示出西南各地不同称谓端公祭仪结构的共性特征以及生成机制。同时，返归民俗生活之本位，探讨端公仪式行为重复发生的文化逻辑。

第一节　神圣的焦虑："许愿—还愿"的文化逻辑

　　在全面进入西南各地端公祭仪结构的研究前，我们十分有必要对"许愿—还愿"这一在西南各地普遍存在的民俗现象，进行一种文化逻辑的推演。此种推演之意旨，并不仅仅在于揭示"许愿—还愿"这一民俗行为背后的文化含义，更在于钩沉出此一民俗行为在整个祭仪中的结构性意义，及其所遵循的文化逻辑。① 通观学界以往的研究，"许愿—还愿"通常仅作为祭仪行为发生的一种背景性要素而得到些微的描述。平心而论，此种薄弱的学理关注与许愿—还愿在祭仪结构中所涵具的重要意义明显不相匹配，实际上，当我们从一个完整的文化行为链去观照端公的祭仪行为便会发现：正是因为有了"许愿—还愿"这一结构性要素的深刻嵌入，才使得祭仪的存在和持续成为可能。因此，把握"许愿—还愿"的意义、功能及其文化逻辑，是我们透析西南各地纷繁祭仪的一个关键起始点。

一 "愿心"与生活压力

如果将西南各地诸种祭仪视为一个完整的结构，那么许愿就应该是这个完整结构中的一个前导部分，是整个祭仪开始之前的一个仪式，或可称之为"仪式前仪式"②。此种"仪式前的仪式"，包含了一个"许愿"的过程及其相应的方式，而后才会举行种种形态的"还愿"仪式。例如，重庆一带举行阳戏神事活动，一般都是先叩许信愿，然后再还愿，因此叫"还阳戏"。由于阳戏运作具有还愿性质，因此其也被称作"还愿戏"或简称

---

① 文化逻辑是指一种文化中，以逻辑体系为基础建立起来的思维方式与认知方式。文化逻辑是文化活动的中枢，制约着文化创造的进程，形形色色的文化现象都与深隐其中的文化逻辑有着直接关系。对于西南地区普遍存在的许愿/还愿这一民俗行为而言，许愿的发生是生活压力与文化压力双重驱动之结果；而还愿仪式的必然举行，则是由端公在毁约与灾难间设定的逻辑关系、祭仪中"愿"的象征化，以及许愿/还愿自身所内隐的循环结构这三者形成的文化合力决定的。

② 对于仪式研究而言，应该建立一种"仪式行为链"理念，换句话说，正式仪式举行前的各种相关活动不应仅仅被视为一种背景性存在，其亦应被视作整个仪式结构的一部分。例如，第三章我们提到的端公"抛牌过职"仪式，我们就不应仅仅将"传法过职"此一部分视为仪式的全部。其实，仪式前的种种准备，包括弟子提出过职申请、筹备牌印、筹备祭品、筹备谢师的衣物、安排仪式场地、接师（按坛规，过职者一般需于三天前去接师尊，接时还有礼仪，如放鞭炮、送上敬礼等）、定期（由师傅根据过职者的申请和生辰八字来决定）等相关文化活动，均应被视为"抛牌过职"仪式的一部分。

"愿戏"①。在实际民俗生活中，"许愿"的形式是多种多样的，民众或可在心里祈请神灵护佑，若达到目的，则行酬报之祭仪；或可在神位面前许下诺言以求神佑；或可通过端公（文化媒介）祷求神灵护佑，并诺许下仪式；等等。但不管采取何种形式，至正式举行"还愿"仪式时，则均须请端公来主持、运作。至于"愿心"的内容更是五花八门，像求子、延寿、病愈、升学、家道昌盛、小孩顺利成长，甚至是为了撤销处分、官复原职，都可求神护佑②；而酬神还愿时举行的祭祀仪式，在西南各地亦有极为丰富的表现形态，且称谓上也是五花八门，像傩堂戏、阳戏、庆坛、延生、"还钱""庆菩萨"等诸种称谓都含有"酬神谢恩"、了却愿心的文化意涵。

在学者的实例考察中，民众往往多谈及举行此祭仪之目的，且主述人（事主）和观察者都注意到生活本身的压力是导致人们产生许愿乃至举行还愿仪式的主要原因。例如，贵州省道真县一带的流行的冲傩、阳戏两种

---

① 重庆市的阳戏运作因由，除酬还信愿外，还具有一种庆贺性质。或者发财得宝，或者官运亨通，或者诞辰喜宴，或者嫁女娶媳，有的就延请坛班举行这种神事活动。所以，阳戏也被直称为"发财锣锣"或"欢喜锣锣"。人们事先并未许愿，而是到时即舞神戏进行庆贺。在这种情况下进行的阳戏活动，民间习惯称之为"唱阳戏"或"演阳戏"（胡天成主编：《民间祭礼与仪式戏剧》，贵州民族出版社1999年版，第138—139页）。但此种情境下唱演的阳戏，应该被视为阳戏社会功能的一种新变。因为如果主家单纯是为了庆贺、娱乐，完全可以请戏班来进行表演，没有必要来请端公坛班来表演阳戏。因此，阳戏最初、最本质的功能还在于驱邪、禳灾、纳吉，其祭仪之缘起还在于事主许愿后之还愿，这也是阳戏被称为"还愿戏""愿戏"的重要原因。其实不唯阳戏，西南各地许多祭仪，在当地都被称作"祭某神"或"还某神"，其意旨就在于"酬还降福之神"。而此"酬还"之义在民间的理解，可分为两种情况：一是事主曾为某一愿望对具有相应功能的神灵许下愿言并得以实现而酬还；二是心存某种良愿企盼神灵护佑助其实现（现实效果还没有出现）而酬还。

② 根据相关调查资料，到了当代，民众所许信愿之内容也有一些新变因素。例如，胡天成调查重庆民间还阳戏因由时就了解到：有时阳戏是人们发生争执口角，尤其是夫妻间闹矛盾时许下的。如果此人与他人有矛盾，他就在私下里咒许：要是把对方整着了，就还一堂阳戏。在夫妻间吵嘴时，某一方冲口说出"把你离脱了，还堂阳戏"这么一句赌咒或赌气的话，不管所咒、所骂的一方是否真的被整，夫妻是否真的离异，日后都必须还这堂阳戏。民间称此为"出口成愿"。由此可见，随着时间的推移，阳戏的信愿经历一个变化过程：由祈求性向诅咒性、从保护自己的"白巫术"性质向攻击性的"黑巫术"性质转化（胡天成主编：《民间祭礼与仪式戏剧》，贵州民族出版社1999年版，第139页）。

祭仪，其本旨均在"急救"或"接寿"。所谓"急救"，即因信人（事主）遇上精神性疾病，且借助中西医药不能奏效时，转而通过冲傩或阳戏予以治疗。所谓"接寿"，即因人遭遇生理性疾病抑或对于寿命延续有所忧虑时，通过求助于神灵，即在心中许下良愿，并承诺在愿望达成之后，将选择吉期凭冲傩或阳戏予以酬答。因此，从实际操作的行为角度来讲，冲傩或阳戏之缘起就在于"酬神了愿"[1]。再看云南省昭通市一带几种祭仪活动的举行原因。[2] 该地的"庆菩萨"祭仪[3]，是一种以酬神了愿为主要目的，以家庭为单位的祭祀活动。其举行的原因就在于：有人家感到家道不顺，即请端公主持祭祀，祈请神灵驱邪赶鬼，以求家宅平安，人兴财发，而一旦认为如愿以偿，则再请端公为之庆贺，以了却对神许下的愿心。"庆坛"祭仪，一般分为"庆赵侯"和"庆梓潼"，前者主要是求家宅平安清吉；后者主要是求子嗣。镇雄县泼机乡邹氏端公的一副对联，很好地体现出此两种"愿心"的内涵："建燕贺道场庆文昌以此微忱祈菩萨佑我续嗣延龄；设了愿法会祝赵公用斯薄心祷圣神护吾财盛富昌"[4]。另也有"阳戏"祭仪，其目的就是祛邪除病，祈寿延年。而"还钱"仪式为一种规模较小的

---

[1] 冉文玉主编：《道真古傩》，贵州民族出版社2012年版，第30页。

[2] 昭通地区行署文化局编：《端公戏音乐》，文化艺术出版社1994年版，第6—10页。

[3] 此处所使用的种种祭仪名称，多依当地说法，若从仪式结构的角度来分析，许多名称各异的祭仪活动本有着极为相似的仪式结构，换句话说，名称的相异，并不能说明其代表的仪式结构、性质也不同，此一问题下节有详述，兹不作展开。这里为叙述方便，仍依民俗的习惯性称谓来表述。另外，此处的"庆菩萨"，主要指"酬恩庆贺"赵侯圣主、梓潼帝君等偶像所代表的神祇。

[4] 在昭通一带，庆坛的规模稍次于庆菩萨，一般分为三天之祭和五天之祭。在昭通某些地区，凡庆菩萨是在供有坛神的人家进行，庆菩萨的同时也就包括了庆坛。但大部分地方的庆坛均单独举行，且大同小异，都有文坛和武坛之分。如彝良县牛街镇庆坛的法事程序：文坛《诵经》。武坛第一天《发牒招猖》《灵官镇台》《砍路》《亮路》《歇驾》；第二天《镇台》《造枪》《礼请》《撤坛放兵》《送粮》《送谷》；第三天《镇台》《接圣》《接娘》《交歌鼓》《开坛》《打棍》《纠火》；第四天《镇台》《造井》《造席》《立殿》《扎兵》《回熟》《祭兵》《上表》；第五天《镇台》《九州》《洪山》《检斋》《交枪》《定枪》《安位》。

还愿祭祀，多因有的人家小孩多病或家道不顺，从而对神许下"保命钱"①，当认为如愿时，便请端公祭祀神灵，偿还"钱文"，了却心愿。

从以上不同地域不同祭仪活动的行祭因由描述我们可以明显地看到：民众之所以请端公来举行祭祀仪式，基本上都是因为受到各种各样的生活困扰、压力，诸如疾病缠身、家道不顺、子嗣缺乏、祈寿延年等。即使像"还寿愿"这样的祭仪，原本的象征意义是为老人许以高寿，愿望实现后还愿，但在现实生活中，还寿愿的发生多半起因于老人身患一场重病，对神许愿后病情缓解或痊愈。因此，还寿愿通常仍是一个灾难解除后酬谢神恩的仪式，在仪式举行的过程中，端公要带领当事人感谢神灵的恩赐，祈求神灵继续保佑他们无灾无难、延年益寿。

关于生活的困扰、压力与许愿的关系，在端公的祭仪科文中亦有十分形象的描述：

> 生意之人叩许主，一本万利转家门。
>
> 遭官犯法叩许主，敲枷打锁转回程。
>
> 病苦之人叩许主，十分毛病退九分。
>
> 祈嗣之人叩许主，早送贵子入家门。
>
> 怀胎之人叩许主，是男是女早离身。
>
> 关急相亲叩许主，添庚加寿命长生。
>
> 誓愿咒诅叩许主，冤家解脱两下分。
>
> 疾颠之人叩许主，翻冤解结病脱身。
>
> 行船走水叩许主，波浪消平得清平。

---

① 此类祭祀，根据主人家许给神的钱多少而定，做法也不尽相同，有 12 封、24 封和 36 封的差别，并分"评语学"和"武还"。12 封钱以下的比较简单，由一两个端公就可完成，不加"演功"，为文还；24 封以上的做一天一夜，须十来个端公才能完成，为武还。以还 24 封钱的祭祀为例，其法事为：《领牲》《发牒》《躺牲》《结冤》《礼请》《开坛打棍》《安茅》《回熟》《运星》《交钱》《踩九州》《解冤》《灵官镇台》《扫邪归正》等。

朝廷平反叩许主，戈兵平息得安宁。

农夫之人叩许主，前仓打满后仓存。

会仕之人叩许主，官上加官职不轻。

......①

不难看出：上述唱词中所描述的生活压力乃至危机，是一个多层次、多面相存在，既有摆脱贫困、疾病、危险的急切愿望，又有发财、长寿、做官的更高要求，此亦即驱动人们去许愿的一个最直接的理由。因此，生活的压力作为许愿民俗行为发生的直接推迫性力量，其所指应是生活的结构性力量，它涵括了诸如物质压力、精神压力、生命压力、角色压力以及日常生活中各个领域的压力。正是在此种结构性压力的巨大推迫下，才会有急欲改变目前生活状态的许愿行为之发生。这正如美国宗教学家斯特伦（Frederick J. Streng）所言：人的一切欲求实现超越性的根本转变的推动力量，皆来自于人类生活世界的种种无序、混乱、无意义，它们渗透在日常生活结构的各个方面，在每一种超越性信仰背后，都有其相应的生活的问题作为其负面的推动力量。② 而许愿行为的出现，正是日常生活结构中负面力量推动之结果，且此一行为本身就涵具了一种超越性质，充满了祈祷许愿的"宗教意义"。而"愿心"与生活压力的多层面关联，也在提示我们，事主迎请端公来举行法事活动，其首要意旨并不是为了娱乐，而在于解除其在生活中面临的困境或痛苦。因此，从这个意义上讲，端公操作的法事活动应首先被看成一种祭祀仪式，而不是"戏"。

---

① 高伦：《贵州傩戏》，贵州人民出版社 1987 年版，第 24—25 页。

② ［美］斯特伦：《人与神——宗教生活的理解》，金泽、何其敏译，上海人民出版社 1991 年版，第 65—70 页。

二 "愿心"与文化压力

生活的结构性压力推涌、促使人们寻求解脱，从而产生仪式性脱离行为①，这还只是从民众许愿行为的生存原因来考察的，若立足于更为广阔的文化系统角度来观照，我们将会发现：许愿行为的产生，也是一种文化性驱使的结果。此种文化性驱使，我们可称之为"文化压力"（cultural compuleives）。"文化压力"这一概念，是由英国社会人类学家马林诺夫斯基（Bronislaw Malinowski）提出的，通过这一概念，人的社会行为在文化结构的作用和影响力之中得到解释。② 展开来说，人们生活在由自身观念客观化形成的文化事物之中，这些文化事物又是人的生活结构中种种需求、欲望、认知、感受等人性之物的复杂综合体。这些复杂综合体既来自人的行为，又影响人的行为，从而建立起文化结构的内在驱动力量，表现在事物上则是涉及一系列的神话、信仰、家庭、生产、社会交往等领域的风俗习气或存在模式。③

联系到许愿行为的发生，自然也是与其所居于其中的文化观念、象征系统有着极为深刻的关联。质言之，当人们意欲摆脱现有的生活压力、危机，去追求"另一个世界"完满的生活价值和意义时，既定的文化系统就

---

① 作为一种具有形式特征的仪式，许愿是一种仪式性脱离原来的生活结构，准备进入另一种生活结构的象征性行为，这种行为将导致许愿人的生活意识发生变化，并且将一直期盼着自己的生活状态发生根本改变。从主观上讲，仪式性脱离导致许愿人的心理、行为、目的等方面的脱离或异于原来的状态。从客观上讲，仪式性脱离亦导致许愿人的身份、角色乃至生活结构诸方面的变化，从而与原来的状态有很大不同。因此，仪式性脱离是改变个人生命状态（或生活状态、文化状态）的仪式行为。

② 我们这里所说的"文化压力"，按美国人类学家格尔兹（Geertz）的话来讲，就是一系列的文化象征或"文化模式"（models），亦即人们解决意义和价值问题的典范和规则。"文化模式（即象征的体系或复合体）具有双重的内在方面：它的意义，即客观的观念形式以社会的和心理的现实，既使文化模式适应现实，又使现实适应文化模式。"（史宗主编，金泽等译《20 世纪西方宗教人类学文选》，上海三联书店 1995 年版，第 172—174 页）

③ 张建建：《冲傩还愿——贵州傩仪的结构类型意义》，贵州人民出版社 1997 年版，第 13—14 页。

已经直接提供了实施这种需求所能够采取的方式。而对于西南各地民众而言，"许愿—还愿"此一方式，便是现有文化系统能提供的最为普遍的一种文化模式（model）。① 诚如前文所述，西南本土社会中早已形成了遇事向神灵许愿，而后再由巫师为其还愿的民俗传统，像前文所举古思州治地贵州省岑巩县境内流传的在仡佬族地区、土家族地区、苗族地区、侗族地区的愿脚名目就有61种之多，其内容关涉了当地原住民生产、生活的方方面面。事实上，不唯岑巩县境内，在西南其他地域，"许愿—还愿"之习俗亦相当普遍，这在各地方志文献中有着极多的载录，试摘录几则，以见一斑。如清道光时期《遵义府志》云："每灾病，力能祷者，则书愿帖，祝于神，许酬阳戏。既许后，验否必酬之。"② 清光绪《铜仁府志》："岁暮招巫歌舞以酬之，名曰还愿。"③ 民国《岑巩县地方概况调查表》："冬腊月间，有诸巫师酬还乐愿者，巫师戴上假面具，扮为琴童八郎、开山大将、仙风娘子、梁山土地等，任意诙谐，故称乐愿为喜神愿，以为不诙谐则神不享祭，最后扮一判官结束其事谓之勾愿。又有还戏愿者，系演傀儡

---

① 英国著名人类学家 E. E. 埃文斯-普里查德在其开山之作《阿赞德人的巫术、神谕与魔法》中，描述了阿赞德人关于罪过认定与惩罚的看法。比如阿赞德人都认为，只要有不幸事件发生，都是因为有人实施了巫术，因而，遭受损失的人就可以按照规定的渠道对某个被认为实施了这个巫术的人进行报复。有意思的是，在认定谁是那个实施巫术的人的时候，阿赞德人的看法有着鲜明的特色。他们会为此请教神谕，包括各种级别，比如，摩擦木板神谕、白蚁神谕、普通人的毒药神谕、亲王的毒药神谕等。随着神谕级别的升高，神谕判决的权威性不断加强，其法律效力也随之加强。到了亲王那里，这种毒药神谕的判决实际上已经具有最高效力。当然，毒药神谕并不负责实施制裁，而是判决谁是罪犯。制裁的实施是由受害者及其亲属执行的。不过，这种实施仍然要遵照赞德人的传统习俗。同样有意思的是，那些被认定为巫术实施者的"罪犯"的认罪与辩解也不同于我们的情形：被指控的人在为自己辩护的时候，更多的是表示愿意做一个神谕测试，而不是强调证据不足（［英］E. E. 埃文斯-普里查德：《阿赞德人的巫术、神谕和魔法》，覃俐俐译，商务印书馆2006年版，第291—325页）。不难看出，阿赞德社会的这种对罪责断定和追究的做法其实就是其文化传统硬性规定的。而在西南乡土社会，民众当遇有生活危机而意欲摆脱时，选择"许愿—还愿"这一文化模式，其实也是由文化传统的推动力所导致。二者在文化意义上具有共通性。

② 《中国地方志民俗资料汇编·西南卷》（下），书目文献出版社1991年版，第428页。

③ （清）余上华修，喻勋、胡长松纂：《铜仁府志》，中共贵州省铜仁地委办公室档案室、贵州省铜仁地区志·党群编辑室整理，贵州民族出版社1992年版，第28页。

戏，时间有春夏秋冬之分，惟夏间演者称秧苗戏，还乐愿与戏愿，均间年一次。"① 清道光年间《施南府志》："施郡之民，岁终还愿酬神，各具羊豕于家，皆以巫师将事。"② 以上种种所举皆说明，"许愿还愿"之行为，乃西南地域社会中一种非常重要且十分普遍的民俗传统，因此，人们在面对生活压力与危机时，采取"许愿"之方式，究其实质，为一种历史与文化的选择。

"许愿"在民俗生活中具有的重要意义，还在西南地区民众的口头传说中被高度神话，端公祭仪科文中即载有一则关于许愿的神话传说故事：

> 混沌年间六月天，六月初六大雪临。
>
> 落了七日并七夜，冻死凡间几多人。
>
> ······
>
> 观音菩萨心不忍，东方请出太阳星。
>
> 太阳行走天边过，晒得雪水流不赢。
>
> 高山雪水流平地，平地淹像海样形。
>
> 上头打去西岳庙，下头打去宝山门。
>
> 东边打坏东岳庙，西边打坏定仙桥。
>
> 神坛设定都打去，冲来沉香木一根。
>
> 巡河夜叉来看见，报与龙宫得知闻。
>
> 龙王听了忙不住，忙差十万水仙兵。
>
> 二十四把金钩子，抓住沉香木一根。

---

① 禅礼编：《岑巩县地方概况调查表》，民国三十七年（1948）油印本一册，《民国年间贵州未刊县志资料十二种》（第四册），贵州省志办藏，第11—12页。

② 鄂西土家族苗族自治州民族宗教事务委员会：《鄂西少数民族史料辑录》，内部编印，1986年，第363页。

龙王心里暗自想，此木生得好均匀。

此木拿来何处用，正好龙家造龙门。

寅时立起卯时倒，卯时立起火来焚。

风吹倒、火来焚，此木一定有邪精。

龙王当时不信教，将木造张好龙床。

凡间造床四只脚，龙家造的独脚床。

龙女上去睡一夜，染得瘟疫病在床。

睡了三年零九月，三年九月未起身。

哪个神坛没问卦，哪个庙内未抽签？

神坛问卦卦不准，寺庙抽签签不灵。

周易文王卜一卦，铜钱落地看分明。

四个铜钱落下地，龙家犯了五庙神。

龙王听了忙祝告，洗手焚香许愿文。

许下大傩十二面，又许小傩十二双，

又许长标三十六，又许短标十二双，

长标将来撒天下，短标将来请君王。

又许白猪并白羊，白脚金鸡白凤凰。

各牲许在愿信上，专请君王坐中央。

门外愿信许完了，百病消除起了身。①

在此则传说故事中，许愿者已被高度神化，不再是凡间百姓，而是出自神祇，乃"龙王"为自己罹患瘟疫的"龙女"求神占卜，并许下盛大规模之祭仪，至"门外愿信许完了，百病消除起了身"，可谓"许愿"效果神奇惊人，异常灵验。许愿行为的高度神化，无疑会高扬此一行为

---

① 李华林主编：《德江傩堂戏》，贵州民族出版社1993年版，第176—177页。

本身的文化价值，从而使民众深信不疑其效力，这当然在客观上又会进一步促进许愿习俗在民俗生活中的深刻嵌入。这正如马林诺夫斯基（Malinowski）在他对神话的经典性中所指出的那样："关于神话，非常重要的是，它具有一种回顾的、永不过时的、活着的现实性的本质。对原住民来说，它既不是一个幻想故事，也不是一个消逝了的过去的记述。它描述着一个拓展了的现实，这个现实仍然部分地活在当代社会中。它的先例、法规，以及道德原则仍然支配着原住民的社会生活。"[①] 因此，龙王为龙女许愿的神话，并非简单地描述了一个过去发生的故事，相反，它借助一个神化了的历史事件，表明了许愿在当代西南社会中具有的强烈现实性和重要性。

下面即引述一则田野访谈实录，由此可感受许愿—还愿习俗在民俗生活中的深刻意义。这是发生在贵州省毕节市大河乡鸡姑槽村的庆坛祭仪，事主胡开荣在谈到延请端公为其举行庆坛祭仪的缘由时如是说：

> 我家老伴约在一年前得了一种病，症状是经常感到头痛、晕眩、精神恍惚，晚上睡不着觉，受了一些折磨。我家境较好，子女都在外工作，有两个还在省城贵阳工作。为了老伴的病，我们四处求医，贵阳的大医院也去看过，花了三四千元钱，但仍不见好转。约在半年前，在赫章请了一位端公看病，他说是因为撞到了坛神，是坛神在作怪。他说的也有道理。我家原来真的设有坛，供着坛神，在"文化大革命"中坛被毁坏了。赫章这个端公告诉我们，只要对坛神许下愿，说我老伴的病，如果在神的保佑下能够痊愈，我们就请端公来重新安坛，敬奉坛神。我们是宁可信其有，不可信信其无。许了愿之后，老

[①] Malinowsi, Bronislaw, 1954 [1926], "Myth in Primitive Psychoogy", in *Majic, Science and Religion and Other Essays*, Garden City, NY: Doubleday & Co., Inc. 转引自李岚《信仰的再创造——人类学视野中的傩》，云南人民出版社2008年版，第187页。

伴的病果真就好起来了……我们就请邹家（端公）来做这台法事。这件事情，我家的儿女都反对，不准做。但我和老伴商量，我们既然许了愿，病也好了，就得做法事，了这个心愿。所以，在外地工作的子女一个也没有回家来。①

材料中事主"许愿—还愿"行为之发生是在生活危机与文化压力的双重驱动下得以实现的。尤其是事主"既然许了愿，病也好了，就得做法事"一句讲述，更显现出文化压力的潜在作用。而从事主的许愿经历我们也看到：面对生活中的意外病灾，民众往往是在人为努力已经无效的情况下，才会请端公进行禳解，这说明祭仪的举行与灾难间的关系其实是错综复杂的，并非简单之对应。

绾结上述，生活压力与"文化压力"是推拥许愿行为发生的两大内驱力，但相对于生活压力的直接性而言，"文化压力"似乎有着更为深沉、更为本质性的意义。因为有时甚至在人们没有直接遇到灾病的情况下，仅是出于一种情感上的担忧，也会向神发出信愿。例如，西南各地普遍举行的"过关愿"，一般来说是为遇有严重病灾、成长不顺利的孩子（一般为 12 岁以前）做的，其直接的象征意义在于解除灾难，保证过关孩童的顺利成长。但在实际的田野考察中发现，过关仪式通常是为儿子做的，而这个儿子又往往是一个家庭中的长子。由于长子在家中的重要地位，仅仅是出于一种对其本人发生意外灾祸、不能顺利成长到 12 岁的担心，也有可能会导致许过关愿的发生。② 再如"寿愿"，也存在类似的情况，有时事主也并不一定现时患有疾病，仅仅是对于寿命延续有

---

① 郭思九、王勇：《云南省昭通地区镇雄县泼机乡邹氏端公庆菩萨调查》，王秋桂主编《民俗曲艺丛书》，（台北）财团法人施合郑民俗文化基金会 1995 年版，第 57—58 页。按：此次庆坛祭仪发生于 1992 年 11 月 21 日，从 21 日晚开坛至 24 日（农历十月廿七至冬月初一）上午结束。事主胡开荣时年 59 岁。总计有九位端公参与了祭仪的运作。

② 李岚：《信仰的再创造——人类学视野中的傩》，云南人民出版社 2008 年版，第 193 页。

所忧虑或怀抱更高愿望时，也会向神灵许愿。由此我们看到，由"许愿—还愿"这一民俗传统所铸固的"文化压力"，是这样深刻影响着人们日常民俗行为选择的。

三 "许了就要还"的逻辑图式

许愿—还愿作为一对相对的民俗范畴，只是规约了民俗行为走向的一种可能性，却并不意味着许愿后就一定会有还愿仪式的发生。其中存在两种可能情况：一是当事人许愿后愿信没有灵验，此时相关的祭仪就有可能不再举行①；二是许愿而又有了灵验，当事人却没有依诺而酬神谢神。如果把许愿还愿看作人神间的一场交换、一种"契约"，那么第一种情况，似乎即可看作人神间交换的自行中止；而第二种情况属于明显的"毁约"，即当事人将承诺一笔勾销。显然，如果人人都可以随意地许愿不还，那么酬神祭仪的举行势必会大大减少。然而事实并非如此，我们看到，在西南各地的乡民社会中，"许愿—还愿"这一民俗信仰非但没有式微，反而愈加强化，其原因何在？主要就在于端公建构的一套完整的关于许愿—还愿的逻辑图式。

首先，端公在毁约和灾难之间设定了一种必然的逻辑关系。在此种逻辑关系中，人们对神毁约后所发生的一切不顺利、不圆满、不幸的事情，都将被端公归咎到因"不履行诺言"而遭受神的惩罚上来，从而使人产生惧怕恐慌。若此，就使破坏规则的许愿不还，比遵守规则的许愿—还愿更强有力地重申了保持人神之间和谐关系的重要性。当然，在实际的民俗生活中，民众之所以能够接受端公的这套逻辑关系，还在于人们信仰结构中

---

① 其实在实际的民俗生活中，多数情况是不管信愿有没有实现，事主都会延请端公来举行还愿的祭祀仪式。若此，恢复人神间和谐关系的还愿本身，就成了仪式行为的核心，成为人们关注的重点，而仪式的现实效果显得不那么重要。

存在的对于发生灾难原因的一种普遍认知。正如日本民俗学家宫家准在谈论"灾因论"时指出的那样："当我们在日常生活中遇到突如而至的幸运之事或灾难时，我们总会试图找出发生这些事情的原因，并赋予其一定的意义。很多场合下我们能够获得一个合理的解释，但是，当遇到十分重大的幸运或灾难的时候，我们往往从超自然的事物中去寻找发生的理由。"①可以说，端公在毁约与灾难之间设定的一种必然逻辑关系，正好满足了乡民对发生在己身的灾难原因之诉求。而更为关键的一点是，在端公设定的毁约与灾难间的逻辑关系中，并不专指发生灾难的当事人许愿不还，它还会延展至当事人的祖上，换句话说，若祖上欠下还愿债，也会使其后辈发生不幸。于是，我们看到人们在仪式性还愿列举许愿人时，常常包括自己祖上的愿，事实上，有时当事人并不知道祖上是否许过愿，而只是端公根据当事人自身遭际所做出的某种文化"推演"。如此，便使愿据、愿源、愿类变得非常复杂。②

李岚在贵州省德江县煎茶镇付家村调查端公祭仪时，记录了一则当地端公吴贤富讲述的为杨家老母占卜许愿的事，即表现了此种"推演"之逻辑。吴贤富说道：那次占卜是用"照水碗"的法术做的，即把鸡冠上的三滴血滴在水碗里，根据血在碗里散开的形状，解释当事人的命运。一般说，如果三滴血绞一团，是凶象，说明人要死了；如果三滴血形成圈圈，是吉象。对杨母"照水碗"的结果，端公吴贤富解释说：

---

① ［日］宫家准：《日本的民俗宗教》，赵仲明译，南京大学出版社 2008 年版，第 158 页。

② 在实际的民俗生活中，还存在一场祭仪包含两个愿源的情况。据吴电雷于 2010 年 11 月 20 日至 22 日在贵州省息烽县流长乡长干子村黎国坤家中的调查情况，愿主黎国坤约请当地端公坛班（掌坛师：黄晓亮）举行祭仪（演阳戏）有两个原因：一是祖上许下阳戏愿，之前一直没有还；二是自己夏天又遇车祸，造成脚伤，病愈还愿。因此，此次演阳戏具有还祖上阳愿和还病愿双重性质（吴电雷：《中国西南地区阳戏研究》，中国社会科学出版社 2014 年版，第 199 页）。

当时给老祖母照水碗时，三滴鸡血滴下去，没压在一起，各是各的，表示还有救。血在水里起蘑菇状，说明有小鬼找麻烦。有愿，以前父母给她许过愿，不知何时许的，所以没还。因为老祖母是孤儿，不清楚，便重新许，许过之后病便好了。①

按照端公的解释，老祖母遭受的重病，是由其双亲许愿未还而导致，并经过几代人的时间而找到了老祖母。但老祖母双亲去世早，是否有如端公所言以前许过愿其实已死无对证。在这里，端公其实巧妙地利用了人们对灾难的畏惧以及急欲解除灾难的心理，经过一番逻辑"推演"，成功地将许愿不还与灾难发生之间建立起令人信服的关系，人为地制造了所谓神祇的惩罚，借以告诫违背规则、许愿不还的人们。由此我们看到，即使当事人自己没有许过愿，但是通过"追溯"祖上，一样可以将许愿不还与灾难发生建立起必然的关联。②

在民间，上辈许的愿，几十年后，由后人来还的情形还有很多，在某些族群社区，这已成为一种民俗规制，规约着人们去遵守。这种情况在各类调查报告中多有记录。例如在重庆市，有的人许了阳戏愿没有还就死了，这堂阳戏就得由许愿者的子孙或其他亲属来还，这叫"还阴戏"③。再如贵州省织金县一带庆坛祭仪的举行，不仅同样具有上辈许愿

---

① 李岚：《信仰的再创造——人类学视野中的傩》，云南人民出版社 2008 年版，第 196—197 页。

② 需要指出的是，端公在判定事主有愿未还及具体的愿信种类时，也并非随意而为之，他们往往会通过查阅秘籍中记录的"技术方法"来判定。例如，秘籍中有这样的文字记载："凡人生痫疮，乃是……天曹愿信不明……""十一日病者，乃天曹愿未明……""十二日病者，乃东岳愿未明……""二十六日病者，猪牲荤愿未还"，等等（冉文玉主编：《道真古傩》，贵州民族出版社 2012 年版，第 125 页）。

③ 胡天成主编：《民间祭礼与仪式戏剧》，贵州民族出版社 1999 年版，第 139 页。另外，"还阴戏"之称谓，在重庆市还有另外一种用法，即有的人家因为家宅闹鬼不清吉而许下阳戏信愿，因还这种信愿涉及阴曹地府的一些事情，所以也叫"还阴戏"。由此我们看到，阳戏的这种特殊形式是由所许信愿的内容以及酬还信愿的时间来确定的。

未还、下辈还的民俗规约，更使"还愿"民俗行为具有组织化的特征：

> 在（贵州省织金县）以那区以那镇街上住着一位名叫杨光友的"穿青"老人，现年 88 岁，有三个年龄分别为 65 岁、56 岁、49 岁的儿子。大约 40 年前，当杨光友还住在果永乡杨保寨的时候，因家坟不好，便向"五显神"许下一个口愿，老人记得当时是这样说的："求你保佑我家顺顺当当，我就请先生来还你。"当时老人的三个儿子均已出世，所求"顺顺当当"的主要意思就祈求神能庇护儿子们平安长大，勿遭灾难。而所谓的"请先生来还你"则是许诺在将来合适的时候请坛师们到家里来设坛庆神，以还所许之愿。所料未及的是三个儿子果真平安长大，但所许之愿因种种缘故迟迟未还，且一拖就是 40 年。按照当地习俗，穿青人家都供奉的有一个土陶神位（亦称"箩箩坛"），若有儿子成婚另立门户，便应将老坛分而设立，新设之坛随子而去，如果老坛有愿未还，则新坛还负有再还的义务。这样随着"坛"越分越细，宿愿亦愈增愈多，对神所欠下的愿也愈加难以了结。杨光友的两个儿子不但早已另立门户，而且连他们自己的儿子亦已成家分坛。杨灿辉排行第三，是幺儿，其父与其同住，当地惯例是老坛随父而在，且只传幺儿不传长子，一旦幺儿庆坛还愿，老人就算"完成了任务"，可将老坛拆消，从此放心乐意地安度终年。①

与前则材料中端公"推演"出祖上许愿未还的情况有所不同，本则材料中述及的立家分坛制度，已经使"还愿"习俗走向组织化、制度化，且老坛有愿未还，新坛负有再还之义务。而材料中所言一旦幺儿

---

① 徐新建：《以那民间"庆坛"考察》，徐新建《从文化到文学》，贵州教育出版社 1991 年版，第 304—305 页。

庆坛还愿，老人就算"完成了任务"，很形象地道出了人们在许愿后，还愿仪式的举行已经成了横亘在内心的一种压抑情绪，是一件必须要解决的事情。正如有端公在举行完庆坛祭仪后赠送给事主的对联中所写："上联：解疑心福寿绵远；下联：了前愿喜禄无疆；横批：祈福迎神。"①

其次，为了充分强调还愿的必要性，端公还不断丰富和发展了祭仪对还愿的表现，以至于不同法事中设有许多与"愿"相关的仪节，如"还财神"（亦称"打财神""跳打唐二"）、"破腹断愿""撤愿""勾愿""断愿""游愿""催愿"等都是表现"还愿"主题的。甚至在鄂西一带，直接把端公的法事活动称为"还坛神"②。在这些祭仪表演中，"愿"被强烈地象征化了，一切可以被利用的象征手段都被调动起来，从而加强了人们对"愿"的认知与理解。例如，重庆市巴南接龙镇一带端公在阳戏运作中专门设有"勾销信愿"（或"催愿"③）一坛，法事中，站坛师对神禀宣勾

---

① 引自郭思九、王勇《云南省昭通地区镇雄县泼机乡邹氏端公庆菩萨调查》，王秋桂主编《民俗曲艺丛书》，（台北）财团法人施合郑民俗文化基金会 1995 年版，第 62 页。

② 关于鄂西一带"还坛神"祭仪的具体情况，可参阅雷翔《混融社会中的整合力量——"还坛神"调查分析》，彭万廷、屈定富主编《巴楚文化研究》，中国三峡出版社 1997 年版，第192—197 页；陈湘锋《"还坛神"的文化本源》，彭万廷、屈定富主编《巴楚文化研究》，中国三峡出版社 1997 年版，第198—203 页；黄柏权、葛政委《从仪式到表演——恩施三岔"还愿"仪式的人类学考察》，《广西民族研究》2005 年第 4 期，第64—71 页；曹毅《鄂西土家族傩文化一瞥——"还坛神"》，《湖北民族学院学报》1995 年第 4 期，第42—44 页；谭峰《浅谈〈还坛神〉语言特色及其他》，《湖北民族学院学报》1995 年第 4 期，第48—51 页。

③ "催愿"一坛法事，与"勾销信愿"法仪程序不完全一样。"催愿"是由催愿仙官临坛催还信愿。坛场备两道纸做的三角旗，一道旗上写个"了"字，一道旗上写个"愿"字。内坛法师一人站坛，手拿三角旗领唱，鼓棚其他法师帮唱［胡天成：《四川省重庆市巴县接龙区汉族的接龙阳戏——接龙端公戏之一》，王秋桂主编《民俗曲艺丛书》，（台北）财团法人施合郑民俗文化基金会 1994 年版，第 282 页］。

愿牒文①，并将一支毛笔交给还愿施主。端公们齐唱："锣鼓响，把话论，酬恩施主听原因。你的道场快圆满，给你神笔勾愿信。画个'了'字不打钩，信愿犹如长江水里丢，欠字丢入长江水，水流东海不回头。"之后，施主在勾愿牒尾信人名下，十分虔诚而工整地写下三个不打钩的"了"字。另在庆三霄坛②祭仪中，勾愿前还增加了"游愿拆标"一坛法事。法事中，端公将施主家所许的庆贺三霄坛的良愿写在纸粘篾片的三角旗上

---

①　西南各地端公所用勾愿牒文大同小异，一般会根据愿信内容及施主的具体情况做出相应调整。例如，重庆市渝北区刘法通在同治五年八月初八眷写完的阳戏抄本里，录有一份勾了愿疏文。疏文里写道：信士△△△ "为因人氏清吉，求财茂盛，六畜丰肥，五谷丰登，百事顺遂，忧心不暇，叩许太上有灵舞阳神戏一堂。自许之后，果蒙清吉。不富（负）神（恩），择取明统皇道大吉良辰之期，酬还舞阳神戏"（胡天成主编：《民间祭礼与仪式戏剧》，贵州民族出版社1999年版，第138页）。另如贵州省道真县一带端公使用的勾愿牒文格式为：三宝坛下为勾愿事，兹据大中华贵州省遵义市道真自治县___镇___村___组小地名___住居奉道投词，焚香炳炬，酬恩___，运星赎魂，请茅替代，解结消愆（禳关度厄）和送安保。右暨合家人等，上干圣造。信人___伏为___事，叩许___愿言，今不负恩，特伸酬缴。由是诹吉修建太上正一祈祥___道场一供。虔备___牲一只，净酒一封，鸡牲一只，九品三堂珍财各株，茅舟一所，菲供一筵，上叩圣恩，下祈迪吉。

> 宰牲___
> 造钱___
> 在坛内　管酒___
> 　　　　管烛___
> 　　　　代拜___
> 禀教奉行法事___

右仰掌愿仙官、勾销使者。

准此。

天运___年___月___日勾

②　西南广大地区庆坛之种类主要有"养牲坛""伍通坛""三霄坛"。各坛设置之方法基本相同，以"养牲坛"为例，一般是在主家堂屋家龛的右边，倚壁设坛。坛由坛座、坛墩、坛枪、坛牌组成。坛座为一块长约三尺、宽约一尺五寸、厚约四寸的石板，石板有约五寸高的四脚。坛座上设坛枪位。坛枪用竹编纸糊，上有三洞，代表三洞神灵。上洞神管设坛主家的人口安泰，中洞神管设坛主家的五谷丰登，下洞神管设坛主家的六畜兴旺。此为取名养牲坛的依据。坛枪上端，插五面旗子，分别代表五方兵马，即东方青帝九夷兵，南方赤帝八蛮兵，西方白帝六戎兵，北方黑帝五狄兵，中央黄帝三秦战鼓兵。还插一面代表统兵圣主郭氏三郎的帅字旗。坛枪插在一个径尺大小的坛枪墩上。坛座上还设一径尺大小的支墩。坛墩中空，盛香灰或柴灰之类，供插香烛用。坛牌即坛神牌，用纸写上坛神的名字，粘贴于坛座倚靠的墙壁上。伍通坛主要是防火。三霄坛的设置，或用竹子编三个筻筻（因此亦称"筻筻坛"），放在家龛上，也有的挂在墙壁上，筻内插三面三角旗；或用三根长六寸许的竹筒，插在家龛的香炉里，筒内插三面三角旗。坛神牌写着"桃园宝山三霄娘娘香位"。

（称作"愿标"），并带领事主到东、南、西、北四方的各位圣衙去游行，祈请众神同意勾销良愿。① 之后，才迎请红罗判官升堂，勾销施主所许良愿，以保家宅清吉，人口安泰。② 这两段祭仪中的勾愿环节有一个共同点：在仪式表演中将施主也纳入其中，一是让施主自己勾销愿信；二是法师手拿愿标，带领事主到各位圣衙去游行，祈请众神同意勾销良愿。无疑，此种仪式环节的设置必将给事主以真实感，使其切身感受到"愿"的存在，进而更加坚信"愿"的威力。

在贵州傩堂戏"和神交标"的祭仪表演中，还愿的凭据被制成用竹条缠上彩色纸须的"红标"，端公一边唱一边跳，将这个凭据送到南方火德星、火官童子那里烧掉，所谓"火化成灰无后患"。具体的象征表演是将红标折断，摔到南方地上，用长钱十二株与纸钱和红标一起焚烧，将灰倒在干净地方，"百无忧虑"。③ 通过端公象征性行为的"运作"，"愿"从一个抽象的观念转变为一个个具体的实物，从而让民众真实感受到了"愿"的存在，以及还愿的必要性。而在"上熟撒愿"祭仪中，"愿"的象征化被"演绎"到极致，其场面堪称紧张激烈，甚至使人对之产生深深的恐惧和担忧。法事中，端公将当事人许愿时所写之"愿帖"用皮纸折成人头样，以竹筷一支劈破夹着，青蓝线绑扎，代表

---

① 法师带领施主到东、南、西、北方去游行，游行不同方向的唱词大致相当。例如，游行到西方的唱词为："东山圣公南山圣母、上座云霄云霄兵马、中座山霄山霄兵马、下座水霄水霄兵马、三霄三洞兵马、潮水娘娘潮水兵马、三百六十文武官员、一千二百郎娘姊妹、后宫阴曹四十八位仙姑衙内去，仙姑衙内拆愿文。斟起三巡游愿酒，斟起三巡游愿杯。伏望我王勾了薄，一笔勾销此良因。"

② 关于重庆市巴南县接龙镇端公运作"催愿坛"和"三霄坛"的科仪细节，详见胡天成主编《民间祭礼与仪式戏剧》，贵州民族出版社1999年版，第168—169、234—235页。

③ "和神交标"祭仪由金童玉女表演，先由问官仙师去三天门外请出金童玉妇，先和神，后交标。"标"是还愿凭据，用竹条缠上彩色纸须制成。"交标"时，金童玉女各扫红标（用1.2尺长、2寸宽两端呈弧形状柄，缠上彩纸）十二支。据说每标为有姓的将军，用各种滑稽可笑的动作，挨背擦背摇头扭腰边唱边跳（李华林主编：《德江傩堂戏》，贵州民族出版社1993年版，第180—187页）。

"愿"游愿到堂，游愿到殿。屠师用茶盆将"愿纸"和"愿碗"（即盛神酒糟的碗）放在盆内，把"愿"插在煮熟的猪肉上，茶盆右边放血绳（宰牲沾血的绑绳）。由屠师抬着向三清殿和师坛各作三揖，放于执法师面前，手拿杀牲刀站在执法师的背后。接着，执法师左手高举愿柄口念：

> 师，神灵，此愿弟子拿在手中，一不大二不小，三要折四要了。对神撒敬两无质对。（将愿纸打开，看血染位置来分析吉凶）请问主人月大月小？（如主人说"月大"）月大从头撒到尾。（如说"月小"）月小从尾撒到头。横撒三十年前不行旧愿，顺撒四十年后不行旧标（将愿纸的四角撕一小缺口）。对神撒散永无质对（将愿纸从正中撕成八条，再拧成绳样）。线愿拿在弟子手中扯断，对神撒散两无质对（将绑愿的线扯断）。蔑愿拿在弟子手中劈断永无质对（将夹愿纸的筷子劈断。再将线愿、纸愿、索愿拧成绳，由主人和执法师各执一端）。了索愿、了线愿、了纸愿，要迎请屠官到堂，一刀两断永无质对……①

然后屠官用杀牲刀由下向上割断了索愿、了线愿、了纸愿；端公则迎请各路神祇，接受供奉，为主人家撤良愿；并将此愿交与南方丙丁火、火官童子处，"火化成灰两无质对"。最后，端公用"谨""封"二讳封"愿碗"。至此撤愿结束。

不难看出，在这一系列紧张而血腥的仪式场面中，抽象化的"愿"被一系列实物，诸如线愿、纸愿、索愿等所展现替代。端公通过一系列象征性行为，最终将各个实物化的"愿"一一割断乃至烧掉，以表征主

---

① 李华林主编：《德江傩堂戏》，贵州民族出版社1993年版，第192—194页。

人家所许之愿已被完全撤散，从此"人神两无质对"①。显然，一方面，将会使当事人内心产生一种安全感，不必再担心因许愿不还而遭受神灵惩罚；另一方面，端公的劈、拉、扯、砍、割等象征性动作，以及营造的紧张仪式氛围，也必然会强化人们对于许愿的恐惧感和慎重感，从而进一步加深人们对于许愿—还愿逻辑关系的强烈体认。这是典型的象征性符号参与控制系统之中，从而成为现实的、社会性的禁制力量的范例。

由此可见，端公在祭仪中对还愿所做出的一再"演示"和"强调"，使灾难当事人一旦对神许下"愿心"，且不论出于何种目的，亦不论此种许愿方式是通过内心默想，还是于神位面前许诺，抑或间接通过端公向神传达，甚至是当事人随口说出，都将别无选择地进入由端公设定的人神逻辑关系中，都将被视作人与神间已建立起一种"契约"关系：人祈求神灵护佑，祛病禳灾；而人必须以祭仪的形式向神灵回报，此即为许愿—还愿之运作逻辑。而更为关键的一点是：人神间的"契约"带有不可更易之性质，按民众自己的话讲叫"出口成愿"（亦称"挖口愿"）、"菩萨许不得，许了就要还"。

---

① 其实，在端公的祭仪表演中，撤愿之主题并不限于上述"和神交标""上熟撤愿"这两场法事中，在其他法事甚至带有戏剧性的表演中，仍然会不断重复此一主题。例如，贵州省德江县一带端公表演的正戏《先锋》中就有一段先锋神为主人撤愿的表演："样样均有，事事周全。所许良愿，一笔勾销，永无挂欠（左手执一令旗，高举胸前当纸。右手执一令旗为笔，向纸上划出'勾销许愿完了'字样，并打阴、阳、胜三卦），阳卦与主勾阳愿，阴卦与主勾愿文，胜卦与主交得清了得明，永远推出百家门。接唱道：'这堂愿信我领去，永世不到你家门。请进房内去吃烟，我陪您到天明。'"（李华林主编《德江傩堂戏》，贵州民族出版社1993年版，第361页）再如贵州省道真县一带端公祭仪中的"回熟"一坛法事，在将肉印、五心等熟食送到神前后献熟、劝酒后，法师宣口谕："如果神祇满意，这场愿信，就这样了结了。"禀卦已满意，则将抹有猪血的"红线"烧掉，算断愿，所谓"一酬百了，是愿全销"。之后，还中加演《黑风洞》，内容是沉香救母的故事。意在表明，人一时立了愿信，就要克服艰难险阻去达到目的。沉香立了救母之愿，心诚志坚，终于刀劈华山，救出老母。凤愿已偿之后，便成孝道，有福有禄（冉文主编：《道真古傩》，贵州民族出版社2012年版，第94页）。可以说，正是通过端公在祭仪中反复强调撤愿这一主题，民众才会对许愿—还愿的必要性、重要性产生深刻的文化记忆，进而形成一种牢固的民俗规约，让人去遵守。

最后，需要特别指出的一点是，许愿—还愿作为祭仪中的结构性要素，其本身内隐着一种自我循环的机制，也就是说，还愿仪式的举行又会带动下一次许愿行为的发生，而再一次许愿行为的发生，亦必又会引起还愿仪式的举行，如此循环往复，构成一个封闭的"圈"。这一完整过程既含有具体的一整套仪式操作，更含有心理的信仰意识。请看"庆坛"祭仪中，"许愿—还愿"结构仪式性循环不已的事例：

最有意思的是庆坛当中的"结愿"一则。在二郎殿里，法师用三巾纸扎出一个新愿标，然后喝令主人到坛前跪下，彼此一问一答：

"愿不愿？"

"愿。"

"求不求？"

"求。"

"多少年？"

此时回答随主人的便。我们所考察的对象杨氏回答曰：

"三十年。"

接着，法师让主人自己卜卦，并问：

"要何卦？"

"胜卦。"

杨打卦，第一次未成。于是法师将年限往下减五年为"二十五年"。然后再打卦。这回成了。于是法师把愿标交与主人，时限便定为二十五年。

二十五年，是什么意思呢？意思是在旧愿勾销的同时已许新愿。

新愿一许，必得酬还。①

在此一事例中，可以很明显地看到，事主还愿（旧愿）的结束，也是其许愿（新愿）的开始。在这里，事主所许愿年限的长短是次要的，重要的是此次庆过，下次再庆，前启后承，始终不断。由此，此种"许愿—还愿—再许愿（结愿）"的往复循环形式，就为祭仪的存在和持续提供了最为有力的保障，至于祭仪本身的现实结果就显得不那么重要了，或者从根本上来说，仪式并不会在意预后结果的真实性问题。若此，人们就以"许愿—还愿"的信仰方式，仪式性地实践着一种宗教生活的方式（如图4—1所示）。②

综上，通过对许愿—还愿逻辑图层的细密揭示，我们其实会很强烈地感受到端公在其中的重要意义。从某种意义上讲，正是端公的文化创造性——包括毁约与灾难间的逻辑释读、"愿"在祭仪中的象征性表现——才使许愿—还愿在民俗生活中形成了一种自我循环的机制。我们知道，端公主持、操作的祭仪，首先甚至最终是作为一种法事活动存在的，而法事活动的发生前提在于事主的邀请，没有人约请，端公、坛班也将失去存在的根基。但请者绝不会单纯地为了娱乐（若是为了娱乐，可直接请个戏

---

① 徐新建：《以那民间"庆坛"考察》，徐新建《从文化到文学》，贵州教育出版社1991年版，第325—326页。另外，在贵州省道真县端公主持、操作的一种名为"除灵拘纂"的祭仪中，也存在许愿—还愿结构仪式性循环的情况。"挽纂"为道真方言，有了结、收场的意思；而除灵，是荐亡道场的一种形式。在道真民间，人死后都要请端公做道场。过去，道场的规模有多达49天者、20余天者、十天半月者；而今，因为观念的变化，7—9天的都已不常见。但如果需要做9天以上的道场，按古规，一般就要"扯斗"。所谓"扯斗"，就是请装颜匠（专门制作冥器的艺人）将坛场—丧家堂屋—家龛以上的空间用竹篾、彩纸全部遮掩装饰，形成天花板状或倒扣的斗状。假如采用了这样一种形式，那么道场结束后，就必须借冲傩（亦称"逛神""跳大牙巴"）作一个"总结"，以期画一个圆满的句号。在那个时节的冲傩，必须有还原内容，若主家不曾许过，就得重许（冉文玉主编：《道真古傩》，贵州民族出版社2012年版，第126页）。

② 张建建认为，从许愿—还愿结构与仪式的关系来看，这是一种"阈限"形态的宗教——它在仪式的举行和未举行之间，将仪式所表征的信仰体系隐在性地表现出来，支撑着人们有意义地生活（张建建：《冲傩还愿——贵州傩仪的结构类型意义》，贵州人民出版社1997年版，第199页）。

班，而不需要请"坛班"），更主要的当然是通过祭仪来实现自己的目的。正是在此种文化与生活情境的刺激下，端公才将许愿—还愿作为整个祭仪中十分重要的结构要素来对待，同时无以复加地强调了许愿—还愿的重要性。

图4-1　端公祭仪中的"判官勾愿"

第二节　个性与共性：西南各地端公祭仪结构的通观透析

从文化行为的表现形式来讲，西南端公的行为体系主要表征为一系列法事活动的聚合。这些纷繁复杂的法事活动，涵括了多种表现层次，既有单一结构形式的小型法事行为，也有复合结构的大型祭仪形态，在这两个层次之间，其实隐含着一个相当时间的发展序列。本节的研究，并不在于详尽描述特定区域内的祭仪形式（此为学界以往的研究范式），而在于以通观的视野，对西南各地"端公祭仪"的结构形态之共性特征做出完整诠解。

一 端公法事行为的两种表现形态

诚如前面所论，西南端公在乡民社会中的执业范围相当广阔，其具体的执业项目几乎关涉乡民生活从生到死的方方面面，因而对当地民间生活干预联系较深较密切。在实际民俗生活中，端公纷繁的执业项目，必然要具象化为一系列的法事（端公将其所操作的所有祈禳活动统称为"法事"）行为。而综观西南各地端公操作的这些法事活动，其数量、品类之繁杂几乎难以胜数。按其运作规模之差异，我们可将其大略分为"小型法事"与"大型法事"两种类别。需要指出的是，由于端公的法事操作具有变异性特征，因此，这种划分也只是一种相对的认定，是一种分析的善巧。

小型法事，主要指那些法事目标较为单一、规模较小的一些法事活动。其操作耗时数十分钟，或一两个小时、三四小时，参与人数较少，所需人数一三五人不等。端公操作的小型法事，在地方志文献中俯拾即是，例如《巴县志》中有载：

> 延巫退病，以烟墨涂巫面，大声疾呼，赤身跳舞，后乃席地而坐，仆役与之对饮共食，谓之和梅山。其用一巫禳病，谓之小送。（孕妇）延巫，削桃木作符，硃画符号，谓之钉符。或书符封水满罂（音婴，盛酒器），倒悬梁上，谓之起海水。或信星士言，命犯关煞。招巫作法，置刀，前悬锁，孩子由刀经过，请宾开锁，谓之开关……或竖小石碑于三岔路口，刻左走某处，右走某处，上镌弓矢状以指路，谓之将军箭。①

---

① 向楚主编：《巴县志选注》，重庆出版社 1989 年版，第 299—300 页。

再如《成都通览·成都之执业人及种类》云：

> 端公，即巫教也。及所居之宅曰"端公堂子"，省城凡八九十人……所演之法事有解结、度花、打梅山、画蛋、接寿、打保符、收鬼等名目。①

上引材料中所谓"和梅山"（或称"打梅山"）②、"钉符""起海水""开关""将军箭""度花""画蛋""收鬼"之类，即属于小型法事，此类法事在端公具体的操作中较少有明显的坛次序列。虽然学界以往对此类法事行为关注较少，但实际上，小型法事遇之而为、用时较短、操作灵活、花费无多之特点，已在实际的民俗生活中成为端公法事行为之主体。在端公的实际操作中，此类法事行为之名目异常繁多，其中一些类别现在已经很难见到。例如四川省江北县舒家乡一带端公操作的"还黑虎"法事。据说，黑虎是财神赵公明的坐骑，有人无意冲犯，它就会显灵伤人，这时就要做"还黑虎"的祭祀。又如"还泰山"。"泰山"即有些大户人家的朝门或大路要冲为镇邪所设的石狮或"泰山石敢当"。有的人尤其是小孩无意中打动或亵渎了它，它便会显灵作怪伤害人。这个时候人们就要请端公作法烧纸敬香，求泰山大神宽宥。这种法事就称作"还泰山"③。从法事性质来讲，这类活动其实更贴近端公作为巫的文化身份。

相较于小型法事，大型法事的程序复杂、牵涉面广；参与人数为5—7人，多则10人以上；表演规模一天一夜、三天三夜、七天七夜不

---

① （清）傅崇榘编：《成都通览》（上），巴蜀书社1987年版，第394页。

② 在端公的实际操作中，"和梅山"法事有两种类型。一种是一个法师独立完成，其科仪程序是：烧起马钱、解秽、上钱、请圣、送神、在坡上和梅山。另一种是三四人合力完成，其科仪程序是：开坛、发申、请圣、回熟、造枪、定枪、祭五猖、和梅山、赎魂、运星、送神。

③ 王跃：《四川省江北县舒家乡上新村陶宅的汉族"祭财神"仪式》，王秋桂主编《民俗曲艺丛书》，（台北）财团法人施合郑民俗文化基金会1993年版，第18页。

等。上引材料中所谓"接寿"（"接寿延生"）、"打保符（福）"等名目，其实均可归入大型法事之列。以"接寿延生"法事为例，其坛次程序就包括开坛、礼请、念经、拜忏、上表、发牒、竖结、领牲、造茅、回熟、勾愿、安营扎寨、进钱、赎魂、运星、下结、赈济、劝茅、造船、拆营倒寨、送神，共计 21 坛①，体现出明显的坛次序列特征。参与人数要 7 人左右，操作时间大约要 30 个小时以上，由此可见其规模之大。

显然，大型法事与小型法事具有明显的差异，但因均由端公主持、运作，因而二者也并非完全不相干。事实上，许多小型法事既可以独立操作，也可以被融合进大型法事之中成为其中的一个法事单元。例如上文《巴县志》中提到的小型法事"将军箭"，即是重庆废旧太平延生法事"过关"一坛中的一种小型法事；"烧胎"，乃是太平延生与急救延生"赎魂"一坛中的小型法事；"造茅""送茅""劝茅"，则是太平延生与急救延生②必不可少的坛次。其他诸如"煞铧""安香火"

---

① 胡天成：《四川省接龙阳戏接龙端公戏之三——接龙延生》，王秋桂主编《民俗曲艺丛书》，（台北）财团法人施合郑民俗文化基金会 1995 年版，第 17—19 页。

② 按胡天成的研究，重庆市的"延生"法事活动，可以有多种分类方式，如果从祭祀和祈祷的主要神灵角度去考察，有以祈求东岳大帝注生为主的东皇延生，有以祈求冥府十王赦死为主的十王延生，还有祀奉上洞梅山胡大王、中洞梅山李大王、下洞梅山赵大王为主要内容的梅山延生（即延生中加"和梅山"）等。如果从举行祭祀仪式的缘由和目的的角度去考察，有因求子而得子，以酬赐子之恩，了续香烟之愿的梓潼延生；有为孩童度关去煞，消灾解厄，使之易长成人，长命百岁的过关延生；又有因冀求长寿，期满某旬，而果如其愿，在办寿酒前夜举行的接寿延生；还有因庆贺寿高，朝拜北斗七星和南斗六曜为主要内容的朝斗延生；有解除病人冤结，冀求退病延寿的解结延生；还有翻案开洞，或者到阴司地狱去提取病者游魂，让其归身附体，去病祛邪、转危为安的翻案延生或闪狱延生等。如果从祭祀仪式的祭品形态去考察，有以整头猪作为祭品，而必作领牲、放牲法事的洪猪延生，还有因来不及喂养整只猪祀神，只得临时买一些肉来操办祭仪，而以一块刀头作为祭品，不作领牲、放牲法事的刀头延生。如果从举行这种祭祀仪式性质的和缓与急迫，以及主家心愿的宽松与紧张的角度去考察，都可以将前述类型归入良愿已达，否去泰来，为酬恩谢神而举行的太平延生和事情紧迫，来不及等其信愿实现，而祈求神灵退病救人的急救延生两大类之中［胡天成：《四川省接龙阳戏接龙端公戏之二——接龙庆坛》，王秋桂主编《民俗曲艺丛书》，（台北）财团法人施合郑民俗文化基金会 1995 年版，第 14—15 页］。

"上刀梯""过刀桥""净宅"等小型法事，都是大型法事中的一个组成部分或单元。

作为端公法事行为的两种表现形态，小型法事与大型法事在西南各地还有不同的表述方式。例如贵州省道真县一带端公就将其称为"小巫"与"大巫"两类。① 其中，"小巫"的种类包括：和梅山、送瘟船、请阴童、封赤口、打粉火、遣阴丧、送冷坛、放阴兵、扫火星、安香火、背茅人、酬东岳、和坛、祭坛、谢土、上钱、剪牲、煞铧、上刀梯、过刀桥、烧王雷胎、吞火龙灯、退七星剑、解将军箭、还四官爷、还夜五道、还圈门土地、还打闹菩萨、沿门荡秽以及葬埋仪式中的关夫、赈济、饯驾、起丧、推送、庆祝、度关、取魂、送财神、玩狮子、醮会、敬神、烧胎、净宅、酬神、划龙船若干种。而每一种"小巫"法事，又

---

① 2012 年 12 月，笔者赴贵州省道真县隆兴镇联兴村香湾组进行田野调查时，无意间搜集到由当地端公张邦宪（法名普荣，57 岁）整理的《法师传家宝》（电子稿）一文，是为其本人传授弟子所用，全文 1 万余字。文中共简要记录了其本人所能操作的 180 种法事名称，并就每种法事所包含的坛数、花费的大致时间等信息作了说明，这对于我们全面了解端公的文化身份、执业特征、执业范围、执业内容等，具有十分重要的价值。按张邦宪所列，这 180 种法事名称为：冲傩、梓潼戏、阳戏、急救延生、接寿延生、解结延生、献戏、酬佛、敬将军、敬山王、敬川主、敬土主、敬药王、敬城隍、敬高岩、敬黑神、敬灵官、敬梅山、敬蛮王、白蛇大将、山事神王、三抚相公、唱花灯、开财门、开天门、放明灯、收禁罐、煞铧、打粉火、和梅山、和瘟、和坛、送子、免灾星、过刀桥（解关煞、上刀梯、运星辰）、解将军箭、抛牌献法、退七星箭、退土公箭、烧五雷胎、烧观音胎、请童子、清坟、招山、提坟、谢土、安香火、安诸天、安玉皇、安老君、安官圣、安元脚、安观音、安财神、安将军、安梓潼、安土地、安师坛、安鲁班、安蔡伦、安杜康、安真武、安山王、安川主、安二郎、安高岩、安黑神、安城隍、安土主、安药王、安灵官、三事神王、安蛮王、安白蛇、安三抚相公、安佛主、安吞神、安弥陀、上玉皇钱、上诸天钱、上老君钱、官圣钱、元脚钱、观音钱、梓潼钱、财神钱、佛主钱、蔡伦钱、鲁班钱、杜康钱、上真武钱、山王钱、川主钱、高岩钱、黑神钱、城隍钱、土主钱、药王钱、白蛇钱、相公钱、二郎钱、梅山钱、柱立钱、轿马钱、车马钱、上将军钱、秧苗钱、木包钱、蚕王钱、清洁钱、瘟司钱、炉神钱、清明钱、灶神钱、木马钱、蜂王钱、桥梁钱、开山钱、龙王钱、灵官钱、献新钱、竹王钱、赎魂钱、斗姥钱、运星钱、伶牲钱、证明钱、安山钱、祭玉皇、祭山王、祭川主、祭二郎、祭佛主、祭黑神、祭城隍、祭土主、祭药王、祭灵官、祭蛮王、祭白蛇、祭三抚相公、祭将军、祭桥梁、祭木包、祭龙王、祭财神、祭梓潼、祭观音、祭官圣、祭魁星、祭陀佛、祭古树、祭土地、祭坛神、祭师坛、祭梅山、祭杜康、祭蔡伦、祭血光、送火星、送冷坛、送瘟神、送哭神、送游师、送冤枉、送阴丧、送五道、送孤魂、送虫王、送蚕王、还圈门土地、还四官爷、扫圈、安胎、催胎、起胎、收兵、放兵、划干水、取奶。

包括若干小项，例如"上钱"法事，就包含上三月钱、上三抚老穆相公钱、上三世神王钱、上四官财神钱等共计131种。"烧胎"法事，又包含烧观音胎、烧五雷胎、烧古牛胎、烧八庙胎，共4种；"安位"法事又包含安香火、安师坛、安坛神、安神位，共4种。[①]"大巫"法事主要有：冲傩、打保福、和送、打解、度职、阳戏等。显然，"小巫"与"大巫"此一对称谓本身，即点明了端公作为"巫"的文化身份以及执业特征。

二　西南各地"端公祭仪"的通观比较

端公操作的大型法事活动，往往被称为祭祀仪式，这主要是从其明显的坛次序列，以及内部的结构特征来考量的。实际上，学界以往对于端公法事行为的关注，就主要集中于这些较为大型的祭祀仪式上。在西南各地，此种大型祭仪的品类名目颇多，像傩堂戏、傩愿戏、庆坛、阳戏、延生、冲傩、打保福、还坛神、庆菩萨、端公戏、祭财神、打傩、还钱、和送等称谓，都在学界被广泛使用。但囿于地域和称谓本身的局限，学者们常将区域、称谓的差异作为不同祭仪类型的区分标准，由此造成了祭仪类型的庞杂与称谓使用的混乱。例如，庹修明在谈到四川境内端公操作法事祭仪的种类及主要流传区域时分条目列举：

> 川东：阳戏、庆坛、傩愿戏、土地戏、端公戏、师道戏；
>
> 川南：庆坛、端公戏、师道戏；
>
> 川西：端公戏、芦山庆坛；

---

① 罗中昌、冉文玉：《黔北仡佬族傩仪式大观》，民族出版社2013年版，第55—58页。

川北：梓潼阳戏、射箭提阳戏、剑阁阳戏、苍溪庆坛、傩坛戏等。①

显然，这里所列举的祭仪类型之分类标准并不一致，比如川北的梓潼阳戏与剑阁阳戏之称谓，"梓潼"乃神名，"剑阁"乃地名，将二者作为区分不同阳戏类型的依据，显然是不成立的。再如川南的"庆坛"与川西的"芦山庆坛"、川北的"苍溪庆坛"之称谓，本来就具有种属的逻辑关系，将它们作为不同的祭仪类型并列在一起，也是不合适的。此外，"端公戏""傩坛戏"之称谓，一个是从祭仪主体——端公角度来命名的，另一个是从举行祭仪的地点——傩坛角度来命名的，将二者作为并列的祭仪类型，恐怕也难以说清二者间的本质区别。

从本质上讲，之所以会出现称谓使用上的混乱，以及祭仪类型认知上的误区，其主要原因就在于，我们缺乏一种打通区域以及称谓界限的通观意识。由于过分强调不同区域、不同称谓祭仪差异的绝对性，因而阻碍了我们对于不同祭仪间共通性的理解。实际上，当我们以通观的视野来观照西南各地不同称谓的祭祀仪式时，就会发现：这些众多的祭仪类型本有着共通的仪式架构与结构形态。为了更进一步地说明此问题，下面我们选取贵州道真冲傩、阳戏，德江傩堂戏，陕西汉中端公戏，云南昭通庆菩萨，重庆巴县阳戏、庆坛、延生，四川江北"祭财神"，对这些不同地域、不同称谓的大型祭仪进行通观比较，以发掘西南各地诸种祭祀仪式内部的形态规律与结构的共性。

---

① 庹修明：《叩响古代巫风傩俗之门——人类学民族学视野中的傩戏傩文化》，贵州民族出版社2007年版，第31页。

表 4－1 西南各地诸种祭仪基本程序之比较[1]

顺序	贵州		贵州	陕西	云南	重庆			四川
	道真		德江	汉中	昭通	巴县			江北
	冲傩[2]	阳戏	傩堂戏	端公戏	庆菩萨[3]	阳戏	庆坛[4]	延生	祭财神
1	申文发牒	申文发牒	发文敬灶$_2$	发文敬灶$_2$	发牒$_2$	发牒$_3$ 撒帐$_1$	发牒$_2$	发牒$_6$	发文敬灶$_4$
2	跑功曹	跑功曹							
3	安师	安师 提戏							
4	开坛	开坛 开路 跳坛 提上香童子 出引马土地 请神 搬云台	开坛$_1$	开坛礼请$_1$	开坛$_6$	开坛$_2$ 开路$_8$	开坛$_1$ 开路$_9$	开坛$_1$	开坛召请$_1$ 破路$_9$
					大请神$_5$	正请$_4$		礼请$_2$	礼请$_3$
								念经$_3$ 拜忏$_4$ 上表$_5$	
				投表$_{11}$					
5	搭桥		搭桥	搭桥$_4$	搭桥迎驾$_8$		造桥招兵$_{18}$		
6	立楼		立楼	立楼点兵$_3$	砌桥楼$_{10}$				
					画梁变宅$_{11}$		画梁变宅$_{10}$		画梁$_7$
					接圣$_{12}$				
					踩九州$_{13}$		踩九州$_{20}$		
					造井$_{14}$				
					造枪$_{15}$		造枪$_{14}$		
					耍枪$_{16}$		发枪$_{15}$		

续　表

顺序	贵州			陕西	云南	重庆			四川
	道真		德江	汉中	昭通	巴县			江北
	冲傩	阳戏	傩堂戏	端公戏	庆菩萨	阳戏	庆坛	延生	祭财神
					落草$_{17}$				
					送子$_{18}$				
					开洪山财门$_{19}$				
					检斋圆满$_{20}$	点棚检斋$_6$	检斋$_{21}$		
			安营扎寨	安营扎寨$_9$			安营扎寨$_7$	安营扎寨$_{12}$	
			造席		造席$_3$				
			差发五猖						
7	开洞								
8	秦童买猪								
9	领牲	领牲	判牲	领牲$_5$	领牲$_1$	领牲$_5$	领牲$_3$	领牲$_8$	领牲$_2$
							放牲$_4$		
							拆坛$_5$	拆营倒寨$_{20}$	
							发案$_6$		
			淌白		淌牲$_4$				
			和会交标						
10	上领牲钱	上领牲钱						进钱$_{13}$	
11	上回熟钱	回熟	上熟	上熟$_6$	回熟$_7$	回熟$_{12}$	回熟$_{13}$	回熟$_{10}$	回熟$_{10}$
						碓磨$_{13}$			
						工兵牢子$_{14}$			
						敲枷$_{15}$			
						六位国王$_{16}$			
						田郭二位$_{17}$			
						赏杨大口$_{18}$			

顺序	贵州			陕西	云南	重庆			四川
	道 真		德江	汉中	昭通	巴县			江北
	冲傩	阳戏	傩堂戏	端公戏	庆菩萨	阳戏	庆坛	延生	祭财神
12	打解结							竖结[7]	
13	差兵祭将			放兵[12]			祭兵[16]		招兵[5]
14	跳坛			和坛[10]			迁坛[17]		
15	大傩翻解								
16	破腹断愿	破腹断愿				催愿[10]			破腹还愿[11]
						接神[11]	迎兵接圣[19]	接驾[3]	
17	祭五郎官将								祭兵[13]
18	赎魂			收兵招魂[7]				赎魂[14]	
								运星[15]	运星[14]
								下结[16]	
								赈济[17]	
19	度关	度关	过关[18]						过关[12]
20	关茅							造茅[9]	
21	劝茅							劝茅[18]	
22	请敕如将								
23	造船	造船[18]	造船清火[13]	造船[8]		造船[23]		造船[19]	
			大游傩[14]						
		打堂二[19]							
		勾愿[20]				勾愿[19]		勾愿[11]	
		和梅山[21]							
24	割麻断解								
						钱驾[20]			
						盖魁[21]	盖魁[23]		
25	收兵					叫兵[11]			放兵[15]

续　表

顺序	贵州			陕西	云南	重庆			四川
	道真		德江	汉中	昭通	巴县			江北
	冲傩	阳戏	傩堂戏	端公戏	庆菩萨	阳戏	庆坛	延生	祭财神
26	灵官镇台	灵官镇台$_{17}$			镇台$_9$	走马$_9$	开光$_{12}$		开光$_6$ 镇台$_8$
27	发茅								
28	发船			祭船$_{13}$					
29	背茅								
30	镇宅	镇宅$_{22}$				镇宅$_7$	镇宅$_8$		
31	送神	送神$_{23}$	送神上马$_{15}$	打火送神$_{14}$	送神$_{21}$	送神$_{24}$	送神$_{24}$	送神$_{21}$	送神$_{16}$
32	启师	启师$_{24}$							
33	招呼香火	招呼香火$_{25}$	安香火$_{16}$ 开红山$_{17}$ 煞铧$_{18}$	开红山$_{10}$			开红山$_{22}$		安位$_{17}$
34	扫火堂	扫火堂$_{26}$	扫荡$_{19}$			扫台$_{22}$	扫台$_{25}$		

（说明：某些法事右下角的数字，表示其顺序。）

注：［1］表 4 - 1 主要参考了冉文玉主编《道真古傩》，贵州民族出版社 2012 年版；胡天成《四川省重庆市巴县接龙区汉族的接龙阳戏——接龙端公戏之一》，王秋桂主编《民俗曲艺丛书》，（台北）财团法人施合郑民俗文化基金会 1994 年版；李华林主编《德江傩堂戏》，贵州民族出版社 1993 年版；王继胜、王明新、王李云编著《陕南端公》，陕西科学技术出版社 2009 年版；郭思九、王勇《云南省昭通地区镇雄县泼机乡邹氏端公庆菩萨调查》，王秋桂主编《民俗曲艺丛书》，（台北）财团法人施合郑民俗文化基金会 1995 年；胡天成《四川省接龙阳戏接龙端公戏之二——接龙庆坛》，王秋桂主编《民俗曲艺丛书》，（台北）财团法人施合郑民俗文化基金会 1995 年版；胡天成《四川省接龙阳戏接龙端公戏之三——接龙延生》，王秋桂主编《民俗曲艺丛书》，财团法人施合郑民俗文化基金会 1995 年版；王跃《四川省江北县舒家乡上新村陶宅的汉族“祭财神”仪式》，王秋桂主编《民俗曲艺丛书》，（台北）财团法人施合郑民俗文化基金会 1993 年版。需要指出的是，表 4 - 1 中所列仪程，只是基本的大程

序，若要论及各坛内所含小程序，那往往又有三五道、七八道、十数道之多，不胜枚举。以道真冲傩祭仪为例，"开坛"一坛内，还包括报神（请神）、封水碗、踩罡、敕席、敕冠、敕衣、敕牌、敕角、观师观神、请水解秽、参灶、歇坛等小程序。

[2] 道真一带的"冲傩"祭仪，有所谓"全堂傩"与"半堂傩"之区分，这里所列为"全堂傩"的基本程序。"半堂傩"也是从"礼请"起势，到"安香火"结束，但中间穿插的仪式单元和演剧成分较"全堂傩"仪程要少一些。"半堂傩"的一般程序为：（1）礼请；（2）开坛（分"大开坛"和"小开坛"两种）；（3）搭桥；（4）劝领牲酒；（5）差兵；（6）破罗网；（7）赎魂（又称"叫魂"）；（8）回熟；（9）断愿；（10）襻关（又称"度关"）；（11）上树刀；（12）造茅；（13）打解；（14）造船；（15）和送；（16）煞铧；（17）戴百家锁；（18）戴寿圈；（19）送圣；（20）安香火。

[3] 庆菩萨法事祭仪，从其性质上分为"文坛"和"武坛"两类，文坛法事的主要形态是诵经、上表、拜忏，属于佛事的范畴。而武坛法事则被认为具有巫和道的特点。表4-1中所列其实是武坛的基本程序。文坛部分基本程序主要包括：1.《启经》（诵《梓潼经》《财神经》《文昌大洞经》）；2.《拜忏》（《文昌忏》《财神忏》《文昌大洞忏》）；3.《上表》（《道门庆贺表科》《道门财神表科》《道门贺诞生表科》《庆文昌表科》《道门消灾表科》）。文坛法事只用于祭祀梓潼帝君和赵公元帅，单独举行庆坛和还钱时则不进行［郭思九、王勇《云南省昭通地区镇雄县泼机乡邹氏端公庆菩萨调查》，王秋桂主编《民俗曲艺丛书》，（台北）财团法人施合郑民俗文化基金会1995年版，第46页］。

[4] 重庆市巴南区一带的庆坛祭仪可分为庆养牲坛、伍通坛、三霄坛、蓝蛇坛等类型。其中以庆养牲坛为主，表中所列即为庆养牲坛之基本程序。养牲坛的主要职能是保佑主家的人口安泰、五谷丰登和六畜兴旺，凡是与此有关的酬恩了愿即举行庆贺养牲坛仪式。伍通坛的主要目的是防火，如果发现有火灾征兆，或者端公推算犯火星神煞，即举行庆贺伍通坛仪式。三霄坛主要职能是收邪。如果家庭有"小神子"作怪，或者有人患疯癫病，人们认为是邪鬼勾去了魂，就庆三霄坛。蓝蛇坛很少，其蛇置放于养牲坛下。一般是端公为了表现其绝招，才在庆养牲坛时加庆蓝蛇坛的内容。各类型庆坛仪程的总体架构基本相同，只是在个别坛次为了表现某个主题而增减相关仪项，从而使祭仪形态发生些微的改变。例如庆三霄坛基本科仪程序为：1. 开坛；2. 请神；3. 拆坛；4. 开戏洞；5. 出郎君；6. 出仙锋；7. 出五郎、八郎；8. 领牲；9. 回熟；10. 迁坛；11. 出梁山土地；12. 出石州和尚；13. 游愿拆标；14. 勾愿；15. 合小山；16. 安位。

上面关于西南各地诸种祭仪程序之比较，其实包含多种类别：有同一区域不同称谓祭仪、不同区域同一称谓祭仪、不同区域不同称谓祭仪等，这些不同的比较类别基本可以代表目前西南地区纷繁祭仪的大致情况。而当我们超越了地域、称谓的限制，对其进行通观审视，会很容易发现：其实所有这些祭仪，亦无论地域、称谓，相互之间都存在着明显的共通性。首先，从大的结构框架来讲，均是以迎神→酬神（颂神、祀神、娱神）→送神"三段结构"[①]为基准，展开有关仪程的运作。受此"三段结构"的规约，像发牒（亦称申文发牒、发文敬灶）、开坛（礼请）、领牲（亦称"判牲"）、"回熟"（亦称"上熟"）、送神等坛，就成了上述所有祭祀仪式中共有的程序。

首先，立基于"三段结构"框架之内，祭祀仪式中具体相关仪程的组合、连接，又都遵循着一种共同的文化演述路径：请各路神灵降临祭坛，为其安营扎寨，铺路（开路、破路）、立楼（砌桥楼）、搭桥（造桥）、画梁（变宅）；向神祇叩拜、献牲尚飨（分生、熟两种祭品：领牲、上熟）；祈求神灵弹压、驱逐鬼魅、灾疫（如和梅山、盖魁、灵官镇台、收兵招魂、差兵祭将、造船清火），或向神灵展现所求和许愿，或向神灵酬祭以求勾销往昔所许之愿（破腹还愿、催愿、勾愿）；最后礼送神祇，将其送回天界（送神、送神上马、打火送神）。在这样一个总体的仪式叙事框架内，还可以根据需要再增加其他仪式情节。例如重庆阳戏在"送神"前增

---

①　在以往的研究中，往往把"迎神→酬神（娱神）→送神"三段结构作为傩礼的基本结构形态。其实，隋唐之前的傩礼基本以单结构为主，直截了当地驱鬼，没有迎神和送神的程序。唐代傩礼加上了一个祭告月神的仪式，构成两段结构（双结构）。宋代和明代前期民间的全过程大多又恢复了单结构，只有少数是唐式双结构。明代后期才出现"迎神→酬神（娱神）→送神"三段结构。而这一结构形态之所以能成为南方各地的普遍形式，端公在其中起到了关键作用。端公祭仪中的三段结构源头有三：一是宫廷礼典中的三段结构［早在屈原的《九歌》中就已包含"迎神→酬神（娱神）→送神"三段结构，正史"艺文志"的记载中有大量的"迎神辞"和"送神辞"，可知古代宫廷礼典大多也是三段结构］；二是宋杂剧结构的影响；三是巫道仪式中的三段结构（参见曲六乙、钱茀《东方傩文化概论》，山西教育出版社2006年版，第335页）。

加了"饯驾"仪项。所谓"饯驾",就是送神前的宴请,为神饯别。贵州道真冲傩、阳戏在"送神"后还分别有"招呼香火""扫火堂"等仪项,其意旨在于为事主家安位香火,打扫火堂,以为主家带来清吉平安。

其次,从内部科仪程序来看,彼此间亦存在着较大的共通性,甚至是一致性。以表4-1中所举重庆市的三种祭仪形态(阳戏、庆坛、延生)为例,根据相关调查资料,在延生科仪本中的"申文发牒"一坛里,也把延生与庆坛、阳戏并提,且三者在申文发牒一坛法事中的科仪程序亦基本相同,只是各种法事所请的主神相异:

> 奉请何神来发牒,又请何师见申文?大罗高上请三清,十极高真来申文,奉请总真高上请真武,十大雷神来申文。延生奉请五岳五天圣君、五名皇后夫人来申文,冥府宫中请十王,注生真君来申文。阳戏奉请川主、土主、药王三圣帝君,部下进朝出朝文武公卿,戏府会上一切高真来申文。庆坛奉请正一玄皇会上赵爷、罗爷、伍通老爷、统兵圣主、郭氏三郎,部下五猖五路阴司兵马来申文,五方五帝、五营兵马、地盘业主、乡师真人、坛内有感一切高真来申文。①

结合表4-1我们看到:在实际的祭仪运作中,延生、阳戏、庆坛也往往交织在一起,可以以一种为主,兼做其他一种或两种。有些坛的法事,可以相互穿插进行,甚至有的坛的科仪程序完全或基本相同。比如,开坛、发牒、镇宅、开路、盖魁、扫台等,庆坛和阳戏就基本或完全一致,发牒、领牲、回熟等坛,庆坛、阳戏和延生都基本或完全相同。比较其他

---

① 胡天成:《四川省接龙阳戏接龙端公戏之二——接龙庆坛》,王秋桂主编《民俗曲艺丛书》,(台北)财团法人施合郑民俗文化基金会1995年版,第2页。另外,端公祭仪法事所请主神,主要是由祭祀的目的、缘由所决定的。由于在端公的神灵谱系中,各神灵各有其不同的职责和功能,因而不同的祭祀目的,往往会对应不同的主神。例如因求子而得子,以酬赐予之恩,一般要迎请"梓潼帝君";若要求财则主要祭祀财神"赵公元帅"(各地可能会有所有不同)。

地域不同称谓的祭仪程序，也都存在着类似的情况。如贵州道真冲傩与阳戏，就宏观层面而言，亦具有同构之特点。从程序上看，二者的开端均为"申文发牒""跑功曹""安师""开坛"四项；中端均为"领牲""上领牲钱""上回熟钱""破腹断愿""镇台"五项；末端均为"送神""启师""招呼香火""扫火堂"四项。而且，冲傩与阳戏本身的结构系一种可兼容其他法事的活性结构，在完成其主要法事目标的同时，亦可应信众需求兼行诸如度关、团宅、镇宅、庆坛、和坛、和梅山等原本独立的法事。

最后，从民俗称谓来看，有些端公祭仪称谓本来就是相通的，这反映了民俗应用的随意性特征。例如贵州道真三桥一带的端公祭仪称谓就很能说明问题。在三桥一带，冲傩、打保福两仪式因需"搭桥""差兵"，称为"逛神"。其中，冲傩又称为"逛大神"，打保福又称"逛小神"。冲傩、阳戏因角色所戴山王、二郎面具均有獠牙，又称"跳大牙巴"。"冲傩"因多在堂屋举行，又有"傩堂戏"之说。以上三者及梓潼戏，因同具宗教与戏剧成分，又合称"神戏"①。

毫无疑问，立足西南广大地区，上述诸种祭祀仪式在主体框架与文化演述路径上所表现出来的惊人一致性，绝非偶然现象，它们应该同属于一种更大类型的祭仪形态。此种更大类型的祭祀形态，我们称之为"端公祭仪"。此一形态称谓的提出，首先是基于一个最为基本的文化事实，那就是所有这些祭仪都是由端公来主持、运作的，作为民俗主体的端公会根据不同的现实情境，选择不同的祭仪类型，增减仪式项目，调整仪项顺序，以完成不同的祭仪目的。由此就形成了西南地区纷繁复杂、变化多端的祭祀仪式形态。而面对这些纷繁复杂的祭仪形态，我们必须要在把握"端公

---

① 冉文玉主编：《道真古傩》，贵州民族出版社2012年版，第68页。

祭仪"形态总体性结构特征之基础上，才能对其有更深刻的理解，否则很容易陷入"就事论事""只见树木，不见森林"的尴尬境地。

三 "端公祭仪"的结构形态与生成机制

从宏观层面把握整个西南地区"端公祭仪"的结构形态，就是要探究不同法事内部祭仪间连接、组合方式的共通性，进而提炼各祭仪共有的生成机制。张建建通过对贵州诸种祭祀仪式的考察，提出了"仪式群"与"仪式元"之概念，对于理解"端公祭仪"的生成机制颇具启示意义：

> 贵州傩仪是形式繁复、构造精致的一种仪式，其中既包括了许多大型独立的仪式，也包括了许多作为独立仪式的小构件，而这些小的构件也构成相对完整的仪式。前者如《开坛迎圣》《安营扎寨》《搭楼》《造船清火》《和会交标》《过关》《开红山》等。后者如"穿衣件""启口语""迎圣""发文""藏魂""观师""参神""游傩""测字""打卦"等。因此可以将贵州傩仪视为一种组合性的仪式，称为"仪式群"（the group of ritual），而将组成各种仪式的较完整构件，称为"仪式元"。这样看来贵州傩仪的形式特征，可以认为是一种多构件多层次拼装的仪式，其装配方式视仪式的规模大小，多少有异。①

无可否认，张建建的研究确实抓住了贵州诸种祭祀仪式在结构形态方面的本质特征。虽然他在表述中使用的是"傩仪"这一称谓，但正如前面我们在"端公文化与傩文化的关系"一节中所论述的，在西南广大地区，"傩"其实是被整合进端公文化系统之内的，换句话说，端公祭仪的外延要比傩仪大得多，因此，这里所谓的"傩仪"其实也是端公祭仪的一种表

---

① 张建建：《冲傩还愿——贵州傩仪的结构、类型、意义》，贵州人民出版社 1997 年版，第55页。

现形态。而且，由于西南各地诸种祭祀仪式在结构形态上具有共通性，因此，这里所提出的"仪式群"（the group of ritual）与"仪式元"（the unit of ritual）的层级组合、装配方式，当然不唯限于贵州，其实它代表了整个西南地区"端公祭仪"共同的生成机制。

了解了"端公祭仪"的生成机制，再来看西南各地纷繁复杂的祭祀仪式，就会顿生豁然开朗之感，而不致陷入繁乱的细节迷雾之中。具体而言，每种完整的仪式，比如"庆菩萨""阳戏"，都可以看作一个"仪式群"，其由许多独立完整的仪式组成，可称为"一场"仪式；每一场仪式中那些大大小小的、内容不尽相同的、能独立运用的仪式，比如"庆菩萨"中的"开坛""接圣""镇台""立楼"，阳戏中的"开路""造船""度关""和梅山"等项目，可称为"一坛"仪式（法事）①；而每一坛仪式中又含有许多基本的、较完整的仪式构件，比如"立楼"这一坛法事，就包含"玄坛结界""立楼""报楼""点兵点马""扎兵扎将""收罗捆鬼""扣卦、交钱"等构件；"回熟"一坛法事，一般又有"净坛""请神""献酒""祈佑"等程序，均可称之为"仪式元"。可以说，西南各地诸种祭祀仪式，正是在此种"仪式元"的层级组合、装配下形成的，而装配仪式的"构件"数量及种类的不同，将直接影响"仪式群"（一场"仪式"）的规模与形态呈现。

从理论上讲，"仪式元"（构件）的层级组合，以及完整仪式（"一坛"仪式）的装配，会产生无数种可能的形态，因此，从绝对意义上讲，同一个端公坛班所主持、运作的每一场祭仪形态都不会完全相同，其间总会有多种变异之可能。总体而言，影响"端公祭仪"形态生成的变量因子

---

① "仪式群"中的"一坛"仪式，往往是可以单独操作的法事。例如"度关"，本身就是一种法事目标比较单一、规模较小的法事，又可分为解将军箭、退七星箭、退土公箭、上树刀、过刀桥、金鸡上剑、金鸡上桥，共7种。再如"打解结"（亦称"打解""解结科"）法事，可在处理人际恩怨时，单独由端公运作。端公迎请解冤解结菩萨，与信人解除冤孽，凶星恶怪翻出门。

主要包括法事目的、主家具体需要、投入资金多少、有无"热闹"要求、主家愿意选择何种方式来实现他的目的，以及把"热闹"推到一个怎样的程度等方面。可以说，一个完整祭仪形态的呈现，就是这些变量因子综合作用之结果。由此我们应该明白，表4-1中所举之基本程序是就一般情况而言，并非一个固定的程式，而是一个兼有稳定性与可变性的仪程。而且就坛次顺序、名称而言，不同的端公坛班对法事的区分其实也并不完全一致，可以说，端公祭祀仪式表现出来的明显不确定性，是其结构形态方面的一个突出特点。由此，端公在具体的法事运作中，也并非每次都需要全部次第展开。其中，既有基本的部分，又有灵活机动的部分，而且基本之中有机动，机动之中有基本，由此就形成了祭仪规模与形态的诸种差异。

例如，昭通庆菩萨祭仪，其自身结构具有极大的灵活性，而在实际运作中也表现出相当的复杂性。庆菩萨可分为求子而祭梓潼帝君，求财而祭财神赵公元帅，求家宅清吉、人口平安而祭祀坛神赵侯圣主。三种祭祀都叫庆菩萨，一次祭祀把三种综合起来做，总的也叫庆菩萨。一般情况是将祭祀梓潼帝君和赵公元帅合起来做，以求人兴财发，并称"双庆"；"庆坛"（庆"坛神"赵侯圣主）则单独举行，只有祭梓潼帝君和赵公元帅时，主人家原已设坛，供奉坛神才将三种祭祀合起来进行。除此之外，"还钱"① 也可纳入庆菩萨的范畴，因为其中的一些法事与祭祀梓潼帝君是相同的。当然，在具体的祭祀仪程结构中，这几种法事由于祭祀对象的不

---

① "还钱"也是昭通一带端公经常操作的一种规模较小的还愿祭祀。多因有的人家小孩多病或家道不顺，因而对神许下"保命钱"，当认为如愿时，便请端公祭祀神灵，偿还"钱文"，了却心愿。此类祭祀，根据主人家许给神的钱多少而定，做法也不尽相同，有12封、24封和36封钱的差别，并分"文还"和"武还"。12封钱以下的比较简单，由一两个端公就可完成，不加"演功"，为文还，可被视为"小型法事"；24封以上的做一天一夜，须十来个端公才能完成，为武还，可被视为"大型法事"。以还24封钱为例，其法事仪程为：领牲、发牒、淌牲、结冤、礼请、开坛打棍、安茅、回熟、运星、交钱、踩九州、解冤、灵官镇台、扫邪归正（昭通地区行署文化局编：《端公戏音乐》，文化艺术出版社1994年版，第9—10页）。

同，法事内容和形式也不尽相同。一部分法事可通用，有的则只能专用于某一种祭祀。比如，文坛法事只用于祭祀梓潼帝君和赵公元帅，单独举行庆坛和还钱则不进行，而团兵、放兵等法事则专用于庆坛，因为所谓兵是坛神的，就不可能用于其他，而"关茅替代"等法事只能用于"还钱"。这样，每一次庆菩萨的情况都会出现差异，内容或增或减，或同或异，显得特别复杂。①

再以贵州道真冲傩（当地人称为"逛神""跳大牙巴"）祭仪为例，该"仪式群"中的"禳关""煞铧""上树刀""戴百家锁""戴寿圈"等仪式，其实都属于机动部分，是端公根据具体的需要来决定取舍的仪项。如果主家没有12岁以下的犯关孩童，就不需要禳关，即使有也可以按主家所许，用"上树刀""戴百家锁"等来化解。实际上，"禳关""上树刀""戴百家锁"所具有的仪式功能是相同的，其区别主要在于仪式的规模，但在具体的操作中，究竟会选取哪一种方式来实现为孩童"过关"之目的，这就要看主家的需要和端公的具体安排了；如果不是打急救保福（主家有病灾，做法事叫"急救保福"），或者主家没有净宅驱邪的愿望，"煞铧"也可省去；如果主家没有堂屋，坛场设于室外，"安香火"一坛也就不存在了。除此之外的基本部分，每次法事都不可少，但在具体操作时，仍存在一定机动性。比如"开坛"中的大、小坛，"小开坛"的内容包含在"大开坛"之中，但一旦采用"大开坛"，就具有净宅、急救的功能。②

再看表4-1中重庆一带延生祭仪的坛次，其实表中列举的只是一个基本程序，在具体操作中，端公会根据了愿信人的不同愿信和打延生的不同

---

① 郭思九、王勇：《云南省昭通地区镇雄县泼机乡邹氏端公庆菩萨调查》，王秋桂主编《民俗曲艺丛书》，（台北）财团法人施合郑民俗文化基金会1995年版，第44—46页。
② 冉文玉主编：《道真古傩》，贵州民族出版社2012年版，第127页。

目的，在有关坛次的口意和疏文①及勾愿一坛的勾销愿文的讲唱中加以体现。如果是在求子时，叩许了打梓潼延生的信愿，得子后就打梓潼延生。所谓"梓潼延生"，并非另一种祭仪类型，而只是在延生基本祭仪中加入一部分与梓潼帝君相关的特定内容，以表现仪式主题。一般是在开坛敬灶时，疏文上写清打延生的目的；在发牒时，要专门写道牒文请梓潼帝君；在领牲和回熟时，请梓潼帝君临坛受祭、受飨；在回熟后，把梓潼菩萨摆起，问孩童成长情况、寿年和有些什么忌讳等吉凶祸福。如果为了延寿，希望活到多少旬（几十岁），叩许了打接寿延生的信愿，就在延生基本程序中有关坛次的口意和疏文里及勾愿时愿信里加入接寿的内容。如果家中有孩童犯关煞，叩许了打过关延生的信愿，就在有关坛次的疏文里，写清打过关延生的缘由和目的，并在赎魂一坛之后，加进过关一坛的科仪内容。② 由此我们看到，在基本祭仪程序之内，仪程间连接、组合其实存在多种变异之可能，并由此带来仪式内容的诸多变化。当然，此种变化也是基本程序框架下的灵活性。

　　总而言之，在西南各地，由端公运作的各类祭祀仪式，虽称谓有别、具体表现形态多样，但在仪式架构、文化演述路径与生成机制方面却具有

---

① "口意"，也称"意悃""意歆"，上写举行祭祀仪式之主旨、内容、时间，以及祈求神灵恩佑等。在法事进行过程中，反复多次对神宣读，达到通神求佑之目的。"疏文"，乃端公祭仪所用文书之一种。祭仪文书旨在沟通阴阳两界、人神二域。多依预先刻制印版印成文，根据仪式实际补填相关内容，并经签印、诵念、火化后发挥功用。其内容多依仪式因由、起止时日、所陈供品、期求目标、送达地点等。共分为疏、牒、票、引、状、牌、幡、申、词、表、书、条册、符13类，总计554种。仪式中使用情况各异，规模大者使用多，小者使用少或不用。例如贵州道真接龙村端公坛班阳戏使用文书有《五圣疏》《关引》《灶牒》《土地牒》《四值牒》《勾愿牒》，共1疏1引4牒；冲傩使用文书有《具保状》《六类幡》《关引》《沿江引》《押票》《大票》《追魂票》《度关牌》《星辰牌》《雷霆火牌》《礼请疏》《华山疏》《回首疏》《星主疏》《家林疏》《楞严疏》《灶牒》《度关牒》《六类牒》《造茅牒》《造船牒》《发茅牒》《开河牒》《斩缆牒》《发船牒》《主将牒》《百解牒》《阳州牒》《请将牒》《宗师牒》《替代牒》，共1状1幡2引3票3牌6疏15牒（冉文玉主编：《道真古傩》，贵州民族出版社2012年版，第73页）。

② 胡天成：《四川省接龙阳戏接龙端公戏之三——接龙延生》，王秋桂主编《民俗曲艺丛书》，（台北）财团法人施合郑民俗文化基金会1995年版，第19—20页。

一体性，因而都可纳入一个更大类型的祭祀性形态——"端公祭仪"。"端公祭仪"此一概念的提出，既是对西南各地不同称谓祭仪具有共通性的一种确证，也诠释了这些纷繁的祭仪可作为系统存在的文化事实。"仪式元"（构件）的层级组合与"完整仪式"（一坛仪式）的灵活装配，构成了西南各地"端公祭仪"纷繁复杂的形态。而在具体的民俗生活中，祭仪形态的最终呈现则是法事目的、主家需要等多种变量综合作用之结果。当然，端公作为祭仪行为之主体，也必然会在其中扮演着极为重要之角色。如果把西南各地诸种祭仪形态之生成，看作一场"搭积木"的游戏，那么，端公就是那个建构、改变并最终决定"积木"样貌的文化创造者。

第三节　端公祭仪的象征符码：以"收神疯"为例

一个明显的民俗事实是，端公运作祭仪的行为并不具有自足性，其行为的发生总是以事主的邀请为前提，若无事主邀请，也就无所谓端公祭仪形态的存在。基于此，对于端公仪式行为的理解，除了在宏观层面把握其形式结构的共性特征外，还需回到具体的民俗语境中，去观照其意义结构的生成及其与民俗生活的互动。如此，才能真正理解端公的仪式行为之于乡民生活的深刻意义。本节主要以笔者调查的一个田野个案——"收神疯"祭仪为"叙述文本"，借以阐发端公祭仪在实际民俗语境中的具体表现形态与文化意义。

一　"收神疯"祭仪的描述与分析

端公操作的各种法事祭仪，有一些类别被视为可以治疗疾病。在端公看来，神疯病属于精神病的一种。之所以称作"神疯"，是因为它和常见的那种由于生活的不顺而引起的思想障碍不同，凡属神疯病人，除了神志恍惚、思想怪诞外，最主要表现为语言之中常常涉及神魔鬼怪，言其索债勾魂之类。笔者于 2010 年 7 月 23—25 日在贵州省镇远县大地乡大地村 SZ 村民组调查了一场"收神疯"祭祀仪式。现将本场仪式的基本内容及其相关背景介绍如下：大地村有 500 多人，以汉族为主，此外还有少量土家族，且多为李姓。本场法事缘由为事主 LYQ（50 岁，汉族）之子 LHZ（20 岁）患疯病已经有十来年（当地人称为癫子），自 2008 年开始病情突然加重，经常打骂家人，砸坏家中许多贵重物品。据家人回忆，小时候 LHZ 曾在洞口玩耍时看见了一只不知名的动物而被吓到，从此神经错乱，患有严重的精神疾病。家人曾带 LHZ 去过石阡县、尚寨乡、大地乡等医院治疗，但都未完全治愈。于是，LYQ 才延请邻近尚寨乡大河村的端公掌坛师 PYG 为其"诊治"。

对于 LHZ 所患疾病是否属于神疯病，法师 PYG 首先得进行严格的判定。据 PYG 介绍，这种判断除了初步的观察外，还要借助关于病因及其结果的秘籍来进一步推断。其查证的方法，一是发病时间，其中又包括所在日数（阴历）与当日地支；二是看病人或其家属在特定时间见到的其他征兆。如其中涉及猪牲荤愿与天曹愿、东岳愿，就极有可能是神疯。

秘籍录要：

（1）依病症

凡人生痈疮，乃是……天曹愿信不明……

（2）依病日

初四日病者，乃……天曹愿……　　　十四日者，天曹愿……

十一日病者，乃天曹愿未明……　　　十六日病者……猪牲荤愿未还……

十二日病者……东岳愿　　　　　　　二十六日病者，主……东岳愿……

（3）依怪象

申日见……釜甑鸣，主天曹愿信……

酉日见……犬怪，主荤愿不明……①

除了查阅秘籍外，端公还常常使用秘不外传的巫术手段，画一个符箓放在病人身上进行观察，如果有明显好转，就可最后确认。其实施方法包括焚香、熏香、画符、熏符、念咒、挽诀、交符等一系列程序。在该个案中，法师 PYG 正是通过画上"斩妖护身符"之方式，最后确定了 LHZ 所患正是神疯病。于是组织坛班内成员在事主 LYQ 家中举行了一场"收神疯"祭仪。

PYG 所带领的坛班在当地小有名气，他们主要活动在石阡县、镇远县的各个村寨。曾被石阡县政府邀请，参加过八次"石阡县文化节"，贵州电视台的《发现贵州》栏目也介绍过该坛班的情况。该坛班共有 7 人，全部为汉族。由于 LYQ 家里经济条件的限制，该次祭仪只去了 PYG、TTX、HDC、HGX 四位法师。而且，由于事主 LYQ 与掌坛师 PYG 是亲戚，所以该次"收神疯"法事，该坛班只是象征性地收取了一点钱财（若按当地的收费标准，端公法师做一场祭仪，每人每天可以得到 80 元钱）。

该场祭仪的程序可大致分为 17 个环节。

1. 开坛起请：由掌坛师 PYG 搭建祭坛，设置神域，宰杀猪羊鸡三牲，以便迎请祖师神灵；

2. 悬星挂斗：在盛满米的升子中插入一根筷子，法师手握筷子，口读咒语，施法术将升子提起，以显示法力高强，威慑妖鬼邪魔，并预测法事进展情况；

3. 敲角请圣：法师穿戴好仪式服装，吹牛角、敲铜锣，通报天地人三

---

① 参见冉文玉主编《道真古傩》，贵州民族出版社 2012 年版，第 125 页。

界，迎请各界神灵降赴祭堂；

4. 传文走书：法师将整个仪式活动应做的事项以文疏形式向诸位神灵奏表申报、祈求诸神灵恩准，并请功曹将文书传至神界。该场法事全部用歌舞祭祀完成；

5. 行坛立楼：立五方城楼，以便各界神灵安营扎寨；

6. 抛刀抛剑：运用法器，以仪式性动作象征斩杀邪魔；

7. 罗衣罗网：法师身着法裙，以歌舞形式在坛场中撒下天罗地网，用踩罡步、舞法裙等动作将邪魔鬼怪一网打尽，驱出主家门外，保佑主人家宅平安、万事吉祥；

8. 差兵发马：法师们都"统管"着几万至几十万不等的"神兵"，用以驱邪逐鬼，捕捉邪精鬼怪，并用歌舞说唱形式，安顿"神兵"驻扎祭坛，招五方兵马镇守坛场，确保仪式顺利进行；

9. 搭桥会兵：法师用白布一匹，从大门外牵到堂屋中师坛位前，白布上铺一长条幅状神图，搭成桥状，以便众神祇能够顺利到达祭坛；

10. 出山拿魂：掌坛师派出五猖兵将抢夺被洞神攫走的 LHZ 魂魄，夺回后，将其藏入自己体内；

11. 造刀：先将 12 把杀猪刀磨锋利，再从村口打来一碗井水，法师在井水碗之上通过点香、念咒之方式将其化为"神水"，并喷洒在刀上。之后将刀平放于地上，法师光脚不停搅动，直到刀飞起为止，并查验脚底是否有损伤，以证明是否会伤及病人，是否有神灵护佑。否则，需再造神水。最后将 12 把刀插在主家堂屋门槛，法师在堂屋内将刀一一蹬出；

12. 翻刀过案：找来村中 12 位年轻人，各拿一把刚才磨好的杀猪刀，刀尖相对，刀锋冲上，等距排成六组。法师口念咒词，带领病人在刀锋之上来回走三圈，象征病人渡过了生命中这一道关口（图 4 - 2）；

图 4-2 "翻刀过案"中，端公将带领病人在刀锋上来回走三圈

13. 下油锅：由法师打卦而定方位，并率领众人沿此方向到村中洞口边寻找蛇或昆虫之类小动物，将其从泥土中挖出并放入油锅（将桐子油烧至滚开），等烧成灰后再将其倒掉，以此来迷惑洞神。也就是用蛇或昆虫等小动物哄骗洞神，让他误以为病人的魂魄已经变成灰烬，从此不再纠缠；

14. 悬落交魂：将做法事所用神偶放在病人面前，法师运用法术将病人丢失的魂魄送回其身体；

15. 上熟：将煮熟的猪肉、羊肉、鸡肉敬献给神灵；

16. 送神：敬神法事结束后，为东南西北中众神装鞍备马送回神界；

17. 门外化钱：在法事完毕后，法师将三枝高粱穗与三炷香放在一起，在主家堂屋之中做打扫状，左进金银财宝，右出妖鬼邪神（左右是就面朝香火的方向而言），然后再将其拿到村中十字路口焚烧。以此安顿家中神龛，宽慰祖先，并希望祖灵安稳，镇守家宅，保佑全家平安清吉，百事顺利。至此，整个收神疯仪式全部结束。

从仪式叙事来讲，整个仪式活动大致可以概括为：请神、敬神、斩邪、驱魔、找魂、迷魂、交魂、酬神、送神等一系列前后相继的环节。

据掌坛师 PYG 介绍，收神疯仪式举行完一个星期后，病人身体就基本康复，至今没有复发。目前，LHZ 已和家人和睦相处，过上了正常人的生活。

二 "收神疯"祭仪的内部构成及其关联

按照象征人类学的分析原则，该场祭仪其实构成了一个纷繁复杂的象征符号系统，系统中的各个组成部分并非孤立地存在，而是拥有巨大的意义关联，因此，认真梳理仪式中的内部构成及其关联性对于仪式符号意义的理解是至为重要的。在该场祭仪的整个符号系统中，有受礼者（或称为仪式主体）LHZ、有仪式操作者（也称为仪式中介）四位端公（法师），此外还有各种神煞鬼魅以及各种仪式用具。众多的仪式符号只有相互关联、相互作用，才能赋予整个仪式以意义，才能实现仪式的目标。

该场祭仪的终极目标就是要使受礼者 LHZ 完成生命状态的转换，即由疾病态向健康态过渡。而这一目标的实现过程，也就是仪式中介——四位法师与各界神灵不断互动，并最终在俗世与神界间建立某种秩序的过程。在祭仪中与法师们互动的各界神灵可以分为以下几种不同的类别。第一类为可以协助法师完成法事活动的各界神灵，他们是四位法师的协助者与"合作伙伴"，如果没有他们的帮助，仪式活动根本无法进行。第二类为各种妖鬼邪神，他们是法师及其神界兵马采取"斗争"手段所要禳除的对象。有的邪精鬼怪需要斩杀，有的需要驱赶，而像洞神这样的恶神是不能斩杀与驱赶的，只能买和。因而才会有藏魂、翻刀过案、迷魂、交魂等这样迂回曲折的办法。由此可见，对待不同的鬼怪，要采取不同的禳除手段。第三类为病人 LHZ 的魂魄，它原本依附于病人的身体，后被洞神攫走，才导致了受礼者 LHZ 生病。因此，它是四位法师及其"协助者"们（各界神灵）极力找寻与保护的对象。此外，在仪式进程中，法师们也在不停地进行着身份的转换，即自我与他者/神灵角色的转换。也就是说，"尘世之人获得了神的允诺，由此而疏导了世俗化的认知带来的人与自我的阻隔。这里面既达到了与神沟通的目的，也达到了再把握自我的目的，从而又在一定的层次上实现物我同一的目的"①。

而法师与各界神灵的互动要想顺畅运转，往往还需要借助一定的媒介，即各种仪式用具，包括各种法器、神图、偶像、科仪本等，它们是沟通法师与各界神灵的一座桥梁，是神性观念的物化性表达。因为"仪式是一种文化地建构的象征沟通系统，它由模式化的、有秩序的话语与行动所组成，经常以多重媒体来表达。它的内容与安排具有不同程度的形式化（传统）、刻板化（严格）、浓缩化（融合）与繁冗化（重复）的特征"②。例如，邀请各界神灵共赴祭坛，法师们需要吹牛角、敲铜锣，天庭上的神兵、神将才能接收到信息，而且还要以文疏形式，将仪式活动内容向诸神报告，祈求恩准；各界神灵降赴祭坛，法师们还要预先搭桥铺路，建造兵营，才能使人神共处一室，才能将世俗的堂屋变成神性的空间。仪式中，法师为迎接神灵的到来，要搭桥以方便诸神及其兵马通行，顺利到达坛场；要建楼房让诸神及其兵马驻扎下来，等待派遣。搭桥是用一长条幅神画象征桥梁。整个搭桥的过程包括采木、架桥、扫桥、亮桥、坐桥、锁桥等。立楼用 1 米余长的祖师棍立于坛场五个方位，边舞边唱，演唱内容包

---

① 王铭铭：《象征的秩序》，《读书》1998 年第 2 期，第 59—67 页。
② 陈纬华：《仪式的效力：理论回顾》，《广西民族学院学报》（哲学社会科学版）2003 年第 1 期，第 52—56 页。

括立楼、排楼、催楼（各楼之间有事互相催促）、报楼（各楼之间有事互相报告）。

除了法师与仪式用具（媒介）这种物化层面的关联外，法师与各界神灵之间心理层面的关联也是极为重要的一个方面。英国人类学家拉德克利夫·布朗（Radcliffe Brown）曾指出："由于人的大部分行为受到所谓情感的控制和指导，从而被认为具有精神气质，因此，应有必要尽可能揭示个人在参与具体宗教崇拜后形成了哪些情感。"[1] 因此，在该场"收神疯"仪式中，我们也应该关注仪式操作者——四位法师的"精神气质"和"心理倾向"。面对不同类型的神灵，法师们的心态以及所采取的措施也各不相同。当面对第一类神灵，即众神祇以及历代先师时，法师们怀有无比敬畏之情，因此顶礼膜拜，并献祭于他们。从这个角度上讲，法师们受制于神灵。但法师们也并不完全是被动存在，在向各界神灵献祭的同时，他们也对各界神灵施加了影响，希望他们能够协助自己完成法事活动，以至于后来在行坛立楼、差兵发马、搭桥会兵、出山拿魂等环节中，法师们可以调遣、支配各界神将兵马。这样，人与神之间其实达成了一种象征性的交换关系。这在英国人类学家埃德蒙·利奇看来，"献祭是奉献给神的礼物、贡金或罚金。献祭仪式是互报原则的表现。给神以礼物，神就得回赠人以好处"[2]。因此，从这个意义上讲，法师们在神灵面前并非一味地服从，也具有一定的主导权，是一个主动与被动的双重性存在。其实，神灵与世俗之人的交换就是人们现实生活世界的折射与反映，同样遵循现实世界的礼物流动规则。

各种妖鬼邪神是人们斗争的对象，因而法师们常常带有几分憎恶之

---

① 转引自薛艺兵《对仪式现象的人类学解释（下）》，《广西民族研究》2003年第3期，第48页。

② ［英］埃德蒙·利奇：《文化与交流》，郭凡、邹和译，上海人民出版社2000年版，第85页。

情。在抛刀抛剑、罗衣罗网等环节中，法师们由人而神，他们身着法裙、手拿法器斩杀、驱赶邪魔；而对待病人 LHZ 丢失的魂魄，法师们则小心翼翼待之。不但要先派出五猖兵将到洞神那里夺取病人的灵魂，还要先藏于自己体内，最后才能还与病人本身。

综上所述，在法师们操作仪式用具从而建立起与各界神灵关联的过程中，这三者之间便构成了一个异常复杂的符号意义系统，它们相互联系、相互影响与制约，并在他们的互动过程中彰显了该场仪式所内蕴的本原意义。而这些意义之所以能够成立，且具有有效性与真实性，是因为法师、仪式用具与各界神灵的作用与功能已经预先置入乡民的思想观念当中，它们是乡民宇宙观、人观、价值观中非常重要的一部分。

三 "收神疯"祭仪的象征阐释

格尔兹曾指出："文化既然是表演的文件（acted document），那它就像谐摹的眨眼示意或模拟抢劫羊群一样，具有公共的性质。虽说文化是观念性的，但它不是仅存在于人的头脑中；虽然它是物质性的，但也并非超自然的存在。"① 所以，在象征人类学的视域中，"收神疯"祭仪就是一个含义极其丰富的符号体系，在这个"公共符号"（public symbols）体系中内蕴了多重可以破译的文化符码。由于"象征人类学研究的目的，在于揭示象征如何结合成体系，揭示象征如何影响社会行为者的世界观、精神与感知"②，因此，解读或"转译"这些文化符码就可以让我们了解当地乡民文化、生活的多个层面，从而更加深入地理解当地乡民编织的"意义之网"（马克斯·韦伯语）。

---

① ［美］克利福德·格尔兹：《文化的解释》，纳日碧力戈等译，上海人民出版社 1999 年版，第 11 页。

② 王铭铭：《西方人类学思潮十讲》，广西师范大学出版社 2005 年版，第 95 页。

（一）圣俗连接：凡界和神域空间的叠置

在该场仪式中，举行祭仪的场地是一个与世俗空间相异的空间存在。这一仪式空间设在主人家房屋的中堂（俗称"堂屋"），中堂的正壁是主家平日供奉"天地君亲师"的神龛。中堂尽管是主人的日常生活空间，但它与宅内的其他空间是不同质的，具有一定的神圣性。中堂作为主人家宅的中心，本身就具有宇宙论的象征意义。正如伊利亚德所说的："在各种传统社会的房屋、茅舍或营帐结构中所看到的也是这种宇宙论象征符号，甚至在最古老和最'原始'的社会的房屋结构中也仍复如是。"① 但中堂在另外一种意义上却处于边缘，它是俗世与神界即"此一世界"与"彼一世界"相沟通的场所，是神圣的同时又是禁忌的。仪式中法师要以中堂为中心操作整个宇宙空间，更体现出这一空间的宇宙"中心"位置。

在坛场这种中介性的神圣空间里，至少活动着三类"群体"：观众（包括主人家庭成员及乡民）、法师、神灵。后者是看不见摸不着的，依靠各种象征的手段加以体现。法师通过仪式空间的设置将人、神、鬼在这里聚合，实现了凡界与神域的贯通，然后又在仪式后使人与神各归其位、各得其所，主人家宅变成清吉之宅，其家庭成员获得健康、平安、幸福。这一切都表明了祭仪空间本身是圣俗叠合的、"模棱两可"的，它是介于神域与凡界的一个特殊的空间存在，法师与仪式参与者都可以在此空间中自由穿行。例如，在该场仪式中，共分为 17 个场次（环节），用法师们的术语则是"坛"。完成一坛，法师们便要休息一下，和周围的观众聊天说笑，所以仪式进行中及仪式间隙的休息，正表明法师在俗界—神界两个空间中连续往返与转换。在仪式表演中，法师的角色在不断地变换：时而是法

① ［美］米尔希·埃利亚德：《神秘主义、巫术与文化风尚》，宋立道等译，光明日报出版社 1990 年版，第 31 页。

师，时而代表神，时而又代表人。迎神、敬神时他是法师；戴上面具时，他可能代表某个神，也可能代表世俗世界中的人（如戏中普通人的角色，但该场仪式中没有戏）。

此外，在该场祭仪中法师们所建构的圣俗叠合的仪式空间其实也是一种"公共域"〔或称为"交融"（communitas）〕。"公共域"这一概念是由英国著名人类学家维克多·特纳（Victor Turner）提出的，它是指"一个'社会结构'的'非结构'的模棱两可的界域，具有阈限性、边缘性、从属性和平等性"①。公共域是与社会结构相对立的一种社会存在形态或方式，它外在于日常生活，是对社会结构、日常状态以及社会行为规范的消解与超越。在公共域中，个体之间没有差别，从而消解了结构中的社会地位差异和等级化制度。虽然这一概念更多应用于世俗空间，即现实社会中，但在神性空间，即人们的观念世界中同样有效。在人们的观念体系中，人、神、鬼是不同层次的观念存在，神灵通常高高在上，而鬼魅却在地下，人在中间，这是一种垂直宇宙观的认知方式。在祭仪的操作过程中，凡界和神域被贯通，人神鬼同处于"公共域"之内，因而消解与超越了彼此之间的等级次序与地位差异，处于一种"交融"（communitas，又译"空无"）状态。因此在该场仪式中，就出现了人可役神，神会听从人的调遣，帮助人来拘鬼的"反结构"状态。在需要出戏的祭仪环节中，法师们戴上面具甚至可以说些诨话来取笑神，都体现出了"公共域"的特点。由此可见，在仪式空间——公共域之内，人神鬼拥有平等的关系，而在仪式之后，人神鬼又各归其位，回复等级次序与地位差异的"结构"状态。其实，神性仪式空间的"公共域"性质，就是现实生活世界"结构"与"反结构"（特纳语）状态的一种折射，而圣俗连接的本质其实就是现实与

---

① 王建民：《维克多·特纳与象征和仪式研究》（代译序），〔英〕维克多·特纳《象征之林——恩登布人仪式散论》，赵玉燕等译，商务印书馆2006年版。

观念世界的转换与融合。

（二）"收神疯"仪式中的转换特质：生命状态的转换与过渡

法国人类学家阿诺尔德·范热内普（Arnold Van Gennep，1873—1957）曾对"通过仪礼"进行过深入研究。他认为，"通过仪式"是"伴随着地点、状态、社会地位和年龄的每一次变化而举行的仪式"①；一切通过仪式的结构都可以析解为相同的和基本的三重模式：分离、过渡（或阈限）与融合。英国人类学家维克多·特纳和埃德蒙·利奇等人也曾对通过仪式进行过深入探讨。如利奇曾指出，"大多数宗教仪式与从一种社会地位到另一种社会地位（从活人到已死的祖先、从少女到妻子、从有病和肮脏的到健康和洁净的等）的社会界限跨越运动相联系。有关的仪式具有表现地位变化和用巫术导致这种变化的双重功能"②。由于该场"收神疯"仪式的目标是使受礼者由疾病态过渡到健康态，因此，它也属于生命通过仪式范畴，亦可按照生命通过仪式的三段模式以及阈限理论进行分析。患病也就意味着患者 LHZ 进入了一个特殊的"阈限"（liminal），即患者在某种意义上脱离了正常的社会生活，与社会发生了一定程度的隔离，他的生命呈现为一种异常状态。总之，他处于社会的边缘，不能履行日常的社会角色。

但是，"收神疯"仪式又不同于标志人生重要阶段的仪礼，如诞生礼、成年礼、结婚礼、葬礼。后者是在人生的固定阶段举行，即都会在个体生命的特定阶段中出现，作为一种过渡的标志，使个体生命由一个阶段进入下一个阶段，如由少年至成年，由单身至成婚。它不仅使当事

---

① ［法］阿诺尔德·范热内普：《过渡礼仪》，张举文译，商务印书馆 2010 年版，第 2—12 页。

② ［英］埃德蒙·利奇：《文化与交流》，郭凡、邹和译，上海人民出版社 2000 年版，第 80 页。

者（仪式主体）顺利度过生命历程中的关键时刻，完成人生角色的转换，而且对群体而言，社区中所有相关的成员也会据此调整其关系，因补充新成员或丧失已有成员而受到冲击的社会结构也由此重新进入稳定状态。

因此，标志人生重要阶段的仪礼实际上是两种社会角色的转换，在转换的前后，亦即在此过程的两端，当事人有着确定的人格与身份，但是在转换过程即阈限阶段中，仪式主体无法在既定的社会结构中找到自己确切的位置，这时他若出现在社会中，就会扰乱该仪式主体所在文化空间的原有秩序。而通过举行仪式，就会使他在既定的社会秩序中拥有明确的社会地位和角色分工，从而消解其模棱两可的社会状态，维护了各种文化空间的界限。由此，我们可以得出结论：标志人生重要阶段的仪礼聚焦于社会层面的个体（或群体），它努力将模棱两可但同时又无可避免的社会状态从日常生活中"转移"出去，并在仪式过程中消解它们。

与标志人生重要阶段仪礼的文化意义形成鲜明对照的是，"收神疯"祭仪并非在人生固定的阶段中举行，而是在当事人被认为遭到妖鬼邪神作祟而疯癫后才举行。它并非要使仪式主体从一种社会角色过渡到另一种社会角色，而是要使受礼者的生理状况得到"复转"（健康—疾病—健康），同时恢复常规的社会角色。因此，我们可以说，"收神疯"仪式所关注的并不是社会层面的个体（或群体），而是生物层面的个体（或群体），进而是宇宙观层面的个体（或群体）。此外，二者的仪式指向也很不一致，标志人生重要阶段的仪式是要给予仪式主体一个全新而又明确的社会地位与角色分工；而"收神疯"仪式是要恢复自然与超自然的秩序，以便使仪式主体重新获得健康的生命状态。正因为它们的指向不同，所以实现的路径也就大相径庭。

（三）人神鬼关系的复位：由混乱到和谐

人类学家格尔兹认为，宗教调整人们的行动，使之适合头脑中的假想宇宙秩序（cosmic order），并把宇宙秩序的镜像投射到人类经验的层面上。仪式是神圣化的活动，在仪式中，生存世界与想象世界借助一组象征符号得到融合，变成同一个世界，从而使人们的现实感产生了独特转变。① 因此，在该个案中，乡民之所以要举行"收神疯"仪式，其终极目的就是"适合头脑中假想的宇宙秩序"，即灵魂与肉体相互融合，人、神、鬼各居其位。法师在仪式过程中所进行的找魂、迷魂、交魂等种种努力，都是为了使病人被洞神攫走的灵魂重新回到病人本身，洞神等恶神也不再纠缠病人，从而使人、神、鬼各居其所、各自复位，原本混乱的宇宙秩序又重新回到和谐，受礼者亦恢复健康状态。由此可见，当生物层面以及宇宙观层面的个体（或群体）没有达到和谐均衡时，"收神疯"祭仪的功能就在于从超自然的世界寻回魂魄融进肉体，从而使宇宙秩序超越混乱、复归和谐，并彻底划清神圣境域与世俗境域的界限。

总之，个体、自然界以及超自然界由无序到有序，灵魂与肉体由分离到融合，人、神、鬼关系由混乱到和谐的过渡与转换过程，其实就是广大乡民人观、宇宙观、神观的不断彰显过程，而这一个个过渡抑或彰显的过程，在"收神疯"祭仪中得到了最为集约性的表达，是乡民"文化底座"中最为深沉的"隐喻性陈述"。

---

① ［美］克利福德·格尔兹：《文化的解释》，纳日碧力戈等译，上海人民出版社1999年版，第104、129页。

第五章

端公演戏：关于"端公戏"的重新认知

纵观中国戏剧研究发展的趋势脉络，不难发现这样一个事实：一段时间以来，戏剧研究重心发生了深刻转向，民间宗教仪式与民俗节庆戏剧日益成为学界的热门课题。此一研究重心的转移不仅引起了戏剧研究方法的深刻变革——社会人类学式的田野考察与文物搜集得到了前所未有的强调①，更引起了学界对于中国戏剧与宗教祭祀仪式关系的深沉思考。其实，早在 20 世纪初，开创中国戏曲现代学术研究的国学大师王国维（1877—1927），在其《宋元戏曲史》中就已对中国戏剧与宗教祭祀的关系有过极富创见性的探讨，并认为我国戏剧起源于巫觋，"后世戏剧，当自巫、优二者出"；"是则灵之为职，或偃蹇以象神，或婆娑以乐神，盖后世戏剧之萌芽，已有存焉者矣"②。惜囿于研究材料的限制，这一研究课题在此后的

---

① 其实，王国维所创立的"二重证据法"，即包括"纸上之材料"（文献）与"地下之新材料"（文物），只不过，传统的戏剧研究方法仍以文献考证、文学审美、艺术审美为主体。伴随着戏剧研究重心的转移，田野考察与文物搜集才在戏剧研究中得到了更多的强调。叶舒宪曾提出所谓中国文化研究的"四重证据法"：即将传统的传世文献作为"第一重证据"，出土文献及出土文字材料作为"第二重证据"，口碑材料作为"第三重证据"，文物和图像材料作为"第四重证据"，由此形成了文本叙事（一重、二重证据）、口传与身体叙事（三重证据）、图像叙事和物的叙事（四重证据）良性互动互阐的新方法论范式。此说亦为中国戏剧研究提供了可资借鉴的方法（叶舒宪：《四重证据法：符号学视野重建中国文化观》，《光明日报》2010 年 7 月 19 日）。

② 王国维：《宋元戏曲史》，杨杨校订，华东师范大学出版社 1995 年版，第 1—4 页。

半个多世纪以来，并未取得太大的进展与突破。①

直至 20 世纪 80 年代以后，中国戏剧与祭祀仪式的研究才又一次引起学界的深度关注，并有越来越多的学者逐渐认同"中国戏剧起源于宗教仪式"说②。例如，郭英德认为：宗教的世俗化、功利化是中国戏曲的普遍倾向。③ 胡志毅进一步指出：宗教仪式必须进行一种转化，才能产生戏剧，也就是宗教仪式转化为生命仪式和世俗仪式。④ 王兆乾将戏剧分为观赏性戏剧与仪式性戏剧，认为两者在戏剧观念、演出环境与习俗等诸多方面都存在着不同，仪式性戏剧原本是戏剧的本源和主流，而观赏性戏剧只是支流，但传统戏剧史却将观赏性戏剧作为戏剧的主流，仪式性戏剧反而成为遗漏的篇章。⑤ 康保成亦立足于中国戏剧发展史的历时线索，点明了仪式演剧之于中国戏剧史的价值和意义：

> 到目前为止，一般人心目中的中国戏剧史，大体上是沿着这条线
> 索发展的：宋元以前的前戏剧或泛戏剧形态——宋元南戏、杂剧——
> 明清传奇（昆腔、弋腔）——花部（皮黄和其他地方戏）——话剧的

---

① 偶有研究戏曲与中国宗教关系的，多是论述个别作家作品的宗教主题及其社会意义，例如讨论马致远的"神仙道化"剧时，多半会扯上元代社会黑暗、阶级斗争之类；或从主题学观点出发，探讨剧本中神话题材的传承历史，又或从宗教史角度，阐释剧作内容和某一教派教义的联系。这一类的研究，方法上侧重于文献资料的考证、排比和分析，主要是通过文字材料来发掘和解决问题。这与后来主要通过田野考察，并配合文献材料来研究仪式演剧的视点及方法不尽一致。

② 在国外，也有越来越多的学者倾向于承认戏剧艺术起源于宗教祭祀。例如英国戏剧理论家马丁·艾斯林就曾指出："我们可以把仪式看作是一种戏剧性的、舞台上演出的事件，而且也可以把戏剧看作是一种仪式。"［马丁·艾斯林（M. Esslin）：《戏剧剖析》，罗婉华译，中国戏剧出版社 1981 年版，第 20 页］英国著名学者哈里森（Jane Ellen Harrison）在其名著《古代艺术与仪式》中提出，希腊悲剧是从一种春季仪式——酒神仪式移位而来。并认为希腊文"戏剧"（drama）和"仪式"（dromenon）两个词之间的相似性绝非偶然（［英］哈里森：《古代艺术与仪式》，刘宗迪译，生活·读书·新知三联书店 2008 年版，第 46—77 页）。

③ 郭英德：《世俗的祭礼——中国的宗教精神》，国际文化出版公司 1988 年版，第 97—98 页。

④ 胡志毅：《神话与仪式——戏剧的原型阐释》，学林出版社 2001 年版，第 12 页。

⑤ 王兆乾：《仪式性戏剧与观赏性戏剧》，《民俗曲艺》第 130 期，（台北）财团法人施合郑民俗文化基金会 2001 年版，第 143 页。

输入。然而，这仍然仅仅是中国戏剧史的一条看得见的明河。从宗教仪式到戏剧形式，是中国戏剧史的一条潜流。①

毫无疑问，若将民间宗教仪式形态的戏剧纳入中国戏剧史视野中，必会关涉对现有戏剧概念、类型的重新界定与划分，更需对原有中国戏剧史做出补充甚至重构。② 而把握从宗教仪式到戏剧表演的发展脉络，则是全面补充和重构中国戏剧史的一支"密钥"，但"要解决戏剧如何从宗教仪式中衍生，关键在于发现和考察处于宗教仪式与戏剧形式之间的演出形态"③。若此，本书所关注的端公祭祀仪式，其中也包含诸多演剧活动，这成为我们观照由仪到戏发展脉络的一个很好的样本。

第一节　何谓"端公戏"：称谓辨正与语用概念界说

作为西南乡土社会中一种普遍的民俗语用概念，"端公戏"此一称谓本有着极为丰富的内涵与外延，然而学界以往的认知却存在诸种偏差，由此导致了对其名称使用的含混，阻碍了对其形态结构的深入理解。基于此，对"端公戏"此一称谓进行全面辨正，梳理其来源、透析其本质，就显得十分必要。而当我们摒弃了"望文生义"或"顾名思义"的思维取向，回归端公戏的本质特征时，就会发现，端公戏的形态结构其实具有一

---

① 康保成：《傩戏艺术源流》，广东高等教育出版社 2011 年版，第 3—9 页。
② 事实上，近年来出版的有关中国戏剧史的相关著作，已经开始了这方面的工作。例如中国学者廖奔、刘彦君的《中国戏曲发展史》（山西教育出版社 2000 年版）已经增补了"特殊戏剧样式"的傩戏、目连戏与傀儡戏；而日本学者田仲一成的《中国戏剧史》（云贵彬、于允译，北京广播学院出版社 2002 年版）则将民间宗教仪式性戏剧定位为中国戏剧史的"正席"或"主席"，从而建构了一部以民间祭祀仪式为基点的中国戏剧史。
③ 康保成：《傩戏艺术源流》，广东高等教育出版社 2011 年版，第 8 页。

定的普适性，特别是西南诸省纷繁复杂、不同称谓的诸多祭祀演剧类型都与此形态结构具有同一性，因而都可纳入"端公戏系统"之中。至此，端公戏之内涵已经超越了学界传统的认知域而成为一个独立的自在系统，这就为我们通观、整合西南地区纷繁复杂的仪式剧类型，提供了一个强有力的分析工具。

一 "端公戏"称谓之辨正

柏拉图在论及事物名称与其本质之间的关系时，曾云：

> 事物本身具有其固定的本质，它们与我们无关，也不依赖于我们……因此命名应该这样进行，即根据本性赋予名称或获得名称，这是本性为此预先规定好的。①

柏拉图的名称哲学强调了命名事物时名实同构的重要性。然而，在现实生活中，因事物名称来源的多元、观照视角的各异，名实异构之现象屡见不鲜。"端公戏"这一称谓即属此类情况，其名称与本质间的疏离，常让人倍感困惑。先来看一则明确提及"端公戏"这一称谓的文献材料：

> 本县庙宇有以道士主持者，但未与人作斋事；有在家俗人略读道经，亦称道场，亦号端公戏，为人作酬神驱邪之术。②

此则材料出自民国《大关县志》，这也是文献典籍中仅见的一条直用"端公戏"这一称谓的材料。材料中，"略读道经，为人作酬神驱邪之术"，

---

① ［俄］斯捷潘诺夫：《现代语言哲学的语言与方法》，隋然译，北京大学出版社 2011 年版，第 16 页。
② 刘仁健主编：《民国大关县志稿》（校点本），2003 年 7 月。

本指端公主持、操作的一种法事活动，几乎不见"戏"之因素，却也被冠以"端公戏"之名，颇让人有些不解。其实，这是当地民众基于端公法事活动的直观印象而约定俗成的一种称谓。在乡民社会，民众对于"戏"这一概念的理解与学界所认定的诸如"以歌舞演故事"①之类的戏曲概念并非完全一致。面对端公在法事活动中头戴面具、手舞足蹈、连唱带念，民众便认为这就是"戏"了。因此，嘉庆十八年李宗昉等撰《黔南丛书》中载："黔俗：家有病者，妇人以米置鸡子于上蹲门而禳之，名曰叫魂。不愈，则召端公祈祷，端公亦道士类也，作法与演戏相似。"②此处的"作法与演戏相似"，正道出了民众称端公法事活动为"端公戏"的真正原因，也说明"端公戏"此一称谓所指与一般意义上的戏剧表演活动有着很大不同。

我们知道，关于端公的法事活动，文献中还有一个更为常见的称谓——"跳端公"。例如，民国年间由向楚主编的《巴县志》卷五"礼俗"的风俗篇"迷信"节里就写道：

> 《蜀语》："男巫曰端公。"《仁怀志》："凡人有疾病，多不信医药，属巫诅焉，曰跳端公。"③

清道光年间客居四川的江西文人黄勤业亦在《蜀游日记》中云：

> 夜深坐旅舍中，忽闻邻人鼓乐大作，盖俗抱病之家不事医药，请

---

① 和宝堂曾提出戏曲的定义不应该是"以歌舞演故事"，而应该是"以故事演歌舞"，认为歌舞是戏曲的根本，戏曲的灵魂是歌舞，而不只是为了叙述故事。详见和宝堂《以歌舞演故事，还是以故事演歌舞？》，《中国京剧》2005年第5期，第16—17页。

② （清）田雯编：《黔书·续黔书·黔记·黔语》，罗书勤等点校，贵州人民出版社1992年版，第303页。

③ 向楚主编，巴县县志办公室选注：《巴县志选注》，重庆出版社1989年版，第298页。

人祈神，祈者衣饰诡异，绝似鲍老①登场，名"跳端公"。②

叶大兵、乌丙安主编的《中国风俗辞典》中对于"跳端公"的解释："跳端公"，亦称"跳神""神汉跳神"，旧时汉族及部分少数民族民间巫术活动。……节目有"赐金银""跳郎君""上刀竿""滚床"等③。这里强调了端公法事活动的巫术性质。需要注意的是，"跳端公"之"跳"字颇值得研究。在民间，有许多以"跳"字命名的民俗活动，像"跳加官"④、"跳禾楼"⑤、"跳财神""跳灵官"等，这几个不同名称里的"跳"字其实都具有一种相近的意义，即指一种连续不断的小幅度弹跳动作，这种动作被认为是从巫通神、降神、扮神时的形体动作转化而来。对于"跳端公"而言，端公正是在"跳"这一动作之中，倾注了仪式意义。

以上所言种种，都共同指向了一个事实："端公戏"这一称谓的本质其实就是端公祭祀行为，这是我们在面对"端公戏"这一称谓时一定要把

---

① "鲍老"，乃古代戏剧脚色之名。南宋九山书会才人编撰《张协状元》戏文第五三出："好似傀儡棚前，一个鲍老。"钱南扬校注："鲍老，古剧脚色名。"此则材料"绝似鲍老登场"，与前述《黔南丛书》中所谓"作法与演戏相似"可谓如出一辙，亦将端公祈神的祭祀活动比拟为戏曲演出。这也再次证明，"端公戏"这一名称背后的实质就是端公祭仪活动。

② 引自严福昌主编《四川傩戏志》，四川出版集团四川文艺出版社 2004 年版，第 452 页。

③ 叶大兵、乌丙安主编：《中国风俗辞典》，上海辞书出版社 1990 年版，第 810 页。

④ 中国传统戏曲演出中，有所谓"五跳"之习俗。"五跳"即指跳加官、跳灵官、跳魁星、跳财神、跳判官。"五跳"中以"跳加官"最为普遍，而"跳判官"则不多见。田仲一成在《中国祭祀戏剧研究》中曾考释过《辍耕录·院本名录》里记载的"五花爨弄"之"爨"的名称，认为"爨"是指"撺""蹿""撮""拽"等动作，是表现跳神用的，同时指出，"跳加官"中的舞蹈表演动作，应该是由"爨体"（"爨"被认为是所谓"爨体"的演出形式的名称）转化而来。把表演"加官"的这个动作称为"跳加官"，其思路和把"爨"的动作称为"踏爨"是相同的（［日］田仲一成：《中国祭祀戏剧研究》，布和译，北京大学出版社 2008 年版，第 145—175 页）。据笔者的调查，川北旺苍端公戏在当地亦称"爨坛"，显然，此处的"爨"就应具跳神之义，这也证明了田仲一成上述结论的正确性。

⑤ "跳禾楼"这种民俗活动主要是在广东农村神诞建醮时演，是由男女两人跳的巡回舞蹈。详细内容可参见《侨港罗定同乡会会刊·本县的风俗》（1977）中关于广东省罗定县农村所进行的"跳禾楼"活动的记载。田仲一成在《中国祭祀戏剧研究》（北京大学出版社 2008 年版，第 162 页）中曾引述过此材料，可参看。

握的关键。如同劳埃·希伯（Roy Sieber）在谈论原始艺术研究的尴尬时所指出的那样：

> 可以这样说，我们有一种为自己的便利起见简单化地下定义的倾向，而不是进行十分精确和细心的研究。……我们倾向于进行"不是……就是……"这种逻辑判断，而不是合理地解释不同的方面。①

因此，对于"端公戏"此一称谓的认知，也不应陷入简单化倾向，仅将其看作一种单纯的演剧活动，而是应合理地解释不同的方面。一方面我们承认，端公祭仪活动中确实包含了大量歌舞成分和戏剧因子，有的甚至有了声腔②、角色，构成了一种较为完整的戏剧形态；另一方面也应明确：端公祭仪中所谓演剧的部分其实是一种作为仪式的戏剧，它为端公"驱鬼敬神、禳灾祈福"的祭祀活动服务，是端公祭仪中不可分离的一部分。因此，端公戏的宗教、仪式属性才具有源生、本质性含义，而文化、艺术属性则仅具衍生性意义。

---

① ［美］简·布洛克（Blocker Gene）：《原始艺术哲学》，沈波、张安平译，上海人民出版社1991年版，第15页。

② 端公戏中有所谓"九板十三腔"之说法，但具体所指，因地域、师承、流派之不同，往往差异较大。以云南昭通一带为例。该地大关县端公戏的九板是：［长路引］［花节子］［大收锤］［陈光蕊］［鸡拍翅］［金线吊葫芦］［半边月］［小收锤］［欢欢喜］。十三腔是：［玉芙蓉］［山坡羊］［干枝坡］［锁南根］［张果老］［豆叶黄］［西江月］［菩萨蛮］［浪淘沙］［柳含烟］［梅花咏］［清江引］［高腔］。大关端公戏的另一派，九板是九种板眼，十三腔的名目只有少数相同，多数不同。镇雄端公戏的九板，只有［鸡拍翅］与大关相同，其他八板皆异；十三腔中，有六腔同名，七腔异名。彝良端公戏，唱腔分［高腔］［丝弦］［小调］三大类。其中，高腔又分：1."哼腔"，无丝竹乐器伴奏。2.［道歌子］［课子腔］。此一类用小鼓提手伴奏，节奏性强，类似滇剧［课课子］［占占子］；丝弦腔又名胖筒筒、筒筒腔，用胡琴伴奏；［小调］为该县民间山歌小调，也是清唱，只是节拍自由，抑扬自如，与高腔不同。［高登智主编，云南省地方志编纂委员会总纂，云南省文化厅编纂：《云南省志·文化艺术志》（卷七十三），云南人民出版社2002年版，第340页］

二 "泛傩戏"之省思与"端公戏"语用概念的重新界说

前文第二章第三节在谈到"端公文化与傩文化的关系"时，我们曾提出目前学界普遍存在的"泛傩论"之问题，并深入分析了其产生的文化语境与学术背景因素。由于在实际的研究中，学者们常将傩祭、傩舞、傩戏、傩文化等语用概念并列甚而混同使用①，因此，"泛傩论"的一个重要所指即为"泛傩戏"。在"泛傩论"中，凡是与祭祀文化相关的法事活动，均用"傩"这个近乎"万能"的语用符号来指称；与此相对应，学者们亦常将各地乡土社会中普遍存在的纷繁祭祀演剧活动统统归入"傩戏"这一大系统之中。正如曲六乙所描述的那样：

> 对于傩戏，各地区各民族的叫法很不一致。广西汉族、壮族的叫师公戏。湖南汉族的叫师道戏、傩堂戏、还愿戏、跳戏，侗族傩戏按侗语叫"冬冬推"或"嘎傩"。湖北的叫傩堂戏。四川、陕西地区的叫端公戏。山西、河北、内蒙古一带叫"赛"或"赛赛"。安徽贵池叫傩堂戏。云南有关索戏、昭通端公戏。贵州有地戏、神戏、阳戏、傩堂戏。江苏有僮子戏。江西有孟戏。浙江、福建、广东等地区也有自己的叫法。在泛指的时候，为研究方便起见，我们可以统一称为傩戏。②

---

① 目前学界对于"傩戏"的使用带有相当的随意性，并无严格的规范。有将傩戏与傩祭并列使用的，如"傩仪、民俗、面具的结合，是傩祭、傩舞、傩戏的基本特点"（庹修明：《巫傩文化与仪式戏剧研究》，贵州民族出版社 2009 年版，第 136 页）。有将傩戏与傩舞混同处理的，如"另一个'仪式执行者'的层面，是具体搬演的傩舞（戏）表演者，他们构成傩现象活动的主体"（罗斌：《假面阴阳——安徽贵池傩舞的田野考察与研究》，博士学位论文，中国艺术研究院，2007 年，第 6 页）。又有将傩戏、傩文化相提并论的，如"贵州的傩戏、傩文化，被学术界誉为'中国原始文化的活化石''中国古文化的活化石''中国戏剧文化的活化石'"（杨光华：《且兰傩魂》，人民文学出版社 2008 年版，第 1 页）。各行其是、随意使用的背后，反映了"傩戏"此一语用概念本身的不确定性。

② 曲六乙：《建立傩戏学引言》，德江县民族事务委员会、贵州民院民族研究所编《傩戏论文选》，贵州民族出版社 1987 年版，第 7 页。

在这里，曲六乙特意指明，为研究方便，可以将不同地域、不同民族的祭祀演剧活动统一称为"傩戏"。基于曲六乙的观点，并套用文化进化论模式的分析框架，庹修明提出贵州傩戏发展的"两个系列，三个层次"说：

> 贵州民族民间傩戏系统，主要是两个系列、三个层次。汉、苗、侗、土家、彝、仡佬等民族地区的傩戏，为一个系列，即民间傩系列。彝族傩戏"撮泰吉"，完成了傩祭向傩戏艺术的初步过渡，是傩戏的雏形，是低级层次。汉、土家、苗、侗、仡佬等民族地区的傩戏，是与傩祭密不可分，但戏剧因素不断增长和完善，是向单一的傩戏艺术过渡的中间层次。贵州地戏是属于军傩系列的傩戏，是傩戏发展的较高级层次。贵州傩戏具有民族多、品种多、层次多、分布广、保存完整等特点。①

无可否认，将"傩戏"视作一个系统性概念，自然可以对纷繁的仪式剧类型起到整合作用，从而为不同领域、不同学科的研究者们提供一个共通的话语平台，使其可以通过"傩戏"这个学术符号来沟通与交流。但是，正如我们在反思"泛傩论"时产生的疑惑，这样的"傩戏系统"说，到底是民俗事象文化本质的诠释，还是一种学者的建构？对此，我们的回答是后者。

对于"傩戏"此一语用概念，学者们曾做出一些界说。例如，詹慕陶认为："就傩戏的大多数的剧目和演出来说，不论是它们的小戏和大戏，正戏和外戏，往往是戴有假面的，同时还有神鬼的出现和动作，只要具有

---

① 庹修明：《叩响古代巫风傩俗之门——人类学民族学视野中的中国傩戏傩文化》，贵州民族出版社 2007 年版，第 4—5 页。

这两点，就应该算作一种傩戏。"① 不难发现，此一界说带有明显的"泛傩戏"论调，因为戴假面且有神鬼的出现和动作，乃是许多祭祀文化系统中的共生现象，将其作为傩戏的专属构成要素显然不能成立。应当指出，此种"泛傩戏"论调并非个别现象，其在傩学研究之始就已大行其道。② 毋庸讳言，凡"戏"（仪式戏）必以"傩"来指称的"泛傩戏"现状，其实给目下祭祀演剧活动的深入研究带来了极大的负面影响：它把纷繁的祭祀演剧活动推向了简单化境地，更多时候容易使我们的研究走向虚化，进而无法找到祭祀戏剧发生的真正源头。③

曲六乙对于"傩戏"的界说，目前已为学界普遍接受。他指出："傩戏"是"从傩祭活动中蜕变或脱胎出来的戏剧。它是宗教文化与戏剧文化相结合的孪生物"④。庹修明亦表达了相似的观点："傩戏是古傩文化的载体，是由傩祭、舞蹈发展起来的一种宗教与艺术相结合、娱神与娱人相结合的古朴、原始、独特的戏曲样式。"⑤ 但需进一步探究的是戏剧从宗教仪

---

① 詹慕陶：《傩戏三题》（下），《浙江广播电视高等专科学校学报》1994 年第 4 期，第 41 页。
② 从民俗称谓的应用角度来看，以往民间几乎没有"傩戏"这一说法，当下"傩戏"称谓的泛化，其实与学界、官方的大力推动密切相关。其中有学界与民间双向互动的情况存在，特别是在现代民俗语境中，此种互动已变得日益普遍。具体来说，民间艺人相沿成习的民俗解释会对研究者产生一定的影响；反过来，研究者的认知也会为当地民众所接受，进而又相沿成习，直至约定俗成。例如流行在贵州安顺地区的"地戏"这一称呼就是一个典型的例子。据学者的调查和研究，"地戏"一词在解放前的安顺并不流行，甚至鲜为人知，而谈"跳神"则家喻户晓。"地戏"是官方和文人对跳神活动的称呼，"直到 90 年代（20 世纪 90 年代——笔者注）的今天，只有外宾或县级以上的领导来看跳神，村民们介绍情况时才把这一民间活动称为地戏"（沈福馨、帅学剑等：《安顺地戏论文集》，文化艺术出版社 1990 年版，第 93 页）。
③ 关于学界"泛傩戏"产生的文化语境、学术背景以及具体表现，本书第二章第三节"独立与涵容：端公文化与傩文化的关系"在综合讨论"泛傩论"问题时，已多有涉及，此处不进一步展开，可参阅。
④ 曲六乙：《建立傩戏学引言》，德江县民族事务委员会、贵州民院民族研究所编《傩戏论文选》，贵州民族出版社 1987 年版，第 7 页。
⑤ 庹修明：《叩响古代巫风傩俗之门——人类学民族学视野中的中国傩戏傩文化》，贵州民族出版社 2007 年版，第 55 页。

式中蜕变或脱胎的细部过程。① 而纵观西南地区纷繁复杂的祭祀演剧活动，在从祭仪到戏剧产生的文化节点上，端公发挥了极为关键的作用。前文已经提到，傩仪初入西南地区的结构形态因循了宋以降中原古傩之传统，由集体性的驱傩队伍，于岁时节日期间走村串寨"索室驱疫"，并间有歌舞表演形式，以达驱鬼之目的。归纳起来，此种傩祭形态主要包括三个基本特征：岁时性、集体性、公祭性；含有两项主要内容：驱鬼、傩歌（舞）。而伴随着端公对傩仪的统合，以及对西南土著"许愿—还愿"巫俗的统合，端公对西南傩祭结构形态予以重新打造，从而使西南傩祭形态本身发生了根本性跃迁：即从古傩结构中"驱鬼" + "傩歌（舞）"跃迁为现在"驱鬼＋许愿还愿＋傩戏"，这充分体现出端公的一种文化创造性。而此种由"傩＋愿"所构成的祭仪形态，对于傩仪中戏剧表演因素的发展也起到了极为关键的作用。因为传统的"逐村屯以为傩"的形制本身，并不需要较为丰富的戏剧表演形式，因而这在一定程度上限制了戏剧表演在傩仪中的发展，使它不可能从傩仪中分离出来成为独立的形式。而"还傩愿"本身是一个酬谢神恩的庆典仪式，娱神的同时也有娱人的需要，这就对戏剧表演提出了更高的要求，由此产生了更为丰富的戏剧表演形式。

　　正是基于对目前学界"泛傩戏"应用现状的深度省思，以及端公在傩祭与傩戏生成间所发挥的核心作用的深度认知，我们提出了重新对"端公戏"进行界说的问题。需要特别强调的是，"端公戏"这一语用概念并非笔者的发明，学界以往就曾使用过，只不过以往仅是将其作为一种地域性祭祀演剧称谓来观照，并将其纳入傩戏系统之中。例如上文中曲六乙提到的四川、陕西的端公戏，昭通端公戏等，即是根据四川、陕西、云南昭通

---

　　① 康保成在其名著《傩戏艺术源流》中也特别强调了这一点，并指出处于宗教仪式与戏剧形式之间的中间演出形态主要有：宋代"路歧人"上演的打夜胡，金元明清流行的打连厢，源远流长的莲花落、秧歌等（康保成：《傩戏艺术源流》，广东高等教育出版社 2011 年版，第 8 页）。

一带的民俗称谓，将该地的祭祀演剧活动称为"端公戏"，并将其视为傩戏的一个分支、一种类型。而我们这里提出的"端公戏"，并不是一个狭隘的区域性祭祀演剧称谓，而是一个具有统合性功能的称谓，其理论指向在于统合西南地区纷繁复杂的祭祀演剧活动，并将其作为一个独立、自在的演剧系统去观照。这不但会使我们的研究上升到一个系统化层次，而且还可以为不同领域的研究者提供一个共通的学术话语平台。

与前文"端公文化"概念的提出相类似，我们超越学界以往的认知域，将"端公戏"作为一种系统去观照，同样是基于民俗本位的思考。这其中仍然存在着一个非常关键却往往被人忽视的民俗事实：西南各地纷繁的祭祀演剧活动，不管其表现形态、称谓多么复杂多样①，其实都是由端公来主持、操作的，且在祭仪到戏剧的发生过程中，均呈现出带有类型性特征的四种演剧形态（详见下节），因而尽管流播的区域不同、称谓不同，诸多演剧类型却均可由民俗主体——端公加以贯通，从而构成一个独立、自在的"端公戏"系统。从文化身份来讲，端公既是祭仪活动的主持者、操作者，又是演剧活动的表演者、创造者，而端公表演、创造的所谓演剧活动，其实就是从端公的祭祀活动（祭坛）中慢慢衍生出来的。但与一般的戏剧表演不同，端公祭仪中的多种演剧形态其实均不具有独立性，其是与端公祭祀行为本体同构的有机组成部分。

学界以往多囿于地域的局限以及祭祀演剧现实称谓的束缚，将诸如德江傩堂戏、福泉阳戏、昭通端公戏、金沙端公戏、文山梓潼戏等这些不同

---

① 从名称来源的角度来看，众多的演剧称谓（如"傩堂戏""傩愿戏""阳戏""梓潼戏""庆菩萨戏"）主要有三方面来源：一是文献中原有的记载；二是民俗的多种变异性称呼；三是学者的赋予。这三种来源之间存在着互动影响，但后来的研究者往往不加辨析地加以应用，由此造成了名称使用上的极度混乱，让人误以为西南地区的祭祀演剧类型十分庞杂，且本质各异，应分属不同的类别。事实上，当我们深入分析，通观比较不同地域、不同称谓演剧类别的形态结构时就会发现，其实它们都具有共同的本质特征，即无论何种称谓的演剧活动，其实都是由端公（巫师）主持操作，其在客观上构成一个自在的大的演剧系统。

地域、不同称谓的演剧类别进行几近完全"割裂"式的研究，并主观地认为这些类别本属不同的演剧类型，从而忽略了其间的密切联系，由此形成的研究成果自然也是"自说自话，互无干涉"。既然很少以整体的、大的形态来看待不同地域、不同称谓的演剧类型，那么也就不会有关于西南诸省纷繁复杂的演剧类型是否存在一个共通性文化表现的思考。无可否认，端公演剧类型的区域性特色是一个重要的问题，但是缺失了通观、整合性的考量，我们往往会陷入"只见树木，不见森林"的研究尴尬，而面对一个具体地域的演剧类别时，我们往往会"走得进去，出不来"。显然，这十分不利于祭祀戏剧研究的理论创新与整体推进。

事实上，当我们超越了行政区域、现实称谓的羁绊，用一种通观的学术视野去观照这些源自不同地域、不同称谓的演剧类别，就不难发现：这些演剧活动其实都是从端公祭祀活动中衍生出来的①，均是由端公表演、创造的，在演剧结构方面亦具有共通性，因此，它们均可被纳入"端公戏"系统之中，而其间的细部差异，正好表征了"端公戏"（系统性概念）在不同区域、不同族群中的形态"变格"。

三　结语

学界对"端公戏"此一称谓的"误读""误用"在端公戏研究伊始就已存在，可谓由来已久。以往对其概念的认知存在两大误区：一是只用一般的戏剧概念去观照，进而"望文生义"地认为端公戏本身就是一种单纯的戏剧表演活动，从而遮蔽了其巫术、仪式之本质；二是仅将其作为一种

---

①　这里所言端公祭仪中直接衍生出来的演剧活动（主要指歌舞形态的叙事表演、"出脸子"的拟神表演、与祭仪直接相关的正戏形态，下节详述），代表了端公戏具有本质意义的演剧形态。事实上，表现世俗生活的耍戏形态，常有直接移植成熟剧种剧目的情况，但这里需注意的是，端公在移植这些地方剧种的剧目时，并非直接照搬，而是做了一些相应改造（主要是简化处理），使之更加符合端公祭仪的整体结构。因此，无论是人物角色，还是情节安排，都与原来的剧目有较大区别。因而，它们仍然可以被看作端公戏系统中的重要构成部分。

狭隘的地域性祭祀演剧称谓，并将其纳入傩戏系统之内，成为傩戏的一个分支、一种类型。事实上，西南地区名称各异，类别繁杂的祭祀演剧类型本有着共性的表现特征：它们都是由端公主持、操作的，且在祭仪到戏剧发生的过程中，均呈现出带有类型性特征的四种演剧形态，因而均可纳入独立、自在的"端公戏"系统之中。端公既是祭仪活动的主持者、操作者，又是演剧活动的表演者、创造者，所谓"端公戏"，即是端公在祭祀活动中衍生出来的一种演剧形态。但与一般的戏剧表演不同，端公祭仪中的演剧形态其实并不具有独立性，其是与祭祀行为本体同构的有机组成部分。联系当下祭祀演剧研究中整体研究、理论创新与体系建构严重不足的现状，"端公戏系统"这一语用概念的提出，自有其多重学术价值。它不仅会重构中国仪式戏的分类体系，而且可以让我们宏观、整体性地把握西南祭祀演剧的形态结构与基本特征，从而超越众多差异性称谓给人带来的认知羁绊与应用混乱，达致通观理解西南诸省纷繁复杂祭祀演剧类别之目的。毫无疑问，这对于深入理解由祭仪到戏剧发生、发展的文化规律具有十分重要的意义。

第二节　由仪到戏：端公祭仪中的演剧形态

诚如上节所论，端公戏是人们对端公祭祀仪式中演剧活动的一种概称。西南各地端公祭仪活动虽然形式多样、层次不一，但其实都杂以歌舞演剧的表演形式，因而各地人们每每将本地的端公祭仪活动与端公戏混称，进而直接以"端公戏"来指代由端公操作的所有祭仪活动。然而，应该明确的一点是，这里所指的"戏"，并非一般的戏剧概念，它其实沉积了从宗教仪式到戏剧表演的诸多变化轨迹。诚如已故牛津大学汉学教授龙彼德（Piet van der Loon，1920—2002）所言：

> 在中国，如同在世界任何地方，宗教仪式在任何时候，包括现代，都可能发展成为戏剧。决定戏剧发展的各种因素，不必求诸遥远的过去；它们在今天仍还活跃着。故重要的问题是戏剧"如何"兴起，而非"何时"兴起。我们尤其想探讨戏剧在社会中有何功能。[①]

事实上，作为在西南乡土社会中普遍存在的一种演剧样态，"端公戏"本身就很完整地包含了由仪到戏的不同发展阶段与多种形态层次，这就为我们把握宗教仪式与戏剧形式的关系提供了一个适切的观照点。

一　歌舞形态的叙事表演

王国维在讨论上古歌舞艺术的起源时曾指出："歌舞之兴，其始于古之巫乎？巫之兴也，盖在上古之世……巫之事神，必用歌舞。"[②] 作为古巫在后世的一种文化身份存留，端公祭仪中的歌舞亦是最为活跃的戏剧因素。端公在祭仪中往往以歌叙事、以舞象形，有些法事就是歌舞的具体化和形象化，有些剧目亦由歌舞直接发展而来。

贵州端公祭仪中有"造桥"一段，端公在做此段法事时要唱："头坛走了二坛来，霜雪有花冒雪开，不是梅花开得早，隔年开花等春来。别样闲花且不讲，穿衣戴帽出坛门。张三姐，柳氏娘，借你钥匙开龙箱。打开箱子看一看，任凭师家穿哪段，打开箱子瞧一瞧，任凭师家穿哪条。拿了一件又嫌短，拿了二件又嫌长，只有三件恰合适，身穿登坛拜法衣。腰中

---

① ［英］龙彼得：《中国戏剧源于宗教仪式考》，王秋桂主编《中国文学论著译丛》，（台北）台湾学生书局 1985 年版，第 523 页。

② 王国维：《宋元戏曲史》，杨杨校订，华东师范大学出版社 1995 年版，第 1 页。

要拴统岳裙，八宝花鞋脚下蹬，全身四体齐穿起，借娘罡步出坛门。请何神？会何神？左执神牌右执鞭，左执神牌请神动，右执神鞭打邪精。"① 当端公唱完唱词，穿上这套法衣，拿起神牌神鞭之后，他就成为神的使者并能化成各种神，而且也化成了"角色"，此时他的表演既是作法也是演戏，他是巫与优的混融。

《游傩》是在端公敬神、祈神法事结束后，让傩公傩娘辞别主人，装鞍配马，回銮返驾上五岳华山的一坛法事。法事中一法师左手持傩母像，右手持傩公像，面向执法师，二人相对，一进一退地舞唱。每唱第一句时，朝傩娘仰望，唱第二句时，舞旋一圈朝傩爷仰望。唱最后一句时，二人背擦背地舞旋一圈或作"犀牛望月"式跳唱东、南、西、北、中五方。唱哪一方就面向哪一方跳唱。② 通过此种舞唱形式，即把傩公傩娘返回华山之情节展现出来。《送神》是端公祭仪中重要的且必须做的法事，一般由掌坛师运作。当法事快要结束时，掌坛师手执牌带边舞边唱，场下武乐伴奏、帮腔答白。这坛法事通过歌舞，表现在神灵的庇佑下，该场祭仪已经圆满完成，现在一一点出各神，送神归去。本是祭仪，却以歌舞形式来表现。

四川芦山庆坛在"开坛"后有"放兵"一坛法事表演③。执法师揭开坛盖，放出坛下打着五色旗的25万阴兵（每旗5万兵），25万兵分驻东南西北中五路，保护坛场，疏通坛路，以利各路神灵的到来。这些法事唱词中，有拆坛、放兵、点兵、出兵等内容。还有"季节歌"等词，词句枯燥、重复，亦多"水"词。但是放兵时，法师持师刀、牛角号，另有放兵土地公、土地婆，一个持五色坛枪、一个抱着"坛神板"，三人边唱、边

---

① 德江县民委、贵州民院民族研究所：《德江县土家族文艺资料集》，内部编印，1986 年，第 250 页。
② 李华林主编：《德江傩堂戏》，贵州民族出版社 1993 年版，第 206 页。
③ 于一：《巴蜀傩戏》，大众文艺出版社 1996 年版，第 103 页。

舞，舞蹈中插以"线爬子""穿花"灯戏舞台程式；手中挥着各自所持物件，唱"二十四节气"歌，且用的是"十二月"花灯调，载歌载舞，犹如一场三人舞。其表演好似一出芦山花灯表演，不觉枯燥单调。法事仪式在这里完全舞蹈化、戏剧化了。

云南昭通一带有"亮路"一坛歌舞法事，由两个端公（或四个端公，称为"双亮路"）扮作仙童，手持火炬行"端公步"，绕"线8字"，边歌边舞昭示神灵，为神灵进入坛场照亮道路。不难看出，虽然"亮路"还只是一段歌舞表演，但已经具有进一步转化为戏剧形态的契机。"亮路"进一步充实发展，后来就演变为《亮五方》。《亮五方》这出戏，保持了"亮路"的歌舞特点和原有的祭祀功能，但已有了发展变化："仙童"衍变为"仙兄仙妹"；增加了对白、独唱、对唱等；情节内容有所发展，"仙兄仙妹"不仅是神的使者，而且成了一对恋人；其寓意由原来单纯为神灵亮路，发展为奉神灵旨意为善男信女"多招吉利广招财"①。由此可见，端公祭仪中《亮五方》歌舞小戏的出现，完全是"亮路"歌舞渐进转化发展之结果。其中最为重要的便是情节内容的变化：由一对"仙童"变为"仙兄仙妹"（一对恋人），其功能亦由单纯为神灵亮路，发展成兼为人纳吉，如此的戏剧情节最终使这个剧目完成了"戏剧化"。

总之，端公祭仪在外在形态上表现为歌唱、舞蹈等特殊的言语形态，此为实现神鬼虚拟在场的重要方式。事实上，在世界各民族文化中，歌舞都曾是仪式最初的体现方式。人类学家泰勒就曾指出："跳舞对我们新时代的人来说，可能是一种轻率的娱乐。但是，在文化的童年时期，舞蹈却饱含着热情和庄严的意义。蒙昧人和野蛮人用舞蹈作为自己的愉快和悲伤、热爱和暴怒的表现，甚至作为魔法和宗教的手段。""蒙昧人

---

① 王勇：《昭通傩戏简论》，玉溪地区文化局、云南省民族艺术研究所编《云南傩戏傩文化论集》，云南人民出版社1994年版，第230—231页。

认为，舞蹈具有某种十分现实的作用，因而他们期待着对外在世界发生影响。"①

二 "出脸子"的拟神表演

"脸子"亦称"古脸子""脸壳"，是西南一带端公对面具的特殊称谓。面具在端公祭仪中具有特殊的重要地位，是端公用以状神的形象之物。与一般面具戏中的面具被视作演员化妆的手段不同，端公祭仪中使用的面具是被当作神祇来看待的，这成为端公演剧中最为突出的艺术特色。列维－斯特劳斯说过，面具的每一种类型都与神话有联系，舞蹈面具对旁观者来说，是无所不在的超自然力和神话散播的证明。② 可以说，面具就是神的体现或标志，故端公坛班有"戴上面具是神，脱下面具是人"的俗谚。面具数量的多少与端公坛门的实力大小成正比，是坛门实力的标志。

所谓"出脸子"，即指端公祭仪中的出神、出角色。此类表演与法事联体，属法事向演剧过渡阶段的特殊表现形态，以表现神为核心，以戴面具作拟神表演为特色。"礼请神祇"是一坛较为典型的戏剧化的请神仪式。仪式中，人神杂糅，祭戏同台。一方面，执法师通过书文发牒、（挽诀）手语等表现通神；另一方面则直接佩戴面具化身为神灵形象出现在祭坛上，表示神已来到。在《礼请神祇》中，大凡与礼请法事有关系的神灵都要在祭坛上"亮相"，这种现形就是用"脸子"来象征的。一位戴面具出场的法师，象征一位神祇。通常，"脸子"出场后都有一些简单的表演。例如"出灵官"一节，在激烈的打击乐伴奏下，灵官急速登场，手执"金鞭"蹦跳、蹲转，四处搜索击打，然后右手高扬"金鞭"，左手掐"灵官

---

① ［英］爱德华·泰勒：《人类学——人及其文化研究》，连树声译，上海文艺出版社1993年版，第269—270页。

② ［法］列维－斯特劳斯：《面具的奥秘》，知寒等译，上海文艺出版社1992年版，第14、6、140页。

诀"亮相；接着表演"吐獠牙""喷火"等特技；接着，场下端公唱神歌："紧打朝阳鼓，现出纠察神，他是天上王天君，闻知凡间有凶险，临凡下界要查清。手执金鞭十二节，六节阳来六节阴。六节阳间管世界，六节阴间打鬼神。"[①] 在歌唱中，灵官按"步斗"程式，依次表演"上式""下式""门式""正式"的舞蹈，以显示其"斗天口君"的无上神威。

阳戏祭仪中的"开棚"法事，在执法师的引导下，各法师头戴面具以象征神灵鱼贯出场。出场者各表身世，道明来意。唱词有长有短，内容有繁有简。每位神灵登台退场，坛师照例唱一段介绍性的套词。如催愿吉士唱道："家住洛阳龙凤桥南门马蹄岗，娘是上界神仙女，爷是上界曹明英。大哥是天宫虚空纠察神，二哥是地府无常神，自己是药王门下催愿吉士神。奉药王差遣，催缴愿贴。"梅花二姐唱道："家住梅州梅阳县安角山，父梅国老，母是诰命夫人。父母告老，田产房屋归叔子伯爷，无依无靠，被药王封为供养花神。此行奉命为施主了愿。"[②]

从以上描述不难看出，"出脸子"拟神表演还基本属于单个神化角色的表演，类似"独角戏"。端公戴面具出场时往往遵循共通的模式，即以自报家门（亦称"唱根生"）之形式，对其来历、神通、形象等作或长或短的唱述，并加上歌鼓伴奏（唱），场下帮白。这显然还不是一种完整的戏剧形态，但这种表现形式若继续出现在比较完整的端公戏演出中，其中的一些"神化角色"往往就成为某一个剧中的主角；或当有的法事中同时出现几个"脸子"时，即被端公们视为具有"演功"的成分。

---

① 王勇：《昭通傩舞初探——兼谈傩舞与傩戏的流变》，《民族艺术研究》1991 年第 3 期，第 19 页。

② 赵大宏：《云南省文山州西畴县鸡街乡太平村汉族冲傩戏、阳戏调查》，《民族艺术研究》1994 年第 5 期，第 33—34 页。

三 与祭仪直接相关的正戏形态

端公祭祀进程中，往往会加入一些与法事相关或对应的戏剧表演，端公们将其称为"正戏"。从祭祀主旨来讲，正戏应该是端公戏具有本质意义的演剧形态。表演时，端公一般要佩戴面具扮作神化角色，以较为完整的戏剧形式表现与祭祀相关的情节内容。上述"出灵官"的拟神表演，进行到"扫邪归正"一坛法事，就发展为具有较为丰富情节的正戏表演。首先是出王灵官镇台，然后灵官命土地、八蛮将军和苗老三到主人家的房屋内搜寻邪精鬼怪。在这个过程中，土地和苗老三与八蛮将军分别有对白，各自有唱腔；苗老三与八蛮将军互诉身世，互相拷问，嬉笑怒骂。最后，将"茅人"代替的邪鬼从主人的家中搜出来，带到野外焚烧。不难看出，这坛法事紧紧扣住捉拿邪精鬼怪这一主旨展开，有情节、有对白、有唱腔、有表演。虽然情节比较简单，但已可看作一种戏剧形态。

云南昭通端公祭仪中有《方相砍路》和《开砍》两个相关的剧目，前者具有歌舞表演的特点，后者则在其基础上发展为较为完整的戏剧形态。方相之名在古代典籍中即有记载，《周礼·夏官司马第四》中有云："方相氏掌蒙熊皮，黄金四目，玄衣朱裳，执戈扬盾，帅百隶而时傩，以索室驱疫。大丧，先柩及墓入圹，以戈击四隅，驱方良。"[1] 方相的逐疫驱鬼与丧葬开道之职司一直为后人沿用，并有所演变。在昭通端公祭仪之《方相砍路》中，方相亦被认为具有驱鬼除邪之威力，在其他神灵临坛之前，须由方相跳一段表现开山辟路、驱邪赶鬼的舞蹈。[2] 可见，方相的功能已经有所变化，从为丧葬开路延展至为神灵开路。《开砍》则是在《方相砍路》

---

① （清）孙诒让撰：《周礼正义》，中华书局1987年版，第2493页。
② 王勇：《昭通傩戏简论》，玉溪地区文化局、云南省民族艺术研究所编《云南傩戏傩文化论文集》，云南人民出版社1994年版，第232页。

之基础上，附会了《封神演义》中有关殷纣王驾下之打路先锋高兰英的相关故事而编演成剧：东岳帝君召遣方相为某施主家砍开三罡，高兰英打开五方五路，二人来到三岔路口，因谁先谁后发生争执、打斗。未果，二人返回帝君面前调解，帝君圣谕：砍在前打在后，各行其路。于是，方相各砍一方，高兰英各打一方而罢。较之《方相砍路》，《开砍》已经形成了以歌舞、武打表演为主，具有情节和矛盾冲突的戏剧形态。

四川江北县一带端公"祭财神"仪式中亦有表现方相神故事的法事，称其为"破路"或"开方"。"破路官"方弼、方相、奉旨开辟"三方四路"，为财神的五方兵马勒马到坛、登台受祭开路。如果人多还可出四个角色，除方弼、方相外，还有方文、方斗，弟兄四人各自砍开一方。此坛戏剧表演有两点特殊之处：第一，出场人物均按戏曲（川剧）角色装扮，着戏装、戴盔、挂头条；第二，伴奏的鼓点也近于川剧，不同于其他正法事的锣鼓，唱词用高腔形式演唱。整个仪式过程分为"起马"和"破路"两仪项。"起马"时，方弼着红蟒，挂麻三口条，戴圆翅纱帽，提马鞭上场。念引子，交代"方才功曹来报，元帅命吾弟兄二人前去开路"。请出弟弟方相。方相着红蟒、载帅盔、挂黑满（髯口），提马鞭上。弟兄二人见礼，然后提"大刀二把，令箭二支。逢山开路，遇水搭桥"。弟兄上马分手，"将军请上马，各自奔前程"。从其表演形态来看，"破路"法事其实已经具有戏曲表演之特点。

昭通端公祭仪中《审茅》这出正戏的特点也很突出。该剧主要表现"森罗天子坐殿拷鬼祛邪"之事。其大致情节为：阳元（人世间）某人家闹鬼，适逢阎王奉天界之命坐殿理事，发现一个小鬼（茅郎）不见，断定其到人间作祟，于是分别传"阴庙城隍""灶君""长生土地""七郎土地""业主"（土主，即当方土地）盘问。经过"三拷六问"，查明此事系"游司"（端公未授职者之亡灵）为了享受人间烟火，勾结"阴司茅郎"，逃离阴司后所为。① 这就有较为复杂的情节，已完全是"戏"了，只不过它仍然是法事框架中的情节延展。

贵州黔东北一带端公的正戏表演还有上洞、中洞、下洞之区分。②"开洞"法事就含有将要出戏的意思，传说这些戏关在"桃源三洞"之中，由玉皇大帝亲自封派的唐氏太婆掌管，法师要由"地盘"到桃源三洞来请求唐氏太婆开洞，"请"出二十四戏进行演出。上洞戏和下洞戏剧目，多用法事名称或法事中的主神来命名，诸如《扫地和尚》《开路将军》《点兵仙官》《引兵土地》《押兵仙师》《水路将军》《开山莽将》《二郎镇宅》《钟馗戏判》之类。其中，上洞戏是表演天将神兵赴坛去愿主家的种种情形，下洞戏则叙述神祇鉴于愿主已还愿，遂将其所许的愿勾销，表演许愿、还愿、勾愿以及捉鬼勾愿之过程。中洞戏主要剧目是《甘生赶考》，由几个片段连缀而成，主要包括《甘生八郎》《杀牲九郎》《算命郎官》《王婆卖酒》《打菜仙姑》《牛高卖药》等 17 个片段，总称《卖猪》。这部分的戏剧性得到了强化，人物有了对话、有了分场，形成了多个角色的复杂表演。这种串戏的表演十分灵活，如果观众情绪高，就可以即兴发挥，通过各种滑稽、诙谐的表演满足观众的审美需要。相较于上、下洞戏表演的肃穆、森然气氛，中洞戏的内容更具有一定生活气息，它犹如一个间歇，使观者得以精神松弛，客观上导致了人们对上、下二洞的怪诞情节产生真实感。

湖南凤凰端公法事"开戏洞"后，所搬请的神灵角色与内容不但与法事程序相适应，而且还具有一定连续性。③"开戏洞"后，即以《搬开山》

---

① 王勇：《昭通傩戏简论》，玉溪地区文化局、云南省民族艺术研究所编《云南傩戏傩文化论集》，云南人民出版社 1994 年版，第 232 页。

② 李子和：《信仰·生命·艺术的交响——中国傩文化研究》，贵州人民出版社 1991 年版，第 11—12 页。

③ 胡健国：《巫傩与巫术》，海南出版社 1993 年版，第 341—342 页。

拉开序幕，掌坛师请开山为主东家驱邪求吉。开山背插斧头，手拿纸钱上坛，舞唱数句后，与主东家说吉语。主人下坛，开山下东海洗澡，将斧子掉下海，摸寻不着。下坛。接演《搬算匠》，算匠腋夹胡琴，右手拿一支插有纸钱的蜡烛，左手执打狗棍上坛。算匠娘迎上，二人作戏谑性的生活表演，并为主东家"算金算银"。开山上坛请算匠卜占斧子失落地点，算匠掐指作诀，开山向岳王菩萨许愿。下海摸斧，但斧子缺了一边。众人下坛。接演《搬铁匠》，铁匠与其妻作"花灯"歌舞，二人表演同赴祭坛还愿。请主东家上坛，对其说一些滑稽吉语，主人下坛后，夫妻挂招牌。开山上坛，请为修理斧头。铁匠夫妻起炉打铁，调笑一番。下坛。开山拿起斧子上坛，邀请童儿。接演《搬童儿》，童儿丑扮，唱花灯小调上坛。开山命童儿去贵州思南请师娘前来还愿。童儿歌舞前行，听到牛角声，叫门。接着是《搬师娘》，背娃娃在坛外与童儿对歌。师娘上坛，师娘女幺妹子同上，对白，师娘下坛。童儿与幺妹子（花旦扮）演歌舞，师娘上坛。三人边舞边行。开山上坛。童儿、幺妹下坛。通过开山斧失而复得的简单情节，构成了一出"开山连续剧"。

端公的正戏表演，除了上述情节比较简单的形态外，也有属于大戏或连台本戏的形态，演出时间较长，至少一天一夜。剧中的主角往往是祭祀的对象，以戏剧形式表现和歌颂享祀的神灵，情节内容丰富，行当角色亦有区分。例如若以赵侯圣主和梓潼帝君为主要祭祀对象，与此相应，表现、歌颂赵侯圣主的戏剧表演即有《赵侯领牲》《游洞学法》《收蓝蛇》等；以梓潼帝君为主角的戏就有《凤凰营》《大游黄花山》《三山采药》《三仙配》等。主祭川主的阳戏，就必须演出《锁孽龙》等表现"万天川主惠民大帝"的来历和川主降龙治水的剧目。清代贵州诗人李樾就曾目睹《锁孽龙》的演出，作诗："水利频兴功绩奇，梨园装束似当时。愿将川主降龙事，话与吾乡父老知。"

另有一些大戏剧目，虽与享祀的神祇没有什么关系，但因其具有驱邪赶鬼、酬恩还愿之意味，因而也被纳入正戏之列。例如云南端公戏剧目《十二花园姊妹》，其大体情节是说唐朝元帅郭融有十二个女儿，其中八姐最美，却被山寨强人蚩尤抢去，强逼她做压寨夫人。郭融带兵杀败蚩尤，夺回八姐。这个戏就已经和"神"无大关联，但强盗蚩尤，本是历史传说中与黄帝大战的有名人物，在端公戏中列为邪神，因而这个剧目也就具有扫邪之意味，列入"正戏"了。① 贵州道真端公祭仪"造茅替代"后可加演《凤凰祭》，由包文正、王朝、马汉、张孝、张礼五人出场。内容是：宋朝仁宗皇帝母亲的眼睛痛，遂许下二十四颗人头愿。卜算下来，该曹洪开刀，张孝封刀。包文正带着王朝、马汉去捉张孝，以完数缴愿。时张孝的后母病重，须凤肝凤髓医治。为治母病，张孝去凤凰山，只身一人守了七天七夜，终于捕了一只凤凰。正要回家，因包公王命难违，仍将张孝押转开封。其弟张礼知信，飞奔京城，只见张孝被押上刑场，便分开人群，入场抢夺张孝的死牌。包公捉下张礼，问清情由，认为二人都是孝子，免死，遂扎茅人以代，遂了仁宗之愿。② 显然，该剧的敷演，完全是附会历史人物来展现祭仪还愿之意旨，是对"造茅取代"祭仪的一种故事延伸和补充。在某一坛法事后加演一个剧目，以进一步展现该坛仪式内容的例子还有很多，例如在清火、杀铧后，可加演《包公清宅》；在和梅山后，可加演《收南邪》；在收禁罐后，可加演《捉寒林》等。

从戏剧观演关系的角度考量，端公戏中的演者与观者往往是浑然一体，并无明显界限，更无现代戏剧理论中的所谓"第三堵墙"。扮演角色的端公常与主东家直接进行一些与祭仪相关的对话，结合求子或禳灾内容

① 金重：《神人交错的艺术——西南民间戏剧与宗教》，云南教育出版社 1995 年版，第167—168 页。

② 冉文玉主编：《道真古傩》，贵州民族出版社 2012 年版，第 94—95 页。

共同表演。例如贵州正安一带"还梓潼愿"祭仪中的"送子"法事，共有三个角色：一是送子仙官，又叫"聂宝仙官"，二是送子仙娘（聂宝仙官之妻），三是事主家求子者。其基本剧情为：送子仙官、送子仙娘这对夫妻神生下小孩后，要离家外出，因孩子不便抚养，决定送与事主家，主人满心欢喜，即跪地接子，夫妻衷心祝福。[1] 另如湖南省衡阳市一带的端公祭仪《走报》中，一位受玉皇差遣为某主家报喜的天神化变安童，戴无下巴面具，胁夹雨伞，手打铜锣，穿梭在围观者中嬉戏打诨，与妇女调笑，妇女不以为亵，反认为是沾了"神"气，将来必有富贵。[2]

综上所述，正戏是一种与祭祀内容紧密相关的演剧形态，其以面具为表征，依附于某一类祭祀活动而存在，或歌颂祭祀中的神灵，或表现驱邪赶鬼之意旨。正戏在端公祭仪中的结构性意义在于，它对整个祭仪起到了一种延伸和补充之作用，并形成了祭祀与戏剧表演同构的互为有机序列，兼具宗教性与艺术性的双重特征。

四 表现世俗生活的耍戏形态

耍戏，亦称花戏、插戏、外戏、春戏、杂戏、笑坛、玩坛，也是端公祭仪中一种较为重要的演剧形态。与正戏之于祭仪的紧密依附不同，耍戏则明显体现出与端公祭仪的某种疏离。此种疏离主要表现在两个方面：其一，耍戏具有浓厚的世俗化倾向，其价值取向在于"耍"、娱人，演剧氛围以欢快、诙谐为基调，而不似正戏那样肃穆、森然；其二，耍戏在祭祀结构中的位置颇灵活，多穿插于法事和正戏之间，与法事程序并无直接关联。谈到正戏和耍戏的特点，云南昭通镇雄塘房端公有一副对联作了颇为形象的说明："有正坛有玩坛正坛不如玩坛好，出大脸出小脸大脸更比小

---

[1] 罗中昌、冉文玉：《黔北仡佬傩仪式大观》，民族出版社 2013 年版，第 350—352 页。

[2] 胡健国：《巫傩与巫术》，海南出版社 1993 年版，第 340—341 页。

脸花。"① 表明耍戏（玩坛）具有喜乐特征与广泛适应性。

图 5-1　端公戏表演

由于耍戏的价值取向重在"耍"，即玩耍、娱乐，因而其剧目多为短小、滑稽诙谐、表现世俗生活的闹剧，其题材多来自神话、民间传说和唱本。这些剧目，除少量为端公自己编演外，绝大部分系搬演其他地方剧种的剧目，且地方民歌、小调、方言之类均可融入其中。例如云南昭通端公表演的耍戏剧目，像《芦花训子》《王大娘补缸》《闹五更》《春兰送酒》等，均从四川灯戏剧目中移植而来；与云南花灯相似的剧目也比比皆是，如《四耳打草鞋》等。值得特别指出的是，端公在移植这些地方剧种的剧目时，并非直接照搬，而是做了一些相应改造（主要是简化处理），使之更加符合端公祭仪的整体结构。因此，无论是人物角色，还是情节安排，

---

① 引自昭通地区行署文化局编《端公戏音乐》，文化艺术出版社 1994 年版，第 11 页。

都与原来的剧目有较大区别。

端公在表演耍戏剧目时，有时也需佩戴面具（一般不戴），不过，与正戏面具多作威猛状不同，耍戏面具多为"喜乐""丑态"之状，有时也包括一些世俗人物，如"寿星""土地""和尚""小进财""苗老三"之类，常引人发笑。表演中，端公的随意性较大，甚至多有即兴发挥，不仅"脸子"和"脸子"间可以相互取笑，在场的观众亦可加入其中，俨然没有台上台下、演员观众之分别。耍戏在端公祭仪中的结构性意义在于：它对祭祀起到了穿插、延时、间隔之作用，既可以调节宗教祭祀的严肃氛围，又能掌握整个坛事时间的长短，使之张弛有节，同时在客观上，它也反衬出正戏关于神鬼、祭仪的演绎更具神圣感。由于耍戏剧目一般不直接表现祭仪主旨，因而，在祭祀中属非必演内容，由端公根据相关性原则及信人主观需求来灵活安排。这种灵活性，使耍戏既可以置于"正戏"之后，亦可穿插在"正戏"之中。而且，其内部剧目之间都可以重新组合，重新选择，具体到某一个剧目的内容而言，也可以随意删削，如果哪一个剧目观众现场反应强烈，甚至可以重新再演一遍。可以说，这种"再结构"的自由，使整个演剧活动散发出独特的魅力，这也是它能够长期留存于民间，受到民众喜爱的一个重要原因。

总而言之，通过对端公祭仪中多种演剧形态的梳理，我们看到，"端公戏"此一称谓本身，其实包含由仪到戏的多种形态层次。而且最为难能可贵的是，这些分别代表不同发展阶段的形态层次共时性地存留于端公戏演剧活动中，从而让我们得以把握由仪到戏的一条完整演进脉络。究其实质，具有本质意义的端公戏演剧形态产生于端公的祭坛，它是端公在祭祀活动中为了使祭仪内容形象化、具体化、故事化而进行的一种无意识的文化创造。端公戏的形成发展脉络本身，或许也为我们思考"戏剧起源于祭祀”这一命题提供了某种切入点。

作为一种在端公祭坛上产生的宗教仪式剧，端公戏的演剧结构、表演特点，与一般戏剧有很大不同。首先，端公戏的表演者不是专业演员，而是以驱邪逐鬼为职责的端公。端公在祭祀活动中，既是人神间的使者，又是所请的神或所驱的鬼之化身，“一身而二任焉”。他们的这种身份，就是在表演，就是戏剧因素；其次，端公祭仪中的所有演剧形态，包括歌舞、“出脸子”“正戏”“耍戏”，其结构虽看似松散，但其实它们都统合于祭祀语境之下，可以说，没有祭祀活动，便无端公和端公戏；再次，正戏与耍戏虽在端公祭仪中表现出不同的价值和功能，但它们都不能脱离祭祀而独立存在。即便是表现世俗生活的耍戏也不具有独立性，而只能作为祭祀活动中的一个结构部分而存在。虽然绝大多数耍戏并不直接表现祭仪内容，其在祭仪结构中的位置也并不固定，但它仍要遵循“便宜科事”之原则；最后，从演剧结构来看，无论正戏还是耍戏均体现了碎片与连贯的辩证关系：碎片化使整个演剧活动的自由度增强，本身不再囿于自足的系统，允许有大量异质元素融入。而大量异质元素的融入，又使端公戏处于动态的建构过程中，从而形成新的聚合。但新的聚合也并非恒定，它将成为进一步离散的契机。这样，在宗教祭仪氛围的糅合下，在民众审美心理习惯的驱动下，碎片与连贯间就构成了一种辩证的互动关系。

结　语

　　当下民俗研究范式的一个深刻转向是由单一"民俗事象"的关注转向对"民俗主体"价值的强调。在处理"民"与"俗"的关系时，民俗学者已逐渐认识到：既然民俗是一种生活文化，那么作为生活主体之"民"就应该受到特别的关注。虽然在民俗文化景观中，各种各样的"俗"是凸显的，"民"却是隐性的，但是作为表层文化片段的种种民俗事象，其实都是由"民"来创造、享用和传承的。离开了民俗主体的主导和运作，民俗客体（民俗事象）也将成为无源之水、无本之木。

　　本书将"端公"置于研究的凸显位置，正是对此一范式转向的回应。尽管在主流文化与精英文化的认知中，"端公"代表了一种极其边缘的文化身份，但是通观端公的历史、文化轨迹，我们却惊讶地发现：在西南地区巫文化格局的型塑中，端公其实发挥了极为关键性的作用。作为汉移民大潮中一个极为特殊的群体，端公的迁入不仅带来了汉民族的民俗信仰与神灵崇拜形式，更对西南土著巫文化起到了示范和凝聚作用，从而深刻影响了西南土著巫文化的表现形态。

　　基于对民俗主体——端公的文化观照，我们提出了"端公文化"此一概念。所谓"端公文化"，即是以端公（汉族民间巫师）为主导，以巫术行为、鬼神观念为核心的一系列仪式、方法及其相关的文化事象。就其本质而言，端公文化是一种汉族移民文化，是一种潜在的民间巫文化系统。端公文化结构本身可析解为三个构成要素：行为者—行为—表现。其中，"行为者"主要指端公，也包括信奉端公的社区人群；"行为"主要指由端公操作的法事仪式及其相关的活动；"表现"则主要指与端公法事行为相应的各种知识、技艺以及鬼神观念和信仰等。从文化的系统性特征来看，端公文化具有相当复杂的结构形态，其内部结构因子的关联互动方式亦会随地域的流转而有所差异，但其最基本的文化运作模式却可析解为：端公—巫术/仪式—鬼神观念—乡民等形态因子的互动。理解端公文化的本质、功能及思想文化内涵，需着重把握以下两个关键点。

其一，端公文化是一种整合性文化，具有超越区域、称谓的同质性。

学界以往关于端公及其法事活动的探讨，往往囿于地域的藩篱，属于局部、个案式研究，由此造成了研究者立足本区域"自说自话"，"只见树木，不见森林"的尴尬。事实上，当我们打通行政区域的壁垒，以一种通观、综合性的学术视野，对西南各地广泛分布的端公及其法事活动进行观照时，就不难发现：西南各地端公在神鬼观念、组织特征、仪式行为、演剧形态等方面，均具有共通的文化征象。这也是我们能够以融合了历史、地理与人文的文化空间（culture place）——"西南地区"作为整体的分析单位，并提出"西南地区端公文化"这一整体民俗事象的一个重要原因。

首先，从神鬼观念来看，端公崇奉神祇的文化表现形态主要有四种类型：神案形态、木雕偶像形态、面具形态、话语形态；其神鬼观念的空间界域亦主要含有四种认知模式：二元对立、三界分层、五方区隔、九州界域；而通往"人神"之路的端公度职，在西南各地亦呈现出相近的文化征象。

其次，从组织特征来看，西南各地端公的组织都以"坛"（亦称"坛班”)为单元，每个坛班七八人至十数人不等。依端公法事本领的高低、入坛时间的先后以及在坛内影响的大小，分别被封以"都督""都司""都察"等职。按照法事分工的不同，坛内端公分别有掌坛师、引见师、誊录师、雕法师、抛牌师、封神师、证盟师、保举师、接法师、唱度师等诸多职掌名目。掌坛师是坛班的核心人物，他既是坛班的组织者和领导者，也是精通各种巫术技艺的法师，多由年长、艺精、威信高的法师担任。掌坛师家中都设有师坛，师坛上贴有师祖牌。

再次，从仪式行为来看，西南各地由端公运作的各类祭祀仪式，虽称谓有别、具体表现形态多样，但在仪式架构、文化演述路径与生成机制方面却具有一体性，因而都可纳入一个更大类型的祭祀性形态——"端公祭仪"。在实际的祭仪运作中，作为民俗主体的端公会根据不同的现实情境，选择不同的祭仪类型，增减仪式项目，调整仪项顺序，以完成不同的祭仪目的。而不同法事内部祭仪间连接、组合方式亦具有共通的生成机制，亦即"仪式元"（构件）的层级组合与"完整仪式"（一坛仪式）的灵活装配，由此就形成了西南地区纷繁复杂、变化多端的祭祀仪式形态。

最后，从演剧形态上看，"端公戏"是在西南地区特殊文化生态背景下产生于端公祭坛上的一种戏剧形态。此种戏剧形态涵容了由仪到戏的不同发展阶段与形态序列层次，包括歌舞形态的叙事表演、"出脸子"的拟神表演、与祭仪直接相关的正戏形态、表现世俗生活的耍戏形态。立足西南地区，端公戏本身是一种独立、自在的演剧系统，由端公主持、操作的诸种名称相异、类别繁杂的演剧类型，其实都具有相同的结构形态，因而都可归入其内，从而形成一个"端公戏系统"。

因此我们说，西南地区的端公信仰及习俗首先是中原、江南、北方文化的深层积淀并逐步走向"在地化"的结果。在"长时段"的汉移民拓殖的大背景之下，构成西南地域社会文化组成部分的端公观念、知识系谱，很可能是多元文化系统相互作用和相互层累之后而最终形成的"文化共相"。端公信仰之于西南地区，不是"土生土长"，而是"外生土长"。而融入土著特色（在地化）的端公文化事象经过俗信化及仪式化的多重洗礼，转化为普遍化的民间信仰或民俗知识，从而成为近世以来西南乡土社会中一股重要的文化整合力量，成为区域群体意识认同的文化象征的催化剂。

其二，端公文化是一种混融性文化，其文化体系内统合了诸种文化因子。

从西南端公宗派归属的复杂样态以及执业范围的宽广特征，可知其在"巫教"派属之"文化底色"基础上，亦与儒释道文化有着深度交融与互渗。但就端公信仰的文化内核而言，我们可将其归纳为：巫之变种与道教俗化。进而言之，今日活跃于西南乡土社会中的端公信仰，基本上与中原的道教和巫术文化一脉相承。在"道巫"这一文化结构中，端公既通过供奉道教神灵、采用道教仪式和法术而保持着与道教文化的认同，同时又以开放的神系和神坛与民间信仰结成联盟，并借此体现出"民众道教"的本色。

作为西南乡土社会中一股重要的文化统合力量，端公不仅实现了对傩仪的统合，还将"许愿—还愿"这一西南土著社会中最为普遍的民俗信仰活动也统合进自己的文化体系内，由此形成了西南不同地域、不同民族中普遍存在的"还傩愿"民俗文化形态。可以说，"还傩愿"形态本身就是汉族端公统合现有文化资源新创造的一种文化形式。由此，立基于西南地域内，傩其实是被统合进端公文化系统之内，其结构、形式、精神、意蕴都统一于端公（巫）的意志之下，因而所谓的"傩文化"其实是涵容于端公文化之中的。此外，端公对师娘信仰、梅山信仰的统合，不仅丰富、扩展了端公文化系统，同时也改变了端公信仰的诸多表现形态，包括神灵、法术、科仪等内容。可以说，端公对于诸种文化因子的统合与融汇，充分体现出其文化创造性。

由此可见，"端公"——这个被边缘的文化身份，这个在文人、精英、官方的话语表述中总是与愚昧、落后、欺骗联系在一起的特殊人群，其实在西南祭祀文化系统中扮演了极为重要的文化角色。显然，以往我们低估了其文化价值与作用，对其文化地位的评判也有失公允。可以说，离开端公来谈西南祭祀文化，我们将无法真正理解西南祭祀文化本身的价值和意义。

平心而论，当我们超越了狭小区域的藩篱，摆脱了纷繁事象的羁绊，将端公以及端公文化置于研究的核心，我们确实看到了学界以往未曾关注到的许多"文化面相"，并在"端公"的文化地位、价值认定，"端公戏"范畴的认知，端公文化与傩文化的关系等一系列问题上，形成了一些不同于学界以往研究的观点或结论。但是应该承认，作为中国西南乡土社会中一种圆融自足的文化系统和民众"生活世界"的一部分，端公的观念、行为、技术、知识体系本身就是一种极其复杂的文化存在，因此，我们对于端公文化结构、本质、功能及思想文化内涵的诠解也一定存在不少纰谬之处，期待方家批评指正，更期待本书所走过的将民间性质的"巫"（端公）"文化"化这一研究径路，能为同业提供一定的理论参考，进而可以管窥近世以来的中国西南乡土社会之一般意义上的宇宙观念、信仰和思想世界的实相，管窥近世以来的中国西南乡土社会之普遍的信仰文化模式与信仰生活方式。

在不得不结束这不了而又了了的文字时，忽然想起了康保成在其名著《傩戏艺术源流》结尾时，援引 J. G. 弗雷泽《金枝》结尾的一段话。此刻，让我们再一次引用，以为笔者自勉：

　　我们进行的考察研究到此就要结束了。但是，像探求真理中经常出现的情况那样，我们回答了一个问题，却又提出了更多的问题；如果我们是循着一条途径走过来的，一路上我们确实也经过了好些别的途径，这些途径都离我们这条途径不远，而且通向，或者似乎通向比内米神林更加遥远的其他目标。我们也曾沿着其中一些道路走了一段。其余的蹊径，今后如有机缘，笔者还将与读者共同探求。

主要参考文献

一 古籍方志类

（春秋）左丘明：《国语》，中州古籍出版社2010年版。

（汉）扬雄：《法言》（卷十），《诸子集成》（第七册），上海书店1986年版。

（汉）司马迁：《史记》，线装书局2006年版。

（汉）刘向编著：《说苑译注》，北京大学出版社2009年版。

（汉）许慎撰，（清）段玉裁注：《说文解字注》，上海古籍出版社1988年版。

（汉）班固撰，（唐）颜师古注：《汉书》，中华书局1997年版。

（晋）葛洪等撰：《抱朴子内篇》，上海古籍出版社1987年版。

（晋）常璩撰：《华阳国志》，中华书局1985年版。

（唐）李冗撰：《独异志》，中华书局1983年版。

（唐）孔颖达等：《礼记正义》，上海古籍出版社1990年版。

（唐）杜光庭编撰：《洞天福地岳渎名山记》，江苏古籍出版社2000年版。

（唐）杜佑撰：《通典》，中华书局1984年版。

（梁）萧统编：《文选》卷三《东京赋》，中华书局1977年版。

（后晋）刘昫等撰：《旧唐书》，中华书局 1975 年版。

（宋）欧阳修、宋祁撰：《新唐书》，中华书局 1975 年版。

（宋）李焘撰：《续资治通鉴长编》（第 25 册），上海师范大学古籍整理研究所、华东师范大学古籍整理研究所点校，中华书局 1990 年版。

（宋）叶廷珪撰：《海录碎事》，上海古籍出版社 1991 年版。

（宋）赵彦卫：《云麓漫钞》，中华书局 1985 年版。

（宋）孟元老撰：《东京梦华录》，邓之诚注，中华书局 1982 年版。

（宋）周密：《武林旧事》，李小龙、赵锐评注，中华书局 2007 年版。

（元）脱脱等撰：《宋史》（第四〇册），中华书局 1977 年版。

（明）史惇撰：《痛余杂录及其它六种》，中华书局 1985 年版。

（明）施耐庵：《水浒全传》，上海古籍出版社 1995 年版。

（明）冯梦龙：《警世通言》，天津古籍出版社 1997 年版。

（明）田汝成撰：《炎徼纪闻校注》，广西人民出版社 2007 年版。

（明）顾起元撰：《客座赘语》，南京出版社 2009 年版。

（清）顾祖禹：《读史方舆纪要》（卷 81），中华书局 1955 年版。

（清）唐甄：《潜书》，中华书局 1963 年版。

（清）王先谦撰：《荀子集解》，中华书局 1981 年版。

（清）王聘珍撰：《大戴礼记解诂》，中华书局 1983 年版。

（清）孙诒让撰：《周礼正义》，中华书局 1987 年版。

（清）田雯编：《黔书》，中华书局 1985 年版。

（清）傅崇榘编：《成都通览》，巴蜀书社 1987 年版。

（清）靖道谟、鄂尔泰等修：《云南通志》，江苏广陵古籍刻印社 1988 年版

（清）王鳞飞等修，（清）冯世瀛、冉崇文纂：《同治增修酉阳直隶州总志》，巴蜀书社 1992 年版。

（清）余上华修，喻勋、胡长松纂：《铜仁府志》，中共贵州省铜仁地委办公室档案室、贵州省铜仁地区志·党群编辑室整理，贵州民族出版社1992年版。

（清）田雯编：《黔书·续黔书·黔记·黔语》，罗书勤等点校，贵州人民出版社1992年版。

（清）徐鋐主修，（清）萧琯纂修：《松桃厅志》（校注本），龙云清校注，贵州民族出版社2006年版。

《民国年间贵州未刊县志资料十二种》（第四册），贵州省志办藏，年代不详。

（民国）《麻江县志》，拓泽忠修，周恭寿、熊维飞撰，民国二十七年铅印本。

（民国）向楚主编：《巴县志选注》，重庆出版社1989年版。

《民国大关县志稿》（校点本），刘仁健主编，2003年7月。

《道藏》，第22册，文物出版社、上海书店出版社、天津古籍出版社1988年联合出版。

王水照主编：《中国历代古文精选》，东方出版中心1996年版。

金沛霖主编：《四库全书子部精要》（下），天津古籍出版社、中国世界语出版社1998年版。

史礼心、李军注：《山海经》，华夏出版社2005年版。

《中国方志丛书·华南地方》，（台北）成文出版社1974年版。

鄂西土家族苗族自治州事务委员会：《鄂西少数民族史料辑录》，1986年。

中国人民政治协商会议江北县委员会文史资料研究委员会编：《江北县文史资料》（第三辑），1988年。

中国人民政治协商会议贵州务川自治县委员会文史资料研究委员会：

嘉靖《思南府志》（天一阁藏明代方志选刊），非公开出版，1990 年。

陈一得主编，云南省盐津县修志局编纂：《盐津县志》（卷十三），2002 年。

袁艳梅主编：《古傩史料·湖北方志卷》，中央民族大学出版社 2003 年版。

黄家服、段志洪主编：《中国地方志集成·贵州府县志辑》，巴蜀书社 2006 年版。

昭通市志办编：《昭通旧志汇编》（三），云南人民出版社 2006 年版。

贵州省文史研究馆点校：《贵州通志·土司土民志》，贵州人民出版社 2008 年版。

凤凰出版社编纂：《中国地方志集成·云南府县志辑》，凤凰出版社 2009 年版。

贵州省黎平县地方志编纂委员会编：《黎平县志》（下册），贵州人民出版社 2009 年版。

二　研究专著类

李宗侗：《中国古代社会史》，（台北）华冈出版有限公司 1954 年版。

徐旭生：《中国古史的传说时代》，科学出版社 1960 年版。

于省吾：《甲骨文字释林》，中华书局 1983 年版。

尹达编：《中国史学发展史》，中州古籍出版社 1985 年版。

尤中：《中国西南民族史》，云南人民出版社 1985 年版。

宋恩常编：《中国少数民族宗教初编》，云南人民出版社 1985 年版。

张紫晨：《民俗学讲演集》，书目文献出版社 1986 年版。

四川省编辑组：《羌族社会历史调查》，四川省社会科学院出版社 1986 年版。

高伦：《贵州傩戏》，贵州人民出版社 1987 年版。

王家佑：《道教论稿》，巴蜀书社 1987 年版。

吴泽主编：《王国维学术研究论集》（二），华东师范大学出版社 1987 年版。

罗竹风主编：《中国社会主义时期的宗教问题》，上海社会科学出版社 1987 年版。

覃光广等编著：《中国少数民族宗教概览》，中央民族学院出版社 1988 年版。

郭英德：《世俗的祭礼——中国的宗教精神》，国际文化出版公司 1988 年版。

彭荣德等编著：《土家族仪式歌漫谈》，中国民间文艺出版社 1989 年版。

王恒富主编：《傩·傩戏·傩文化》，文艺出版社 1989 年版。

张光直：《中国青铜时代》（二集），生活·读书·新知三联书店 1990 年版。

吕理政：《天、地、社会：试论中国传统的宇宙认知模型》，台北"中研院"民族学研究所 1990 年版。

沈福馨、帅学剑等：《安顺地戏论文集》，文化艺术出版社 1990 年版。

徐新建：《从文化到文学》，贵州教育出版社 1991 年版。

田荆贵主编：《中国土家族习俗》，中国文史出版社 1991 年版。

李子和：《信仰·生命·艺术的交响——中国傩文化研究》，贵州人民出版社 1991 年版。

萧兵：《傩蜡之风——长江流域宗教戏剧文化》，江苏人民出版社 1992 年版。

顾朴光、潘朝霖、柏果成编：《中国傩戏调查报告》，贵州人民出版社

1992 年版。

张子伟、张汇川主编：《湘西傩文化之谜》，湖南师范大学出版社 1992 年版。

卿希泰主编：《中国道教史》（第二卷），四川人民出版社 1992 年版。

郭净：《中国面具文化》，上海人民出版社 1992 年版。

葛剑雄、曹树基、吴松弟：《简明中国移民史》，福建人民出版社 1993 年版。

邓光华：《傩与艺术宗教》，中国文联出版公司 1993 年版。

李华林主编：《德江傩堂戏》，贵州民族出版社 1993 年版。

叶明生：《福建省邵武市大阜岗乡河源村的"跳僧番"与"跳八蛮"》，王秋桂主编《民俗曲艺丛书》，（台北）财团法人施合郑民俗文化基金会 1993 年版。

王跃：《江北县复盛乡协睦村四社谌宅的"庆坛"祭仪调查》，王秋桂主编《民俗曲艺丛书》，（台北）财团法人施合郑民俗文化基金会 1993 年版。

王跃：《四川省江北县舒家乡上新村陶宅的汉族"祭财神"仪式》，王秋桂主编《民俗曲艺丛书》，（台北）财团法人施合郑民俗文化基金会 1993 年版。

胡建国：《巫傩与巫术》，海南出版社 1993 年版。

李绍明主编：《川东酉水土家》，成都出版社 1993 年版。

卢朝栋主编：《思南傩堂戏》，贵州民族出版社 1993 年版。

李路阳、吴浩：《广西傩文化探幽》，广西人民出版社 1993 年版。

玉溪地区文化局、云南省民族艺术研究所编：《云南傩戏傩文化论集》，云南人民出版社 1994 年版。

高丙中：《民俗文化与民俗生活》，中国社会科学出版社 1994 年版。

潘年英：《民族·民俗·民间》，贵州民族出版社 1994 年版。

李星星：《曲折的回归——四川酉水土家文化考察札记》，上海三联书店 1994 年版。

昭通地区行署文化局编：《端公戏音乐》（"中国戏曲音乐集成云南卷丛书"），文化艺术出版社 1994 年版。

马昌仪编：《中国神话学文论选萃》，中国广播电视出版社 1994 年版。

钟敬文：《钟敬文学术论著自选集》，首都师范大学出版社 1994 年版。

张泽洪：《步罡踏斗——道教祭礼仪典》，四川人民出版社 1994 年版。

胡天成：《四川省重庆市巴县接龙区汉族的接龙阳戏——接龙端公戏之一》，王秋桂主编《民俗曲艺丛书》，（台北）财团法人施合郑民俗文化基金会 1994 年版。

王秋桂、庹修明：《贵州省德江县稳坪乡黄土村土家族冲寿傩调查报告》，王秋桂主编《民俗曲艺丛书》，（台北）财团法人施合郑民俗文化基金会 1994 年版。

郭思九、王勇：《云南省昭通地区镇雄县泼机乡邹氏端公庆菩萨调查》，王秋桂主编《民俗曲艺丛书》，（台北）财团法人施合郑民俗文化基金会 1995 年版。

王秋桂、庹修明：《贵州省岑巩县注溪乡岑王村老屋基喜傩神调查报告》，王秋桂主编《民俗曲艺丛书》，（台北）财团法人施合郑民俗文化基金会 1995 年版。

胡天成：《四川省接龙阳戏接龙端公戏之二——接龙庆坛》，王秋桂主编《民俗曲艺丛书》，（台北）财团法人施合郑民俗文化基金会 1995 年版。

胡天成：《四川省接龙阳戏接龙端公戏之三——接龙延生》，王秋桂主编《民俗曲艺丛书》，（台北）财团法人施合郑民俗文化基金会 1995 年版。

宋运超：《祭祀戏剧志述》，贵州民族出版社 1995 年版。

王国维：《宋元戏曲史》，杨杨校订，华东师范大学出版社 1995 年版。

史宗主编：《20 世纪西方宗教人类学文选》，金泽等译，上海三联书店 1995 年版。

金重：《神人交错的艺术——西南民间戏剧与宗教》，云南教育出版社 1995 年版。

胡天成：《四川重庆巴县双河口乡钟维成家五天佛教请荐祭祀仪式》，王秋桂主编《民俗曲艺丛书》，（台北）财团法人施合郑民俗文化基金会 1996 年版。

杨兰、刘锋：《贵州省晴隆县中营镇新光村硝洞苗族庆坛调查报告》，王秋桂主编《民俗曲艺丛书》，（台北）财团法人施合郑民俗文化基金会 1996 年版。

蒲慕洲：《追寻一己之福：中国古代的信仰世界》，（台北）允晨文化实业股份有限公司 1995 年版。

顾朴光：《中国面具史》，贵州民族出版社 1996 年版。

于一：《巴蜀傩戏》，大众文艺出版社 1996 年版。

云南省社会科学院历史研究所编：《中国西南文化研究》（2），云南民族出版社 1997 年版。

张建建：《冲傩还愿——贵州傩仪的结构类型意义》，贵州人民出版社 1997 年版。

彭万廷、屈定富主编：《巴楚文化研究》，中国三峡出版社 1997 年版。

方国瑜主编：《云南史料丛刊》（第四卷），云南大学出版社 1998 年版。

赫正治编著：《汉族移民入滇史话——南京柳树湾高石坎》，云南大学出版社 1998 年版。

胡天成主编：《民间祭礼与仪式戏剧》，贵州民族出版社 1999 年版。

潜明兹：《中国神源》，重庆出版社 1999 年版。

麻国钧等主编：《祭礼·傩俗与民间戏剧》，中国戏剧出版社 1999 年版。

费孝通主编：《中华民族多元一体格局》，中央民族大学出版社 1999 年版。

胡炳章：《土家族文化精神》，民族出版社 1999 年版。

陆群：《民间思想群落：苗族巫文化的宗教透视》，贵州民族出版社 2000 年版。

方国瑜主编：《云南史料丛刊》（第六卷），云南大学出版社 2000 年版。

胡天成：《接龙丧戏——重庆市巴县接龙乡刘家山合作社杨贵馨五天佛教丧葬仪式之调查》，王秋桂主编《民俗曲艺丛书》，（台北）财团法人施合郑民俗文化基金会 2000 年版。

陆韧：《变迁与交融——明代云南汉族移民研究》，云南教育出版社 2001 年版。

方国瑜主编：《云南史料丛刊》（第十一卷），云南大学出版社 2001 年版。

胡志毅：《神话与仪式——戏剧的原型阐释》，学林出版社 2001 年版。

张兴发编著：《道教神仙信仰》，中国社会科学出版社、北京中软电子出版社 2001 年版。

云南省社会科学院历史研究所编：《中国西南文化研究》（5），云南民族出版社 2001 年版。

李亦园：《李亦园自选集》，上海教育出版社 2002 年版。

何新：《诸神的起源》，时事出版社 2002 年版。

刘晓春：《仪式与象征的秩序——一个客家村落的历史、权力与记忆》，商务印书馆 2003 年版。

凌纯声、芮逸夫：《湘西苗族调查报告》，民族出版社 2003 年版。

贵州省德江县民族宗教事务局编：《傩韵——贵州德江傩堂戏》，贵州民族出版社 2003 年版。

薛艺兵：《神圣的娱乐：中国民间祭祀仪式及其音乐的人类学研究》，宗教文化出版社 2003 年版。

彭建英：《中国古代羁縻政策的演变》，中国社会科学出版社 2004 年版。

童恩正：《人类与文化》，重庆出版社 2004 年版。

王恒富、谢振东主编：《贵州戏剧史》，贵州人民出版社 2004 年版。

张永安：《巴渝戏剧舞乐》，重庆出版社 2004 年版。

朱万曙、卞利主编：《戏曲·民俗·徽文化论集》，安徽大学出版社 2004 年版。

方铁：《边疆民族史探究》，中国文史出版社 2005 年版。

王玉德：《长江流域的巫文化》，湖北教育出版社 2005 年版。

吉国秀：《婚姻仪礼与社会网络重建——以辽宁省东部山区清原镇为个案》，中国社会科学出版社 2005 年版。

叶舒宪：《中国神话哲学》，陕西人民出版社 2005 年版。

王铭铭：《西方人类学思潮十讲》，广西师范大学出版社 2005 年版。

王胜华：《中国戏剧的早期形态》，云南大学出版社 2006 年版。

孙文辉：《巫傩之祭——文化人类学中国文本》，岳麓书社 2006 年版。

曲六乙、钱茀：《东方傩文化概论》，山西教育出版社 2006 年版。

陈兴龙：《羌族释比文化研究》，四川民族出版社 2007 年版。

潜明兹：《潜明兹自选集》，上海人民出版社 2007 年版。

《贵州省道真县冲傩仪式调查报告》，非公开出版，2007 年。

庹修明：《叩响古代巫风傩俗之门——人类学民族学视野中的中国傩戏傩文化》，贵州民族出版社 2007 年版。

林超民：《林超民文集》，云南人民出版社 2008 年版。

李岚：《信仰的再创造——人类学视野中的傩》，云南人民出版社 2008 年版。

西南民族大学西南民族研究院编：《川西北藏族羌族社会调查》，民族出版社 2008 年版。

周正刚主编：《文化哲学论》，研究出版社 2008 年版。

朱伟华等：《建构与生成——屯堡文化及地戏形态研究》，广西师范大学出版社 2008 年版。

王继胜、王明新、王李云编著：《陕南端公》，陕西科学技术出版社 2009 年版。

梁庭望、柯琳：《中国南方少数民族宗教》，青海人民出版社 2009 年版。

闻一多：《伏羲考》，上海世纪出版集团上海古籍出版社 2009 年版。

庹修明：《巫傩文化与仪式戏剧》，贵州民族出版社 2009 年版。

庹修明：《巫傩文化与仪式戏剧》，（台北）国家出版社 2010 年版。

胡绍华：《长江三峡宗教文化概论》，中国社会科学出版社 2010 年版。

何光渝、何昕：《原初智慧的年轮——西南少数民族原始宗教信仰与神话的文化阐释》，贵州人民出版社 2010 年版。

唐晓峰：《从混沌到秩序：中国上古地理思想史述论》，中华书局 2010 年版。

康保成：《傩戏艺术源流》，广东高等教育出版社 2011 年版。

王霄冰、邱国珍主编：《传统的复兴与发明》，知识产权出版社 2011 年版。

费孝通：《乡土中国》，凤凰出版传媒集团江苏文艺出版社 2011 年版。

张正明：《年鉴学派史学范式研究》，黑龙江大学出版社、中央编译出版社 2011 年版。

冉文玉主编：《道真古傩》，贵州民族出版社 2012 年版。

李中清：《中国西南边疆的社会经济：1250—1580》，人民出版社 2012 年版。

罗中昌、冉文玉：《黔北仡佬傩仪式大观》，民族出版社 2013 年版。

吴电雷：《中国西南地区阳戏研究》，中国社会科学出版社 2014 年版。

［瑞士］费尔迪南·德·索绪尔：《普通语言学教程》，商务印书馆 1980 年版。

［英］马丁·艾斯林：《戏剧剖析》，罗婉华译，中国戏剧出版社 1981 年版。

［法］列维－斯特劳斯：《野性的思维》，李幼蒸译，商务印书馆 1987 年版。

［法］列维－斯特劳斯：《结构人类学》，陆晓禾等译，文化艺术出版社 1989 年版。

［日］窪德忠：《道教诸神》，萧坤华译，四川人民出版社 1989 年版。

［美］米尔希·埃利亚德：《神秘主义、巫术与文化风尚》，宋立道等译，光明日报出版社 1990 年版。

［日］福井康顺等监修：《道教》（第一卷），朱越利译，上海古籍出版社 1990 年版。

［美］简·布洛克：《原始艺术哲学》，沈波、张安平译，上海人民出版社 1991 年版。

［美］斯特伦：《人与神——宗教生活的理解》，金泽、何其敏译，上海人民出版社 1991 年版。

［法］雅克·洛维希编著:《巫术奇观》,谢军瑞等译,上海文艺出版社1991年版。

［法］列维－斯特劳斯:《面具的奥秘》,知寒等译,上海文艺出版社1992年版。

［英］爱德华·泰勒:《人类学——人及其文化研究》,连树声译,上海文艺出版社1993年版。

［日］诹访春雄:《中日韩民间祭祀仪礼的比较研究》,黄强、叶汉鳌译,(台北)施合郑民俗文化基金会1997年版。

［意］维柯:《新科学》,朱光潜译,商务印书馆1997年版。

［英］詹姆斯·乔治·弗雷泽:《金枝》,徐育新等译,大众文艺出版社1998年版。

［美］克利福德·格尔兹:《文化的解释》,纳日碧力戈等译,上海人民出版社1999年版。

［英］约翰·基恩:《公共生活与晚期资本主义》,马音等译,社会科学文献出版社1999年版。

［英］埃德蒙·利奇:《文化与交流》,郭凡、邹和译,上海人民出版社2000年版。

［美］施坚雅主编:《中华帝国晚期的城市》,叶光庭等译,中华书局2000年版。

［英］E.E.埃文斯－普理查德:《原始宗教理论》,孙尚扬译,商务印书馆2001年版。

［英］拉德克利夫－布朗:《社会人类学方法》,夏建中译,华夏出版社2002年版。

［法］马塞尔·毛斯:《社会学与人类学》,佘碧平译,上海译文出版社2003年版。

〔英〕维克多·特纳:《象征之林——恩登布人仪式散论》,赵玉燕等译,商务印书馆 2006 年版。

〔英〕E. E. 埃文斯 – 普里查德:《阿赞德人的巫术、神谕和魔法》,覃俐俐译,商务印书馆 2006 年版。

〔日〕田仲一成:《中国祭祀戏剧研究》,布和译,北京大学出版社 2008 年版。

〔日〕宫家准:《日本的民俗宗教》,赵仲明译,南京大学出版社 2008 年版。

〔英〕哈里森:《古代艺术与仪式》,生活·读书·新知三联书店 2008 年版。

〔法〕阿诺尔德·范热内普:《过渡礼仪》,张举文译,商务印书馆 2010 年版。

〔俄〕斯捷潘诺夫:《现代语言哲学的语言与方法》,隋然译,北京大学出版社 2011 年版。

〔日〕田仲一成:《中国戏剧史》,布和、吴真校译,北京大学出版社 2011 年版。

Victoria E. Bonnell and Lynn Hunt, eds, "Introduction", *Beyond the Cultural Turn*: *New Directions in the Study of Society and Culture*, Berkeley, CA, 1999.

Malinowsi, Bronislaw, "Myth in Primitive Psychoogy", in *Majic*, *Science and Religion and Other Essays*, Garden City, NY: Doubleday & Co., Inc., 1954 〔1926〕.

三　研究论文类

陈梦家:《商代的神话与巫术》,《燕京学报》1936 年第 20 期。

胡厚宣：《论殷代五方观念及中国称谓之起源》，《甲骨学商史论丛》（初集第 2 集），齐鲁大学国学研究所民国三十三年（1944）。

凌纯声：《畲民图腾文化研究》，《国立中央研究院历史语言研究所集刊》（第 16 辑），1947 年。

云梦秦墓竹简整理小组：《云梦秦简释文》（三），《文物》1976 年第 8 期。

龙彼德：《中国戏剧源于宗教仪式考》，王秋桂主编《中国文学论著译丛》，（台北）台湾学生书局 1985 年版。

孙亦华、朱碧光：《广西象州县壮族师公舞》，《民族艺术》1986 年第 3 期。

［日］诹访春雄：《宗教礼仪与艺术——日本、朝鲜、中国的祭祀构造》，黄强译，《中华戏曲》（总第八辑），山西人民出版社 1989 年版。

宋兆麟：《关于巫教研究的几个问题》，中国民族学会编《民族学研究》（第九辑），民族出版社 1990 年版。

李重庆：《贵州某乡的民间宗教活动》，《当代宗教研究》1990 年第 1 期。

张紫晨：《中国傩文化的流布与变异》，《北京师范大学学报》1991 年第 2 期。

王勇：《昭通傩舞初探——兼谈傩舞与傩戏的流变》，《民族艺术研究》1991 年第 3 期。

庹修明：《傩戏的流布、类型与特征》，《戏剧杂志》1991 年第 3 期。

吴尔泰：《果真有个军傩吗？——与庹修明同志商榷》，《民间文学论坛》1993 年第 1 期。

王勇：《昭通汉族傩祭中的"黑埼将军"》，《民族艺术研究》1993 年第 5 期。

晏晓明：《思州傩愿脚历史轨迹及愿目特征考述》，《贵州文史丛刊》1993 年第 5 期。

鹤川：《端公戏与儒家伦理》，《民族艺术研究》1994 年第 3 期。

王勇：《云南昭通地区的端公及其艺术》，《民族艺术研究》1994 年第 4 期。

赵大宏：《云南省文山州西畴县鸡街乡太平村汉族冲傩戏、阳戏调查》，《民族艺术研究》1994 年第 5 期。

曹毅：《鄂西土家族傩文化一瞥——"还坛神"》，《湖北民族学院学报》1995 年第 4 期。

欧阳平：《旧时川东的端公与观花婆》，《红岩春秋》1996 年第 1 期。

刘铁梁：《村落是民俗传承的生活空间》，《北京师范大学学报》1996 年第 6 期。

周华斌：《中国当代傩文化研究》，《民族艺术》1997 年第 3 期。

李怀荪：《梅山神张五郎探略》，《民族论坛》1997 年第 4 期。

陈复声：《昭通端公戏面具》，《民族艺术研究》1997 年第 4 期。

李绍明：《巴蜀傩戏中的少数民族神祇》，《云南社会科学》1997 年第 6 期。

王铭铭：《象征的秩序》，《读书》1998 年第 2 期。

廖群：《"易，观"说申论》，《山东大学学报》1999 年第 1 期。

陈支平：《社会调查与史学研究》，《东南学术》1999 年第 4 期。

邹明华、高丙中：《谁是"民"，什么是"俗"》，《民间文化》2000 年第 2 期。

贾二强：《论唐代的华山信仰》，《中国史研究》2000 年第 2 期。

王婧：《巫觋仪式中的艺术——对旺苍傩戏的描述与分析》，《民族艺术研究》2000 年第 4 期。

程美宝：《区域研究取向的探索——评杨念群著〈儒学地域化的近代形态〉》，《历史研究》2001 年第 1 期。

钟敬文：《民俗学：眼睛向下看的学问——在田传江同志与北师大研究生座谈会上的致词》，《民俗研究》2001 年第 4 期。

王兆乾：《仪式性戏剧与观赏性戏剧》，《民俗曲艺》第 130 期，（台北）财团法人施合郑民俗文化基金会 2001 年版。

陆韧、崔景明：《汉族移民与明代云南民族社会变迁》，吕良弼主编《中华文化与海峡两岸汉民族研究——汉民族研究 2000 年国际学术会议论文集》，中国社会科学出版社 2002 年版。

薛艺兵：《对仪式现象的人类学解释（下）》，《广西民族研究》2003 年第 3 期。

康保成：《羌姆角色扮演的象征意义及其与藏戏的关系》，《民族艺术》2003 年第 4 期。

李福军：《略论云南端公戏》，《云南师范大学学报》2003 年第 4 期。

陈纬华：《仪式的效力：理论回顾》，《广西民族学院学报》2003 年第 6 期。

陆韧：《明代云南士绅阶层的兴起与汉文化传播》，《齐鲁文化研究》2005 年第 1 期。

黄柏权、葛政委：《从仪式到表演——恩施三岔"还愿"仪式的人类学考察》，《广西民族研究》2005 年第 4 期。

和宝堂：《以歌舞演故事，还是以故事演歌舞?》，《中国京剧》2005 年第 5 期。

刘晓春：《从"民俗"到"语境中的民俗"——中国民俗学研究的范式转换》，《民俗研究》2009 年第 2 期。

叶舒宪：《四重证据法：符号学视野重建中国文化观》，《光明日报》

2010 年 7 月 19 日。

刘祯：《傩戏的艺术形态与形成初探》，《中国政法大学学报》2010 年第 3 期。

王晓平《"跳端公"仪式及其文化表征》，《交响》（西安音乐学院学报）2010 年第 4 期。

张泽洪：《中国西南少数民族梅山教研究的意义》，《宗教学研究》2010 年第 4 期。

倪彩霞：《族群变迁与文化聚合——关于梅山教的调查与研究》，《世界宗教研究》2011 年第 1 期。

展春岚：《我国傩文化文献研究的计量分析》，《遵义师范学院学报》2011 年第 3 期。

何奎：《云南昭通端公戏面具的艺术价值及传承》，《四川戏剧》2012 年第 2 期。

刘怀堂：《贵州地戏不是"军傩"》，《四川戏剧》2012 年第 3 期。

陆扬：《文化研究的三个范式》，《华中师范大学学报》2013 年第 1 期。

郭丹：《陕西汉中地区端公戏研究》，硕士学位论文，西安音乐学院，2006 年。

陈玉平：《贵州土家族傩祭仪式的空间象征研究》，博士学位论文，云南大学，2008 年。

周里：《端公文化——陕南汉中端公舞蹈剖析》，硕士学位论文，陕西师范大学，2010 年。

四 资料汇编类

德江县民族事务委员会、贵州民族学院民族研究所编：《德江土家族文艺资料集》，内部编印，1986 年。

《中国民族民间舞蹈集成·云南卷》永胜县文化馆集成小组编：《云南省民族民间舞蹈集成·丽江地区永胜县资料》，内部编印，1987年。

《中国戏曲志·四川卷》编辑部编：《四川灯戏 四川傩戏》，内部交流资料，1987年。

庹修明、顾朴光、潘朝霖主编：《傩戏论文选》，贵州民族出版社1987年版。

《中国戏曲志·云南卷》编辑部、《中国戏曲志·贵州卷》编辑部、《中国戏曲志·四川卷》编辑部编：《云南、贵州、四川三省戏曲源流沿革研讨会文集》，《中国戏曲志·四川卷》编辑部出版，1987年。

中国戏曲志云南卷编辑部编：《云南戏曲资料》（5），内部编印，1989年。

庹修明等编：《中国傩文化论文选》，贵州民族出版社1989年版。

贵州民族学院图书馆编：《傩戏傩文化资料集》（一）（二），非公开出版，1990年。

丁世良、赵放：《中国地方志民俗资料汇编·西南卷》，北京图书馆出版社1991年版。

张子伟主编：《中国傩》，湖南师范大学出版社1994年版。

李绍明、钱安靖主编：《中国原始宗教资料集成·土家族卷》，中国社会科学出版社1998年版。

贵州省德江县委宣传部主编：《傩魂——梵净山傩文化文选》，贵州民族出版社2003年版。

曲六乙、陈达新主编：《傩苑——中国梵净山傩文化研讨会论文集》，中国戏剧出版社2004年版。

政协遵义县宣教文卫委员会编：《遵义县文史资料》（第十七辑），内部编印，2006年。

中国人民政治协商会议泥潭县委员会编：《泥潭傩戏资料选编》，内部编印，2009 年。

息烽县旅游文体广播电视局编：《息烽记忆》，内部编印，2010 年。

五 辞书类

金文图书公司编辑部编：《中国民俗搜奇》（第一集），金文图书有限公司 1977 年版。

李汉飞：《中国戏曲剧种手册》，中国戏剧出版社 1987 年版。

杨昌鑫：《土家族风俗志》，中央民族学院出版社 1989 年版。

叶大兵、乌丙安主编：《中国风俗辞典》，上海辞书出版社 1990 年版。

《中国各民族宗教与神话大辞典》编审委员会编：《中国各民族宗教与神话大辞典》，学苑出版社 1990 年版。

周明阜等编撰：《沅湘傩辞汇览》，香港国际展望出版社 1992 年版。

韩玉敏等主编：《新编社会学辞典》，中国物资出版社 1998 年版。

覃光广等主编：《文化学辞典》，中央民族学院出版社 1998 年版。

王洪华、郭汝魁主编，重庆市文化局编：《重庆文化艺术志》，西南师范大学出版社 2001 年版。

高登智主编，云南省地方志编纂委员会总纂，云南省文化厅编纂：《云南省志·文化艺术志》，云南人民出版社 2002 年版。

李世斌、李恩魁编著：《陕西风俗歌》，陕西旅游出版社 2003 年版。

严福昌主编：《四川傩戏志》，四川出版集团四川文艺出版社 2004 年版。

后　记

　　本书以我的博士论文为基础，并经国家社科基金项目资助（2014 年）。2011 年 9 月，我入中山大学中文系攻读博士学位，师从康保成教授学习民俗学，2014 年 6 月通过学位论文答辩。毕业前夕，我以博士论文选题为基础申报的国家社科基金项目获准立项。课题立项以来，我曾十余次赴云南、贵州、四川、重庆等地作田野调查，搜集了大量第一手资料，其经费盖出于此。

　　本书的研究对象并非时下学界的热门话题，而是为时人所鄙的野俗巫言，这看似"不识时务"的观照，其实隐含了我在理论层面的一种思考。我们知道，从 20 世纪 80 年代开始，学界对于仪式剧和祭祀仪式方面的研究已然成为一个热点，取得了丰硕的研究成果，积累了大量的田野调查资料。由于中国西南地区特殊的自然、文化生态环境，使得立足该地区的调查研究占据了相当的比重。在充分肯定这些研究成果的同时，当然也有必要做出反思以求进一步推进。

　　统而述之，以往这些研究基本上遵循的是一个路径，其突出的表现主要有两点：第一，绝大多数研究成果属于非常典型的区域文化研究，或者说属于局部、个案式研究；第二，研究的着力点主要在于描述、记录祭祀仪式或民俗事象本身。这样一种观照路径，其实也代表了长期以来民俗学研究的一种通用范式：立足于小社区观照单一民俗事象的研究理路。而近些年，学界已经提出了民俗研究的范式转换问题，按我的理解，民俗学研究的范式转换，可能有两个关键点：一是要增强我们对于民俗事象的整体解释能力；二是要凸显民俗主体的价值。正是基于对以往研究的反思，以及对当下民俗研究范式转换的回应，我决定把观照视点从西南各地纷繁复杂的祭祀仪式及仪式剧本身，转向操作、执行这些民俗事象的人，也就是民俗主体——端公，进而提出了"端公文化"这一学术概念。而提出"端公文化"这一概念本身，就是力图对西南各地纷繁复杂的不同地域、不同称谓、不同类型民俗性祭祀活动进行统合，将其纳入整体结构，这不但会使我们的研究上升到一个系统化层次，避免以往"自说自话""只见树木，不见森林"的研究尴尬，而且还可为不同领域的研究者提供一个共通的学术话语平台。

我始终坚信：学术研究的第一要务应该是创新，应该是深入透彻地解决问题。创新固然有很多种方法，但根据我所观照对象的特点，我主要是从认识角度和观照视野上予以突破：一方面，对传统资料以及自己在调查中获取的"一手"资料进行新的解释，并改变、复原、建构资料之间的多维联系，以见前人所未见，或纠偏前人之"成见"；另一方面，规避以往研究所采用的以纯粹静态的方式去描述那些民俗性祭祀活动的文化志描述范式，代之以通观、综合性学术视野，并结合文化史、思想史来透析端公执事行为背后的历史、文化蕴涵，进而建构起端公文化本身的系统性、整体性结构。这样的学术进路在学界以往的端公文化研究中是未曾有过的。我固执地认为：提出一个学界以往没有关注甚而忽略的问题，就算没有得到通透的解决，至少可以引起人们的思考、讨论，进而为后来者的进一步研究提供某种崭新的思考进路，也是一种学术贡献！

而今书稿已成，感慨颇深。学术研究的艰辛与不易，让我对"学问"二字愈发充满敬畏。而我在学术征途中的每一点进步，实惠于在此学途中深深扶持过我的人。

感谢我的导师康保成先生。康师是一位真学者，"望之俨然，即之也温"，颇具君子风范，其学术与道德在我心目中是一座永远需要仰视的高峰！老师对我关爱有加，曾不止一次当众夸赞我，也不止一次提及"看好我"，如此谬赞虽让我汗颜，却也给了我人生无穷的力量。每当我遇到学术或生活中的困难时，只要想起老师那关切的眼神、温暖的鼓励，我的心便不再犹豫、不再畏惧！我自知天性驽钝，距离老师的期望还相距甚远，但我一定会努力、努力、再努力，只求不辱师门，不负老师栽培之恩。

能够进入中山大学中文系攻读博士学位，是我学术生涯中极为重要的一笔。求学三年，得诸位先生亲炙教诲，幸甚至哉！感谢黄天骥教授、宋俊华教授、董上德教授、欧阳光教授、黄仕忠教授、王霄冰教授、刘晓春教授，面聆几位先生治学与治生的经验，受益终身。

在中大康乐园求学，除了知识上的丰收外，还有一个最大收获，那就是有幸结识了一群才华横溢的同学。请允我随喜俗缘，谨致谢意。感谢齐久恒、鞠文浩、林斯瑜、田雯、李宜、钱永平、陈熙、杨波、王静波、张青飞、许钢伟、范德怡、龙赛州、黄纯、彭秋溪、何艳君、练建玲、袁熙、陈桂波、陈燕芳、张蕾。还要特别感谢我的同门师兄吴电雷、刘怀堂、陈志勇、张军，几位学长对我有过诸多指教，同门情谊值得一辈子记取。

在我远赴云南昭通进行田野调查的日子里，昭通市文化局王勇先生以他渊博的地方知识、广泛的人脉资源，给予我最真诚、最全面的帮助。他不但带领我深入访谈了当地的端公掌坛师（主要有张道云、曹久波、曹久凯等法师），还无私地提供大量图片、族谱资料，并将自己多年来研究昭通端公文化的心得和盘托出，让我获益良多。贵州省道真县民宗局副局长冉文玉先生曾为我深入讲解道真祭仪文化之特点；湄潭县杨志刚先生为我提供了大量科仪资料；重庆市文化艺术研究院胡天成先生曾在电话中为我讲解重庆地区民间祭礼与仪式戏剧之样貌，他的精彩讲解给了我很多启示；中国傩戏学研究会原会长曲六乙先生也曾在电话中为我指点迷津，并鼓励我做好学问，曲老奖掖后学的精神，让我深受感动。

感谢贵州民族大学副校长肖远平教授的关怀和鼓励，本书能够顺利出版亦得益于他的鼎力支持。感谢我校文学院院长陈玉平教授，陈师多次为我答疑解惑，指点迷津。我校傩学研究专家庹修明教授在傩学领域的相关论述，给了我许多启迪。上海交通大学单世联教授是我的博士后合作导师，单师为我引荐了中国社会科学出版社郭晓鸿主任，谨致谢忱！

在外求学、工作，最让我放心不下的就是我那年迈的父亲。父亲的身体不好，需要人来照顾，可我生活的城市却距离他有几千公里，一年中相聚的机会最多也就一两次，每念及此，我都心生愧疚。好在有姐姐、哥哥陪伴在他身边，才让我自责的心稍得宽慰。父亲啊，您可知道，儿子多么希望有一天能和您生活在一起，带您再去看一看您已经几十年未见的故乡——贵州；多么希望能够牵着您那写满沧桑的手，和您一起去寻找当初您离开贵州的足迹。

我该如何表达对于妻子王金玲的感激之情呢？这么多年，她随我在外漂泊，吃了很多苦，流过很多泪，可即便在那些满是阴霾的日子里，在那些尽是艰辛的岁月中，她也依然无怨无悔地陪伴着我，给我鼓励、让我坚强。她见证了我成长、成熟的每一步，没有她，就没有今天的我。多年前我为她写过许多诗句，此刻我想再一次为她吟咏，以满心知：让我轻轻地向你表白/一如风儿轻拂你的窗台/心烟在远方缭绕/恰似浮云在梦里飘摇/让我轻轻地向你表白/一如细雨滑落你的脸庞/思念不在心底徘徊/飞舞到星辰之外的未来/我多想在你的心湖徜徉/伴着如水的缠绵/还有我的泪滴/种百般相思在心田/我多想撩拨那无言的情愫/再激起梦的涟漪/在那有雨的巷口/点点滴滴/全是生命里爱的诗行。

龚德全

二〇一七年九月于林城贵阳